A Sociedade Limitada na Perspectiva de sua Dissolução

Sérgio Campinho
Mariana Pinto

A Sociedade Limitada na Perspectiva de sua Dissolução

3ª edição
ampliada
2024

Av. Paulista, 901, Edifício CYK, 4º andar
Bela Vista – São Paulo – SP – CEP 01310-100

SAC | sac.sets@saraivaeducacao.com.br

Diretoria executiva	Flávia Alves Bravin
Diretoria editorial	Ana Paula Santos Matos
Gerência de produção e projetos	Fernando Penteado
Gerência de conteúdo e aquisições	Thais Cassoli Reato Cézar
Gerência editorial	Livia Céspedes
Novos projetos	Aline Darcy Flôr de Souza
	Dalila Costa de Oliveira
Edição	Estevão Bula Gonçalves
Design e produção	Jeferson Costa da Silva (coord.)
	Rosana Peroni Fazolari
	Alanne Maria
	Lais Soriano
	Tiago Dela Rosa
	Verônica Pivisan
Planejamento e projetos	Cintia Aparecida dos Santos
	Daniela Maria Chaves Carvalho
	Emily Larissa Ferreira da Silva
	Kelli Priscila Pinto
Diagramação	Claudirene de Moura S. Silva
Revisão	Cecília Devus
Capa	Lais Soriano
Produção gráfica	Marli Rampim
	Sergio Luiz Pereira Lopes
Impressão e acabamento	Gráfica Paym

DADOS INTERNACIONAIS DE CATALOGAÇÃO NA PUBLICAÇÃO (CIP)
VAGNER RODOLFO DA SILVA – CRB-8/9410

C196s   Campinho, Sérgio.
A sociedade limitada na perspectiva de sua dissolução / Sérgio Campinho, Mariana Pinto. – 3. ed. – São Paulo : SaraivaJur, 2024.
280 p.
ISBN: 978-65-5362-888-5 (impresso)

1. Direito. 2. Direito empresarial. 3. Sociedade limitada. I. Título.

2024-335

CDD 346.07
CDU 347.7

Índices para catálogo sistemático:

1. Direito empresarial   346.07
2. Direito empresarial   347.7

Data de fechamento da edição: 06-03-2024

Dúvidas? Acesse www.saraivaeducacao.com.br

Nenhuma parte desta publicação poderá ser reproduzida por qualquer meio ou forma sem a prévia autorização da Saraiva Educação. A violação dos direitos autorais é crime estabelecido na Lei n. 9.610/98 e punido pelo art. 184 do Código Penal.

CÓD. OBRA 706578   CL 608972   CAE 860096

OP 232531

Sumário

Prólogo – A sociedade limitada pluripessoal e empresária como o centro deste estudo.. IX

Capítulo 1 — Considerações introdutórias 1

1 – A origem da sociedade limitada, sua introdução e evolução legislativa no Brasil... 1
2 – A natureza jurídica da sociedade limitada e a sua regência supletiva 6
3 – O contrato plurilateral de sociedade.. 15

Capítulo 2 – Dissolução total 20

1 – Apontamentos iniciais sobre a dissolução 20
2 – Causas de dissolução total.. 22
    2.1 – As hipóteses de dissolução de pleno direito... 23
        2.1.1 – Vencimento do prazo de duração... 24
        2.1.2 – Deliberação dos sócios 28
        2.1.3 – Extinção, na forma da lei, de autorização para funcionar 33
    2.2 – As hipóteses de dissolução judicial 34
        2.2.1 – A anulação da constituição da sociedade................................. 35
        2.2.2 – O exaurimento do fim social ou a verificação de sua inexequibilidade.. 37
    2.3 – A possibilidade de previsão de outras causas de dissolução no contrato social.. 44
    2.4 – A falência como hipótese de dissolução judicial: a exegese do artigo 1.044 do Código Civil 46
    2.5 – A superação da falta de pluralidade de sócios como causa ensejadora de dissolução total da sociedade limitada 48

Capítulo 3 – Liquidação e extinção 53

1 – A identificação de uma lacuna.. 53
2 – Conceitos de liquidação, estado de liquidação e procedimento de liquidação.. 56
3 – Nomeação e investidura do liquidante 59

4 – Liquidante pessoa jurídica 62
5 – Natureza jurídica do liquidante: órgão social 66
6 – Gestão e representação da sociedade pelo liquidante 68
7 – Remuneração do liquidante 70
8 – Responsabilidade do liquidante 71
9 – Renúncia, destituição e vacância do cargo de liquidante 72
10 – Deveres do liquidante 74
    10.1 – Averbação e publicação do ato de dissolução 75
    10.2 – Arrecadação de bens, livros e documentos 75
    10.3 – Elaboração do inventário e do balanço 76
    10.4 – Ultimação dos negócios sociais, realização do ativo, pagamento do passivo e partilha do remanescente 83
    10.5 – Exigência dos quotistas dos valores correspondentes à integralização de suas quotas 95
    10.6 – Convocação de assembleia ou reunião de sócios para a apresentação de relatório e balanço do estado da liquidação 99
    10.7 – Confissão da falência da sociedade 102
    10.8 – Apresentação do relatório da liquidação e de suas contas finais 105
    10.9 – Averbação e publicação da ata ou do instrumento que considerar encerrada a liquidação 107
11 – Extinção 109

Capítulo 4 – Dissolução parcial (resolução da sociedade em relação ao sócio) 111

1 – Evolução do instituto 111
2 – Crítica terminológica 115
3 – Vínculos separáveis 119
4 – Retirada ou recesso 120
    4.1 – A regra contemplada no artigo 1.077 do Código Civil 125
        4.1.1 – Noção de sócio dissidente 126
        4.1.2 – Causas ensejadoras 129
        4.1.3 – Termo *a quo* para a fluência do prazo de 30 dias 132
        4.1.4 – Modo de exercício e momento da produção de efeitos 138
    4.2 – A regra contemplada no artigo 1.029 do Código Civil 140
        4.2.1 – Aplicação às sociedades limitadas 141
        4.2.2 – Exercício no âmbito das sociedades constituídas por prazo indeterminado 164

       4.2.3 – Exercício no âmbito das sociedades constituídas por prazo determinado 168

       4.2.4 – Momento da produção de efeitos.. 170

  5 – Exclusão 172

       5.1 – A exclusão judicial do sócio por falta grave no cumprimento de suas obrigações.. 176

       5.2 – A exclusão judicial do sócio em função de sua incapacidade superveniente 181

       5.3 – A exclusão extrajudicial do sócio remisso... 182

       5.4 – A exclusão extrajudicial do sócio declarado falido................................ 183

       5.5 – A exclusão extrajudicial do sócio cuja quota tenha sido liquidada......... 184

       5.6 – A exclusão extrajudicial do sócio que estiver pondo em risco a continuidade da empresa explorada pela sociedade, em função de atos de inegável gravidade 184

       5.7 – Possibilidade de exclusão judicial nas hipóteses em que a lei autoriza a exclusão extrajudicial.. 194

  6 – Falecimento 196

       6.1 – A liquidação da quota.. 197

       6.2 – A liberdade contratual... 198

       6.3 – A opção pela dissolução total.. 200

       6.4 – A livre negociação... 201

Capítulo 5 – A ação de dissolução parcial no Código de Processo Civil de 2015... 202

  1 – A ação de dissolução parcial de sociedade como um procedimento especial do Código de Processo Civil.. 202

  2 – Uma crítica ao teor do *caput* do artigo 599 do Código de Processo Civil......... 203

  3 – Legitimidade ativa... 206

  4 – Legitimidade passiva... 218

Capítulo 6 – Apuração de haveres 229

  1 – As obrigações de levantamento e pagamento de haveres 229

  2 – A denominada "data de corte" 232

  3 – Critérios para a apuração de haveres... 234

  4 – Breve panorama acerca da evolução legislativa e jurisprudencial: Do valor patrimonial contábil ao valor patrimonial real.. 236

  5 – A aplicação do critério previsto no contrato social... 239

6 – O critério supletivo eleito pelo legislador e o convívio do *caput* do artigo 1.031 do Código Civil com o *caput* do artigo 606 do Código de Processo Civil 240

7 – Desafios vinculados à aplicação do critério supletivo legal 243

8 – A oscilação da jurisprudência do Superior Tribunal de Justiça 249

9 – Modo e prazo de pagamento de haveres 251

10 – Apuração judicial de haveres 252

Bibliografia.. 257

Prólogo

A sociedade limitada pluripessoal e empresária como o centro deste estudo

Este estudo tem em mira a dissolução total e a dissolução parcial da sociedade limitada e seus correspondentes desdobramentos. Assim é que a análise da dissolução total é acoplada à da liquidação, ao final da qual há a extinção da pessoa jurídica; e o exame da dissolução parcial é ligado ao da apuração dos haveres devidos ao sócio retirante, ao sócio excluído ou aos herdeiros do sócio falecido.

Todos esses temas naturalmente ganham relevo no universo das sociedades limitadas pluripessoais, em que há o convívio de dois ou mais sócios, pessoas naturais ou jurídicas. E, mais ainda, no âmbito da espécie empresária, em razão do modo do exercício de sua atividade econômica e de sua instrumentalização (estabelecimento).

Nas sociedades limitadas unipessoais, a dissolução total tende a se operar de modo singelo. Procedimentalmente, o sócio único poderá funcionar como liquidante ou eleger quem desejar para o desempenho do mister. Ao escolhido, caberá, sobretudo, ultimar os negócios da sociedade, alienar seu ativo, pagar seu passivo e disponibilizar o remanescente ao sócio único. Finda a liquidação, à luz do próprio §2º do artigo 1.052 do Código Civil, basta que, observando os mesmos parâmetros do distrato social, o sócio único firme instrumento por meio do qual decida pela extinção da pessoa jurídica e o leve a registro[1]. A tendência prática, entretanto, é de que todas essas providências se concentrem em poucos atos ou até mesmo em um único ato realizado pelo próprio sócio.

Ademais, tais sociedades limitadas unipessoais não se dissolvem parcialmente. Não há, pois, que se cogitar de exercício do direito de retirada e

---

[1] Sérgio Campinho. *Curso de direito comercial: Direito de empresa*. 17. ed. São Paulo: Saraiva, 2020, item 7.11, p. 205.

tampouco de exclusão. De mais a mais, caso o sócio único pessoa natural venha a falecer, a sucessão poderá se verificar de modo extrajudicial, por meio da lavratura da competente escritura pública de partilha de bens, ou de forma judicial, com amparo na correspondente sentença, que fundamentará o formal de partilha ou o alvará judicial[2].

A sociedade simples, no direito positivo brasileiro, é residual (artigo 982 do Código Civil). Ainda que a sociedade simples adote o tipo de sociedade limitada – forma disponibilizada para as sociedades empresárias, embora de modo não exclusivo (artigo 983 do mesmo diploma) –, as questões jurídicas inerentes a esse tipo não são potencializadas. É o que se tem, por exemplo, em matéria de dissolução total – em que não se enfrentará a situação de falência –, de apuração de haveres e também de dissolução parcial – em que há o empobrecimento de certas soluções que se apresentam inspiradas nos princípios da preservação da empresa e de sua função social.

Por esse conjunto de fatores, este trabalho é centrado nas sociedades limitadas pluripessoais e empresárias.

---

[2] Sérgio Campinho, *Curso de direito comercial: Direito de empresa*, item 7.10.5, p. 186.

Capítulo 1

Considerações introdutórias

1 – A origem da sociedade limitada, sua introdução e evolução legislativa no Brasil

A doutrina tem convergido ao apontar que a sociedade limitada (*Gesellschaft mit beschränkter Haftung* ou *GmbH*) foi concebida na Alemanha, por meio da lei de 20 de abril de 1892[1-2].

---

[1] Nesse sentido: Waldemar Ferreira. *Tratado de sociedades mercantis*. 5. ed. Rio de Janeiro: Editora Nacional de Direito Ltda., 1958. v. 3, p. 652 e *Tratado de direito comercial*. São Paulo: Saraiva, 1961. v. 3, p. 388; Pontes de Miranda. *Tratado de direito privado*. Rio de Janeiro: Borsoi, 1965. Tomo XLIX, p. 357; João Eunápio Borges. *Curso de direito comercial terrestre*. 5. ed. Rio de Janeiro: Forense, 1991. p. 338; Rubens Requião. *Curso de direito comercial*. 23. ed. São Paulo: Saraiva, 1998. v. 1, p. 402-403; Fran Martins. *Curso de direito comercial*. 34. ed. Rio de Janeiro: Forense, 2011. p. 211; António Menezes Cordeiro. *Manual de direito das sociedades*. Coimbra: Almedina, 2006. v. II, p. 211; e Sérgio Campinho. *Sociedade por quotas de responsabilidade limitada*. Rio de Janeiro: Renovar, 2000. p. 3 e *Curso de direito comercial: Direito de empresa*, item 7.1, p. 130. Cunha Peixoto, por seu turno, sustentava o seguinte: "Assim, as origens da sociedade de responsabilidade limitada não podem deixar de ser atribuídas à Inglaterra, onde a *private company*, emancipando-se das anônimas, constituiu uma categoria à parte que, em pouco tempo, tomou o impulso apontado nas estatísticas. Foi, porém, a Alemanha que, em primeiro lugar, legislou especialmente sôbre as sociedades de responsabilidade limitada, mediante lei promulgada em 20 de abril de 1892, pelo imperador Guilherme II" (*A sociedade por cotas de responsabilidade limitada*. 2. ed. Rio de Janeiro: Forense, 1958. v. I, p. 13).

[2] António Menezes Cordeiro, ao tratar do advento das sociedades limitadas na Alemanha, anota que "as sociedades por quotas traduzem uma pura criação do legislador alemão, aparentemente sem qualquer arrimo histórico. O seu êxito, sem precedentes, mostra que o Direito privado, mau grado o peso determinante da História e dos antecedentes científico-culturais, é permeável a criações humanas". Adiante, objetivando evidenciar o quão expressiva foi a adesão a esse novo tipo societário, o citado autor aduz: "A Lei de 22-Abr.-1892 foi um imediato sucesso, na sua terra de origem. Em 1911 já havia 20.000 sociedades por quotas, na Alemanha, num número que ultrapassaria as 70.000, antes da grande inflação" (*Manual de direito das sociedades*, v. II, p. 211-212).

Na sequência, essa nova forma ou tipo societário foi contemplado nos ordenamentos jurídicos de Portugal, por diploma sancionado em 11 de abril de 1901, e do Império Austro-Húngaro, por meio da lei de 6 de março de 1906[3].

Em 1912, após receber do governo brasileiro a incumbência de promover a revisão do Código Comercial de 1850, Herculano Inglês de Sousa, inspirado na lei portuguesa de 1901, incorporou ao seu anteprojeto a figura da *sociedade limitada*.

Seis anos depois, o deputado Joaquim Luís Osório, amparado no argumento de que a aprovação do anteprojeto de Inglês de Sousa poderia retardar por longos anos a valiosa inclusão desse novo tipo societário em nosso direito positivo[4], apresentou à Câmara dos Deputados o projeto de lei n. 247[5] que, após ligeira tramitação, foi aprovado sem qualquer modificação[6] e sancionado em 10 de janeiro de 1919. Surgia, assim, o Decreto n. 3.708/1919[7], que em seus

---

[3] Nesse sentido: Carlos Fulgêncio da Cunha Peixoto, *A sociedade por cotas de responsabilidade limitada*, v. I, p. 16; João Eunápio Borges, *Curso de direito comercial terrestre*, p. 338; e António Menezes Cordeiro, *Manual de direito das sociedades*, v. II, p. 213.

[4] João Eunápio Borges, *Curso de direito comercial terrestre*, p. 339; e Carlos Fulgêncio da Cunha Peixoto, *A sociedade por cotas de responsabilidade limitada*, v. I, p. 34.

[5] João Eunápio Borges, *Curso de direito comercial terrestre*, p. 339.

[6] Carlos Fulgêncio da Cunha Peixoto, *A sociedade por cotas de responsabilidade limitada*, v. I, p. 38; Rubens Requião, *Curso de direito comercial*, v. 1, p. 404; Jorge Lobo. *Sociedades limitadas*. Rio de Janeiro: Forense, 2004. v. 1, p. 50; e José Waldecy Lucena. *Das sociedades limitadas*. 6. ed. Rio de Janeiro: Renovar, 2005. p. 27.

[7] Em 1865, Nabuco de Araújo, sob influência da lei francesa de 1863, elaborou projeto com o escopo de lançar, no Brasil, uma sociedade por ações simplificada denominada *sociedade de responsabilidade limitada*. Essa propositura não contou com apoio do Conselho do Estado e, em 1867, foi rejeitada. Cumpre, aqui, enfatizar que o modelo idealizado pelo Conselheiro Nabuco de Araújo não pode ser apontado como antecedente histórico do Decreto n. 3.708/1919, na medida em que traduzia, como mencionado anteriormente, uma sociedade por ações simplificada. Ao apresentar detalhado relato sobre a origem da sociedade limitada no direito brasileiro, José Waldecy Lucena reproduz trecho da obra que Joaquim Nabuco (filho do Conselheiro Nabuco de Araújo) escreveu sobre seu pai (*Um Estadista do Império – Nabuco de Araújo*), merecendo destaque a seguinte passagem: "Entre os outros projetos que Nabuco formulou nesse gabinete, existe um introduzindo no País as chamadas sociedades de responsabilidade limitada, que não eram outra coisa senão as sociedades anônimas do Código do Comércio, existindo, porém, sem dependência do Governo. É a forma inglesa admitida posteriormente na França" (*Das sociedades limitadas*, p. 15). Mais à frente, José Waldecy Lucena assim arremata: "Ora, como já notara Joaquim Nabuco, o projeto objetivava introduzir 'no País as chamadas sociedades de responsabilidade limitada, que não eram outra coisa senão as sociedades anônimas do Código do Comércio, existindo, porém, sem dependência do Governo'. Bem por isso, 'o efeito do projeto seria instaurar o regime da liberdade na formação das sociedades anônimas, o que somente se fará dezesseis anos mais tarde', ou seja, com a Lei n. 3.150, de 4 de novembro de 1882. O Projeto Nabuco de Araújo, de conseguinte,

dezoito artigos regulava, de forma lacônica[8-9], é bem verdade, a *sociedade por quotas de responsabilidade limitada*.

---

não é antecedente histórico de nossa atual Lei de Sociedade por Quotas de Responsabilidade Limitada (Dec. n. 3.708, de 10 de janeiro de 1919), como, enganadamente, o afirmaram Inglez de Souza, Waldemar Martins Ferreira, Carvalho de Mendonça, Hermano de Villemor Amaral, Bento de Faria e Pontes de Miranda. A verdade histórica foi restabelecida por Sylvio Marcondes Machado, ao demonstrar o equívoco comum 'de confundir a sociedade de responsabilidade limitada, preconizada por Nabuco de Araújo, com a sociedade de responsabilidade limitada, reconhecida pelo Dec. 3.708, tratando aquela como primeira tentativa desta. A verdade histórica, porém, é que a sociedade de Nabuco significava uma *sociedade anônima livre*, enquanto que a sociedade do Dec. 3.708 constitui o *tipo autônomo* criado pelo legislador alemão'" (*Das sociedades limitadas*, p. 18-21). O esclarecimento de que o modelo do Conselheiro Nabuco de Araújo não pode ser apontado como antecedente histórico do Decreto n. 3.708/1919 também é feito por: Carlos Fulgêncio da Cunha Peixoto, *A sociedade por cotas de responsabilidade limitada*, v. I, p. 25-26; João Eunápio Borges, *Curso de direito comercial terrestre*, p. 339; Fábio Ulhoa Coelho. *Curso de direito comercial: Direito de empresa*. 20. ed. São Paulo: Revista dos Tribunais, 2016. v. 2, p. 356; e Manoel de Queiroz Pereira Calças. *Sociedade limitada no novo Código Civil*. São Paulo: Atlas, 2003. p. 21-22.

[8] Em sua exposição de motivos, Inglês de Sousa evidencia que, intencionalmente, despiu o diploma português de 1901 de suas "excessivas minúcias", tornando-o mais enxuto. Eis parte de seu relato: a "[...] adoção [das sociedades limitadas] pela Alemanha e os ótimos resultados obtidos em Portugal pela lei de 11 de abril de 1901, conforme mo atestou o Exmo. Sr. José A. de Mello e Sousa, antigo conselheiro de Estado, par do Reino e governador do Banco de Portugal, homem de grande inteligência e vasta influência comercial, com quem tive a honra de travar relações em Paris, convenceram-me da vantagem de consagrar-lhes um capítulo do projeto, adaptando-as ao sistema da codificação e expurgando-as das excessivas minúcias da lei portuguesa" (Projeto de Código Comercial, Rio de Janeiro, 1912, p. 24, *apud* Waldemar Ferreira, *Tratado de direito comercial*, v. 3, p. 393-394; Carlos Fulgêncio da Cunha Peixoto, *A sociedade por cotas de responsabilidade limitada*, v. I, p. 31; e Rubens Requião, *Curso de direito comercial*, v. 1, p. 404).

[9] Ao amparar-se no sucinto modelo de Inglês de Sousa, Joaquim Luís Osório apresentou texto igualmente conciso e recebeu uma série de críticas, como a de Waldemar Ferreira, que enxergava o prefalado Decreto como uma "sementeira de decepções" (Sociedades por quotas, n. 326, p. 299, *apud* José Waldecy Lucena, *Das sociedades limitadas*, p. 28) e a de Fran Martins, para quem havia "apenas um conglomerado de dispositivos, muitos deles sem nenhum sentido lógico, dentro do nosso sistema jurídico" (Sociedades por cotas no direito estrangeiro e brasileiro, v. I, n. 114, p. 317, *apud* Rubens Requião, *Curso de direito comercial*, v. 1, p. 404). Havia, contudo, quem acreditasse que o laconismo do diploma fosse benéfico, na medida em que acabava prestigiando a imaginação dos sócios. Nesse sentido, Rubens Requião registrou que "o estilo lacônico da lei não resultou em grande prejuízo para as empresas que adotaram esse tipo societário como sua estrutura jurídica. Ao revés, deixou, ao alvedrio dos sócios, regularem como bem desejassem, dentro, evidentemente, dos princípios gerais que regem as sociedades comerciais em nosso direito, a vida societária, através das normas contratuais" (*Curso de direito comercial*, v. 1, p. 405). Nesse mesmo passo, José Waldecy Lucena assim asseverou: "Parcas sendo suas disposições, tal acabou por resultar em benefício da larga expansão desse tipo societário, porquanto abriu ensanchas à fértil imaginação dos interessados, que assim puderam livremente moldar, segundo suas necessidades e conveniências, as sociedades que idealizavam" (*Das sociedades limitadas*, p. 29).

De fato, até o advento do referido diploma legal, aqueles que pretendessem exercer atividade comercial no país, por meio de uma pessoa jurídica, com a limitação, para todos os sócios, de suas responsabilidades, salvaguardando, dessa feita, seus patrimônios particulares das dívidas sociais, deveriam valer-se do modelo da sociedade anônima, forma societária que, no entanto, desde a sua origem, se alinhou aos grandes empreendimentos[10]. Carecia, portanto, o nosso ordenamento jurídico de um tipo societário estruturalmente mais simples que, voltando-se para os negócios de pequeno e médio portes, cumprisse esse mesmo papel. Tal lacuna veio a ser bem preenchida pela então denominada sociedade por quotas de responsabilidade limitada[11].

O *nomen iuris* da nova forma societária sofreu inúmeras críticas da doutrina, porquanto limitada era, e segue sendo, a responsabilidade dos sócios e não a da sociedade. A pessoa jurídica, como curial, responde por suas obrigações com todo o seu patrimônio, de modo ilimitado. O patrimônio social apresenta-se como a garantia dos credores da sociedade. Justamente por isso não se admite que ela possa se valer de qualquer limitação de responsabilidade. Essa limitação apenas aproveita aos seus integrantes[12].

No princípio deste século, o Código Civil de 2002 passou a disciplinar integralmente e de modo bem detalhado[13] o tipo societário em referência, chamando-o simplesmente de *sociedade limitada*[14] e revogando o aludido Decreto n. 3.708/1919.

Buscou o legislador aprimorar a designação da forma societária em comento, esvaziando a crítica rememorada e suprimindo, ainda, a expressão "por quotas". Esse passo foi dado com acerto, pois a divisão do capital social em quotas não era – e tampouco é, nos dias de hoje – uma peculiaridade desse tipo societário. O Código Comercial de 1850, por exemplo, disciplinava não só as companhias de comércio ou sociedades anônimas, cujos capitais se dividiam em ações (artigo 297), como as demais sociedades comerciais, cujos ca-

---

[10] Cabe relembrar que, até o advento da Lei n. 6.404/76, exigia-se que o capital da sociedade anônima fosse subscrito por pelo menos sete pessoas.

[11] Sérgio Campinho, *Sociedade por quotas de responsabilidade limitada*, p. 2 e *Curso de direito comercial: Direito de empresa*, item 7.1, p. 129.

[12] Sérgio Campinho, *Sociedade por quotas de responsabilidade limitada*, p. 8.

[13] Por ter regulado as sociedades limitadas de modo muito minucioso, o novo diploma não foi poupado de críticas. Nesse sentido: José Waldecy Lucena, *Das sociedades limitadas*, p. 31; e Sérgio Campinho, *Curso de direito comercial: Direito de empresa*, item 7.16.6, p. 245.

[14] O Código Civil de 2002 se valeu da mesma nomenclatura que havia sido adotada por Herculano Inglês de Sousa em seu anteprojeto.

pitais se repartiam em quotas (artigo 302, n. 4)[15]. Atualmente, o Código Civil de 2002 regula as sociedades contratuais, cujos capitais igualmente se dividem em quotas. Portanto, *quota* não é apenas a fração do capital da sociedade limitada (artigo 1.055), mas também a fração dos capitais da sociedade simples (artigo 997, inciso IV)[16], da sociedade em nome coletivo (artigo 1.041) e da sociedade em comandita simples (artigo 1.046)[17].

Se, por um lado, o Decreto n. 3.708/1919 ficou marcado pelo seu laconismo, por outro, o capítulo do Código Civil dedicado às sociedades limitadas carrega o estigma de uma excessiva regulação, por tolher, em diversas matérias, uma almejada liberdade contratual[18].

Em atendimento aos reclamos do mercado e da doutrina, por meio da Lei n. 13.874/2019, que acrescentou os §§1º e 2º ao art. 1.052 do Código Civil[19], introduziu-se em nosso ordenamento jurídico a figura da sociedade limitada

---

[15] Nesse contexto, o Código Comercial elencava a sociedade em comandita simples, a sociedade em nome coletivo, a sociedade de capital e indústria e a sociedade em conta de participação. Com efeito, essa última já era desprovida de personalidade jurídica, havendo, inclusive, quem sequer a enquadrasse como uma sociedade. Nesse sentido: João Eunápio Borges, *Curso de direito comercial terrestre*, p. 323-332; e Sérgio Campinho, *Sociedade por quotas de responsabilidade limitada*, p. 1.

[16] A sociedade cooperativa é necessariamente uma sociedade simples, por força do disposto no parágrafo único do artigo 982 do Código Civil. É ela regida pela Lei n. 5.764/71, sendo certo que o mencionado diploma codificado apenas elenca as suas características fundamentais. Consiste, portanto, em uma sociedade simples de categoria especial. Entre tais características, destaca-se a variabilidade ou dispensa do capital social, indicada no inciso I do artigo 1.094.

[17] Ao optar pela expressão *sociedade limitada*, o legislador de 2002 ressuscitou o *nomen iuris* originariamente adotado por Inglês de Sousa em seu anteprojeto.

[18] O Código Civil reúne um verdadeiro emaranhado de quóruns para dirigir as deliberações sociais. A nosso ver, os dispositivos que versam sobre quórum traduzem regras de ordem pública, razão pela qual não admitem disposição por parte dos sócios, a não ser nos casos em que a própria lei expressamente a autoriza, ou seja, nas situações do §1º do artigo 1.063 e do inciso III do artigo 1.076. Nesse sentido: Modesto Carvalhosa. *Comentários ao Código Civil*. São Paulo: Saraiva, 2003. v. 13, p. 239; Fábio Ulhoa Coelho, *Curso de direito comercial: Direito de empresa*, v. 2, p. 416; e Sérgio Campinho, *Curso de direito comercial: Direito de empresa*, item 7.16.6, p. 247. Em sentido contrário, José Edwaldo Tavares Borba defende que "o contrato poderá exigir sempre, para qualquer das questões objeto de decisão, uma maioria mais elevada, tanto que a lei apenas estabeleceu parâmetros mínimos de votos favoráveis" (*Direito societário*. 14. ed. São Paulo: Atlas, 2015. p. 143).

[19] Artigo 1.052 do Código Civil: "Art. 1.052. Na sociedade limitada, a responsabilidade de cada sócio é restrita ao valor de suas quotas, mas todos respondem solidariamente pela integralização do capital social. §1º. A sociedade limitada pode ser constituída por 1 (uma) ou mais pessoas. §2º. Se for unipessoal, aplicar-se-ão ao documento de constituição do sócio único, no que couber, as disposições sobre o contrato social".

unipessoal. Assim, atualmente, pode a sociedade limitada ser constituída por uma ou mais pessoas, naturais ou jurídicas, sendo, pois, unipessoal ou pluripessoal.

A unipessoalidade pode ser originária ou derivada. Essa última hipótese pode se concretizar mediante movimentações societárias atreladas a cessão de quotas, exercício do direito de retirada, exclusão ou falecimento, ou, ainda, a operações, como a cisão, a fusão, a incorporação, a transformação e a conversão.

2 – A natureza jurídica da sociedade limitada e a sua regência supletiva

Enquanto ainda vigorava o Decreto n. 3.708/1919, a exegese de seu artigo 18 suscitava na doutrina, com concretos reflexos na jurisprudência e intenso debate acerca da natureza jurídica da então sociedade por quotas de responsabilidade limitada.

O referido artigo 18 contava com a seguinte redação: "Serão observadas quanto às sociedades por quotas, de responsabilidade limitada, no que não for regulado no estatuto social, e na parte aplicável, as disposições da lei das sociedades anônimas".

O debate interpretativo, desde logo se diga, não era puramente acadêmico, mas sim dotado de grande envergadura prática, a partir do desafio de se delimitar o alcance da fonte supletiva enunciada no preceito anteriormente transcrito. A Lei das Sociedades Anônimas seria, assim, supletiva da própria lei de regência da sociedade por quotas de responsabilidade limitada ou da vontade dos sócios?

Se diante de um caso concreto o julgador se deparasse com a omissão do Decreto n. 3.708/1919 e a matéria não viesse disciplinada pelo contrato social – fosse pela inércia dos sócios, fosse por vedação legal, como ocorria por exemplo nas hipóteses do menor quotista e dos prazos de prescrição[20] – deveria se valer, para a solução da situação, de dispositivo contemplado na Lei das Sociedades Anônimas ou no então vigente Código Comercial, como fonte geral?

Em outros termos, a Lei das Sociedades Anônimas se aplicaria supletivamente (i) à vontade do legislador, ou seja, ao próprio Decreto n. 3.708/1919; ou (ii) apenas à vontade dos sócios, quando o contrato social contemplasse figuras próprias da sociedade anônima, compatíveis com a estrutura da socieda-

---

[20] Por serem de ordem pública, essas matérias se encontravam sob reserva legal, não podendo os sócios sobre elas dispor no contrato social.

de por quotas de responsabilidade limitada[21], mas sem discipliná-las por completo, empregando-se, nesse caso, o Código Comercial supletivamente ao aludido Decreto?

Os adeptos da primeira linha de entendimento enxergavam a sociedade por quotas de responsabilidade limitada como uma *sociedade de capital*[22],

---

[21] Como, por exemplo, a assembleia geral, o conselho de administração, o conselho fiscal e o acordo de quotistas.

[22] João Eunápio Borges caminhava nessa direção, contrapondo a sua posição àquela sustentada por Waldemar Ferreira. Eis as suas palavras: "Ora, a prevalecer a doutrina de Valdemar Ferreira, e a não ser que façamos ao legislador de 1919 a injúria de atribuir-lhe grosseiríssimo erro de técnica legislativa, o art. 1º não poderia ter feito menção à sociedade anônima, isto é, à sociedade a que se refere o art. 295 do Cód. Comercial, e teria dito simplesmente: 'Além das sociedades a que se referem os arts. 311, 315 e 317 do Cód. Comercial, etc...'. Assim modificada a redação dos arts. 1º e 2º do dec. n. 3.708, isto é, se a lei fosse o que *deveria* ser para comportar a interpretação que se lhe quer dar, e fosse o art. 18 redigido nos termos do §53 da lei germânica, tornar-se-ia admissível a conclusão de Valdemar Ferreira, no sentido de ser nossa sociedade por cotas tão somente uma de tais sociedades de pessoas, sendo-lhe aplicáveis, no silêncio do dec. n. 3.708, todas aquelas normas do tít. XV do Cód. Comercial. Mas, não o fez assim a lei. Determinando, de modo claro e inequívoco, que, além das sociedades *anônimas*, das em comanditas, das em nome coletivo e das de capital e indústria, poderão constituir-se sociedades por cotas de responsabilidade limitada, cujo título constitutivo se regerá pelos arts. 300 a 302 do Cód. Comercial (art. 2º) e nas quais serão observadas, no que não for regulado no estatuto social, e na parte aplicável, as disposições da lei das sociedades anônimas (art. 18), a única conclusão lógica e compatível com as boas regras de hermenêutica é a seguinte: *a*) A sociedade por cotas não se confunde com nenhuma outra das já existentes. *b*) Ela será constituída por instrumento público ou particular, como as sociedades a que se referem os arts. 311, 315 e 317, não sendo necessária a constituição por assembleia dos cotistas, como para as sociedades a que se refere o art. 295: as anônimas. *c*) Quando forem omissos o contrato social e o dec. n. 3.708, serão observados, na parte aplicável, os dispositivos da lei de sociedades anônimas. Nada mais. Concluir do art. 2º do dec. n. 3.708 que, além dos arts. 300 a 302, por ele invocados expressamente, são aplicáveis às sociedades por cotas todos os mais do Cód. Comercial (tít. XV) é, ao que parece e *data venia*, erronia bem maior e mais evidente do que aquela em que estariam incorrendo os intérpretes menos avisados do artigo 18. Para a criação de um tipo de sociedade como aquele a que se pretende reduzir a nossa sociedade por cotas, o legislador poderia ter sido ainda mais lacônico do que o foi. Muito mais simples e mais claro teria sido se dissesse simplesmente: 'Art. 1º. Além das sociedades em nome coletivo reguladas no Cód. Comercial, poderão constituir-se outras, que se denominarão sociedades por cotas de responsabilidade limitada. Art. 2º. As sociedades por cotas de responsabilidade limitada reger-se-ão pelas normas relativas às sociedades em nome coletivo, com as modificações constantes desta lei. Art. 3º. Revogam-se as disposições em contrário'. Somente assim, ao que nos parece, seria nossa sociedade por cotas a sociedade solidária, de *pessoas*, nos moldes em que a concebem aqueles contra os quais nos insurgimos. [...] Finalmente, e em síntese: é sempre a lei reguladora de um determinado tipo de sociedade que se aplica, supletiva e subsidiariamente, para regular as relações entre os sócios, quando o contrato for omisso. Mandando,

servindo-lhe a Lei das Sociedades Anônimas como fonte supletiva ampla, tanto para disciplinar as omissões do contrato social, quanto as da sua lei de regência; já os partidários da segunda a viam como uma *sociedade de pessoa*[23],

---

pois, o art. 18 do dec. n. 3.708 que se observem, na parte aplicável, e quando omisso o contrato de uma sociedade por cotas, a lei das sociedades anônimas, o que está clara e insofismavelmente afirmado em lei é que a de sociedades anônimas, pelo próprio fato de ser supletiva do contrato ou dos estatutos, o é igualmente da lei de sociedades por cotas" (Sociedades de pessoas e sociedades de capital: A sociedade por cotas de responsabilidade limitada. *Revista Forense*. Rio de Janeiro: Forense, v. CXXVIII, mar. de 1950. p. 352-353).

[23] Em tópico dedicado ao "contexto do art. 18 da Lei de Sociedades por Quotas", Waldemar Ferreira expunha a sua linha de raciocínio nos seguintes moldes: "Tem-se entendido esse texto em sentido diverso de seu enunciado. Nele se manda aplicar os dispositivos da lei de sociedade anônima 'no que não for regulado no estatuto social'. Trata-se, portanto, de lacuna deste, isto é, do estatuto social. Cuida-se de suprir a deficiência estatutária. Procura-se, portanto, elemento supletivo da vontade dos contratantes. É o que está escrito, claramente. Muitos, entretanto, têm ali visto, em vez da cláusula 'no que não for regulado *no estatuto social*' esta outra: 'no que não for regulado *nesta lei*'. A diferença é sensível e profunda. Leem o que não está escrito e concluem que a lei de sociedades anônimas é supletória da lei de sociedades por quotas" (*Tratado de direito comercial*, v. 3, p. 461). Em tópico intitulado "a natureza personalista da sociedade por quotas", o mencionado autor sustentava categoricamente que "a sociedade por quotas é de natureza personalística, ainda quando adote, o que é raro, os órgãos de direção, deliberação e fiscalização peculiares à sociedade anônima" (*Tratado de direito comercial*, v. 3, p. 412). Comungando com o entendimento de Waldemar Ferreira, no sentido de que a Lei das Sociedades Anônimas era supletiva apenas da vontade das partes, Rubens Requião assim concluía: "Em síntese, no caso de omissão do contrato social, invoquem-se primeiro as normas societárias do Código Comercial e em seguida, na omissão deste, aplique-se analogicamente o preceito adequado da Lei de Sociedades por Ações. Não sendo o contrato social de todo omisso, mas deixando de dar regulamentação ao funcionamento de determinado sistema, ou órgão, que o contrato instituiu, apela-se supletoriamente para a Lei das Sociedades Anônimas, no que lhe puder ser aplicável. Não é correto, em nosso entender, afirmar-se, *à outrance* que nas omissões da lei das sociedades por cotas se deve aplicar subsidiariamente a lei das sociedades por ações" (*Curso de direito comercial*, v. 1, p. 407-408). Adiante, após salientar ser esse "o mais árduo problema doutrinário referente à sociedade por cotas", o citado comercialista a enquadrava como uma sociedade de pessoa, registrando, porém, que se impressionava com o fato de os sócios poderem lhe imprimir um "cunho *capitalístico*" (*Curso de direito comercial*, v. 1, p. 409 e 411). Já Cunha Peixoto entendia que a sociedade por quotas de responsabilidade limitada era uma sociedade de pessoa, mas, diferentemente de seu contemporâneo Waldemar Ferreira, considerava que a Lei das Sociedades Anônimas se aplicava supletivamente ao próprio Decreto n. 3.708/1919: "verifica-se, pelo exame do dec. n. 3.708, que o legislador criou, no Brasil, um novo tipo de sociedade *intuitu personae*. [...] A lei n. 3.708, de 10 de janeiro de 1919, aponta outros elementos que conduzem a classificá-la entre as de pessoa. [...] Por outro lado, o próprio art. 18, do dec. número 3.708, nos conduz a essa conclusão. De fato: esse dispositivo declara que a Lei sobre Sociedade Anônima é supletiva da limitada, na parte que lhe for aplicável. Evidentemente, se a sociedade limitada fosse de capital, a Lei sobre Sociedade Anônima ser-lhe-ia totalmente ajustável, na omissão de seu diploma legal, e, portanto, desnecessária, inútil, seria a expressão 'na parte aplicável'.

tendo como fonte supletiva à sua estruturação legal o Código Comercial, com a aplicação da Lei das Sociedades Anônimas por analogia ou para fins de suprimento de lacunas do contrato social na regulação deficiente de figuras típicas da sociedade anônima pegas por empréstimo pelos sócios da limitada. Mas isso não era tudo. Havia, ainda, quem a enquadrasse como uma *sociedade mista*[24], o que, sob o ponto de vista prático, traduzia a linha de raciocínio mais

---

Logo: esta ressalva só encontra justificativa se considerarmos a sociedade limitada como de tipo diferente da anônima. E, consequentemente, teremos de concluir que o próprio dec. n. 3.708 reconhece seu caráter marcadamente pessoal. Daí também a conclusão: para aplicação de algum dispositivo da Lei de Sociedade Anônima à sociedade por cotas de responsabilidade limitada, urge, inicialmente, examinar se a norma não choca com os princípios da sociedade *intuitu personae*. E sempre que houver harmonia, devem-se suprir as lacunas do dec. n. 3.708, de 10 de janeiro de 1919, com o disposto na Lei sobre Sociedade Anônima, porque assim o determina o art. 18 do mesmo diploma legal" (*A sociedade por cotas de responsabilidade limitada*, v. I, p. 56-57). Para Pontes de Miranda, a sociedade por quotas de responsabilidade limitada tratava-se, "evidentemente, de sociedade de pessoas" (*Tratado de direito privado*, tomo XLIX, p. 362). Por sua vez, Sérgio Campinho, coautor deste trabalho, assim registrava: "Nossa visão é de que a sociedade por quotas de responsabilidade limitada, no seu âmago, se inclui no rol das sociedades de pessoa, sem descurar para o inconteste fato de que permite sua lei de regência, pelo seu intencional laconismo, que os sócios venham a conferir-lhe tonalidade tipicamente capitalista, como ocorre na permissão de livre cessão de quotas, o que, contudo, não lhe retira a essência personalista, resultante da interpretação dos artigos 2º e 18 do Dec. 3.708/19. O artigo 2º, ao determinar que o seu título constitutivo deva reger-se pelas disposições dos arts. 300 a 302 do Código Comercial, quis expressamente inseri-las no rol das sociedades de pessoa, posto que são regras contempladas na Seção I, do Capítulo III, do Título XV, pertinentes às disposições gerais desse tipo de sociedade. Mas não é só por isso. Reforça a *mens legis* a redação empregada no art. 18, mandando observar quanto a ditas sociedades 'no que não for regulado no estatuto social, e na parte aplicável, as disposições da lei das sociedades anônimas'. A intenção da lei é clara, posto que não se vale de palavras vãs, ao querer permitir a aplicação dos dispositivos da lei das sociedades anônimas somente naquilo que não for regulado no contrato social, mas, mesmo assim, na parte aplicável, isto é, que não desnature o caráter *intuitu personae*. A lei das sociedades anônimas é, pois, supletiva apenas das omissões do contrato social e não da lei das sociedades por quotas. É supletiva da vontade das partes e não da do legislador. Do contrário, não teria sentido a ressalva 'no que não for regulado no estatuto social, e na parte aplicável', feita no texto legal. [...] Para nós, resulta do sistema do Dec. 3.708/19 a seguinte disciplina a ser seguida pelo intérprete, para solucionar questões em matéria de sociedade por quotas de responsabilidade limitada: em primeiro lugar, recorre-se às regras do próprio Decreto. Em caso de omissão, ao contrato social. Silenciando o contrato – seja por omissão dos sócios ao declararem suas vontades, seja por ser a matéria insuscetível de vir nele regulada –, às regras societárias do Código Comercial. Somente se recorrerá à lei das sociedades anônimas por analogia ou para suprir lacuna do contrato, quando se tenha inserido na estrutura societária figura disciplinada pela Lei 6.404/76, desde que não vulnere a natureza *intuitu personae*" (*Sociedade por quotas de responsabilidade limitada*, p. 60-63).

[24] Essa foi a posição defendida por Aliomar Baleeiro no voto que proferiu na qualidade de Relator do Recurso Extraordinário n. 70.870/SP, o qual foi julgado à unanimidade pelos Ministros inte-

delicada, na medida em que não esclarecia se, diante da omissão do Decreto n. 3.708/1919 e do contrato social, deveriam ser aplicadas as regras da Lei das Sociedades Anônimas ou do Código Comercial[25].

O Código Civil de 2002 tratou do tema da regência supletiva da sociedade limitada em seu artigo 1.053, nos seguintes termos:

> Art. 1.053. A sociedade limitada rege-se, nas omissões deste Capítulo, pelas normas da sociedade simples.
>
> Parágrafo único. O contrato social poderá prever a regência supletiva da sociedade limitada pelas normas da sociedade anônima.

Nos dias de hoje, a sociedade limitada é regida supletivamente pelos dispositivos de forma próprios da sociedade simples, tradutores de regra geral em matéria de direito societário[26] (*caput* do artigo 1.053), ou pelos preceitos constantes da Lei n. 6.404/76, desde que os sócios tenham se valido da faculdade de contemplarem expressamente no contrato social previsão nesse sentido (parágrafo único do artigo 1.053).

Dessa feita, silente o contrato social em relação à regência supletiva, a omissão legal[27] somada à omissão verificada no âmbito do próprio ato constitutivo da sociedade limitada deverão ser sanadas por intermédio da aplicação dos dispositivos da sociedade simples[28]. Por outro lado, se o contrato social contiver uma cláusula que estabeleça de modo categórico que ela será regida subsidiariamente pelas regras da sociedade anônima, as omissões

---

grantes da Primeira Turma do Supremo Tribunal Federal em 08.06.1973. Na ementa do prefalado Recurso Extraordinário, fez-se constar expressamente: "a sociedade por quotas de responsabilidade limitada é mista e não de pessoas".

[25] Trazemos à baila, como contraponto à teoria mista, os clássicos exemplos acerca da possibilidade, ou não, de o menor quotista apresentar-se como sócio de uma sociedade por quotas de responsabilidade limitada e da prescrição que, por serem matérias de reserva legal, não poderiam simplesmente ser reguladas em cláusulas do contrato social. Qual seria a lei aplicável a cada uma dessas questões? O Código Comercial ou a Lei das Sociedades Anônimas? A teoria mista simplesmente não respondia essas indagações (Sérgio Campinho, *Sociedade por quotas de responsabilidade limitada*, p. 59-60).

[26] Nesse sentido: Fábio Ulhoa Coelho, *Curso de direito comercial: Direito de empresa*, v. 2, p. 455; José Edwaldo Tavares Borba, *Direito societário*, p. 121-122; e Sérgio Campinho, *Curso de direito comercial: Direito de empresa*, item 6.1, p. 93-94 e item 7.8, p. 151.

[27] Artigos 1.052 a 1.087 do Código Civil.

[28] Logicamente, o mesmo se verificará caso o contrato social possua uma cláusula que preveja de forma explícita que a sociedade limitada será regida supletivamente pelas regras da sociedade simples.

legal e contratual ensejarão a aplicação dos preceitos constantes da Lei n. 6.404/76, desde que, diga-se desde já, isso não contrarie a natureza contratualista da sociedade limitada[29].

Na prática, temos ainda adotado, na redação de certos contratos sociais, outras duas técnicas que também se compatibilizam com o disposto no artigo 1.053 do Código Civil. Pela primeira, inclui-se, no ato regra da sociedade limitada, cláusula por meio da qual os sócios preveem que a sua regência supletiva se dará pelos dispositivos da Lei n. 6.404/76, mas que, em relação a determinadas matérias no instrumento expressamente declinadas, ela será regida subsidiariamente pelos preceitos da sociedade simples. Pela segunda, os sócios fazem constar do contrato social cláusula que estabelece justamente o inverso: verificadas as omissões legal e contratual, serão aplicadas as regras próprias da sociedade simples, exceto em relação a matérias específicas, também indicadas no pacto societário, que deverão ser regidas pelo disposto na Lei das Sociedades Anônimas. A utilização dessas duas técnicas é perfeitamente factível, porquanto, se há possibilidade de se utilizar por inteiro as regras de tipo da sociedade simples, também se pode utilizá-las de modo parcial, o mesmo se aplicando às disposições da Lei n. 6.404/76. Em outros termos, podem os sócios optar por realizar um *mix* dessas regras, sempre respeitada a feição contratual da limitada.

Com efeito, a aplicação de preceitos da Lei n. 6.404/76 a uma sociedade limitada não se fará de modo geral e irrestrito, mas sempre deverá estar conformada com o fato de ser ela uma sociedade contratual, apresentando-se, em

---

[29] A nosso ver, ainda que não conste do contrato social da sociedade limitada que a sua regência supletiva se dará pelas regras constantes da Lei n. 6.404/76, será possível aplicar alguns dispositivos do aludido diploma legal por analogia, à luz do disposto no artigo 4º da Lei de Introdução às Normas do Direito Brasileiro. Essa aplicação fica condicionada à verificação de omissão nos preceitos próprios da sociedade simples (artigos 997 a 1.038 do Código Civil), além, é claro e precedentemente, de omissão nas regras relativas à sociedade limitada (artigos 1.052 a 1.087 do mesmo Código). Assim, a título exemplificativo, os sócios de uma sociedade limitada regida subsidiariamente pelos dispositivos da sociedade simples, cujo contrato social é completamente silente em relação à figura do acordo de quotistas, podem celebrar o mencionado pacto parassocial de modo válido e eficaz. A aplicação analógica de preceitos da Lei n. 6.404/76 à sociedade limitada regida supletivamente pelas regras da sociedade simples é iluminada por Sérgio Campinho, coautor deste trabalho (*Curso de direito comercial: Direito de empresa*, item 7.8, p. 153). Ademais, também é destacada por Arnoldo Wald. *Comentários ao novo Código Civil*. 2. ed. Rio de Janeiro: Forense, 2010. v. XIV, p. 302-303; e Alfredo de Assis Gonçalves Neto. *Direito de empresa: Comentários aos artigos 966 a 1.195 do Código Civil*. 9. ed. São Paulo: Thomson Reuters Brasil, 2019. p. 382.

sua essência, como uma sociedade de pessoa, marcada, assim, pelo caráter *intuitu personae*[30-31].

Como a sociedade limitada nasce a partir da celebração de um contrato por seus sócios, as questões referentes à sua constituição, à sua dissolução e à sua liquidação obedecerão aos regramentos e aos princípios das sociedades contratuais. Assim, ainda que os sócios tenham se valido da faculdade de estabelecer expressamente, no contrato social, que a sua regência supletiva se dará pelos dispositivos constantes da Lei n. 6.404/76, as questões vinculadas à sua

---

[30] Sérgio Campinho, *Curso de direito comercial: Direito de empresa*, item 7.8, p. 154.

[31] Jorge Lobo também enquadra a sociedade limitada como uma sociedade de pessoa, observando ser ela "uma sociedade *intuitu personae*, porque, quer quando de sua constituição, quer durante o seu funcionamento, em geral os sócios nutrem sentimentos de afeição e confiança mútuas, respeitam-se e admiram-se, nela priorizando-se as qualidades pessoais dos sócios e não o contingente econômico-financeiro necessário à formação do capital social (*Sociedades limitadas*, v. 1, p. 51). Comungando desse mesmo entendimento, Rubens Requião assim atesta: "Temos, para nós, que a sociedade por cotas de responsabilidade limitada constitui sociedade de *pessoas*: não podemos, porém, deixar de nos impressionar com a circunstância de que os sócios, na elaboração do contrato social, lhe podem dar um cunho *capitalístico*, quando permitem a cessão de cotas a estranhos, sem a necessária anuência dos demais. Se na sociedade pode ingressar um estranho, é porque os sócios mantêm a sociedade mais em atenção ao seu capital, do que à qualidade pessoal dos companheiros" (*Curso de direito comercial*, v. 1, p. 411). Por outro lado, há quem considere que "a sociedade limitada pode ser de pessoas ou de capital, de acordo com a vontade dos sócios", sendo certo que "o contrato social define a natureza de cada limitada" (Fábio Ulhoa Coelho, *Curso de direito comercial: Direito de empresa*, v. 2, p. 360); quem sustente que "o caráter personalista ou capitalista da sociedade por quotas deve ser examinado em cada caso concreto, pois a disciplina legal desse modelo de sociedade, em nosso país, permite aos sócios, no contrato social, fazer com que prevaleça uma ou outra daquelas estruturas" (Arnoldo Wald, *Comentários ao novo Código Civil*, v. XIV, p. 281); quem entenda que ela "têm natureza peculiar e particular – híbrida no dizer de respeitável doutrina" (Manoel de Queiroz Pereira Calças, *Sociedade limitada no novo Código Civil*, p. 29); quem defenda que a sociedade limitada traduz "um tipo social distinto, inclassificável como sociedade de pessoas ou de capitais" (José Waldecy Lucena, *Das sociedades limitadas*, p. 59); quem afirme que "a sociedade limitada não se encontra sujeita a uma norma rígida, podendo o respectivo contrato convencionar ou não a intransferibilidade das cotas", de modo que "no primeiro caso (intransferibilidade das cotas), ter-se-ia uma sociedade de pessoas e, no segundo (transferibilidade das cotas), uma sociedade de capitais" (José Edwaldo Tavares Borba, *Direito societário*, p. 78); quem anote que "apenas no caso concreto, à luz das decisões dos sócios em relação a [determinadas] matérias, será possível afirmar se a limitada é de pessoas ou de capitais, não se podendo definir *a priori* a sua natureza" (Marlon Tomazette. *Curso de direito empresarial: Teoria geral e direito societário*. 5. ed. São Paulo: Atlas, 2013. v. 1, p. 347); e, por fim, quem preconize que "dependendo da estrutura escolhida em sua constituição, a sociedade limitada será uma sociedade de pessoa ou de capital" (Ricardo Negrão. *Manual de direito comercial e de empresa*. 3. ed. São Paulo: Saraiva, 2003. v. 1, p. 240).

constituição, à sua dissolução e à sua liquidação serão disciplinadas pelas regras próprias da sociedade simples[32-33].

A redação conferida pelo legislador ao parágrafo único do artigo 1.053 do Código Civil teve o condão de esclarecer que os preceitos da Lei n. 6.404/76 aplicam-se supletivamente ao próprio capítulo que o referido diploma codificado dedica à sociedade limitada – ou seja, à lei e não apenas ao contrato social –, sepultando parte da controvérsia que acompanhou o artigo 18 do Decreto n. 3.708/1919 ao longo de sua vigência. Contudo, viva remanesceu a divergência relativa à própria natureza jurídica do tipo societário em comento.

Como já adiantado, enxergamos a sociedade limitada como uma sociedade contratual – e quanto a isso não há qualquer polêmica – que se apresenta, em seu âmago, como uma sociedade de pessoa.

---

[32] Nesse passo, Sérgio Campinho, coautor deste trabalho, assim sustenta em seu *Curso de direito comercial: Direito de empresa*: "As questões atinentes à formação, dissolução e liquidação da sociedade limitada serão sempre regidas pelas normas das sociedades simples, no caso de omissão, e não pelas das S/A, em razão da evidente natureza contratual da matéria. Não tendo a limitada natureza institucional, não podem as regras da sociedade anônima servir de respaldo à disciplina dos temas. Sendo assim, aplicam-se a ela os princípios da liquidação da quota do sócio falecido (art. 1.028), do recesso do sócio (art. 1.029), da apuração dos haveres (art. 1.031), da dissolução de pleno direito (art. 1.033), da responsabilidade do sócio pela integralização das quotas subscritas em bens ou créditos (art. 1.005), da cláusula leonina (art. 1.008) e da verificação da mora do sócio (art. 1.004), por exemplo" (*Curso de direito comercial: Direito de empresa*, item 7.8, p. 152-153). Fábio Ulhoa Coelho, por seu turno, defende que há "dois temas em que a limitada não se regula pela Lei das Sociedades Anônimas: a constituição e a dissolução total" (*Curso de direito comercial: Direito de empresa*, v. 2, p. 359).

[33] Com propriedade, ao cuidar do disposto no parágrafo único do artigo 1.053 do Código Civil, Paula Forgioni aproxima ainda mais a sociedade limitada da sociedade simples. Cabe, aqui, reproduzir as suas palavras: "Interpretando esse dispositivo de forma sistemática e *de acordo com a realidade e tradição brasileiras*, não podemos chegar a conclusões outras senão as de que: (i) A disciplina das limitadas é composta dos dispositivos específicos, que se complementam pelas regras gerais das sociedades simples que com eles forem harmonizáveis ou compatíveis. E: (ii) Caso seja a vontade das partes, expressa no contrato social, a sociedade limitada (ou seja, o regramento da sociedade limitada, composto pelas regras específicas, por seu contrato social e pelas regras 'gerais' das sociedades simples) clama pela disciplina 'supletiva' (complementar) das sociedades anônimas. [...] Não há a 'sociedade limitada simples' e a 'sociedade limitada anônima', mas *apenas a disciplina jurídica da sociedade limitada, composta da interação da parte específica do Código com sua parte geral* (hoje corporificada na sociedade simples) e que, se assim for a vontade das partes, pode ir além, chamando, naquilo que lhe for compatível, as regras e os princípios das sociedades anônimas" (A unicidade do regramento jurídico das sociedades limitadas e o art. 1.053 do Código Civil: Usos e costumes e regência supletiva. In: VON ADAMEK, Marcelo Vieira (Coord.). *Temas de direito societário e empresarial contemporâneos*. São Paulo: Malheiros, 2011. p. 222-223).

O fato de o parágrafo único do artigo 1.053 do Código Civil preconizar que os sócios podem optar por prever que a regência supletiva da sociedade limitada se dará pelos dispositivos da Lei n. 6.404/76, a nosso ver, não faz com que ela perca a sua natureza de sociedade de pessoa e tampouco consagra um tipo híbrido ou misto, na medida em que a aplicação de dispositivos da Lei de Sociedades Anônimas subsidiariamente à sociedade limitada sempre deverá estar conformada com a sua natureza *intuitu personae*, ou seja, sempre deverá ser compatível com as características fundamentais da forma societária em referência.

Tampouco nos sensibiliza o argumento de que o enquadramento da sociedade limitada como uma sociedade de pessoa ou de capital será orientado pelo regime de cessão de quotas previsto no contrato social (livre cessão ou cessão condicionada à anuência de uma maioria simples ou qualificada, ou, ainda, à unanimidade dos demais sócios). Não é essa cláusula que vai definir a sua caracterização como uma sociedade de pessoa ou de capital. A natureza jurídica não decorre do que é estabelecido em cláusulas contratuais, mas sim do que é instituído na lei. A opção dos sócios em manter um regime de cessão de quotas inteiramente livre ou com restrições não pode ser tida como a baliza, como o parâmetro a definir a natureza jurídica da sociedade limitada. E essa questão da liberdade de cessão de quotas, não custa lembrar, não é uma novidade trazida pelo Código Civil, sendo figura bem conhecida durante a vigência do Decreto n. 3.708/1919[34].

Ademais, tem-se que o Código Civil, ao traçar a moldura legal da sociedade limitada, abraçou princípios e regras típicos das sociedades *intuitu personae*, por exemplo: (i) a sua constituição por simples contrato; (ii) a consequente necessidade de alteração do contrato nas hipóteses de retirada, exclusão e falecimento do sócio; (iii) o fato de os sócios responderem solidariamente pela integralização do capital social; (iv) a liquidação da quota do sócio falecido, salvo (*a*) disposição contratual em sentido diverso, (*b*) se os sócios remanescentes optarem pela dissolução total da sociedade, ou (*c*) se, por acordo com os herdeiros, for regulada a substituição do sócio falecido; (v) o condicionamento da cessão de quotas a terceiros estranhos ao capital à ausência de oposição de titulares de mais de ¼ (um quarto) do capital social, ou seja, à concordância de titulares de, no mínimo, ¾ (três quartos) do capital social, não se fazendo semelhante exigência quando a cessão se dá em favor de quem já é sócio; e (vi) a possibilidade de retirada do sócio ante a ruptura da

---

[34] A respeito, confira-se: Sérgio Campinho, *Sociedade por quotas de responsabilidade limitada*, p. 77-79.

affectio societatis[35]. Não se pode afastar o perfil legal que restou estabelecido para esse tipo societário, o qual precede e se sobrepõe a qualquer definição dos sócios quanto ao regime de cessão de quotas.

Apesar de a sociedade limitada ser, em essência, uma sociedade de pessoa, tem-se que a lei permite a flexibilização desse caráter *intuitu personae* em algumas hipóteses, por ocasião da regulação, pelos sócios, de certos episódios da vida social[36], tal como já se verificava enquanto ainda vigorava o antigo Decreto n. 3.708/1919. Nesses cenários, os sócios podem conferir à sociedade limitada uma feição capitalista, uma tonalidade de sociedade de capital.

Essa possibilidade de atenuação do caráter *intuitu personae* é uma peculiaridade, um traço característico da sociedade limitada. Porém, ela não tem a capacidade de transformá-la em uma forma societária híbrida ou mista e muito menos em uma sociedade de capital. Portanto, ainda que os sócios estabeleçam no contrato social que a cessão de quotas poderá ser feita livremente e que o sócio falecido será automaticamente substituído por seus sucessores, restarão preservados os demais elementos próprios das sociedades *intuitu personae*, inexistentes nas sociedades tipicamente de capital, por evidente incompatibilidade com essa natureza, notadamente a solidariedade entre os sócios pela integralização do capital social, que não admite qualquer mitigação e independe da condição de pessoa natural ou jurídica dos sócios.

A reflexão sobre a natureza jurídica da sociedade limitada e a conclusão de ser ela uma sociedade contratual, que se apresenta, em sua essência, como uma sociedade de pessoa, não possuem um viés estritamente acadêmico e tampouco se mostram estéreis para o mercado societário. A sua compreensão serve de base para a formulação de nossa argumentação acerca da aplicação irrestrita do disposto no artigo 1.029 do Código Civil às sociedades limitadas, como se verá mais adiante, no item 4.2.1 do Capítulo 4.

3 – O contrato plurilateral de sociedade

A sociedade limitada pluripessoal é constituída por contrato celebrado entre seus sócios que, assim, reciprocamente se obrigam a contribuir, com dinheiro, crédito ou bens suscetíveis de avaliação pecuniária[37], para o exercício

---

[35] Sérgio Campinho, *Curso de direito comercial: Direito de empresa*, item 7.8, p. 153-154.

[36] Essa flexibilização se verifica, por exemplo, quando há a adoção do regime da livre cessão de quotas e de regra que prevê a substituição automática do sócio falecido por seus herdeiros ou legatários (Sérgio Campinho, *Curso de direito comercial: Direito de empresa*, item 7.8, p. 154).

[37] Na sociedade limitada, não se admite a contribuição em trabalho (§2º do artigo 1.055 do Código Civil).

da atividade econômica e a partilha, entre si, dos resultados. O vínculo societário é, pois, de índole contratual.

O contrato da sociedade limitada pluripessoal – e de toda sociedade contratual – é um contrato plurilateral, como bem assentou a doutrina de Tullio Ascarelli[38]. Assim, é grafado pela indeterminação do número de partes, cujos interesses, ainda que em certos casos antagônicos, são integrados e coordenados para a consecução de um fim comum: a obtenção e a partilha dos lucros resultantes da exploração da atividade econômica pela sociedade[39]. É um contrato, portanto, que nutre características próprias, as quais lhe conferem um tom peculiar[40]. Gera direitos e obrigações entre os sócios, fazendo surgir no mundo jurídico a sociedade, um novo sujeito de direitos e obrigações. A título exemplificativo, se, por um lado, por ocasião da formação da sociedade ou do aumento de seu capital os sócios são obrigados a integralizar o valor das quotas de capital subscritas, criando um direito de crédito em favor da pessoa jurídica, por outro, quando o sócio exerce o seu direito de retirada ou é excluído da sociedade, verificando-se a ruptura do vínculo social, é ela quem figura como devedora dos correspondentes haveres, apresentando-se o sócio como credor.

As demais sociedades pluripessoais disciplinadas pelo Código Civil, como a sociedade simples, a sociedade em nome coletivo e a sociedade em comandita simples, também são sociedades contratuais.

De todo modo, ainda à luz da natureza de seus atos constitutivos, as sociedades podem ostentar a natureza de institucionais. É o que se tem com as sociedades anônimas e em comandita por ações, regidas pela Lei n. 6.404/76, e com a sociedade limitada unipessoal, finalmente incorporada ao nosso ordenamento jurídico por meio da Lei n. 13.874/2019, que acrescentou os §§1º e 2º ao artigo 1.052 do Código Civil.

O ato de criação das sociedades institucionais não é um contrato. Em regra, para a formação de sua modalidade pluripessoal, são necessários diversos atos, que se consubstanciam no seu ato constitutivo[41]. Ademais, a lei reúne todas as regras vinculadas à sua formação e, ainda, as que orientam as relações dos acionistas entre si e desses com os órgãos sociais. Aos funda-

---

[38] *Problemas das sociedades anônimas e direito comparado.* Campinas: Bookseller, 1999. p. 372-452.
[39] Sérgio Campinho, *Curso de direito comercial: Direito de empresa*, item 3.3.7.3, p. 66.
[40] Fábio Ulhoa Coelho, *Curso de direito comercial: Direito de empresa*, v. 2, p. 372.
[41] Sérgio Campinho, *Curso de direito comercial: Direito de empresa*, item 3.3.7.3, p. 65-66.

dores da sociedade anônima, cabe apenas expressarem suas respectivas vontades pela constituição da pessoa jurídica. Assim, a sistemática adotada afasta a sociedade anônima da noção de simples contrato[42]. No que tange especificamente à sociedade limitada unipessoal, a natureza institucional vincula-se ao fato de nascer da manifestação de vontade de uma só pessoa. Não há um contrato. Seu sócio único a institui e, assim, lhe dá vida, conferindo-lhe a natureza institucional, embora com um perfil peculiar, distinto, pois, do das sociedades por ações.

A classificação das sociedades em contratuais e institucionais possui contornos pragmáticos verdadeiramente relevantes: nas sociedades contratuais, a teoria dos contratos, por meio de suas regras e princípios, vai orientar as questões referentes à constituição e à dissolução do vínculo social, o que não ocorrerá nas sociedades com vínculo puramente institucional[43].

O contrato da sociedade limitada pluripessoal, além de plurilateral, também se apresenta como simplesmente consensual e oneroso[44]. É simplesmente consensual, porquanto basta o consentimento das partes para a sua perfectibilização. O fato de os sócios, na formação da sociedade, se obrigarem a transferir recursos de seus patrimônios particulares para constituir os fundos sociais, integralizando as quotas subscritas, não é condição para a perfectibilização do contrato, mas simples elemento de sua execução, fazendo emergir, como já assinalamos, o correspondente direito de a sociedade exigir de cada sócio o cumprimento dessa obrigação. Ademais, é oneroso, pois os sócios têm por escopo a obtenção de proveito pessoal[45].

Tal contrato impõe a observância de certos requisitos para sua validade e plena eficácia. Além do livre consentimento, exige-se a capacidade dos agentes[46], a licitude ou idoneidade do objeto, a legitimação das partes e a observância da forma legal[47].

---

[42] Sérgio Campinho. *Curso de direito comercial: Sociedade anônima*. 5. ed. São Paulo: Saraiva, 2020, item 2.5, p. 33.

[43] Sobre este ponto, cabe conferir: Fábio Ulhoa Coelho, *Curso de direito comercial: Direito de empresa*, v. 2, p. 374-375; Marlon Tomazette, *Curso de direito empresarial: Teoria geral e direito societário*, v. 1, p. 220; e Sérgio Campinho, *Curso de direito comercial: Direito de empresa*, item 7.8, p. 152-153.

[44] Orlando Gomes. *Contratos*. 10. ed. Rio de Janeiro: Forense, 1984. p. 443.

[45] Orlando Gomes, *Contratos*, p. 443.

[46] A capacidade das partes para firmar o contrato de sociedade foi de certo modo relativizada na evolução legislativa, à luz da própria construção doutrinária e jurisprudencial acerca da figura do menor quotista. Com a inclusão do §3º ao artigo 974 do Código Civil pela Lei n. 12.399/2011

Além desses requisitos gerais de validade, o contrato da sociedade limitada pluripessoal deverá reunir outros elementos específicos, quais sejam: a pluralidade de sócios, a contribuição de todos os sócios para a formação do capital social (não se admitindo, na sociedade limitada, como se destacou anteriormente, que a contribuição se dê por meio da prestação de serviços, nos moldes do §2º do artigo 1.055 do Código Civil), a participação de todos os sócios nos lucros (artigo 1.008 do Código Civil) e a *affectio societatis*[48].

A inobservância dos requisitos de que todos os sócios contribuam para a formação do capital social e participem dos lucros não compromete a existência da sociedade ou a validade do contrato social como um todo, mas apenas das correspondentes cláusulas.

Já a pluralidade de sócios e a *affectio societatis* são elementos indissociáveis da própria existência da sociedade limitada pluripessoal, funcionando, pois, como pressupostos de sua existência[49] propriamente dita.

A *affectio societatis* revela-se como a vontade dos sócios de se unirem por meio de um vínculo societário, realizando colaborações voluntárias, conscientes e ativas para a consecução de propósitos comuns[50], consistentes, em última análise, na realização do fim social, sem o que efetivamente não se pode falar em sociedade. Caracteriza-se, na lição de Lagarde[51], como uma vontade manifesta de união e aceitação das áleas comuns. E dessa vontade resulta inexoravelmente para os sócios a observância de um feixe de deveres comuns indispensáveis à própria existência da sociedade. Na visão de Orlando Gomes, é o elemento decisivo para a caracterização do contrato de sociedade que o distingue de figuras afins[52]. Deve a *affectio societatis* estar presente não só no

---

– embora com deficiente técnica legislativa, por integrar estrutura normativa destinada à disciplina do empresário individual – foi definitivamente consagrada a possibilidade de o sócio incapaz participar das sociedades contratuais (o que já se admitia nas sociedades institucionais, como a sociedade anônima), desde que observados cumulativamente os seguintes requisitos: o capital social deve estar totalmente integralizado, o sócio incapaz não pode exercer a administração da sociedade e deve encontrar-se devidamente assistido ou representado conforme o seu grau de incapacidade.

[47] Sérgio Campinho, *Curso de direito comercial: Direito de empresa*, item 7.6, p. 143.

[48] Sérgio Campinho, *Curso de direito comercial: Direito de empresa*, item 7.6, p. 143.

[49] Fábio Ulhoa Coelho, *Curso de direito comercial*, v. 2, p. 378-379.

[50] Sérgio Campinho, *Curso de direito comercial: Direito de empresa*, item 3.2, p. 48.

[51] Rubens Requião, *Curso de direito comercial*, v. 1, p. 363.

[52] Eis as suas palavras: "A *affectio societatis* é o elemento psicológico considerado decisivo para a caracterização do contrato, elemento que possibilita distingui-lo de figuras afins, como a parceria, a edição, certos contratos de trabalho e, de modo geral, os *negócios parciários*, nos quais,

momento da constituição da sociedade limitada pluripessoal, mas também durante toda a vida social. O seu desaparecimento legitima o desfazimento do vínculo, ainda que parcialmente[53]. Em outros termos, a sua ruptura conduz à dissolução parcial[54] ou até mesmo total da sociedade.

---

conforme noção pacífica, promete alguém determinadas prestações em troca de participação nos que outrem venha a obter" (Orlando Gomes, *Contratos*, p. 444).

[53] Sérgio Campinho, *Curso de direito comercial: Direito de empresa*, item 7.6, p. 143.

[54] Resolução da sociedade em relação a um sócio, como preferiu o Código Civil na Seção V, do Capítulo I ("Da Sociedade Simples"), do Subtítulo II ("Da Sociedade Personificada"), do Título II ("Da Sociedade"), do Livro II ("Do Direito de Empresa"), de sua Parte Especial.

Capítulo 2

Dissolução total

1 – Apontamentos iniciais sobre a dissolução

A *dissolução* da sociedade consiste na verificação de uma causa apta a desencadear o processo de sua extinção. A materialização da causa dissolutória enseja a *liquidação* da sociedade, com a alienação de seu ativo, o pagamento de seu passivo e a distribuição de um eventual acervo remanescente entre os seus sócios[1-2]. Ao final dessa etapa de liquidação, ocorre a *extinção* da pessoa jurídica[3]. A sociedade preserva sua personalidade jurídica para proceder à

---

[1] Nas palavras de Arnoldo Wald, "o ato de dissolução é apenas a mola propulsora de um processo que só termina após a liquidação da sociedade, assim compreendido o pagamento dos passivos vencidos e vincendos, o recebimento dos créditos e o rateio, entre os sócios, do saldo porventura existente" (*Comentários ao novo Código Civil*, v. XIV, p. 227).

[2] Caso o ativo não seja suficiente para fazer frente ao passivo e os sócios não se disponham a suplementar o valor necessário à quitação integral das dívidas sociais, caberá ao liquidante confessar a falência da sociedade, sendo ela empresária, para que, diante do desequilíbrio verificado, instaure-se o concurso de credores, garantindo-se a observância das preferências legais e o tratamento isonômico dos credores integrantes de uma mesma classe (*par conditio creditorum*).

[3] No âmbito do Direito Comercial, poucos paralelos podem ser mais poéticos do que o traçado pelo comercialista mineiro João Eunápio Borges entre a dissolução total das antigas sociedades comerciais e a morte. Eis as suas palavras: "Como as pessoas naturais, as sociedades comerciais pessoas jurídicas nascem, desenvolvem-se, têm vida mais ou menos longa e também morrem. Nem sempre da morte natural prevista nos seus contratos ou atos constitutivos. Às vezes, prematuramente, golpeadas pelas desavenças entre os sócios, ou vítimas de maus negócios, sem terem realizado os seus fins. Pela vontade dos sócios, ou pelas causas previstas na lei, no contrato ou nos estatutos, elas se extinguem, por meio da dissolução e da liquidação. Como as mortes súbitas das pessoas físicas, a dissolução das sociedades é às vezes instantânea, verificando-se de pleno direito, por força da lei. Outras vezes o seu processo lembra o das enfermidades mais ou menos longas, que se podem combater, evoluindo às vezes favoravelmente para a cura ou agravando-se irremediavelmente até a dissolução, isto é, a morte. Esta nem sempre é reconhecida por todos, exigindo frequentemente, para a sua prova ou verificação, o atestado de óbito judicial... E como para o homem, há também para as sociedades ao lado da morte real, definitiva, a morte aparente: depois de uma fase mais ou menos longa, a sociedade, do estado de liquidação

liquidação, mantendo-a ao longo de todo esse período, sendo certo, portanto, que ela somente deixa de existir com a extinção. Desse modo, o processo para pôr fim à sua existência legal é composto por três fases bem distintas, cada uma delas dotada de um conteúdo jurídico particular: a dissolução, a liquidação e a extinção[4].

Antes do advento do Código Civil de 2002, enquanto ainda vigorava o Decreto n. 3.708/1919, a dissolução das sociedades por quotas de responsabilidade limitada seguia o mesmo modelo insculpido no Código Comercial de 1850 para as demais sociedades mercantis por ele disciplinadas. Assim, à luz do referido Código – que, diga-se desde já, teve em mira a dissolução total –, as sociedades por quotas de responsabilidade limitada poderiam ser dissolvidas de duas formas: de pleno direito ou de modo judicial.

A dissolução de pleno direito[5] encontrava a sua disciplina no artigo 335 do aludido diploma codificado, segundo o qual a sociedade reputava-se dissolvida (i) verificada a expiração do prazo de sua duração; (ii) em função de sua quebra[6] ou da de quaisquer de seus sócios[7]; (iii) por mútuo consenso de

---

em que se achava – morte aparente – retoma o seu estado de vida normal. Dir-se-ia que houve ressurreição; mas, no caso, não é mister recorrer ao milagre. O símile da morte aparente, seguida de retorno feliz à vida – que não chegara a extinguir-se totalmente – basta para explicar o fenômeno: a sociedade, dissolvida pela declaração de sua falência, obtém concordata; a sociedade anônima em fase de liquidação é reposta em sua vida normal, por deliberação de seus acionistas etc.". (*Curso de direito comercial terrestre*, p. 529).

[4] Sérgio Campinho, *Curso de direito comercial: Sociedade anônima*, item 17.1, p. 389.

[5] A dissolução de pleno direito nem sempre se fazia de modo extrajudicial. Caso houvesse a resistência de um ou mais sócios à causa invocada (como na hipótese de dissolução por vontade de um dos sócios, prevista no n. 5 do artigo 335 do Código Comercial), seria necessário o pronunciamento judicial, conforme disposto no artigo 656, §1º, do Código de Processo Civil de 1939, mantido em vigor, até o advento do Código de Processo Civil de 2015, por força do artigo 1.218, inciso VII, do Código de Processo Civil de 1973 (Sérgio Campinho, *Sociedade por quotas de responsabilidade limitada*, p. 123).

[6] Sobre a superação da noção de falência como meio de dissolução de pleno direito, confira-se o item 2.4 deste Capítulo 2.

[7] A falência de um dos sócios já não se apresentava como causa de dissolução de pleno direito da sociedade desde o advento do Decreto-Lei n. 7.661/1945. Sobre o tema, professava Trajano de Miranda Valverde: "O preceito atual não segue a mesma orientação, que era puramente individualista. A continuidade da empresa interessa à ordem econômica e social. A sociedade que a explora só deverá dissolver-se, entrar em liquidação, por motivos graves, previstos na lei ou no contrato. Isto posto, afastada a aplicação do n. 2 do art. 335 do Cód. Comercial à hipótese, a falência do sócio só acarretará a liquidação da sociedade se assim dispuser preceito especial de lei ou, expressamente, o contrato social" (*Comentários à lei de falências*. Rio de Janeiro: Forense, 1948. v. I, p. 309). Nesse mesmo sentido fluía a lição de Rubens Requião: "O art. 335, n. 2, do Código Comercial, que considerava dissolvida *pleno jure* a sociedade pela falência do sócio,

todos os sócios; (iv) pela morte de um dos sócios, salvo convenção em contrário por parte dos que sobrevivessem; e (v) por vontade de um dos sócios, sendo a sociedade celebrada por tempo indeterminado[8].

Já a dissolução judicial regia-se pelo disposto em seu artigo 336, o qual estabelecia que, "antes do período marcado no contrato", qualquer sócio poderia requerê-la nas seguintes hipóteses: (i) impossibilidade de continuação da sociedade, por não poder preencher o intuito e fim social, como nos casos de perda inteira do capital social, ou de esse não ser suficiente; (ii) inabilidade de algum dos sócios, ou incapacidade moral ou civil, julgada por sentença; (iii) abuso, prevaricação, violação ou falta de cumprimento das obrigações sociais, ou fuga de algum dos sócios.

Algumas das hipóteses elencadas nos mencionados artigos 335 e 336 do Código Comercial de 1850, enxergadas à luz do princípio da preservação da empresa, foram relativizadas e, assim, fomentaram a consagração do que se convencionou chamar, a partir da construção pretoriana, de "dissolução parcial da sociedade". A despeito de ter sido alvo de críticas formuladas por boa parte da doutrina, a expressão ganhou força no mercado societário. O Código Civil de 2002, no entanto, preferiu valer-se da designação "resolução da sociedade em relação a um sócio". De todo modo, a primeira nomenclatura acabou sendo adotada pelo Código de Processo Civil de 2015, que inovou ao destinar um de seus capítulos, composto pelos artigos 599 a 609, exclusivamente à "ação de dissolução parcial de sociedade"[9].

Feitos esses breves registros, dedicaremos este Capítulo 2 à dissolução total da sociedade limitada, segundo o regime do Código Civil, abordando cada uma das hipóteses de dissolução de pleno direito e de dissolução judicial.

2 – Causas de dissolução total

Várias podem ser as causas ensejadoras da dissolução *total* ou *integral* de uma sociedade limitada, verificáveis no plano judicial ou extrajudicial.

---

antes mesmo de entrar em vigor o novo Código Civil, já estava efetivamente revogado pela lei falimentar. O Código Civil mantém coerência com a norma falimentar, pois não dá como causa da dissolução da sociedade a falência do sócio. Esta implica exclusão do sócio do ente social, de pleno direito, com a apuração de seus haveres, como determina o art. 1.030, parágrafo único" (*Curso de direito comercial*. 30. ed. São Paulo: Saraiva, 2013. v. 2, p. 424).

[8] A parte final do preceito vinha assim redigida: "Em todos os casos deve continuar a sociedade, somente para se ultimarem as negociações pendentes, procedendo-se à liquidação das ultimadas".

[9] Trata-se do Capítulo V, do Título III ("Dos Procedimentos Especiais"), do Livro I ("Do Processo de Conhecimento e do Cumprimento de Sentença"), da Parte Especial, do citado diploma codificado.

Contudo, elas não se encontram organizadas em um específico preceito do capítulo que o Código Civil reserva ao referido tipo societário e tampouco concentram-se em uma mesma seção do aludido diploma codificado.

A Seção VIII ("Da Dissolução"), do Capítulo IV ("Da Sociedade Limitada"), do Subtítulo II ("Da Sociedade Personificada"), do Título II ("Da Sociedade"), do Livro II ("Do Direito de Empresa"), da Parte Especial, do Código Civil, possui um único dispositivo. Trata-se do artigo 1.087, que, voltando-se especificamente para a dissolução de pleno direito, limita-se a remeter o leitor ao artigo 1.044, o qual está inserido no capítulo da sociedade em nome coletivo.

Esse último preceito, por seu turno, guia o intérprete na direção do artigo 1.033[10] – que compõe o capítulo destinado às sociedades simples – e incorre no flagrante equívoco[11] de classificar a falência como causa de dissolução de pleno direito.

Já o artigo 1.034 reúne as situações ensejadoras da dissolução judicial.

Todas as hipóteses de dissolução de pleno direito e de dissolução judicial da sociedade limitada serão objeto de análise nos itens subsequentes.

2.1 – As hipóteses de dissolução de pleno direito

A expressão *dissolução de pleno direito* ou *dissolução pleno iure* quer traduzir a modalidade de dissolução que ocorre por força da lei e, em regra, no plano extrajudicial[12].

O artigo 1.033, localizado no capítulo que o Código Civil reserva às sociedades simples, como já se anotou, apresenta a listagem das hipóteses de dissolução de pleno direito, que serão abordadas ao longo dos itens 2.1.1 a 2.1.3 a seguir, sob a ótica da sociedade limitada.

---

[10] Nas palavras de José Waldecy Lucena, há uma verdadeira *"dança remissiva de artigos*, haja vista que o artigo 1.087 remete ao artigo 1.044, respeitante à sociedade em nome coletivo, que, por sua vez, remete ao artigo 1.033, pertinente à sociedade simples" (*Das sociedades limitadas*, p. 788).

[11] Esse mesmo equívoco foi incorrido pelo Código Comercial de 1850, no n. 2 de seu artigo 335, posteriormente revogado pelas leis falimentares que o sucederam.

[12] Como registra Sérgio Campinho, coautor deste trabalho, em seu *Curso de direito comercial: Direito de empresa*: "Nas situações de dissolução *pleno jure* preconizadas na lei, também poderá, em situações peculiares, impor-se o pronunciamento do Estado-Juiz. Com efeito, essa forma de dissolução, como regra de princípio, far-se-á extrajudicialmente, ante o advento de uma das situações legalmente estabelecidas. A ideia primária não quer, entretanto, afastar o pronunciamento do Poder Judiciário, realizado quando um dos sócios contestar a iniciativa dos demais (por exemplo: contestação do *quorum* de deliberação dos sócios na hipótese prevista no art. 1.033, III)" (*Curso de direito comercial: Direito de empresa*, item 6.11.5, p. 127).

2.1.1 – Vencimento do prazo de duração

Por força do disposto nos artigos 1.054 e 997, inciso II, ambos do Código Civil, necessariamente constará do contrato social da sociedade limitada o seu prazo de duração, que poderá ser *determinado* ou *indeterminado*, sendo que o primeiro poderá ser *certo* ou *incerto*.

Estar-se-á diante de prazo indeterminado quando não se tiver qualquer indicativo de quando ele findará. Essa é a opção de vigência usualmente adotada na prática societária para aquelas sociedades constituídas sem um específico propósito cuja ultimação não mais justificaria a sua existência.

O prazo determinado será tido como certo quando houver a indicação precisa do dia de seu término, seja pela previsão de um período em determinada unidade de tempo, como em anos ou em meses, que incidirá a partir de uma certa data (*e.g.*: 20 anos contados da data da assinatura do contrato social), seja pela objetiva menção ao seu termo *ad quem* (*v.g.*: o dia 31 de outubro de 2027). Basta ler a cláusula contratual que se refira ao prazo de duração da sociedade para se precisar a data de sua expiração.

Por outro lado, o prazo determinado caracterizar-se-á como incerto – sendo também chamado de *determinável*, como preferimos – quando vier condicionado à verificação de determinado evento futuro, não se podendo especificar de antemão em que dia exatamente se encerrará (*e.g.*: término da execução de uma obra pré-definida, ultimação da prestação de um serviço específico, conclusão da realização de um determinado projeto etc.).

Antes do advento do Código Civil de 2002, caso a sociedade fosse contratada por prazo determinado ou determinável, em decorrência do disposto no artigo 35, inciso IV[13], da Lei n. 8.934/94 e no artigo 53, inciso V, do Decreto n. 1.800/96, não se admitia a prorrogação ou a renovação de seu contrato social após o término do prazo nele fixado. Isso porque a sociedade já estaria dissolvida, nos moldes do artigo 335, n. 1, do Código Comercial de 1850.

Assim, as providências relativas ao prosseguimento da vida social deveriam ser tomadas pelos sócios antes do fim de seu prazo de duração, de modo que, se isso não ocorresse e a sociedade seguisse explorando a sua atividade, seria considerada irregular. Nesse passo, o artigo 307 do Código Comercial de 1850 preconizava que, naquela hipótese, a sua continuação somente poderia ser provada "por novo instrumento, passado e legalizado com as mesmas formalidades que o da sua instituição", ou seja, os sócios precisariam firmar e registrar um novo contrato social.

---

[13] O inciso IV do artigo 35 restou expressamente revogado pela Lei n. 14.195/2021.

O Código Civil nitidamente rompeu com essa regra ao prever, no inciso I de seu artigo 1.033, que a sociedade se dissolve quando ocorrer "o vencimento do prazo de duração, salvo se, vencido este e sem oposição de sócio, não entrar a sociedade em liquidação, caso em que se prorrogará por tempo indeterminado".

Parece-nos claro que, após o vencimento do prazo de duração da sociedade (seja ele determinado e certo ou determinado e incerto, isto é, determinável), ela somente se dissolverá se (i) um ou mais sócios se insurgirem formalmente em relação ao prosseguimento de suas atividades; ou (ii) adentrar na fase de liquidação. Caso nenhuma dessas duas situações se verifique e a sociedade siga explorando o seu objeto, o prazo contratual estará tacitamente prorrogado por prazo indeterminado[14], sem que possa pender sobre ela qualquer irregularidade[15].

---

[14] Nas precisas palavras de Orlando Gomes, "a *recondução* tácita de contrato por *tempo determinado* converte-o em contrato por *tempo indeterminado*" (*Contratos*, p. 143).

[15] Entretanto, há quem entenda de modo distinto. Modesto Carvalhosa assim articula: "Vencendo o prazo de duração da sociedade por novo prazo sem que haja assembleia para deliberar sobre sua prorrogação ou dissolução, e continuando a sociedade a operar sem entrar em liquidação, estará ela em situação irregular, passando seus sócios a responder solidária e ilimitadamente pelas obrigações da sociedade assumidas a partir do vencimento de seu prazo de duração. A sociedade passará, então, a operar no mesmo regime de responsabilidade de uma sociedade em comum. Essa irregularidade poderá vir a ser sanada se, por meio de deliberação unânime dos sócios, decidir-se pela *renovação* do prazo de duração da sociedade, por tempo determinado ou indeterminado, caso em que não se cria nova sociedade, mas continua a mesma, renovada. Os efeitos dessa renovação retroagirão à data da expiração do prazo de duração da sociedade, para efeitos de reconhecer a existência da sociedade durante o intervalo em que esteve irregular, ressalvando-se a responsabilidade ilimitada e solidária dos sócios nesse período, em favor de terceiros. Nesse caso de continuidade irregular da sociedade além do seu prazo de duração, o sócio contrário à renovação terá o direito de pedir a dissolução total da sociedade em juízo" (*Comentários ao Código Civil*, v. 13, p. 338). José Waldecy Lucena, após reproduzir o teor do preceito em comento, apresenta a seguinte indagação: "De logo, surde a impositiva pergunta: se o prazo está vencido, o que torna a sociedade irregular, como se saber se houve oposição de sócio, se entrou ela em liquidação, ou se teve seu prazo tacitamente prorrogado? O Código ficou a meio do caminho, ao instituir a prorrogação do prazo, mas sem discipliná-la, o que é fonte de insegurança jurídica. Se vencido está o prazo, caso é de *renovação* não de *prorrogação*, consoante exposto ao item anterior, já que não se prorroga o que deixou de ser. E se não bastasse a atecnia, choca-se a disposição com o próprio sistema instituído pelo Código, qual o de que os atos societários, mormente os de alteração do contrato de constituição da sociedade, adotarão a forma escrita e serão dados a registro na Junta Comercial ou no Registro Civil das Pessoas Jurídicas. De resto, ignorou o sistema anterior, que inaceitava a prorrogação tácita do prazo sob os seguintes fundamentos, atrás já elencados e que continuam válidos e atuais: a) a exigência legal de instrumento escrito (Cód. de Comércio, art. 307); b) o arquivamento, no Registro de Comércio, do contrato constitutivo da sociedade, no qual figura o prazo vencido de duração da sociedade; c) o resguardo dos direitos de terceiros; d) o fato, repelido pelo direito, de premiar, ao invés de punir, os sócios desidiosos, mormente os gerentes (Decreto n. 3.708, arts. 10 e 16); etc.". Na sequência, após sustentar que o Código Civil está em antinomia com a Lei n. 8.934/94

A hipótese em comento não coloca a sociedade em situação de irregularidade, capaz de fazer com que seus sócios respondam de modo solidário e ilimitado com seus patrimônios pessoais pelas obrigações da pessoa jurídica. Essa era a consequência que decorria do regramento anterior ao advento do Código Civil. Considerando que, àquela época, a prorrogação ou renovação do contrato social após o término de seu prazo de duração era vedada, o prosseguimento das atividades sociais após tal encerramento punha a pessoa jurídica na condição de sociedade irregular[16].

---

e com o Decreto n. 1.800/96, ambos já referidos, o aludido autor questiona como conciliá-los e assim prossegue: "Tecnicamente, a Lei n. 8.934/94 está certa. Vencido o prazo, não há mais sociedade. Se esta tiver de continuar, que o seja mediante renovação de seu contrato. Foi ela, contudo, no particular, derrogada pelo CC/2002. Assim, a prorrogação do CC/2002 nada mais é do que renovação do contrato social e que há de ser feita mediante instrumento escrito, com a assinatura de todos os sócios, já que, se um divergir, impõe-se a dissolução da sociedade. Já o registro do instrumento de alteração contratual, mudando o prazo de duração da sociedade, que tanto poderá ser determinado como indeterminado, é significativo de que a sociedade não entrou em estado de liquidação, continuando, ao contrário, sua existência jurídica. Aconselhável, de conseguinte, que antes do vencimento do prazo de duração da sociedade, os sócios, ponderando seus interesses, prorroguem-no seja por tempo determinado, seja por tempo indeterminado, lavrando instrumento escrito e dando-o a registro na Junta Comercial ou no Registro Civil das Pessoas Jurídicas, consoante o tipo social adotado. Poderão, inclusive, incluir no contrato cláusula constando que, se até trinta dias antes do vencimento do prazo nenhum sócio vier a se opor por escrito à sua prorrogação, esta se dará automaticamente por igual período ao que está por se vencer" (*Das sociedades limitadas*, p. 805-806).

[16] No direito anterior ao Código Civil de 2002, parte da doutrina estabelecia distinção entre a *sociedade de fato* e a *sociedade irregular*. A primeira seria aquela cuja existência não se provava por escrito, ou seja, aquela que sequer contava com um contrato social escrito. Já a segunda possuiria um contrato escrito, porém não arquivado no registro competente. Entre os autores que faziam tal diferenciação, tinha-se, por exemplo, Rubens Requião, que assim sustentava, apoiado na doutrina de Waldemar Ferreira: "Preferimos, todavia, a distinção defendida por Waldemar Ferreira, pela qual os sócios às vezes deixam de reduzir a escrito seu ajuste, e 'a sociedade, assim constituída, vive, funciona e prospera. Mas vive de fato. Como sociedade de fato se considera'; e, 'outras vezes, ela se organiza por escrito. Articulam-se os dispositivos da lei social. O contrato, porém, não se arquiva no Registro do Comércio. A sociedade é, por isso, irregular'. A nosso ver, com efeito, são mais convincentes essas noções, pois a sociedade que não está documentada, que viceja no mundo fático, se pode chamar de sociedade *de fato*, provada sua existência através de presunções catalogadas no art. 305 do Código Comercial; ao passo que a que tendo se constituído por instrumento escrito, mas não o tenha legalizado com o arquivamento no registro competente, permanece *irregular* em face da lei" (*Curso de direito comercial*, v. 1, p. 352-353). Havia, contudo, quem tratasse as referidas expressões como sinônimas, tal como Eunápio Borges, embora confessadamente preferisse a segunda. Eis as suas palavras: "Irregulares são as sociedades que se contratam verbalmente ou as que, embora contratadas por escrito, não arquivaram o respectivo ato constitutivo no Registro do Comércio. Na linguagem consagrada pelo uso fala-se indiferentemente em sociedades *irregulares* ou *de*

Ao prever, no inciso I do artigo 1.033 em comento, que o prazo de duração da sociedade se prorrogará tacitamente e de modo indeterminado se, uma vez decorrido, não houver a oposição de quaisquer dos sócios ou não entrar a sociedade em liquidação, o legislador divorciou-se do cenário anterior. E, a nosso ver, essa nova solução por ele conferida à hipótese é incompatível com o reconhecimento de irregularidade da sociedade.

Parece-nos que, de modo consciente, o legislador modificou o tratamento dado à questão, justamente para afastar a caracterização da sociedade como irregular e abraçar a regra da prorrogação tácita, de há muito consagrada no âmbito da teoria dos contratos, que se verifica "quando as partes continuam a exercer seus direitos e a cumprir suas obrigações contratuais como se não houvesse sobrevindo o termo final do contrato"[17], presumindo-se, assim, que o prorrogaram.

Recebemos a nova orientação legislativa como uma voluntária ruptura com o sistema anterior, justamente para consagrar a prorrogação tácita do prazo de duração da sociedade, por tempo indeterminado, sem demandar, portanto, a tomada de qualquer providência adicional. Essa ruptura ocorreu com amparo na aplicação de princípio que orienta o direito contratual[18], aqui alinhado com o princípio da preservação da empresa, abrindo-se mão de formalidades supervenientes ao término do prazo de duração da sociedade para que ela prossiga na exploração de seu objeto de forma inteiramente regular, diante

---

fato, estabelecendo-se a sinonímia das duas expressões. A própria linguagem legal as identifica, sem maior inconveniente de ordem prática, embora a doutrina estabeleça distinção entre elas. [...] Apesar disso, julgamos procedente a crítica de Labré à expressão *sociedade de fato* que, fazendo pensar em qualquer coisa inteiramente fora do domínio jurídico, dá lugar a dúvidas que aconselham a sua proscrição na linguagem do direito. Preferimos por isso a expressão *sociedade irregular*, a única que usaremos neste Curso, reconhecendo embora a legitimidade da sinonímia já consagrada pelo uso entre as expressões *de fato* e *irregular*, aplicadas às sociedades" (*Curso de direito comercial terrestre*, p. 283-284). Na hipótese em comento, para aqueles que estabelecem a distinção entre as duas expressões, a sociedade seria tida como irregular e não como de fato. Uma minuciosa apresentação dos diversos posicionamentos doutrinários acerca da conceituação e das diferenciações entre as sociedades de fato e as irregulares é feita por Erasmo Valladão Azevedo e Novaes França em seu *A sociedade em comum*. São Paulo: Malheiros, 2013. p. 25-31.

[17] Orlando Gomes, *Contratos*, p. 145-146.

[18] Semelhante técnica, por exemplo, foi utilizada pelo legislador no âmbito da prorrogação do contrato de locação. Findo o prazo ajustado, se o locatário permanecer na posse do imóvel alugado por mais de 30 dias e sem a oposição do locador, presume-se prorrogada a locação por prazo indeterminado, com a manutenção das demais cláusulas e condições do contrato. E isso se dá na locação residencial (§1º do artigo 46 da Lei n. 8.245/91), na não residencial (parágrafo único do artigo 56 da aludida lei) e na para temporada (*caput* do artigo 50 do mesmo diploma legal).

do dinamismo da atividade empresarial, em benefício da efetividade do direito e da segurança jurídica.

De todo modo, é recomendável que os sócios alterem o contrato social, passando a prever o prazo indeterminado de vigência da sociedade. Isso simplifica as relações com terceiros e confere mais transparência, agilidade e segurança às transações. Porém, como anotamos, a medida é recomendável, é conveniente e oportuna, mas não um imperativo legal, cujo descumprimento enseja a irregularidade da sociedade.

2.1.2 – Deliberação dos sócios

Os incisos II e III do artigo 1.033 do Código Civil, respectivamente, trazem "o consenso unânime dos sócios" e "a deliberação dos sócios, por maioria absoluta, na sociedade de prazo indeterminado" como causas de dissolução de pleno direito. Cabe rememorar que a esses preceitos se chega em função das expressas remissões feitas pelo artigo 1.087, situado no capítulo que o mencionado diploma codificado destina à sociedade limitada, ao artigo 1.044 e por esse último ao artigo 1.033.

Contudo, a seção referente às deliberações dos sócios do mesmo capítulo da sociedade limitada contempla os artigos 1.076, inciso II[19] e 1.071, inciso VI[20], os quais evidenciam que a dissolução de toda e qualquer sociedade limitada – seja ela contratada por prazo determinado ou indeterminado – depende de deliberação de sócios titulares de quotas representativas de mais da metade do capital social.

O fato de o artigo 1.087 remeter o intérprete ao 1.044 e de esse, por sua vez, guiá-lo ao 1.033, não afasta a especialíssima e prevalente regra que decorre da combinação dos citados artigos 1.076, inciso II e 1.071, inciso VI, qual seja: o quórum de mais da metade do capital social será aplicável na hipótese de "dissolução da sociedade". As regras contidas no artigo 1.033, incorporadas ao capítulo da sociedade limitada por força de sucessivas remissões, somente se aplicam ao tipo societário em questão quando não colidirem com aquelas inseridas em seu próprio capítulo.

Em relação à sociedade limitada, o legislador optou por não fazer qualquer distinção em função de seu prazo de vigência, impondo a dissolução pela

---

[19] Artigo 1.076, inciso II, do Código Civil: "Art. 1.076. Ressalvado o disposto no art. 1.061, as deliberações dos sócios serão tomadas: [...] II – pelos votos correspondentes a mais da metade do capital social, nos casos previstos nos incisos II, III, IV, V, VI e VIII do *caput* do art. 1.071 deste Código".

[20] Artigo 1.071, inciso VI, do Código Civil: "Art. 1.071. Dependem da deliberação dos sócios, além de outras matérias indicadas na lei ou no contrato: [...] VI – a incorporação, a fusão e a dissolução da sociedade, ou a cessação do estado de liquidação".

vontade majoritária (maioria absoluta). Destarte, partindo-se da premissa de que onde o legislador não distinguiu, não é dado ao intérprete fazê-lo, tem-se que o prefalado quórum de mais da metade do capital social é aplicável tanto às limitadas contratadas por prazo indeterminado quanto àquelas contratadas por prazo determinado.

Em síntese, na sociedade limitada, a dissolução de pleno direito se dará quando houver o consenso dos sócios (artigo 1.033, inciso II, aplicável por força do disposto no artigo 1.087) ou a deliberação dos mesmos, mediante votação que reúna mais da metade do capital social, independentemente de seu prazo de vigência (artigos 1.076, inciso II e 1.071, inciso VI).

As demais sociedades contratuais disciplinadas pelo Código Civil (sociedade simples, sociedade em nome coletivo e sociedade em comandita simples) submetem-se integralmente aos termos dos indigitados incisos II e III do artigo 1.033, de modo que poderão ser dissolvidas pelo "consenso unânime dos sócios" (distrato) ou, se contratadas por prazo indeterminado, por deliberação tomada por maioria absoluta.

Ao nos debruçarmos sobre a hipótese de dissolução total da sociedade em função de deliberação dos sócios, não podemos deixar de enfrentar a seguinte questão: podem os minoritários vencidos na deliberação social se insurgir em relação à aprovação da referida dissolução total? Pensamos que sim.

A nosso ver, se a empresa explorada pela sociedade for viável, se os minoritários tiverem interesse em dar prosseguimento à realização da atividade e, ainda, se houver condições financeiras de se promover o pagamento dos haveres dos majoritários, controladores ou não, nos termos do contrato social ou da lei, não há nada que justifique a prevalência de deliberação de sua dissolução total[21].

---

[21] Enquanto ainda vigorava o Decreto n. 3.708/1919, Sérgio Campinho, coautor deste trabalho, já defendia essa possibilidade (*Sociedade por quotas de responsabilidade limitada*, p. 128-130). Com o advento do Código Civil de 2002, seguiu prestigiando essa mesma visão conceitual, assim asseverando: "Sustentamos, na espécie, o desenvolvimento de raciocínio no sentido de poderem os minoritários vencidos opor-se, judicialmente, à vontade da maioria qualificada, ainda que nela se vislumbre a figura do controlador, pretendendo, destarte, a dissolução tão somente parcial da sociedade, propondo-se a indenizar os majoritários (controladores ou não). A figura da dissolução parcial, nesse sentido, conspiraria para a consagração do moderno mandamento da preservação do ente jurídico e da empresa por ele desenvolvida. Repele-se, pois, como regra de princípio, a imperatividade da dissolução total por vontade dos sócios, quando não marcada pela unanimidade. Deve-se abrir ensejo à minoria decidir pela continuidade da empresa, mantendo-se a pessoa jurídica, desde que se comprometa a indenizar os majoritários em seus haveres respectivos. A solução atenderia a todos, na medida em que os titulares da maioria do capital que decidiram pela dissolução não sofreriam qualquer prejuízo, sendo-lhes

A regra que, inspirada no princípio majoritário das deliberações sociais, garante a quem titularize quotas representativas de mais da metade do capital social o direito de decidir pela dissolução total da sociedade não é absoluta, impondo-se a sua relativização na situação aventada.

Com efeito, as regras são *prima facie* dotadas de um caráter absoluto. Entretanto, esse caráter não é definitivo, revelando-se em diversos casos como provisório e podendo, assim, ser ultrapassado a partir de um processo de ponderação de razões e contrarrazões, mediante efetivo exercício de fundamentação, capaz de reunir argumentos superiores àqueles que justificam a própria regra[22-23].

A partir desse trabalho de ponderação de razões e contrarrazões, justifica-se criar exceção para não aplicar a regra. Como bem leciona Humberto Ávila, "a exceção pode não estar prevista no ordenamento jurídico, situação em que o aplicador avaliará a importância das razões contrárias à aplicação da regra, sopesando os argumentos favoráveis e os argumentos contrários à criação de uma exceção diante do caso concreto"[24].

---

garantido aquele pagamento, sem qualquer ordem de sanção. [...] Não se deve fulminar a empresa, ainda viável pelo desejo de nela prosseguirem os sócios minoritários, pelo simples capricho dos majoritários. Não se exaurindo o fim social, ou não se mostrando inexequível, justifica-se, em princípio, abrir a possibilidade de os minoritários prosseguirem na sociedade. Em suma, quando a vontade da maioria for a de dissolver sociedade ainda viável, antepondo-se a essa vontade os sócios minoritários, que desejam dar prosseguimento às atividades sociais, não vemos como fazer prevalecer o intento dos sócios majoritários. A força que se deve conceder à deliberação majoritária do capital é para preservar a sociedade e sua empresa, não se justificando para extingui-la, quando ainda pode ser preservada por obra da minoria. Não deve esse princípio de prevalência da vontade da maioria sair vitorioso para dissolver a sociedade, quando existirem sócios ou sócio, ainda que de participação minoritária, pretendendo sua continuidade, com plenas condições de pagar os haveres dos demais sócios. Constitui um dos postulados do direito privado contemporâneo a separação entre a empresa e o empresário, com a garantia da continuidade daquela, independentemente dos eventuais conflitos e vicissitudes que afetam esse último. Por tais razões é que a regra merece ser temperada" (*Curso de direito comercial: Direito de empresa*, item 7.11, p. 204).

[22] Humberto Ávila. *Teoria dos princípios: Da definição à aplicação dos princípios jurídicos*. 4. ed. São Paulo: Malheiros, 2005. p. 36-38.

[23] Com precisão, Humberto Ávila complementa esse raciocínio aduzindo que "ou se examina a razão que fundamenta a própria regra (*rule's purpose*) para compreender, restringindo ou ampliando, o conteúdo de sentido da hipótese normativa, ou se recorre a outras razões, baseadas em outras normas, para justificar o descumprimento daquela regra (*overruling*)" (*Teoria dos princípios: Da definição à aplicação dos princípios jurídicos*, p. 38).

[24] *Teoria dos princípios: Da definição à aplicação dos princípios jurídicos*, p. 46.

Ao se caminhar nessa direção, prestigia-se a preservação da empresa. A empresa desenvolvida pela sociedade é um verdadeiro ativo social[25], na medida em que gera empregos e tributos, estimula a concorrência, beneficiando consumidores e o mercado como um todo, e contribui para a redução das desigualdades regionais e sociais. Desse modo, interessa não só a seus sócios, mas a todos aqueles que com ela se relacionam, como seus empregados, colaboradores e parceiros em geral, incluindo seus fornecedores, seus consumidores, as instituições que lhe concedem crédito e o próprio Estado. Produz, pois, dividendos sociais.

A solução de se permitir que a sociedade limitada que titulariza empresa viável siga existindo e explorando-a, mesmo no cenário em que a maioria de seus sócios externa o desejo de dissolvê-la, possibilita que, por um lado, se prestigie o aludido princípio da preservação da empresa, ensejando que ela realize a sua função social e, por outro, se assegure aos sócios majoritários, controladores ou não, titulares de quotas representativas de mais da metade do capital social, o direito de deixarem de ostentar o *status socii*, mediante o recebimento do justo valor de seus haveres, nos moldes definidos no contrato social ou pela lei e, portanto, sem qualquer ordem de sanção.

Elastecendo essa linha de raciocínio, se, em uma assembleia ou reunião de sócios de uma sociedade limitada, os titulares de quotas representativas de mais da metade de seu capital social deliberarem a sua dissolução total e os demais votarem contrariamente, com amparo nos argumentos de ser ela viável, de desejarem dar prosseguimento às suas atividades e, ainda, de possuir a pessoa jurídica condições financeiras para realizar o pagamento dos haveres dos majoritários, não deve a deliberação de dissolução total prosperar, sob pena de provável caracterização de hipótese reveladora de abuso do direito, apta a ensejar a invalidação da mencionada deliberação. Com a confirmação de tais fundamentos, pode-se atestar que o exercício desse direito subjetivo[26]

---

[25] Sérgio Campinho. *Curso de direito comercial: Falência e recuperação de empresa*. 11. ed. São Paulo: Saraiva, 2020, item 72, p. 130.

[26] A teoria do abuso do direito se aplica não só ao direito subjetivo, mas a outras prerrogativas jurídicas individuais ou situações jurídicas subjetivas, como as liberdades, as faculdades, os poderes e os direitos potestativos, porquanto providas de conteúdo axiológico. Nesse sentido: Fernando Augusto Cunha de Sá. *Abuso do direito*. Lisboa: Petrony, 1973. p. 615-617; Jorge Manuel Coutinho de Abreu. *Do abuso de direito: Ensaio de um critério em direito civil e nas deliberações sociais*. Coimbra: Almedina, 2006. p. 67; Heloísa Carpena. *Abuso do direito nos contratos de consumo*. Rio de Janeiro: Renovar, 2001. p. 62-64 e O abuso do direito no Código de 2002: Relativização de direitos na ótica civil-constitucional. In: TEPEDINO, Gustavo (Coord.). *O Código Civil na perspectiva civil-constitucional*. Rio de Janeiro: Renovar, 2013. p. 440; Anderson Schreiber. Abuso do direito e boa-fé objetiva. In: *Direito civil e Constituição*. São

pelos sócios majoritários desrespeita seus limites axiológico-materiais, choca-se com o seu *espírito*, com o seu conteúdo valorativo e, em última análise, desvirtua o próprio conceito de *justo*, podendo os minoritários vencidos se opor judicialmente à decisão.

O abuso do direito não está associado a um comportamento que desborda da lei, mas sim a um comportamento que, apesar de nela amparar-se, acaba por ultrapassar os seus fins. Ato ilícito e abuso do direito são, pois, espécies distintas de antijuridicidade[27].

Nesse passo, cabe registrar que o abuso do direito se verifica quando o agente, por sua ação ou omissão, desrespeita os seus limites axiológico-materiais e, assim, culmina por violar o seu espírito, possuindo ou não a intenção de causar prejuízo a outrem; possuindo ou não a consciência de que a sua postura pode vir a causar prejuízo a outrem; e experimentando ou não um proveito ou uma vantagem em função de seu comportamento[28]. Ademais, submete-se a um

---

Paulo: Atlas, 2013. p. 58; e Vladimir Mucury Cardoso. O abuso do direito na perspectiva civil-constitucional. In: MORAES, Maria Celina Bodin de (Coord.). *Princípios do direito civil contemporâneo*. Rio de Janeiro: Renovar, 2006. p. 89-91.

[27] No Brasil, o Código Civil de 1916 não contemplava, de forma explícita, a teoria do abuso do direito. Entretanto, ela era enxergada, ainda que tímida e implicitamente, em seu artigo 160, inciso I, o qual preconizava que não constituíam ato ilícito "os praticados em legítima defesa ou no exercício regular de um direito reconhecido". Destarte, uma singela interpretação a *contrario sensu* demonstraria que um "direito reconhecido" também poderia vir a ser exercido de modo irregular (abusivo), traduzindo, assim, um ato ilícito. De modo mais claro, porém sem fazer expressa menção à expressão *abuso do direito*, o Código Civil de 2002 o assentou em seu artigo 187, o qual estabelece que "também comete ato ilícito o titular de um direito que, ao exercê-lo, excede manifestamente os limites impostos pelo seu fim econômico ou social, pela boa-fé ou pelos bons costumes". O preceito em questão, no entanto, não ficou a salvo de críticas. A primeira delas – e sem sombra de dúvidas a mais significativa – vincula-se ao fato de o legislador ter, já àquela altura, apontado o abuso do direito como modalidade de ato ilícito, quando, como anotamos, ato ilícito e abuso do direito são espécies distintas de antijuridicidade. O equívoco foi cometido não só no âmbito do artigo 187 em comento, quando se previu que "*também comete ato ilícito* [...]", como no do *caput* do artigo 927 do mesmo diploma codificado, quando se assentou que "*aquele que, por ato ilícito (arts. 186 e 187), causar dano a outrem, fica obrigado a repará-lo*". Ao tomar esse errático caminho, o legislador perdeu a oportunidade de reconhecer a autonomia do abuso do direito em relação ao ato ilícito. Como de há muito professa Fernando Augusto Cunha de Sá, "enquanto a ilicitude é, desde logo, directa e frontal violação dos limites formais do direito ou da prerrogativa em causa, já o acto abusivo finge a aparência estrutural desse mesmo direito ou prerrogativa, assim encobrindo a violação da sua intenção normativa". No primeiro caso, há a "ultrapassagem dos limites lógico-formais de uma determinada prerrogativa individual" e, no segundo, tem-se o "excesso ou desrespeito dos respectivos limites axiológico-materiais" (*Abuso do direito*, p. 634).

[28] Mariana Pinto. O abuso do direito no (ou decorrente do) contrato de sociedade limitada. In:

amplo feixe de possíveis sanções, cuja definição se dará à luz de cada caso concreto, sendo, inclusive, possível a aplicação de mais de uma espécie de sanção.

Por fim, e antes de avançarmos em direção ao próximo item, cabe destacar que o inciso X do artigo 53 do Decreto n. 1.800/96, que regulamenta a Lei n. 8.934/94, estabelece expressamente que não podem ser arquivados "o distrato social sem a declaração da importância repartida entre os sócios, a referência à pessoa ou às pessoas que assumirem o ativo e o passivo da sociedade empresária, supervenientes ou não à liquidação, a guarda dos livros e os motivos da dissolução, se não for por mútuo consenso".

Em nossa visão, o citado decreto, de fato, cumpriu o seu papel regulamentar ao preconizar que os sócios devem declarar a importância entre eles repartida e apontar quem assume o ativo e o passivo da sociedade, supervenientes ou não. Do mesmo modo, caminhou bem ao exigir a indicação de quem fica responsável pela guarda dos livros sociais. Todavia, culminou por extrapolar os seus limites ao criar uma nova condição para o arquivamento do ato de dissolução, qual seja: a apresentação dos motivos que levaram os sócios a aprová-la, quando a deliberação não decorrer de consenso.

Sabe-se que, "como ato administrativo, o decreto está sempre em situação inferior à da lei e, por isso mesmo, não a pode contrariar"[29]. O Decreto n. 1.800/96 regulamenta a Lei n. 8.934/94 que, em momento algum, exige a indicação de motivação para a deliberação de dissolução total. Ademais, tal condição tampouco pode ser encontrada ao longo do artigo 1.033 ou em qualquer outro preceito do Código Civil.

2.1.3 – Extinção, na forma da lei, de autorização para funcionar

O último dos incisos do artigo 1.033 aponta "a extinção, na forma da lei, de autorização para funcionar" como causa de dissolução de pleno direito da sociedade[30].

Essa específica hipótese de dissolução de pleno direito relaciona-se com as sociedades estrangeiras, quaisquer que sejam seus objetos sociais, e, ainda, com as sociedades brasileiras que exploram determinadas atividades econômicas que, por sua relevância, envolvem o interesse público e deman-

---

MORAES, Carlos Eduardo Guerra de; RIBEIRO, Ricardo Lodi (Coord.) e TAVARES, Marcelo Leonardo (Org.). *Empresa e atividades econômicas: Coleção direito UERJ 80 anos*. Rio de Janeiro: Freitas Bastos, 2015. p. 218-219.

[29] Hely Lopes Meirelles. *Direito administrativo brasileiro*. 29. ed. São Paulo: Malheiros, 2004. p. 177.

[30] À sociedade dependente de autorização, o legislador destinou os artigos 1.123 a 1.141 do Código Civil.

dam maior atenção e controle por parte do Estado, como, por exemplo, as instituições financeiras (artigo 18 da Lei n. 4.595/64), as sociedades seguradoras (artigo 74 do Decreto-Lei n. 73/66) e as operadoras de planos privados de assistência à saúde (artigo 8º da Lei n. 9.656/98). Em todos esses casos, o exercício da atividade depende de autorização.

A extinção dessa autorização, seja em função do advento de seu termo final, seja em decorrência de sua revogação[31], conduzirá a sociedade à dissolução total, justamente por não mais contar com um requisito essencial ao seu funcionamento.

Nesse passo, se os administradores da sociedade cuja autorização de funcionamento tiver sido extinta não procederem à sua liquidação extrajudicial dentro dos 30 dias subsequentes à perda da autorização e se os seus sócios também se quedarem inertes, deixando de, ao longo desse interregno, requerê-la judicialmente, pode o Ministério Público em juízo promovê-la, após o recebimento da comunicação enviada pela autoridade competente para conceder tal autorização (*caput* do artigo 1.037 e parágrafo único do artigo 1.036 do Código Civil).

Por fim, caso a inércia também atinja o Ministério Público, de modo que ele deixe de promover a liquidação judicial da sociedade nos 15 dias subsequentes ao recebimento da referida comunicação, a autoridade competente para conceder tal autorização estará apta a nomear interventor com poderes para requerer a liquidação judicial e para administrar a sociedade até que haja a nomeação de seu liquidante pelo juiz (parágrafo único do aludido artigo 1.037).

2.2 – As hipóteses de dissolução judicial

Conforme já tivemos a oportunidade de destacar[32], o capítulo que o Código Civil reserva à sociedade limitada possui uma seção intitulada "Da Dissolução", que conta com um único preceito: o artigo 1.087.

O aludido dispositivo refere-se tão somente à dissolução de pleno direito e faz expressa remissão ao artigo 1.044, inserido no capítulo da sociedade em nome coletivo, o qual, por sua vez, limita-se a conduzir o leitor ao artigo 1.033, localizado no capítulo da sociedade simples, além de, enfatize-se, cometer o flagrante equívoco de classificar a falência como causa de dissolução de

---

[31] O artigo 1.125 do Código Civil faculta ao Poder Executivo, "a qualquer tempo, cassar a autorização concedida a sociedade nacional ou estrangeira que infringir disposição de ordem pública ou praticar atos contrários aos fins declarados no seu estatuto".

[32] Confira-se o item 2 deste Capítulo 2.

pleno direito[33]. O mencionado artigo 1.033, por seu turno, elenca as causas de dissolução de pleno direito, das quais cuidamos ao longo dos itens 2.1.1 a 2.1.3 deste Capítulo 2.

Com efeito, no capítulo próprio da sociedade limitada, inexiste preceito voltado à dissolução judicial e tampouco chega-se ao tema pelas remissões feitas de modo expresso.

Diante desse vácuo, aplica-se às limitadas o disposto no artigo 1.034 do Código Civil, igualmente situado no capítulo das sociedades simples, em virtude da natureza contratual vinculada à questão do desfazimento do vínculo societário[34].

Esse último dispositivo traz a anulação da constituição da sociedade e o exaurimento ou a verificação de inexequibilidade do fim social como hipóteses de dissolução judicial[35]. A elas nos dedicaremos ao longo dos itens 2.2.1 e 2.2.2 a seguir, sob a ótica da sociedade limitada.

O pedido de dissolução judicial será dirigido ao Poder Judiciário ou, na hipótese de convenção de arbitragem[36], a árbitro único ou Tribunal Arbitral.

Seja como for, poderá ela ser demandada por qualquer sócio (legitimidade ativa) em face da própria sociedade a ser totalmente dissolvida e dos demais sócios (legitimidade passiva).

2.2.1 – A anulação da constituição da sociedade

A primeira hipótese de dissolução judicial da sociedade vincula-se à anulação de sua constituição. Atestada a existência de um defeito no ato constitutivo da sociedade, qualquer sócio, independentemente de sua participação no capital social, pode demandar, em juízo, a sua dissolução total.

---

[33] Enfrentaremos este tema no item 2.4 deste Capítulo 2.

[34] Sérgio Campinho, *Curso de direito comercial: Direito de empresa*, item 7.11, p. 203.

[35] Gustavo Tepedino, Heloisa Helena Barboza, Maria Celina Bodin de Moraes *et al.* asseveram que "o artigo em exame não estabelece de forma exaustiva as hipóteses de dissolução judicial da sociedade" e prosseguem defendendo que "outras causas podem ensejar o procedimento judicial, tais como interrupção da dissolução extrajudicial sem justa causa ou, ainda, decretação de falência ou insolvência no curso da liquidação" (*Código Civil interpretado conforme a Constituição da República*. Rio de Janeiro: Renovar, 2011. v. III, p. 127). Contudo, parece-nos que, em ambos os exemplos, a dissolução (compreendida como a verificação de uma causa apta a desencadear o processo de extinção da sociedade) já teria se operado na esfera extrajudicial. O procedimento de liquidação e a posterior extinção da pessoa jurídica – esses sim – ocorreriam judicialmente.

[36] A convenção de arbitragem pode se operar por meio de cláusula compromissória ou de compromisso arbitral (artigo 3º da Lei n. 9.307/96).

A ação anulatória em questão submete-se ao prazo decadencial de três anos, preconizado no parágrafo único do artigo 45 do Código Civil, segundo o qual "decai em três anos o direito de anular a constituição das pessoas jurídicas de direito privado, por defeito do ato respectivo, contado o prazo da publicação de sua inscrição no registro"[37].

O pleito em questão deverá ser analisado de forma cuidadosa, na medida em que a preservação da empresa a todos interessa[38].

Nesse passo, muito embora silencie o Código Civil em relação à possibilidade de sanatória do vício capaz de acarretar a anulação da constituição da

---

[37] Nesse sentido: Arnoldo Wald, *Comentários ao novo Código Civil*, v. XIV, p. 239; e Marlon Tomazette, *Curso de direito empresarial: Teoria geral e direito societário*, v. 1, p. 387. Diverso, porém, é o posicionamento defendido por Alfredo de Assis Gonçalves Neto, que assim o expõe: "Nessa linha de entendimento, a anulação, com o duplo sentido exposto, foi introduzida no ordenamento jurídico brasileiro como causa de dissolução das sociedades por ações (hoje prevista no art. 206, II, *a*, da Lei 6.404/1976) e agora está contemplada expressamente no Código Civil (art. 1.034, I), o qual não explicita o prazo dentro do qual pode ser proposta a respectiva ação. Será caso de se aplicar, então, por analogia, a regra do art. 285 da Lei do Anonimato, que o fixa em 1 ano, contado da data da inscrição, que dá publicidade ao ato, pois é a única que, no ordenamento jurídico pátrio, fixa prazo prescricional para a anulação de ato constitutivo de uma sociedade. Não me parece incidir, no caso, o prazo de dois anos, previsto no art. 179 do Código Civil, para a anulação dos atos jurídicos em geral, pois a situação é diversa: o ato constitutivo de sociedade produz o efeito ímpar de criar um novo sujeito de direito no mundo jurídico e seu desfazimento produz efeitos bem mais amplos do que os demais atos da vida civil. Também não vejo possibilidade de, sendo subsidiária a aplicação às sociedades do regime jurídico das associações (CC, art. 44, §2º), aplicar-se a regra do art. 48, parágrafo único, do mesmo Código, posto que ela trata de decadência do direito de anular, não o ato constitutivo, mas decisões tomadas por essas entidades no curso de sua existência – tema que, relativamente às sociedades, está regulado no seu art. 206, §3º, inc. VII" (*Direito de empresa: Comentários aos artigos 966 a 1.195 do Código Civil*, p. 336).

[38] De acordo com o disposto no artigo 206, inciso II, alínea *a*, da Lei n. 6.404/76, dissolve-se a companhia, por decisão judicial, quando anulada a sua constituição em ação proposta por qualquer acionista. Ao comentar este preceito, Nelson Eizirik assim adverte: "A anulabilidade da constituição deve ser analisada com cautela, tendo em vista os princípios da conservação dos contratos e da preservação da empresa, ficando restrita aos casos em que o vício seja tão grave que inviabilize o funcionamento da sociedade, impossibilitando-a de alcançar o objeto social" (*A lei das S/A comentada*. São Paulo: Quartier Latin, 2011. v. III, p. 151-152). O coro é reforçado por Paulo Penalva Santos que, após referir-se aos ensinamentos de Trajano de Miranda Valverde, salienta que "o juiz, ao apreciar a lide, deve sempre priorizar os interesses coletivos em jogo, que devem prevalecer sobre os interesses individuais, pois a extinção de uma companhia pode contrariar a sua função social e prejudicar os demais acionistas, os que nela trabalham e a própria comunidade em que atua. Por essa razão é que o parágrafo único do artigo 285 da LSA dispõe que, ainda após o ajuizamento da ação, pode a companhia, por deliberação da assembleia geral, providenciar para que seja sanado o vício ou defeito" (Dissolução, liquidação e extinção. In: LAMY FILHO, Alfredo; PEDREIRA, José Luiz Bulhões (Coord.). *Direito das companhias*. Rio de Janeiro: Forense, 2009. v. II, p. 1.840).

sociedade e a sua consequente dissolução total, pensamos deva ser ela prestigiada. Assim, mesmo após a propositura da ação judicial em comento, deve-se facultar à sociedade providenciar seja sanado o defeito, funcionando o disposto no parágrafo único do artigo 285 da Lei n. 6.404/76 como uma autêntica regra geral em matéria de direito societário, aplicável a toda e qualquer sociedade limitada, ainda que sua regência supletiva se dê pelas regras da sociedade simples. A analogia, nessa hipótese, impõe-se como necessária e útil técnica de integração do direito societário.

2.2.2 – O exaurimento do fim social ou a verificação de sua inexequibilidade

A impossibilidade de a sociedade alcançar o seu fim foi, ao longo do tempo, apontada como causa de dissolução por diversos diplomas legais.

O Código Comercial de 1850 já contemplava, em seu artigo 295, n. 3, regra segundo a qual a sociedade anônima poderia ser dissolvida mostrando-se que não conseguiria "preencher o intuito e fim social". Ademais, o artigo 336, n. 1, do mesmo Código, preconizava a possibilidade de a sociedade comercial dissolver-se judicialmente, antes do período marcado no contrato, a requerimento de qualquer dos sócios, quando restasse demonstrado que seria "impossível a continuação da sociedade por não poder preencher o intuito e fim social, como nos casos de perda inteira do capital social, ou deste não ser suficiente"[39].

No âmbito das sociedades anônimas, essa possibilidade foi preservada pela Lei n. 3.150/1882 que, em seu artigo 17, 6º, estabeleceu que "as sociedades ou companhias anônimas" se dissolveriam mostrando-se que lhes seria "impossível preencherem o fim social"[40], e também pelo Decreto n. 8.821/1882, o qual, ao regulamentar a referida lei, ditou, em seu artigo 77, 7º, que a dissolução poderia resultar da demonstração de que a sociedade anônima não teria condições de "preencher o seu fim por insuficiência de capital, ou por qualquer outro motivo".

---

[39] Essa regra permaneceu aplicável aos demais tipos de sociedade comercial, inclusive à sociedade por quotas de responsabilidade limitada, até o advento do Código Civil de 2002.

[40] A redação do dispositivo prosseguia nos seguintes termos: "No caso de perda de metade do capital social, os administradores devem consultar a assembleia geral sobre a conveniência de uma liquidação antecipada. No caso, porém, de que a perda seja de três quartos do capital social, qualquer acionista pode requerer a liquidação judicial da sociedade".

Na sequência, foi a vez do artigo 17, 6º, do Decreto n. 164/1890 preceituar – nos mesmos termos da aludida Lei n. 3.150/1882 – que a dissolução das companhias se verificaria mostrando-se que lhes seria "impossível preencherem o fim social"[41].

No ano seguinte, o Decreto n. 434/1891 também cuidou da matéria, prevendo, em seu artigo 148, 7º, que a dissolução poderia se dar mediante a comprovação de que a sociedade anônima não conseguiria "preencher o seu fim, por insuficiência de capital, ou por qualquer outro motivo". Ao fazê-lo, resgatou a redação do já mencionado artigo 77, 7º, do Decreto n. 8.821/1882.

Já no século XX, o Decreto-Lei n. 2.627/1940, em seu artigo 138, alínea *b*, inovou ao prever que a sociedade anônima entraria "em liquidação judicial", por decisão definitiva e irrecorrível, proferida em ação proposta por acionistas que representassem "mais de um quinto do capital social" e provassem "não poder ela preencher o seu fim".

A Lei n. 6.404/76 também cuidou dessa questão. E o fez em seu artigo 206, inciso II, alínea *b*, prevendo que a companhia é dissolvida, por decisão judicial, "quando provado que não pode preencher o seu fim, em ação proposta por acionistas que representem 5% (cinco por cento) ou mais do capital social". Desse modo, resgatou-se a menção à dissolução e passou-se a exigir que a iniciativa partisse de acionistas que representassem ao menos 5% (cinco por cento) do capital social.

Por derradeiro, o Código Civil de 2002, no capítulo próprio da sociedade simples, contemplou regra, aplicável a todas as sociedades contratuais por ele disciplinadas, incluindo-se aí a limitada, segundo a qual a sociedade pode ser dissolvida judicialmente, a requerimento de qualquer dos sócios, quando "exaurido o fim social, ou verificada a sua inexequibilidade" (artigo 1.034, inciso II). Nesse passo, diferentemente do que ocorre no âmbito das sociedades por ações, não se exige que o sócio titularize quotas representativas de uma fração mínima do capital social para demandar, em juízo, a dissolução total da sociedade por exaurimento ou inexequibilidade do fim social.

Uma vez apresentado esse breve retrospecto acerca do tratamento conferido à matéria na evolução legislativa pelos diplomas legais referidos,

---

[41] À semelhança do que se tinha no citado preceito da Lei n. 3.150/1882, lia-se na sequência do artigo 17, 6º, do Decreto n. 164/1890: "No caso de perda da metade do capital social, os administradores devem consultar a assembleia geral sobre a conveniência de liquidação antecipada. Caso, porém, a perda seja de três quartos do capital social, qualquer acionista pode requerer a liquidação judicial da sociedade".

cumpre-nos enfrentar a seguinte questão: em que consiste o "fim social", o seu "exaurimento" e a sua "inexequibilidade"?

A nosso ver, toda sociedade possui como *fim mediato* a obtenção de lucro e, como *fim imediato*, a atividade econômica que concretamente está apta a realizar[42]. A expressão *fim social* comporta tanto o conceito de fim mediato como o de fim imediato. Desse modo, quando o legislador preconiza que a sociedade pode ser dissolvida quando se verificar o exaurimento do fim social ou a sua inexequibilidade, tem em mira esse duplo aspecto do escopo social.

Assim é que, se uma sociedade foi constituída para realizar uma obra específica e esse objetivo foi integralmente cumprido, pode ela ser dissolvida, em função do exaurimento de seu fim (no caso, de seu fim imediato). Do mesmo modo, se uma sociedade não se mostra manifestamente apta a produzir lucros, por maior que seja o empenho de seus sócios e administradores, pode igualmente ser dissolvida, em decorrência da inexequibilidade de seu fim (*in casu*, de seu fim mediato), sendo certo que essa dificuldade não pode ser episódica ou passageira, devendo se mostrar insuperável, intransponível, ao menos em prazo razoável, o que deve ser aferido à luz de cada caso concreto.

O exaurimento do fim social pode ser tido como o seu esgotamento, como a sua consumação. Já a inexequibilidade quer traduzir ser ele irrealizável,

---

[42] Em sua obra dedicada às sociedades anônimas, Sérgio Campinho, coautor deste trabalho, desenvolveu esta linha de raciocínio valendo-se das seguintes palavras: "A sociedade anônima visará sempre à obtenção de lucros. O fim lucrativo encontra-se a ela visceralmente ligado. Ainda que concretamente não se realize, toda a atividade societária estará articulada em razão dessa perspectiva. Seu objeto corresponderá, incondicionalmente, a uma atividade com fim lucrativo, destinando-se os resultados produzidos à distribuição entre os acionistas. A obtenção de lucro consiste, portanto, no objeto mediato ou final de toda sociedade anônima, consoante se pode inferir do *caput* do art. 2º de sua lei de regência. No estágio atual de nosso direito societário, essa realidade passou a derivar do próprio conceito de sociedade. O Código Civil de 2002 não mais abona a existência de sociedade sem fim lucrativo. Qualquer sociedade terá finalidade econômica, pela qual se visa à obtenção e à distribuição dos lucros obtidos entre os sócios. Afora esse objeto mediato ou final, cada companhia terá um objeto imediato (objeto social), o qual irá traduzir a atividade econômica que concretamente irá realizar. Esse objeto social poderá expressar uma ou mais atividades principais ou diretas, bem como atividades secundárias, subordinadas ou conexas, revelando, assim, a sua empresa. O que se exige é que essa empresa de fim lucrativo não seja contrária à lei, à ordem pública e aos bons costumes" (*Curso de direito comercial: Sociedade anônima*, item 2.8, p. 38-39). Alfredo de Assis Gonçalves Neto refere-se ao "escopo final (ou mediato) que toda e qualquer sociedade possui, que é a obtenção de lucros" e ao "escopo-meio (imediato)", que consiste no "objeto específico que ela deve realizar" (*Lições de direito societário: Regime vigente e inovações do novo Código Civil*. São Paulo: Juarez de Oliveira, 2002. p. 259 e *Direito de empresa: Comentários aos artigos 966 a 1.195 do Código Civil*, p. 337).

impraticável, inexecutável, infactível, inviável, inatingível, inalcançável, ou, em última análise, impossível.

A doutrina costuma elencar as causas de dissolução que estariam relacionadas com o exaurimento do fim social e as que estariam vinculadas à sua inexequibilidade.

São exemplos de exaurimento de fim social a construção de uma determinada obra por parte de uma sociedade que tenha sido constituída justamente com esse objetivo (sociedade de propósito específico)[43] ou, em um sentido ainda mais amplo, a integral realização da atividade econômica que justificou a constituição da sociedade[44].

Por outro lado, são exemplos de inexequibilidade de fim social a falta de capital[45]; a incapacidade de gerar lucros, levando-se "em conta a atuação da sociedade durante um período de tempo razoável, a ser analisado em cada caso concreto"[46]; a perda, total ou parcial, do patrimônio social[47]; a inexistência de demanda para os produtos ou serviços oferecidos pela sociedade[48-49]; a proibição

---

[43] Alfredo de Assis Gonçalves Neto, *Direito de empresa: Comentários aos artigos 966 a 1.195 do Código Civil*, p. 336-337; Marcelo Bertoldi; Marcia Carla Pereira Ribeiro. *Curso avançado de direito comercial*. 5. ed. São Paulo: Revista dos Tribunais, 2009. p. 157.

[44] Esse é o exemplo dado por Gustavo Tepedino, Heloisa Helena Barboza, Maria Celina Bodin de Moraes *et al.*, para quem, nesse caso, "desaparece o interesse na manutenção do contrato, pela perda de seu objeto" (*Código Civil interpretado conforme a Constituição da República*, v. III, p. 127).

[45] Marcelo Bertoldi e Marcia Carla Pereira Ribeiro, *Curso avançado de direito comercial*, p. 157. De modo mais detalhado, Fábio Ulhoa Coelho refere-se à "insuficiência do capital social". Eis as suas palavras: "[...] mercado para o produto ou serviço oferecido pela sociedade existe, mas os sócios não dispõem dos recursos indispensáveis ao desenvolvimento da empresa. Pelos cálculos iniciais, o capital aportado seria bastante, mas verificaram, depois, a necessidade de aumentá-lo. Como não possuem os recursos reclamados pelo empreendimento, e não os motiva procurar outras fontes de financiamento, resulta irrealizável o objeto social *por aquela sociedade empresária*" (*Curso de direito comercial: Direito de empresa*, v. 2, p. 439).

[46] Alfredo de Assis Gonçalves Neto, *Lições de direito societário: Regime vigente e inovações do novo Código Civil*, p. 260 e *Direito de empresa: Comentários aos artigos 966 a 1.195 do Código Civil*, p. 337. Esse mesmo exemplo é dado por Marlon Tomazette em seu *Curso de direito empresarial: Teoria geral e direito societário*, v. 1, p. 388.

[47] Alfredo de Assis Gonçalves Neto, *Lições de direito societário: Regime vigente e inovações do novo Código Civil*, p. 261 e *Direito de empresa: Comentários aos artigos 966 a 1.195 do Código Civil*, p. 338; Marlon Tomazette, *Curso de direito empresarial: Teoria geral e direito societário*, v. 1, p. 388.

[48] Fábio Ulhoa Coelho, *Curso de direito comercial: Direito de Empresa*, v. 2, p. 439; Alfredo de Assis Gonçalves Neto, *Lições de direito societário: Regime vigente e inovações do novo Código Civil*, p. 260 e *Direito de empresa: Comentários aos artigos 966 a 1.195 do Código Civil*, p. 338; Marcelo Bertoldi e Marcia Carla Pereira Ribeiro, *Curso avançado de direito comercial*, p. 157.

[49] Esse fato pode estar associado ao progresso tecnológico (que ensejou, por exemplo, o desapareci-

de fabricação de um determinado produto, em que se constitui o seu objeto social, como, por exemplo, armas de fogo[50]; e o advento de uma legislação protecionista do mercado interno contendo proibição de importação de certos produtos essenciais ao exercício da atividade para a qual a sociedade foi constituída[51].

Entretanto, o enquadramento de uma determinada causa de dissolução como hipótese de exaurimento ou de inexequibilidade do fim social nem sempre é simples[52]. O clássico exemplo do esgotamento de uma reserva natural em função da exploração da atividade de extração de ouro, pedra ou madeira ora é apontado como caso de exaurimento[53], ora como situação de inexequibilidade[54]. Em verdade, esse exemplo de exploração da mina, da pedreira ou da reserva florestal se encaixa em ambos os conceitos. Se a sociedade foi constituída especificamente para explorar uma mina determinada e a explorou até o fim, está-se diante do exaurimento do fim social. Porém, se a sociedade foi contratada tendo por objeto a extração de ouro em geral e, após explorar por completo as minas "A" e "B", únicas localizadas nas proximidades de sua sede, não tiver condições, em razão de óbices logísticos, de explorar as demais minas existentes, está-se diante de inexequibilidade. Esse e outros casos podem, de fato, apresentar-se como limítrofes, situando-se em tênue linha fronteiriça e possuindo um liame distintivo bastante sensível. Desse modo, foi com acerto que o legislador reuniu o exaurimento e a inexequibilidade do fim social em um mesmo inciso.

---

mento das máquinas de escrever, dos videocassetes, dos aparelhos de fax, das vitrolas etc.) ou simplesmente ao fato de um determinado produto ou serviço ter, por assim dizer, saído de moda.

[50] Manoel de Queiroz Pereira Calças, *Sociedade limitada no novo Código Civil*, p. 173.

[51] Alfredo de Assis Gonçalves Neto, *Lições de direito societário: Regime vigente e inovações do novo Código Civil*, p. 260 e *Direito de empresa: Comentários aos artigos 966 a 1.195 do Código Civil*, p. 337-338.

[52] Ricardo Negrão indica como exemplos de situações de exaurimento do fim social algumas hipóteses que são apontadas por outros autores como sendo causas de inexequibilidade. Eis as suas palavras: "O fim social pode mostrar-se exaurido por inúmeras razões: a atividade tornou-se proibida por lei, a empresa explora recursos naturais e houve esgotamento da reserva, acarretando a inviabilidade de seu exercício naquele lugar ou época, a sociedade dispõe de tecnologia ultrapassada, não possuindo recursos ou meios legais para a modernização necessária, o contrato de franquia não foi renovado etc.". (*Manual de direito comercial e de empresa*, v. 1, p. 467).

[53] Nesse sentido: José Waldecy Lucena, *Das sociedades limitadas*, p. 818; Manoel de Queiroz Pereira Calças, *Sociedade limitada no novo Código Civil*, p. 173; e Ricardo Negrão, *Manual de direito comercial e de empresa*, v. 1, p. 467.

[54] Nesse outro sentido: Egberto Lacerda Teixeira. *Das sociedades por quotas de responsabilidade limitada*. São Paulo: Max Limonad, 1956. p. 375.

Muitos autores apontam a grave discórdia ou desinteligência entre os sócios, ensejadora da ruptura da *affectio societatis*, como exemplo de inexequibilidade do fim social, capaz de ocasionar a dissolução total da sociedade, nos moldes do artigo 1.034, inciso II, em comento[55].

Contudo, se, no caso concreto, a atividade econômica explorada pela sociedade for viável, existir ao menos um sócio interessado em dar prosseguimento à exploração dessa atividade e houver condições financeiras de se efetuar, nos moldes do contrato social ou da lei, o pagamento dos haveres do(s) sócio(s) que nela não deseje(m) permanecer, a quebra da *affectio societatis* deve ensejar a dissolução parcial, e não total, da sociedade. Em outros termos, verificada, na hipótese concreta, a presença de condições efetivas para o regular prosseguimento da vida social, sob o comando daquele(s) que almeje(m) seguir ostentando o *status socii*, deve a dissolução total ceder espaço para a dissolução parcial[56]. Desse modo, prestigia-se a preservação da empresa.

Elastecendo essa linha de raciocínio, parece-nos que, se um ou mais sócios de uma sociedade limitada propuserem, em juízo, ação com o objetivo de ver decretada a sua dissolução total, em decorrência da irremediável e irreversível ruptura da *affectio societatis*, o(s) sócio(s) que queira(m) seguir ostentando tal condição pode(m) se insurgir em relação a essa pretensão, formulando, em sede de reconvenção, com amparo no artigo 343 do Código de Proces-

---

[55] Esse exemplo de inexequibilidade do fim social é dado por Fábio Ulhoa Coelho, *Curso de direito comercial: Direito de empresa*, v. 2, p. 440; José Waldecy Lucena, *Das sociedades limitadas*, p. 822-826; Manoel de Queiroz Pereira Calças, *Sociedade limitada no novo Código Civil*, p. 173-174; Marcelo Bertoldi; Marcia Carla Pereira Ribeiro, *Curso avançado de direito comercial*, p. 157; e Marlon Tomazette, *Curso de direito empresarial: Teoria geral e direito societário*, v. 1, p. 388.

[56] Arnoldo Wald defende expressamente que "a *affectio societatis* é essencial para a constituição e para a continuidade de uma sociedade e, quando ela cessa, pode ser requerida a dissolução parcial da sociedade, com base no artigo 1.034, II, do Código Civil" (*Comentários ao novo Código Civil*, v. XIV, p. 240). José Waldecy Lucena, por sua vez, sustenta que "a dissolução de sociedade somente ocorre se a discórdia entre os sócios é de tal jaez a não mais permitir a continuidade da sociedade, porquanto se houver qualquer possibilidade de sua continuação, haverá ela, em nome do princípio preservativo da empresa, de ser mantida, recorrendo-se então ao instituto da exclusão, o qual autoriza a expulsão do sócio desajustado do grêmio social, reembolsado de seus haveres" (*Das sociedades limitadas*, p. 824-825). A exclusão não nos parece ser o único meio de se afastar a dissolução total, em prol do princípio da preservação da empresa. Aliás, em diversas situações, a despeito da irremediável e irreversível ruptura da *affectio societatis*, nenhum dos sócios terá cometido uma falta grave no cumprimento de suas obrigações (*caput* do artigo 1.030 do Código Civil) ou posto em risco a continuidade da empresa, em decorrência de atos de inegável gravidade (*caput* do artigo 1.085 do mesmo diploma). Nesse caso, se houver interesse por parte do(s) remanescente(s) em seguir ostentando o *status socii*, o caminho deverá ser o da dissolução parcial da sociedade, com o desfazimento do vínculo que une o(s) dissidente(s) – autor(es) da ação – à sociedade e o consequente pagamento de seus haveres.

so Civil, pleito de que a dissolução se dê apenas de modo parcial, assegurando-se, por conseguinte, o pagamento, nos termos do contrato social ou da lei, dos correspondentes haveres a quem submeteu o pedido de dissolução total à apreciação do Poder Judiciário.

Esse mesmo entendimento se aplica à hipótese de o litígio ser submetido à apreciação de árbitro único ou Tribunal Arbitral, por força de convenção de arbitragem[57]. Nessa hipótese, caso o(s) requerente(s) faça(m) constar de suas alegações iniciais o pedido de dissolução total da sociedade limitada com fundamento na incontornável quebra da *affectio societatis*, o(s) requerido(s) poderá(ão) apresentar sua resposta a tais alegações iniciais acompanhada de pedido contraposto de dissolução parcial, com amparo nos argumentos de que a pessoa jurídica pode seguir explorando regularmente a sua atividade e financeiramente possui condições de efetuar o pagamento dos haveres do(s) requerente(s), conforme estabelecido no contrato social ou na lei.

O princípio da preservação da empresa também deve ser prestigiado caso sócios majoritários, controladores ou não, de uma sociedade limitada, titulares de quotas representativas de mais da metade do capital social, com amparo nos artigos 1.076, inciso II e 1.071, inciso VI, do Código Civil, deliberem, em assembleia ou reunião de sócios – e, portanto, extrajudicialmente –, com amparo no argumento em comento, a sua dissolução total. Nesse cenário, também vislumbramos a possibilidade de os minoritários vencidos buscarem em juízo ou por meio da instauração de procedimento arbitral, conforme o caso, a invalidação da deliberação tomada e a consequente decretação da dissolução parcial da sociedade, com o correspondente pagamento dos haveres cabíveis aos majoritários. A solução de se permitir que a sociedade limitada viável siga existindo e explorando a sua atividade econômica, mesmo na situação em que a maioria de seus sócios externa o desejo de dissolvê-la, em função da grave desinteligência ensejadora da ruptura da *affectio societatis*, possibilita que, por um lado, se prestigie o prefalado princípio da preservação da empresa, assegurando-se que ela realize a sua função social e, por outro, se confira aos sócios majoritários, controladores ou não, titulares de quotas representativas de mais da metade do capital social, o direito de deixarem de ostentar o *status socii*, mediante o recebimento do justo valor de seus haveres, nos moldes definidos no contrato social ou pela lei e, portanto, sem qualquer ordem de sanção[58].

---

[57] A convenção de arbitragem pode se operar por meio de cláusula compromissória ou de compromisso arbitral (artigo 3º da Lei n. 9.307/96).

[58] No item 2.1.2 deste Capítulo 2, cuidamos dessa possibilidade de invalidação da deliberação de dissolução total da sociedade limitada tomada pelos sócios majoritários, controladores ou não, titulares de quotas representativas de mais da metade do capital social. A ele, em complementação, nos remetemos.

Ainda em abono ao princípio da preservação da empresa, uma vez constatado o exaurimento do fim social e até mesmo em certas situações em que o mesmo se apresente como inexequível, podem os sócios optar por alterar o objeto social, de modo que a sociedade passe a explorar outra atividade[59]. Essa alteração do contrato social precisará ser aprovada por votos correspondentes a mais da metade do capital social (artigos 1.076, inciso II e 1.071, inciso V, ambos do Código Civil).

Muito embora o legislador classifique essa causa de dissolução como um gatilho da dissolução judicial, caso haja um consenso entre sócios no sentido de que o fim social se exauriu ou mostra-se inexequível, ou, ao menos, a concordância de sócios que, em conjunto, titularizem quotas representativas de mais da metade do capital social, a dissolução poderá ocorrer extrajudicialmente[60], com amparo nos artigos 1.033, inciso II ou 1.076, inciso II, combinado com 1.071, inciso VI, todos do Código Civil[61].

2.3 – A possibilidade de previsão de outras causas de dissolução no contrato social

Permite o artigo 1.035 do Código Civil que o contrato social preveja "outras causas de dissolução, a serem verificadas judicialmente quando contestadas".

O referido dispositivo está localizado no capítulo que o Código Civil reserva à sociedade simples. A ele, não se chega pela "dança remissiva"[62] que se tem a partir do artigo 1.087 do aludido diploma. Ademais, tampouco se encontra semelhante regra no capítulo próprio da sociedade limitada.

De todo modo, partindo-se da premissa de que a limitada é uma sociedade contratual e considerando que, mesmo que seus sócios tenham se valido da faculdade de estabelecer expressamente no contrato social que a sua regência supletiva se dará pelos dispositivos constantes da Lei n. 6.404/76, as questões vinculadas à sua constituição, à sua dissolução parcial ou total e à liquidação da quota do sócio ou da própria pessoa jurídica obedecerão aos regramentos e aos princípios das sociedades contratuais e, assim, serão disciplinadas

---

[59] Nesse passo, Gustavo Tepedino, Heloisa Helena Barboza, Maria Celina Bodin de Moraes *et al.* salientam que "nada impede, contudo, a alteração [do objeto] com a indicação de outra atividade, a permitir a continuidade da sociedade" (*Código Civil interpretado conforme a Constituição da República*, v. III, p. 127).

[60] Nesse sentido: Manoel de Queiroz Pereira Calças, *Sociedade limitada no novo Código Civil*, p. 173.

[61] Quanto à dissolução de pleno direito por deliberação dos sócios, remetemo-nos, mais uma vez, ao item 2.1.2 deste Capítulo 2.

[62] A expressão é de José Waldecy Lucena (*Das sociedades limitadas*, p. 788).

pelas regras próprias da sociedade simples⁶³, tem-se que o preceito em comento se aplica a toda e qualquer sociedade limitada.

Destarte, a título exemplificativo, os sócios poderiam contratualmente elencar como causas ensejadoras da dissolução da sociedade limitada a retirada, o falecimento, a interdição, a insolvência ou a falência de um de seus integrantes; a diminuição da sociedade a um determinado número de sócios; a redução do capital social em certo valor ou percentual; a extinção de um benefício fiscal ou de outra natureza a ela concedido⁶⁴; o fato de a pessoa jurídica não ter se sagrado vencedora da licitação que motivou a sua constituição⁶⁵, entre outras.

Essa específica hipótese de dissolução total, tal como ocorre com a advinda de deliberação social, também é fruto da manifestação de vontade dos sócios. Porém, nessa situação sob análise, a vontade terá sido concebida e manifestada antecedentemente, por ocasião da previsão da causa ensejadora da dissolução total no contrato social.

Identificada a causa dissolutória anotada no contrato social, a dissolução se operará de pleno direito, cabendo aos sócios dar início à liquidação. A verificação judicial dessa causa dissolutória somente ocorrerá caso ela venha a ser contestada. Inexistindo questionamento, não será necessário ir a juízo. Em nosso sentir, a redação do artigo 1.035 do Código Civil parece não dar margem à outra interpretação. Esse, porém, não é o entendimento de Arnoldo Wald, que sustenta que, "quando ocorrer quaisquer casos de dissolução previstos no contrato, o interessado deverá recorrer ao Poder Judiciário para ter declarada a existência da respectiva causa dissolutória, obedecendo-se o disposto no artigo 656, §2º, do Código de Processo Civil antigo, ou recorrer à arbitragem, cuja decisão se equipara à da justiça"⁶⁶.

Não conseguimos vislumbrar no mencionado artigo 1.035 qualquer exigência no sentido de que a causa dissolutória precise ter sua existência declarada pelo Poder Judiciário, ou, na hipótese de convenção de arbitragem, por árbitro único ou por Tribunal Arbitral, para somente então produzir seus efeitos. Muito pelo contrário. A nosso ver, ao estabelecer que as causas previstas em contrato serão "verificadas judicialmente *quando* contestadas", o legislador claramente as enquadrou como modalidade de dissolução de pleno direito, condicionando o

---

⁶³ Confira-se o item 2 do Capítulo 1.

⁶⁴ Os exemplos até então indicados são de Gustavo Tepedino, Heloisa Helena Barboza, Maria Celina Bodin de Moraes *et al.*, *Código Civil interpretado conforme a Constituição da República*, v. III, p. 128. A falência também é apontada por Sérgio Campinho, coautor desse trabalho, em seu *Curso de direito comercial: Falência e recuperação de empresa*, item 212, p. 345.

⁶⁵ Arnoldo Wald, *Comentários ao novo Código Civil*, v. XIV, p. 242.

⁶⁶ *Comentários ao novo Código Civil*, v. XIV, p. 242.

pronunciamento judicial à apresentação de questionamento por parte de interessado. Em outros termos, uma vez observada a causa dissolutória prevista no contrato social e não havendo qualquer contestação, a sociedade estará de pleno direito dissolvida, devendo passar pela fase de liquidação e, na sequência, ser extinta.

2.4 – A falência como hipótese de dissolução judicial: a exegese do artigo 1.044 do Código Civil

Conforme registramos nos itens 2 e 2.2 deste Capítulo 2, o artigo 1.044 do Código Civil comete o evidente equívoco de elencar a falência como hipótese de dissolução de pleno direito, ressuscitando a parte inicial do n. 2 do artigo 335 do antigo Código Comercial de 1850.

O sistema da Lei n. 11.101/2005, seguindo a linha do Decreto-Lei n. 7.661/1945 e a própria tradição do Direito Falimentar brasileiro, nitidamente enquadra a falência como hipótese de dissolução judicial[67], ao prever que sua decretação somente pode se realizar em juízo e organizar as regras vinculadas à liquidação judicial do patrimônio do devedor insolvente. A falência revela-se, pois, como uma técnica jurídica apropriada a essa finalidade específica, que não pode se divorciar de um processo lógico e organizado de dissolução obrigatoriamente judicial.

A decretação judicial da falência é um dos pressupostos inarredáveis à configuração do estado de falência[68]. Pela sentença de quebra é que se imprime ao estado de insolvência a sua qualificação de falência, deixando ele, assim, de ser um estado de fato para constituir-se em um estado de direito. Esse, enfatize-se, apenas se forma após a decretação judicial da falência[69].

Mas como conciliar essa certeza com o claríssimo teor do artigo 1.044?

A princípio, a adoção do método de interpretação literal, gramatical ou filológico poderia sugerir que a falência efetivamente traduzisse modalidade de dissolução de pleno direito, na medida em que esse método nos conduziria em direção à clássica presunção de que a lei não contém palavras desnecessárias ou, em outros termos, de que o legislador não se vale de palavras vãs, de-

---

[67] Sérgio Campinho, *Curso de direito comercial: Direito de empresa*, item 7.11, p. 203.

[68] A ele juntam-se outros dois: a qualidade de empresário do devedor e o seu estado de insolvência – ou estado de crise econômico-financeira aguda e insuperável. A pluralidade de credores é uma característica desse estado e não um pressuposto, porquanto o concurso de credores é consequência da decretação da falência e não sua causa (Sérgio Campinho, *Curso de direito comercial: Falência e recuperação de empresa*, item 111, p. 212).

[69] Sérgio Campinho, *Curso de direito comercial: Falência e recuperação de empresa*, item 110, p. 210.

vendo todas elas ser compreendidas como escritas intencionalmente, de modo a influir no sentido da frase[70].

Em verdade, se a letra da lei "não é contraditada por nenhum elemento exterior, não há motivo para hesitação: deve ser observada"[71]. Entretanto, como demonstrado, o teor do artigo 1.044 é fortemente contraditado pela Lei n. 11.101/2005 (a qual, inclusive, lhe é posterior), fato que impossibilita que o intérprete simplesmente se atenha aos termos literais do referido preceito[72]. O apego às palavras, nesse caso, conduziria o intérprete a uma conclusão que se chocaria com o sistema da Lei n. 11.101/2005 e do próprio direito societário, uma vez que a Lei n. 6.404/76 corretamente erige a falência, na forma prevista na respectiva lei, como causa de dissolução judicial das sociedades por ações (sociedade anônima e sociedade em comandita por ações), nos precisos moldes de seu artigo 206, inciso II, alínea *c*, que reproduz a disposição contida no artigo 138, alínea *c*, de seu antecessor histórico, o Decreto-Lei n. 2.627/1940.

Desse modo, deve-se optar pela utilização do método de interpretação sistemático, que consiste justamente "em comparar o dispositivo sujeito a exegese, com outros do mesmo repositório ou de leis diversas, mas referentes ao mesmo objeto"[73].

Como bem leciona Carlos Maximiliano, "o Direito objetivo não é um conglomerado caótico de preceitos; constitui vasta unidade, organismo regular, sistema, conjunto harmônico de normas coordenadas, em interdependência metódica, embora fixada cada uma no seu lugar próprio". Justamente por isso, "a verdade inteira resulta do contexto, e não de uma parte truncada, quiçá defeituosa, mal redigida"[74].

Por meio da adoção do método sistemático, a partir do contexto que resulta das Leis n°s. 11.101/2005 e 6.404/76, as quais efetivamente repelem a construção de ser a falência causa de dissolução de pleno direito, pode o intér-

---

[70] Nesse passo, entre os preceitos orientadores da exegese literal, gramatical ou filológica, Carlos Maximiliano lista o seguinte: "Presume-se que a lei não contenha palavras supérfluas; devem todas ser entendidas como escritas adrede para influir no sentido da frase respectiva" (*Hermenêutica e aplicação do direito*, p. 91).

[71] Carlos Maximiliano, *Hermenêutica e aplicação do direito*, p. 91.

[72] Em verdade, antes mesmo da edição da Lei n. 11.101/2005, o artigo 1.044 do Código Civil já era contraditado pelo Decreto-Lei n. 7.661/1945, então vigente quando do advento do diploma codificado de 2002.

[73] Carlos Maximiliano, *Hermenêutica e aplicação do direito*, p. 104.

[74] *Hermenêutica e aplicação do direito*, p. 105-106.

prete, com segurança e cientificidade, concluir que ela se revela como autêntica causa de dissolução judicial.

Ao recorrermos ao método de interpretação sistemático para solucionar essa específica questão, não estamos, de modo algum, negando a valia do método de interpretação literal ou relegando-o a um plano de menor importância. Ao contrário: sempre que o ponderamos, sempre que o cotejamos com outro método, culminamos por reafirmá-lo. Cumpre desde já destacar que nos valeremos do método literal quando da interpretação de outras regras jurídicas ao longo desta obra. *In casu*, a adoção do método sistemático tem o condão de possibilitar a preservação da higidez do sistema, em prestígio à segurança jurídica. E isso porque a falência, à luz da Lei n. 11.101/2005, encontra-se visceralmente ligada à perspectiva de liquidação judicial do patrimônio do devedor insolvente[75]. Trata-se, pois, de hipótese de dissolução necessariamente judicial de sociedade empresária, sujeita a regras de liquidação próprias ao estado de insolvabilidade e instituída por força de lei.

Sem embargo da utilização desse caminho para solucionar a presente questão, poder-se-ia, ainda, argumentar que a inclusão da falência no rol das situações de dissolução de pleno direito restaria derrogada pela Lei n. 11.101/2005 que, como já se ressaltou, é posterior ao Código Civil de 2002 e se mostra totalmente incompatível com a previsão codificada.

2.5 – A superação da falta de pluralidade de sócios como causa ensejadora de dissolução total da sociedade limitada

Por um século, a pluralidade de sócios funcionou como requisito para a constituição e a sobrevivência da sociedade limitada no Brasil.

Somente com o advento da Lei n. 13.874/2019, que restou conhecida como Lei da Liberdade Econômica, em atendimento ao uníssono reclamo do mercado e da doutrina, foi introduzida em nosso ordenamento jurídico a figura da sociedade limitada unipessoal, já prevista nas legislações de diversos países.

Até então, no universo das sociedades limitadas, a unipessoalidade era necessariamente superveniente e temporária. E o marco legislativo inconteste dessa unipessoalidade superveniente e temporária assenta-se justamente no artigo 206, inciso I, alínea *d*, da Lei n. 6.404/76. Propositadamente nos valemos do vocábulo *inconteste*, porque, no regime do Decreto-Lei n. 2.627/1940, exigia-se que a sociedade anônima possuísse no mínimo sete, e não apenas dois, acionistas. Admitia-se a sua redução provisória a menos de sete e o mínimo legal devia ser reconstituído até a assembleia geral ordinária do exercício se-

---

[75] Sérgio Campinho, *Curso de direito comercial: Falência e recuperação de empresa*, item 2, p. 28.

guinte ao da assembleia geral ordinária em que a redução tivesse sido verificada (artigo 137, alínea *d*, do Decreto-Lei n. 2.627/1940). Contudo, a redução a um único acionista era fruto de dissenso doutrinário[76].

A Lei n. 6.404/76 reduziu para dois o número mínimo de acionistas (artigo 80, inciso I) e admitiu, de modo incontroverso, a unipessoalidade superveniente, mas sempre de forma temporária, zelando para que o número mínimo de dois acionistas fosse preservado no transcurso da vida social (arti-

---

[76] Trajano de Miranda Valverde, comentando o preceito, não admitia a redução a um acionista e sustentava que, nesse caso, a sociedade deveria entrar imediatamente em liquidação. Eis as suas palavras: "A lei resolve o problema da redução do número de acionistas a menos de sete e não a um, porque, nesta hipótese, a entrada em liquidação da sociedade se dá imediatamente. Lógica e juridicamente não se pode conhecer sociedade com um único sócio, nem é possível o funcionamento normal, ainda que por pouco tempo, de uma sociedade anônima com um único acionista" (*Sociedades por ações*. 3. ed. Rio de Janeiro: Forense, 1959. v. III, p. 18). Em sentido oposto emergiam vozes igualmente autorizadas da doutrina. Pontes de Miranda, por exemplo, professava que, "no tocante ao art. 137, *d*, cumpre advertir-se que a redução do número de acionistas a seis, a cinco, a quatro, a três, a dois, ou a um, não determina a dissolução automática da sociedade por ações, nem, sequer, só por si, é causa de liquidação" (*Tratado de direito privado*. 2. ed. Rio de Janeiro: Borsoi, 1966. Tomo LI, p. 13). Nesse mesmo diapasão, tinha-se a opinião de João Eunápio Borges: "E se o número de acionistas se reduzir a um apenas? Entende, entre outros, Miranda Valverde que, se não podendo conceber, lógica e juridicamente, sociedade com um único sócio, a redução a um único acionista determina a entrada imediata da sociedade em liquidação [...]. *Data venia*, porém, não me parece justificável a afirmação do mestre. A lei não distingue. E se a sociedade conserva, no período anormal, a mesma estrutura, a mesma aparência jurídica, incapaz de causar prejuízos a terceiros, e se, no prazo legal, o número de acionistas se reconstitui, não há motivo para a liquidação da sociedade. É esta, aliás, a solução mais de acordo com a realidade dos fatos: grande número de sociedades anônimas tem de sociedade apenas a aparência. As ações pertencem a uma pessoa só, figurando os demais *acionistas* como simples testas-de-ferro. Adote-se a solução do Código Civil italiano (art. 2.362) que impõe a responsabilidade ilimitada ao único acionista, no caso de insolvência da sociedade em consequência de obrigações contraídas no período anormal; solução, aliás, que, independentemente de texto legal expresso, poderá e deverá ser acolhida, em virtude da *provada simulação de sociedade*; reprima-se, em qualquer caso, toda fraude e simulação, mas não se imponha à sociedade uma liquidação forçada, por amor a um princípio – a pluralidade de sócios – senão de todo superado, pelo menos fortemente abadado. Entre nós, aliás, basta simples referência à NOVACAP, para se ver que *juridicamente* sociedade com sócio único não é coisa inconcebível" (*Curso de direito comercial terrestre*, p. 541). Waldemar Ferreira, por sua vez, assim ratificava esse mesmo entendimento: "Reduzindo-se a menos o setenato legal, podendo até chegar à unidade, o número de acionistas, a sociedade assim funcionará até ao momento da realização da primeira assembleia geral ordinária. Verificado serem dois apenas os acionistas, três ou quatro, ou mesmo um, nem por isso a sociedade desde logo se dissolverá, de pleno direito: ela continuará, com esse único acionista, por mais um ano, que a seguinte assembleia geral será no exercício seguinte, a funcionar legitimamente. Se essa situação persistir até essa subsequente assembleia geral ordinária, só então a sociedade se dissolverá, de pleno direito" (*Tratado de direito comercial*. São Paulo: Saraiva, 1961. v. 4, p. 571).

go 206, inciso I, alínea *d*). Desse regime, apenas restava excluída a subsidiária integral, companhia cujo único acionista deve ser sociedade brasileira (artigo 251). Ela se apresentava, e segue se apresentando, como uma sociedade unipessoal não temporária ou permanente[77].

Antes do advento do Código Civil de 2002 – diante da inexistência de regra semelhante àquela constante do artigo 206, inciso I, alínea *d*, da Lei n. 6.404/76 no âmbito do Decreto n. 3.708/1919 e no Código Comercial de 1850 –, tendo em mira o princípio da preservação da empresa, a jurisprudência culminou por estender, de maneira adaptada, aquela regra à sociedade limitada[78], a despeito de, também aqui, colher-se controvérsia na doutrina[79].

---

[77] Sérgio Campinho, *Curso de direito comercial: Sociedade anônima*, item 19.6, p. 434.

[78] Como exemplo dessa orientação que prevaleceu enquanto ainda vigorava o Decreto n. 3.708/1919, tem-se o acórdão proferido por ocasião do julgamento do Recurso Especial n. 387/MG, cuja ementa veio assim redigida: "Processual Civil – Recurso Especial – Dissolução parcial de sociedade por cotas de responsabilidade limitada – Lei n. 6.404/76 – Artigo 206, "d", c/c art. 18, do Decreto n. 3.708/19. I – Dissolução parcial da sociedade, garantindo-se ao sócio remanescente, quando constituída por apenas dois sócios, dentro no prazo de um ano, recompor a empresa, com admissão de outro sócio cotista e ou ainda que como firma individual, sob pena da dissolução de pleno direito; assegurando-se ao sócio dissidente o recebimento dos haveres que lhe são devidos. II – Inteligência do art. 206, alínea "d", da Lei das Sociedades Anônimas, c/c o art. 18, do Decreto n. 3.708/19. III – Configurado o dissídio, eis que o acórdão recorrido decidiu a controvérsia em discrepância com a jurisprudência firmada nos Tribunais, inclusive no Supremo Tribunal Federal. IV – Recurso provido" (Recurso Especial n. 387/MG relatado pelo Ministro Waldemar Zveiter e julgado à unanimidade pelos integrantes da Terceira Turma em 12.12.1989).

[79] Por um lado, Rubens Requião assim sustentava: "O art. 302 do Código, entre os elementos que deve conter o instrumento de contrato social, *alude aos nomes, nacionalidade e domicílios dos sócios*, no plural, o que vale dizer que a lei exige pluralidade de sócios na constituição da sociedade, isto é, *dois ou mais sócios*. Já afirmamos que o direito comercial brasileiro não admite, no âmbito privado, sociedade de uma só pessoa, ou seja, a chamada *sociedade unipessoal* (n. 210 *supra*). Não obstante, a Lei de Sociedades por Ações acolhe a sociedade *subsidiária integral*, que pode ser constituída, mediante escritura pública, tendo como único acionista a sociedade brasileira (art. 251). Tanto que não se permitem sociedades unipessoais que, nos demais casos, quando falecia um sócio, de sociedade constituída de dois, ela incorria inexoravelmente em dissolução. Mas surpreendentemente o Supremo Tribunal Federal, tendo como relator o Ministro Cordeiro Guerra, no RE n. 104.496-5, parcialmente provido (*DJU*, de 21 de junho de 1985, fls. 10089), deferiu, em sociedade limitada de dois sócios, 'dissolução parcial com a apuração exata dos haveres do sócio falecido, sem prejuízo da continuidade da empresa pelo sócio sobrevivente'" (*Curso de direito comercial*, v. 1, p. 357). Por outro, Fran Martins assim defendia: "No nosso ponto de vista, havendo ou não cláusula contratual, reduzindo-se o número de sócios a apenas um, poderá o mínimo de dois ser reconstituído no prazo de um ano, a contar da data em que foi constatada a existência do único sócio, aplicando-se ao caso, por força do art. 18 do Decreto n. 3.708, de 1919, a regra da letra *d* do art. 206 da Lei das sociedades anônimas, que permite tal procedimento a essas sociedades

Diante dos intensos debates que cercavam a matéria, em necessária evolução, o Código Civil de 2002 consagrou, na versão originária do inciso IV de seu artigo 1.033, a unipessoalidade superveniente e temporária para as sociedades contratuais, dispondo que a sociedade seria dissolvida de pleno direito quando ocorresse a falta de pluralidade de sócios não reconstituída no prazo de 180 dias. O referido dispositivo aplicava-se à sociedade limitada, cuja pluralidade social poderia, desse modo, ser reconstituída no prazo legal. A ele, se chegava pelas remissões feitas pelos artigos 1.087 e 1.044[80]. Ademais, o então

---

quando se constata que há apenas *um* acionista" (*Curso de direito comercial*. 23. ed. Rio de Janeiro: Forense, 1999. p. 210). Sérgio Campinho, coautor deste trabalho, concluía pela sobrevida da sociedade, como modo de se assegurar a preservação da empresa por ela desenvolvida, mas com amparo em fundamento diverso daquele vinculado à aplicação supletiva da Lei n. 6.404/76 à luz do artigo 18 do Decreto n. 3.708/19: "Não se trata de negar a necessidade de a sociedade, para formar-se e prosseguir na sua vida social, ter que contar com, pelo menos, dois sócios, mas sim repelir a dissolução imediata, de pleno direito, pelo fato de, num determinado momento, a sociedade ficar com um apenas. Deve-se-lhe assegurar uma sobrevida, a fim de propiciar a recomposição do número mínimo legalmente estabelecido. A própria Lei 6.404/76, em seu artigo 80, inciso II, exige a subscrição do capital por, pelo menos, duas pessoas, mas, como medida de preservação da empresa, admite, no artigo 206, I, *d*, que a sociedade sobreviva entre uma assembleia geral ordinária e outra, do ano seguinte, a fim de se restabelecer esse mínimo, sob pena de, aí então, ter-se por dissolvida de pleno direito a companhia. Pensamos que, independentemente de previsão contratual, igual tratamento possa ser dispensado à sociedade por quotas de responsabilidade limitada, e às sociedades de pessoa em geral, não por aplicação supletiva da Lei 6.404/76, como é sustentado por Fran Martins e foi adotado no aresto do Superior Tribunal de Justiça, eis que filiamo-nos à doutrina personalista quanto à fixação da natureza da sociedade por quotas de responsabilidade limitada, como desenvolvemos no Capítulo 9 *supra*, mas sim pela aplicação analógica da regra do art. 206, I, *d*, do aludido diploma legal. Com efeito, ante a omissão do Dec. 3.708/19 (Lei das Sociedades por Quotas de Responsabilidade Limitada) e do Código Comercial (o artigo 335 não afirma como causa imediata de dissolução de pleno direito o fato de a sociedade ficar com um único sócio), pode ser analogicamente invocado o preceito da Lei das Sociedades Anônimas, para garantir às sociedades de pessoa também essa sobrevida de um ano (como regra, as assembleias gerais ordinárias devem obedecer o interstício de aproximadamente um ano – art. 132, da Lei 6.404/76), a fim de ser recomposto o mínimo de dois sócios, findo o qual, sem que essa providência tenha sido tomada, resultaria na dissolução da sociedade. Atende-se, assim, o fim de preservar a empresa, mantendo-a em plena operação, com o supedâneo legal dos artigos 4º e 5º da Lei de Introdução ao Código Civil, sem maltratar o princípio de a sociedade ter que manter-se com dois ou mais sócios" (*Sociedade por quotas de responsabilidade limitada*, p. 114-116). Conforme observa Manoel de Queiroz Pereira Calças, as Juntas Comerciais também "aplicavam analogicamente o disposto na Lei das Sociedades por Ações e permitiam que as sociedades limitadas que tivessem seu quadro de sócios, por qualquer razão, reduzido a um único sócio ficassem em tal situação pelo prazo de um ano, no qual deveria ser providenciada a reconstituição da pluralidade de sócios, sob pena de dissolução da sociedade" (*Sociedade limitada no novo Código Civil*, p. 171).

[80] Com efeito, o artigo 1.087 acaba por invocar a transposição do 1.033 para o capítulo próprio da sociedade limitada. De todo modo, ainda que assim não o fosse, em razão da natureza contratual

vigente parágrafo único do artigo 1.033, com a redação conferida pela Lei n. 12.441/2011, contemplava outras duas possibilidades para se afastar a dissolução total: o requerimento, pelo sócio único remanescente, perante o registro competente, da transformação registral para empresário individual ou para à época existente empresa individual de responsabilidade limitada (EIRELI).

Progredindo-se ainda mais, por meio da já mencionada Lei n. 13.874/2019, acrescentou-se ao artigo 1.052 do Código Civil, que inaugura o capítulo da sociedade limitada, os §§1º e 2º para prever, respectivamente, que "a sociedade limitada pode ser constituída por 1 (uma) ou mais pessoas", sendo certo que, "se for unipessoal, aplicar-se-ão ao documento de constituição do sócio único, no que couber, as disposições sobre o contrato social".

Assim, nos dias de hoje, a sociedade limitada pode ser formada por uma ou mais pessoas, naturais ou jurídicas, sendo, pois, unipessoal ou pluripessoal. Desse modo, a unipessoalidade pode ser originária ou superveniente, também chamada de derivada. Essa última hipótese pode se concretizar por meio de movimentações societárias atreladas a cessão de quotas, exercício do direito de retirada, exclusão ou falecimento, ou, ainda, a operações, como a cisão e a incorporação.

Ao conferir ao sócio remanescente todas essas possibilidades para afastar o cenário de dissolução total da sociedade, o legislador teve em mira o princípio da preservação da empresa, na medida em que, como se anotou alhures, é um verdadeiro ativo social, que interessa não só a seus sócios, mas a todos aqueles que com ela se relacionam direta ou indiretamente.

Com o advento da Lei n. 14.195/2021, os aludidos inciso IV e parágrafo único do artigo 1.033 foram revogados, de modo que, à luz da estrutura normativa atual, a unipessoalidade passou a ser a consequência direta e automática para a limitada pluripessoal que supervenientemente venha a ficar com a sua composição reduzida a um único sócio, sem embargo de ele poder, a qualquer tempo, (i) dissolvê-la totalmente ou (ii) recompor a pluralidade social com a admissão de novo(s) sócio(s).

---

desse tipo societário, a conclusão fluiria em idêntico sentido, mesmo que seus sócios tivessem se valido da faculdade de estabelecer expressamente em seu contrato social que a sua regência supletiva se daria pelos dispositivos constantes da Lei n. 6.404/76 (Sérgio Campinho, *Curso de direito comercial: Direito de empresa*, item 7.10.10, p. 193), na medida em que, conforme já sustentamos no item 2 do Capítulo 1 deste trabalho, as questões vinculadas à sua constituição, à sua dissolução e à sua liquidação serão disciplinadas pelas regras próprias da sociedade simples.

Capítulo 3

Liquidação e extinção

1 – A identificação de uma lacuna

Conforme registramos no princípio do item 1 do Capítulo 2, o processo para pôr fim à existência legal da pessoa jurídica é composto por três etapas distintas, cada qual dotada de um conteúdo jurídico particular: a dissolução, a liquidação e a extinção. A verificação da causa dissolutória nos conduz justamente à segunda fase desse processo, objeto da nossa análise ao longo desse item e dos subsequentes[1].

À liquidação da sociedade, que pode se dar de modo judicial ou extrajudicial, o legislador reservou o Capítulo IX, do Subtítulo II ("Da Sociedade Personificada"), do Título II ("Da Sociedade"), do Livro II ("Do Direito de Empresa"), da Parte Especial, do Código Civil, composto pelos artigos 1.102 a 1.112. A disciplina do tema é complementada pelo disposto nos artigos 1.036 a 1.038 do referido diploma codificado[2-3].

Ademais, tem-se que o Código de Processo Civil de 2015 cuidou apenas da disciplina da ação de dissolução parcial de sociedade e da consequente apuração de haveres. Perdeu, pois, a oportunidade de também regular a ação de dissolução total de sociedade, bem como a liquidação, até então incontestavelmente regidas pelos artigos 655 a 674 do Código de Processo Civil de 1939,

---

[1] Com clareza e objetividade, em obra dedicada às sociedades anônimas, Isaac Halperin e Julio Otaegui estabelecem a distinção entre a dissolução e a liquidação. Eis as suas palavras: "La liquidación es diversa de la disolución: la liquidación es la realización del activo, con el fin de cancelar el pasivo y distribuir el remanente entre los accionistas. En cambio, la disolución es la declaración que pone fin a la actuación activa de la sociedad: es un presupuesto de la liquidación, que es consecuencia de la disolución" (*Sociedades anônimas*. 2. ed. Buenos Aires: Depalma, 1998. p. 838).

[2] Até o advento do Código Civil de 2002, a matéria era regida pelos artigos 344 a 353 do Código Comercial de 1850.

[3] A liquidação das sociedades por ações encontra a sua disciplina nos artigos 208 a 218 da Lei n. 6.404/76.

por força do disposto no artigo 1.218, inciso VII, do Código de Processo Civil de 1973.

O diploma processual civil de 1973 foi expressamente revogado pelo *caput* do artigo 1.046 do *Codex* de 2015. Porém, no §2º desse último preceito, o legislador estabeleceu que "permanecem em vigor as disposições especiais dos procedimentos regulados em outras leis, aos quais se aplicará supletivamente este Código". Logo adiante, em seu §3º, determinou que os processos indicados no aludido artigo 1.218 do diploma de 1973 "cujo procedimento ainda não tenha sido incorporado por lei submetem-se ao procedimento comum previsto neste Código".

À luz desses preceitos, partindo-se das premissas de que (i) o procedimento de dissolução total e liquidação de sociedade elencado no inciso VII do artigo 1.218 do diploma de 1973 ainda não havia sido incorporado por qualquer outra lei; e (ii) as regras contempladas nos artigos 655 a 674 do Código de Processo Civil de 1939 apresentam-se justamente como disposições especiais de um procedimento[4] regulado em outra lei[5], logo após o advento do diploma de 2015, Sérgio Campinho, coautor deste trabalho, defendeu o entendimento de que, a princípio, o procedimento em comento deveria obedecer, no que coubesse, ao previsto nos mencionados artigos 655 a 674 do Código de Processo Civil de 1939, submetendo-se, no mais, ao procedimento comum preconizado no *Codex* de 2015[6].

---

[4] O procedimento de dissolução total e liquidação de sociedade.

[5] O Decreto-Lei n. 1.608/1939 (Código de Processo Civil de 1939).

[6] O ponto foi colocado nos seguintes termos: "Assim, considerando que o procedimento do processo de dissolução e liquidação total de sociedade (referido no inciso VII do art. 1.218 do Código de Processo Civil de 1973) ainda não foi incorporado em outra lei; e considerando que suas regras traduzem disposições especiais de procedimento regulado no Decreto-Lei n. 1.608/39 (Código de Processo Civil de 1939), pensamos, salvo melhor e ulterior juízo, que o processo de dissolução e liquidação total de sociedade obedecerá, no que couber, ao previsto nos arts. 655 a 674 do citado Decreto-Lei n. 1.608/39, ou seja, quando compatível e com as devidas conformação e adaptações à nova ordem instaurada pelo Código de Processo Civil de 2015, submetendo-se, no mais, ao procedimento comum nele preconizado. Do contrário, ter-se-ia um hiato em relação a temas importantes que não são respondidos pelas regras do procedimento comum. Em termos mais claros, cremos que o procedimento comum regerá o processo de dissolução total das sociedades, pinçando-se, diante do hiato legislativo, as regras do Decreto-Lei n. 1.608/39 compatíveis e necessárias ao ordenamento e à direção do processo. Assim é que no procedimento se aproveitam as disposições sobre as causas motivadoras da destituição do liquidante, as regras sobre os seus deveres e o critério para definir a sua remuneração, as quais não se traduzem estritamente procedimentais e servem, assim, de orientação ao curso dos atos judiciais" (*Curso de direito comercial: Direito de empresa*. 14. ed. São Paulo: Saraiva, 2016, item 15.2, p. 294).

O entendimento, aqui compartilhado e reiterado, parece estar sendo acolhido pelo Tribunal de Justiça do Estado de São Paulo em alguns recentes julgados de suas Câmaras Reservadas de Direito Empresarial.

Em 02.05.2016, logo após a entrada do Código de Processo Civil de 2015 em vigor, por ocasião do julgamento do Recurso de Apelação n. 1040983-33.2014.8.26.0002, os Desembargadores integrantes da 1ª Câmara Reservada de Direito Empresarial do referido Tribunal proferiram acórdão assim ementado:

> Dissolução de sociedade – Sociedade inativa – Ação julgada procedente – Recurso dos sucessores de um dos réus adstrito a questões acessórias à liquidação, que deverão ser analisadas por ocasião desta – Nomeação do liquidante que, aliás, deverá observar as regras do CPC/39 relativas ao tema. Recurso não provido (Apelação Cível n. 1040983-33.2014.8.26.0002, relatada pelo Desembargador Francisco Loureiro e julgada à unanimidade pelos integrantes da 1ª Câmara Reservada de Direito Empresarial em 02.05.2016).

Em seu voto, o Desembargador relator Francisco Loureiro assim sustentou:

> A maioria dos procedimentos previstos no mencionado artigo 1.218 do CPC/73 foi totalmente disciplinada e, por isso, incorporada à legislação extravagante.
> Todavia, no que tange especificamente à dissolução e liquidação das sociedades de responsabilidade limitada, não houve a criação de disciplina legal específica.
> É bem verdade que o Código de Processo Civil de 2015, já em vigor, previu em seu artigo 1.046, §3º que "os processos mencionados no art. 1.218 da Lei n. 5.869, de 11 de janeiro de 1973, cujo procedimento ainda não tenha sido incorporado por lei submetem-se ao procedimento comum previsto neste Código".
> No entanto, como se trata de uma regra não meramente procedimental, não se aplica imediatamente aos processos em curso.
> E, ainda que assim não o fosse, diante da total ausência de previsão legal acerca dos critérios de escolha de liquidante para a sociedade em dissolução, seria cabível a aplicação por analogia da disciplina detalhada do CPC/39.

Em 19.05.2017, a 2ª Câmara Reservada de Direito Empresarial recorreu ao teor do §2º do artigo 657 do Código de Processo Civil de 1939 ao julgar o Recurso de Apelação n. 0008697-06.2012.8.26.0320, tendo o correspondente acórdão contado com a seguinte ementa:

> Societário. Dissolução total de sociedade limitada. Sentença que nomeia o réu como liquidante, a despeito de sua recusa em assumir a função. Julgamento *ultra petita* não caracterizado. Autor que também não deseja assumir

a função. Nomeação de terceiro como liquidante, nos termos do art. 657, §2º do CPC/1939. Réu que não comprova o pagamento de despesas da sociedade. Reconvenção improcedente. Despesas com a liquidação da sociedade que deverão ser suportadas pelos sócios, na proporção de suas participações no capital social. Recurso parcialmente provido (Apelação Cível n. 0008697-06.2012.8.26.0320, relatada pelo Desembargador Alexandre Marcondes e julgada à unanimidade pelos integrantes da 2ª Câmara Reservada de Direito Empresarial em 19.05.2017)[7].

De fato, o legislador perdeu a oportunidade de disciplinar, no Código de Processo Civil de 2015, relevantes questões vinculadas à liquidação judicial até então reguladas, de modo incontroverso, pelo diploma de 1939. Diante dessa lacuna e à luz da linha de raciocínio apresentada, parece-nos que certos preceitos do antigo *Codex* devam seguir sendo aplicados.

2 – Conceitos de liquidação, estado de liquidação e procedimento de liquidação

Pode-se afirmar que a liquidação reflete o conjunto de atos, indicados na lei e supletivamente no contrato social, a serem praticados pelo liquidante, após o reconhecimento da causa dissolutória da sociedade, vinculados à ultimação dos negócios pendentes, à promoção da realização de seu ativo, ao pagamento de seu passivo e à distribuição de um eventual saldo ou acervo remanescente entre os sócios[8].

---

[7] No voto do Desembargador relator, colhe-se o seguinte trecho: "Não parece adequado ou razoável que se imponha ao apelante o dever de desempenhar tal função, principalmente considerando que seu desinteresse no ofício está demonstrado não apenas no presente recurso, mas também em sua contestação, no qual consta pedido para que o autor seja nomeado liquidante da sociedade. Confira-se, *in verbis*: 'Concorda expressamente o Réu com o pedido de dissolução da sociedade empresarial, requerendo desde já seja determinado ao Autor, na qualidade de representante legal da empresa, proceder com todos os trâmites burocráticos para o mesmo, bem como arcando com sua parte no pagamento das despesas para o fim de encerramento da sociedade' (fl. 71 – g.n.). O autor também não deseja assumir a função de liquidante e não há no contrato social qual disposição acerca da escolha e indicação do liquidante. Neste caso caberá ao juiz nomear um terceiro para exercer a função conforme dispõe o §2º do art. 657 do CPC/1939".

[8] Modesto Carvalhosa apresenta o seguinte conceito de liquidação: "Diferentemente da dissolução, que constitui um ato declamatório dos sócios, a liquidação constitui procedimento no sentido de processo ou conjunto de atos sucessivos predeterminados na lei e subsidiariamente no contrato social, a que ficará estritamente vinculado o liquidante no exercício de suas funções legalmente estabelecidas (art. 1.103). Sob o ponto de vista de seu fim, a liquidação visa a realização do ativo patrimonial com o objetivo de pagar o passivo e distribuir o remanescente entre os sócios" (*Comentários ao Código Civil*, v. 13, p. 443). Para Gustavo Tepedino, Heloisa Helena

Com a verificação da causa dissolutória, entra a sociedade, de imediato, no denominado *estado de liquidação* e é justamente no âmbito desse estado que se desenvolve o *procedimento de liquidação*, cujo início é temporalmente marcado pela investidura do liquidante[9]. O estado de liquidação é uma situação de direito; já o procedimento de liquidação é traduzido pelo conjunto de atos praticados pelo liquidante, ao longo do referido estado, com o propósito de conduzir a sociedade à sua extinção[10].

O princípio do procedimento de liquidação pode se dar por meio do mesmo ato que reconhece a causa dissolutória. A título exemplificativo, isso ocorreria se, em assembleia ou reunião de sócios, ao deliberarem a dissolução total da sociedade – com amparo no artigo 1.033, inciso II, ou no artigo 1.076, inciso II, combinado com o artigo 1.071, inciso VI, todos do Código Civil – os sócios também elegessem o liquidante, houvesse a sua investidura no cargo e a determinação do modo de liquidação, dando-se, de pronto e por meio desse mesmo conclave, início ao aludido procedimento. Nesse caso, o estado de liquidação e o procedimento de liquidação têm origem em uma mesma data.

Contudo, também é possível que a investidura do liquidante apenas ocorra certo tempo depois da verificação da causa dissolutória, havendo, nessa hipótese, um efetivo interregno entre o nascimento do estado de liquidação e o do procedimento de liquidação.

Diante dessa possibilidade, o legislador estabelece que, "ocorrida a dissolução, cumpre aos administradores providenciar *imediatamente* a investidu-

---

Barboza, Maria Celina Bodin de Moraes *et al.*: "Consiste a liquidação no procedimento destinado à realização de atos sucessivos preparatórios para a extinção da sociedade, ou seja, a realização do ativo, o pagamento do passivo e a partilha entre os sócios do acervo patrimonial remanescente. Trata-se, portanto, de consequência direta da dissolução do vínculo societário por uma das causas previstas nos arts. 1.033-1.034, as quais inauguram o chamado 'estado de liquidação'" (*Código Civil interpretado conforme a Constituição da República*, v. III, p. 296).

[9] A nomeação é um ato unilateral que atribui ao liquidante a função de órgão. Porém, a eficácia dessa atribuição fica condicionada à aceitação por parte do nomeado, o que formalmente ocorre com a investidura. Justamente por isso é que o procedimento de liquidação apenas se inicia com a investidura do liquidante e não com a sua nomeação.

[10] Nesse sentido, cabe reproduzir o didático escólio de Francisco Satiro: "O 'estado de liquidação' não se confunde com o 'procedimento de liquidação'. Na verdade, este ocorrerá no curso daquele. Enquanto o primeiro caracteriza uma situação de direito na qual ingressa a sociedade imediatamente após a verificação da dissolução em estrito senso, o segundo refere-se a um encadeamento de atos que visam à realização dos ativos sociais, solução das relações jurídicas vinculadas à sociedade com pagamento dos credores e eventual rateio do saldo do acervo entre os sócios" (Breves notas sobre o estado de liquidação da sociedade. In: CASTRO, Rodrigo R. Monteiro de; ARAGÃO, Leandro Santos de (Coord.). *Direito societário: Desafios atuais*. São Paulo: Quartier Latin, 2009. p. 443-444).

ra do liquidante, e restringir a gestão própria aos negócios inadiáveis, vedadas novas operações, pelas quais responderão solidária e ilimitadamente" (*caput* do artigo 1.036 do Código Civil), evidenciando que o intervalo, se existente, deve ser o mais curto possível[11-12]. E o faz porque, ao longo desse *gap*, por um lado, não pode ficar acéfala a sociedade e, por outro, não podem os administradores seguir gerindo-a e representando-a como antes o faziam, ignorando o seu efetivo ingresso no estado de liquidação.

No curso da liquidação, podem os sócios optar por contar com o conselho fiscal. Nesse caso, os integrantes do citado órgão deverão praticar os atos indicados no artigo 1.069 do Código Civil, à luz das disposições especiais reguladoras da liquidação (cf. inciso VI do indigitado preceito).

Em regra, como demonstraremos no item 10.8 deste Capítulo 3, a fase de liquidação termina com a realização de uma assembleia ou reunião, por meio da qual os sócios aprovam as contas do liquidante (*caput* do artigo 1.109 do Código Civil)[13]. Todavia, pode ela ser interrompida, caso sócios titulares

---

[11] Sobre o tema, Gustavo Tepedino, Heloisa Helena Barboza, Maria Celina Bodin de Moraes *et al.* assim registram: "Os principais efeitos [do estado de liquidação] decorrentes consistem na entrega da gestão social a um liquidante, bem como na vedação geral de realização de novos negócios pela sociedade, que deverá cingir-se a ultimar as operações em curso, de modo a não incorrer em prejuízos advindos da inexecução de contratos ou obrigações. Entre o ato de dissolução e a investidura do liquidante em suas funções, o CC prevê regra análoga para os administradores da sociedade, cuja atividade não mais deve se orientar à execução do objeto social, restringindo-se à realização de negócios inadiáveis, sob pena de responderem solidária e ilimitadamente pelas obrigações resultantes de novas operações (art. 1.036)" (*Código Civil interpretado conforme a Constituição da República*, v. III, p. 296-297).

[12] Nesse mesmo passo, o legislador faculta ao sócio de sociedade que tenha sido dissolvida de pleno direito a possibilidade de requerer, *desde logo*, a sua liquidação judicial (parágrafo único do mencionado artigo 1.036). O objetivo de que o intervalo entre o reconhecimento da causa dissolutória e o início do procedimento de liquidação seja breve também vem refletido no artigo 1.037 do Código Civil, o qual se relaciona diretamente com a dissolução em função da extinção, na forma da lei, de autorização para funcionar, prevista no inciso V, do artigo 1.033, do mesmo diploma codificado. Sobre esse específico tema, nos dedicamos ao longo do item 2.1.3 do Capítulo 2, ao qual ora nos remetemos. De todo modo, tomamos a liberdade de reproduzir, nesta específica nota, aquele preceito: "Art. 1.037. Ocorrendo a hipótese prevista no inciso V do art. 1.033, o Ministério Público, tão logo lhe comunique a autoridade competente, promoverá a liquidação judicial da sociedade, se os administradores não o tiverem feito nos trinta dias seguintes à perda da autorização, ou se o sócio não houver exercido a faculdade assegurada no parágrafo único do artigo antecedente. Parágrafo único. Caso o Ministério Público não promova a liquidação judicial da sociedade nos quinze dias subsequentes ao recebimento da comunicação, a autoridade competente para conceder a autorização nomeará interventor com poderes para requerer a medida e administrar a sociedade até que seja nomeado o liquidante".

[13] Remanescem duas providências complementares a serem tomadas pelo liquidante mesmo após o prefalado encerramento da liquidação: realizar o arquivamento do correspondente ato no

de quotas representativas de mais da metade do capital social aprovem a cessação do estado de liquidação (artigo 1.076, inciso II, combinado com o artigo 1.071, inciso VI, do mesmo diploma). O estado de liquidação não é, portanto, irreversível[14-15].

3 – Nomeação e investidura do liquidante

Sócio, administrador ou terceiro estranho à sociedade[16] encontram-se habilitados a funcionar como liquidante. Sua indicação pode estar contemplada em cláusula constante do contrato social, por meio de disposição que se refira ao nome de uma pessoa específica ou que aluda ao ocupante de um determinado cargo, por exemplo[17].

Porém, o próprio decurso do tempo pode fazer com que essa definição prévia não produza efeitos. O sujeito expressamente indicado na cláusula contratual pode não se sentir confortável para desempenhar a função de liquidante, não ter condições de fazê-lo, ter sido interditado ou até mesmo ter falecido. Tampouco se deve descartar a possibilidade de o contrato social estabelecer que funcionará como liquidante o ocupante de um certo cargo que esteja vago no momento do reconhecimento da causa dissolutória.

---

registro competente e promover a sua publicação. Com esses últimos passos, há a extinção da sociedade.

[14] Gustavo Tepedino, Heloisa Helena Barboza, Maria Celina Bodin de Moraes *et al.*, *Código Civil interpretado conforme a Constituição da República*, v. III, p. 297.

[15] Considerando que, com a cessação do estado de liquidação, a sociedade retoma o exercício de sua atividade, pode-se afirmar que a sua aprovação deve se compatibilizar minimamente com a causa ensejadora da dissolução. Desse modo, se, por exemplo, a dissolução tiver decorrido da extinção, na forma da lei, de autorização para funcionar (artigo 1.033, inciso V, do Código Civil), não tendo tal quadro sofrido qualquer alteração, a deliberação pela cessação do estado de liquidação não se fará possível. Nesse sentido, anota José Waldecy Lucena: "Podem os sócios, de conseguinte, em reunião ou assembleia de sócios, decidir pela cessação do estado de liquidação da sociedade, assim revogando deliberação anterior, determinativa de dissolução da sociedade. De intuição hialina que dita revogação somente há de ser admitida se a causa dissolutória a permitir. Não se há de admitir a revogação, v.g., se a sociedade dissolveu-se por expirado o prazo de sua duração, ou por extinta a autorização de seu funcionamento" (*Das sociedades limitadas*, p. 889).

[16] Confira-se o *caput* do artigo 1.038 do Código Civil.

[17] Segundo Arnoldo Wald, "o contrato social, desde logo, pode prever quem irá figurar como liquidante, na hipótese de dissolução e liquidação da sociedade. Entretanto, esta hipótese de pré-determinação é remota, na medida em que, no momento de constituição da sociedade, geralmente há pouca preocupação com a eventualidade do seu término" (*Comentários ao novo Código Civil*, v. XIV, p. 245).

Em todas essas hipóteses e na de omissão do contrato social, o liquidante será eleito por deliberação dos sócios, em consonância com o disposto no *caput* do artigo 1.038 do Código Civil, respeitando-se o quórum da maioria de votos dos presentes no conclave, nos moldes dos artigos 1.071, inciso VII e 1.076, inciso III, do mesmo diploma codificado.

Muito embora o Código Civil se refira, em diversos preceitos, a *liquidante*, no singular[18], nada impede que, diante da complexidade da própria liquidação, haja a nomeação de mais de um liquidante[19].

Na liquidação judicial, o liquidante será nomeado pelo juiz, que deverá, a princípio, observar o que dispuser o contrato social. Sendo ele omisso,

---

[18] Confiram-se os artigos 1.036 a 1.038, 1.102 a 1.108 e 1.110.

[19] Nesse sentido, flui o entendimento da doutrina. Sérgio Campinho, coautor deste trabalho, já o defendeu em seu *Curso de direito comercial: Sociedade anônima*, item 17.5, p. 399. De há muito, Carvalho de Mendonça salientava que "muitas vezes se nomeia uma *comissão liquidante*, que obra coletivamente" (*Tratado de direito comercial brasileiro*. 4. ed. Rio de Janeiro: Freitas Bastos, 1946. v. IV, p. 189). Em outro volume de sua obra o referido comercialista aduzia categoricamente que "a liquidação da sociedade realiza-se sob a direção de um ou mais liquidantes" (*Tratado de direito comercial brasileiro*. 5. ed. Rio de Janeiro: Freitas Bastos, 1954. v. III, p. 240). Mauro Rodrigues Penteado dedica ao tema as seguintes palavras: "A Lei n. 6.404/76 alude a 'liquidante' reiteradamente e sempre no singular. Nada obsta, entretanto – tal seja a complexidade do patrimônio a liquidar, e visando tornar mais fácil e racional o procedimento (princípio ínsito no art. 211, parágrafo único) –, que sejam vários os liquidantes, atuando singularmente ou em conjunto; a regra constante do art. 211, *caput*, comporta interpretação conjugada e sistemática com as constantes dos arts. 143, §2º, e 144, validando a instituição de 'comissão liquidante' a que já se referia Carvalho de Mendonça" (*Dissolução e liquidação de sociedades*. 2. ed. São Paulo: Saraiva, 2000. p. 268). Para Alfredo de Assis Gonçalves Neto, "na ausência de vedação legal expressa, é possível que o contrato social preveja ou que os sócios elejam mais de um liquidante" (*Direito de empresa: Comentários aos artigos 966 a 1.195 do Código Civil*, p. 559). Marcelo Vieira von Adamek, por sua vez, anota que o liquidante seria um "órgão de administração especial", que pode "ser individual ou colegial (pois a atual lei acionária não impede que, diante da complexidade das tarefas a serem desenvolvidas no processo de liquidação, seja designado mais de um indivíduo)" (*Responsabilidade civil dos administradores de S/A e as ações correlatas*. São Paulo: Saraiva, 2009. p. 27-28). O entendimento pela possibilidade de nomeação de mais de um liquidante é, ainda, compartilhado por Trajano de Miranda Valverde, *Sociedades por ações*, v. III, p. 39; Modesto Carvalhosa. *Comentários à lei de sociedades anônimas*. 4. ed. São Paulo: Saraiva, 2009. v. 4, tomo I, p. 102; Nelson Eizirik, *A lei das S/A comentada*, v. III, p. 167; José Waldecy Lucena. *Das sociedades anônimas: Comentários à lei*. Rio de Janeiro: Renovar, 2012. v. III, p. 258; Sergio Eskenazi Pernidji. Liquidação. In: LAMY FILHO, Alfredo; PEDREIRA, José Luiz Bulhões (Coord.). *Direito das companhias*. Rio de Janeiro: Forense, 2009. v. II, p. 1.865. Em sentido contrário, Gustavo Tepedino, Heloisa Helena Barboza, Maria Celina Bodin de Moraes *et al.* argumentam que "uma única pessoa deve assumir a função de liquidante, concentrando todas as prerrogativas de gestão do patrimônio da sociedade, para os fins exclusivos de sua liquidação, com as limitações previstas em lei [...] e no contrato social" (*Código Civil interpretado conforme a Constituição da República*, v. III, p. 298).

pensamos deva o magistrado permitir, no curso do procedimento judicial, que os sócios procedam à eleição do liquidante à luz do quórum da maioria, aplicando-se, tanto quanto possível e com as devidas adaptações, as já mencionadas regras dos artigos 1.038, *caput*, 1.071, inciso VII e 1.076, inciso III, todos do Código Civil. Essa votação poderá se dar em audiência pelo juiz especialmente convocada e presidida (artigos 1.111 e 1.112 do mesmo diploma) ou por meio da apresentação, pelos sócios, de manifestação escrita nos autos do processo. Prestigia-se, assim, a vontade dos sócios, na medida em que possuem interesse no eficiente deslinde da liquidação. De todo modo, por certo, poderá o juiz decidir de maneira distinta, ainda que se tenha verba contratual a respeito, sempre que existirem motivos a justificar tal decisão no caso concreto, como ocorreria, por exemplo, nas hipóteses de verificação de conflito de interesses, empate na votação dos sócios, entre outras.

Avançando, tem-se que nomeação e investidura são atos que não se confundem. Uma determinada pessoa pode ser nomeada para funcionar como liquidante e não chegar a ser investida na posse de tal cargo, pelo fato de não desejar assumir a função, não ter condições de exercê-la, ter sido interditada ou, em um cenário ainda mais extremo, ter falecido. Mesmo quando essas situações impeditivas da investidura não se verificam, nem sempre os dois atos ocorrem em um único momento. Assim, a eficácia da nomeação fica condicionada à concretização da investidura.

De acordo com o parágrafo único do artigo 1.102 do Código Civil, "o liquidante, que não seja administrador da sociedade, investir-se-á nas funções, averbada a sua nomeação no registro próprio".

Dessa feita, caso o nomeado para ocupar o cargo de liquidante não funcione como administrador da sociedade (*i.e.*, seja um simples sócio ou um terceiro estranho ao corpo social), a sua investidura nas correspondentes funções se dará com a averbação de sua nomeação na Junta Comercial, a quem compete efetuar os registros das sociedades empresárias.

Por outro lado, à luz da literalidade do texto legal, pode-se extrair que, caso já ostente a condição de administrador da pessoa jurídica, sua investidura se dará de modo automático. Esse ponto, todavia, nos parece mais delicado. A nosso ver, ainda assim, dever-se-á levar a registro o ato societário (na hipótese de liquidação extrajudicial) ou a decisão judicial (na hipótese de liquidação judicial) que cuidar de sua nomeação. Em outros termos, a despeito de certa falta de precisão do dispositivo em comento, em nosso sentir, independentemente da forma de nomeação e do fato de o nomeado ser, ou não, administrador da sociedade, o correspondente ato deverá ser levado a registro, para que se possa conferir a desejada publicidade, em virtude da relevância das funções desempenhadas pelo liquidante ao longo da fase de liquidação[20]. A publicidade de certos atos societários constitui relevante valência jurídica, pois visa garantir a efetividade do direito e a segurança jurídica das relações, valores de *status* constitucional que devem dirigir o intérprete na definição da inteligência que se busca extrair do referenciado parágrafo único do artigo 1.102, o qual, destarte, não se deve aplicar em seu sentido gramatical, mas sim em consonância com o sistema jurídico no qual está inserido.

4 – Liquidante pessoa jurídica

Cabe, agora, enfrentar polêmica questão: pode uma pessoa jurídica funcionar como liquidante? Em outros termos, o fato de o legislador não fazer qualquer referência expressa a essa possibilidade refletiria o seu silêncio eloquente ou nos conduziria em direção à regra de exegese segundo a qual onde o legislador não restringiu, não é dado ao intérprete fazê-lo?

De há muito, Trajano de Miranda Valverde professava, no âmbito das sociedades anônimas, que "não existem, nessa fase de vida da sociedade, as razões que impossibilitam a pessoa jurídica de ocupar cargos na administração ou direção das anônimas", aduzindo que, "se as pessoas jurídicas podem servir nos cargos de síndico de massas falidas, também estão aptas para desempenhar as funções de liquidante"[21].

Em semelhante curso e de modo bastante objetivo, Pontes de Miranda, também no universo das companhias, sustentava que o liquidante poderia "ser pessoa física ou pessoa jurídica, inclusive outra sociedade por ações"[22].

Amparando-se nas referidas lições de Trajano de Miranda Valverde, Mauro Rodrigues Penteado, ao cuidar das sociedades por ações, também defendia que a pessoa jurídica poderia, sim, exercer a função de liquidante[23].

Em sua obra dedicada às sociedades anônimas, Nelson Eizirik entoa esse mesmo coro ao registrar inexistir "qualquer impedimento à contratação de pessoa jurídica, podendo até ser desejável que tal ocorra em companhias de grande porte". A seu ver, "a vedação à nomeação de administrador pessoa jurídica, além de anacrônica, não pode ser estendida ao liquidante, posto que,

---

[20] Em sentido contrário, Arnoldo Wald sustenta que, "tratando-se de nomeação de administrador da sociedade para o exercício das funções de liquidante, a lei civil dispensa a formalização do registro" (*Comentários ao novo Código Civil*, v. XIV, p. 580).

[21] *Sociedades por ações*, v. III, p. 39.

[22] *Tratado de direito privado*, tomo LI, p. 18.

[23] *Dissolução e liquidação de sociedades*, p. 268.

após a dissolução, a companhia passa a ter uma estrutura organizacional inteiramente diversa da anterior". Em reforço, acresce que, "se a pessoa jurídica pode atuar como síndico da massa falida, não existe qualquer razão para impedir que desempenhe as funções de liquidante"[24]. Páginas à frente, volta ao tema reiterando que "pode o liquidante ser pessoa física ou jurídica, a depender do porte e da complexidade dos negócios da companhia"[25].

Ao comentar o artigo 1.102 do Código Civil e, dessa feita, voltando-se para as sociedades contratuais disciplinadas pelo aludido diploma codificado, Alfredo de Assis Gonçalves Neto anota ser possível a nomeação de uma pessoa jurídica para o exercício das funções de liquidante e observa que "a complexidade da liquidação, em certas circunstâncias, pode ser facilitada com a atribuição das funções a uma sociedade especializada em negociação de ativos", tendo sido esse, inclusive, "o entendimento que sufragou a atual Lei de Falência e de Recuperação de Empresas, ao contemplar a possibilidade de ser nomeada pessoa jurídica especializada como administrador judicial, cargo que possui natureza semelhante à do liquidante"[26].

Esse posicionamento conta, ainda, com a adesão de Marcelo Vieira von Adamek que, em sua obra dedicada à responsabilidade civil dos administradores de sociedades anônimas, após também rememorar que a Lei n. 11.101/2005 expressamente admite que a pessoa jurídica exerça a função de administrador judicial, apresenta a seguinte indagação: "Ora, se pode a pessoa jurídica exercer a função de liquidante em processo concursal, por que razão não poderia bem exercê-la na liquidação singular, convencional ou judicial?"[27].

Em sentido oposto, em seus *Comentários à Lei de Sociedades Anônimas*, Modesto Carvalhosa assevera não poder haver a nomeação de pessoa jurídica para o cargo de liquidante. E o faz com amparo nos seguintes argumentos[28]:

> Entendemos que não, pelas mesmas razões de não ter a lei vigente contemplado a nomeação de pessoa jurídica para administrador de companhia (art. 143). E, com efeito, o liquidante é administrador com plenos poderes legais para gerir a companhia, constituindo o próprio órgão de gestão. Em consequência, deve estar suscetível de ser responsabilizado penalmente pelos atos

---

[24] *A lei das S/A comentada*, v. III, p. 167.
[25] Nelson Eizirik, *A lei das S/A comentada*, v. III, p. 174.
[26] *Direito de empresa: Comentários aos artigos 966 a 1.195 do Código Civil*, p. 559.
[27] *Responsabilidade civil dos administradores de S/A e as ações correlatas*, p. 28.
[28] *Comentários à lei de sociedades anônimas*, v. 4, tomo I, p. 101.

praticados. Tendo em vista que as pessoas jurídicas no Brasil não são penalmente imputáveis, impõe-se a restrição. Como se sabe, a lei brasileira não adotou o regime de administração das companhias por pessoa jurídica, embora seja admitido tal regime nas limitadas[29].

Gustavo Tepedino, Heloisa Helena Barboza, Maria Celina Bodin de Moraes *et al.* caminham nessa mesma direção em seus comentários ao mencionado artigo 1.102 do Código Civil, salientando que "a ausência de previsão legal expressa sugere sua inadmissibilidade no direito brasileiro". Aduzem, "em favor da vedação, a equiparação do liquidante ao administrador, sobretudo para fins de deveres e responsabilidade (art. 1.104)"[30].

Idêntico é o sentir de José Waldecy Lucena que, ao debruçar-se sobre o artigo 208 da Lei n. 6.404/76, consigna que a "pessoa jurídica não pode ser nomeada *liquidante*" pelo fato de aplicar-se a este "o mesmo regime jurídico dos administradores"[31].

---

[29] Essa última frase parece revelar uma imprecisão. Em seus *Comentários ao Código Civil*, ao dedicar-se à análise do artigo 1.054, em tópico denominado "As pessoas naturais incumbidas da administração da sociedade e seus poderes e atribuições (art. 997, VI)", Modesto Carvalhosa – após relatar a divergência colhida na doutrina à época da vigência do Decreto n. 3.708/1919 quanto à possibilidade de uma pessoa jurídica funcionar como sócio gerente da antiga sociedade por quotas de responsabilidade limitada – assim ressalta: "O Código Civil de 2002 trata de forma diferente a matéria. Não impede esse diploma que haja pessoas jurídicas, mormente outras sociedades, sócias de uma sociedade por quotas de responsabilidade limitada, mas no art. 1.054, ao invocar a aplicação do art. 997 às sociedades limitadas, impõe que sejam pessoas físicas ou naturais os administradores da sociedade limitada, por força do inciso VI desse art. 997. O posicionamento do Código Civil de 2002 deve-se à adoção de nova estrutura para a administração das sociedades limitadas, em que se passa a permitir que a gerência seja atribuída não apenas aos sócios, mas também a terceiros estranhos ao quadro social, o que faz desaparecer o problema que se tinha anteriormente de um sócio pessoa jurídica ver-se obrigado a exercer a gerência. O Código de 2002 aproxima as limitadas da estrutura organizacional das sociedades anônimas. E passa a exigir seja o administrador *pessoa física*, tal como faz a Lei de Sociedades Anônimas, em seu art. 146. Muito embora o art. 1.060 – que trata expressamente das pessoas que devem exercer a administração da sociedade limitada – não exija ser o administrador uma pessoa natural, esse requisito tem base legal no referido art. 997, VI, que é reforçado pelo art. 1.062, §2º. Este último dispositivo requer que da averbação da posse do administrador designado por ato em separado constem alguns *elementos de qualificação*, tais como o nome e o estado civil, que são próprios de pessoas naturais. Tivesse o novo Código permitido a nomeação de pessoa jurídica como administrador, teria mencionado no §2º do art. 1.062 elementos de qualificação próprios de pessoas jurídicas" (*Comentários ao Código Civil*, v. 13, p. 62-64). A questão é retomada pelo autor por ocasião do exame do artigo 1.060, em tópico denominado "Os administradores devem ser pessoas físicas" (Modesto Carvalhosa, *Comentários ao Código Civil*, v. 13, p. 110).

[30] *Código Civil interpretado conforme a Constituição da República*, v. III, p. 299.

[31] *Das sociedades anônimas: Comentários à lei*, v. III, p. 259.

A nosso ver, a pessoa jurídica pode, sim, funcionar como liquidante[32].

O legislador poderia ter previsto essa possibilidade de modo categórico, tanto no Código Civil, quanto na Lei n. 6.404/76. Não o fez. Porém, não conseguimos caracterizar esse seu silêncio como um silêncio eloquente. Não nos parece que o sistema culmine por repeli-la, aproximando a figura do liquidante à do administrador, que, como curial, deve obrigatoriamente ser pessoa natural.

É bem verdade, repita-se, que o legislador não assentou expressamente que o liquidante pode ser tanto uma pessoa natural, como uma pessoa jurídica. Contudo, também não estabeleceu que o liquidante deve necessariamente ser uma pessoa natural, como o fez em relação aos administradores das sociedades limitadas (artigos 997, inciso VI, 1.054 e 1.062, §2º, do Código Civil) e aos diretores e conselheiros de administração das sociedades anônimas (*caput* do artigo 146 da Lei n. 6.404/76) e, ainda, aos administradores das sociedades simples (artigo 997, inciso VI, já citado), em nome coletivo (artigos 1.039, *caput*, 1.042, 1.041 e 997, inciso VI do mesmo diploma codificado) e em comandita simples (artigos 1.045, *caput*, 1.047, *caput*, 1.046, *caput*, 1.041 e 997, inciso VI, do prefalado *Codex*).

Se não há uma explícita permissão, tampouco há uma explícita vedação, devendo, pois, prevalecer as máximas de exegese segundo as quais onde o legislador não restringiu, não é dado ao intérprete fazê-lo e presume-se permitido tudo aquilo que a lei não proíbe[33].

De todo modo, caso se opte pela nomeação de uma pessoa jurídica como liquidante, é mister que seja declarado o nome do profissional responsável pela condução dos trabalhos, a exemplo do que se tem no parágrafo único do artigo 21 da Lei n. 11.101/2005, no que se refere ao administrador judicial.

Foi, portanto, com bons olhos que, por ocasião da III Jornada de Direito Comercial, acompanhamos a aprovação do enunciado n. 87, que contou

---

[32] Sérgio Campinho, coautor deste trabalho, assim argumentou em seu livro voltado às sociedades anônimas: "Nada impede seja eleita para o cargo uma pessoa jurídica. O regime de liquidação imprime à companhia um esquema organizacional especial. Embora o liquidante seja um órgão da companhia, com funções de gestão e de representação que deverão ser exercidas durante todo o período de liquidação, não vemos como aplicar-lhe o impedimento legal para que uma pessoa jurídica seja administrador. Os regimes jurídicos são diversos, porquanto diversa é a situação jurídica da companhia. Há que se aduzir, em reforço, que o administrador judicial na falência, que exerce poderes de liquidante na liquidação falencial, pode ser pessoa jurídica, posição essa consagrada expressamente no *caput* do art. 21 da Lei n. 11.101/2005" (*Curso de direito comercial: Sociedade anônima*, item 17.5, p. 399).

[33] Conforme leciona Carlos Maximiliano, "restrições ao uso ou posse de qualquer direito, faculdade ou prerrogativa *não se presumem*: é isto que o preceito estabelece. Devem ressaltar dos termos da lei, ato jurídico, ou frase de expositor" (*Hermenêutica e aplicação do direito*, p. 193).

com o seguinte teor: "O cargo de liquidante pode ser ocupado tanto por pessoa natural, quanto por pessoa jurídica, sendo obrigatória, neste último caso, a indicação do nome do profissional responsável pela condução dos trabalhos, que deverá atender aos requisitos e impedimentos previstos em lei, e sobre o qual recairão os deveres e as responsabilidades legais". Nesse caso, a responsabilidade do profissional indicado é de natureza subjetiva e a pessoa jurídica liquidante responderá objetivamente pelos eventuais prejuízos causados no curso da liquidação.

5 – Natureza jurídica do liquidante: órgão social

A natureza jurídica do liquidante também suscitou a divergência da doutrina, havendo quem o enquadrasse como administrador de bens alheios[34], como representante dos sócios ou dos credores sociais[35] ou, ainda, como órgão[36], entendimento com o qual compactuamos e que se mostra francamente majoritário.

---

[34] Trajano de Miranda Valverde, *Sociedades por ações*, v. III, p. 39.

[35] Nas palavras de Egberto Lacerda Teixeira e José Alexandre Tavares Guerreiro, "divide-se a doutrina quanto à caracterização jurídica da figura do liquidante, ora apresentando-o como representante dos acionistas, ora definindo-o como representante dos credores sociais" (*Das sociedades anônimas no direito brasileiro*. São Paulo: Bushatsky, 1979. v. 2, p. 631).

[36] A doutrina, em sua franca maioria, comunga desse posicionamento. Carvalho de Mendonça professa que os liquidantes "são os órgãos da sociedade na sua sobrevivência, trate-se de negócios judiciais ou extrajudiciais". Logo adiante, assim acresce: "O liquidante é o órgão da sociedade na última fase da sua existência, no período da dissolução, dissemos" (*Tratado de direito comercial brasileiro*, v. III, p. 240-241). Com clareza e objetividade, Pontes de Miranda leciona que "o liquidante é *órgão*, como a diretoria o é" (*Tratado de direito privado*, tomo LI, p. 18). Nesse sentido, flui o escólio de Egberto Lacerda Teixeira e José Alexandre Tavares Guerreiro que, em obra voltada para as sociedades anônimas, assim sustentam: "Na verdade, porém, à vista do disposto no art. 211, entendemos que o liquidante é *órgão* da sociedade, assim como sucede com seus administradores. Ainda que sua atuação tenha por finalidade realizar o ativo, pagar o passivo e promover o rateio do remanescente entre os acionistas, o fato é que o liquidante *representa a companhia*, nos termos do citado art. 211, tendo as mesmas *responsabilidades* do administrador, conforme deixa claro o art. 217" (*Das sociedades anônimas no direito brasileiro*, v. 2, p. 631). O entendimento é compartilhado por Mauro Rodrigues Penteado, para quem: "A explicação mais adequada, indubitavelmente, é a que provém da teoria organicista – pois na fase de liquidação há, simplesmente e segundo essa concepção, a substituição dos órgãos administrativos ordinários pelos órgãos incumbidos da liquidação: um facultativo e de deliberação colegiada (o conselho de administração, se mantido), e outro executivo (o liquidante)" (*Dissolução e liquidação de sociedades*, p. 270). Nesse mesmo curso, Isaac Halperin e Julio Otaegui defendem que "se trata de un órgano social que sustituye al directorio para los fines expresados [...]" (*Sociedades anónimas*, p. 843). Após caracterizar o liquidante como "o órgão responsável pela manifestação da vontade da pessoa jurídica em liquidação", Fábio Ulhoa Coelho assim testemunha: "Eventualmente, até pode ocorrer de ser investido nas funções de liquidante quem já representava a sociedade antes da dissolução, como diretor ou administrador.

As sociedades se manifestam por intermédio de seus órgãos. A vontade social é refletida por meio deles, tanto interna quanto externamente[37].

Na precisa definição de Pontes de Miranda, os órgãos sociais *presentam* a sociedade, ou seja, fazem presente a vontade da pessoa jurídica[38].

O liquidante não mantém com a sociedade em liquidação uma relação contratual; não se apresenta como um simples mandatário, prestador de serviços ou representante da pessoa jurídica, de seus sócios e muito menos de seus credores. É mais do que isso. Funciona como um órgão social, titular de funções indelegáveis, predefinidas em lei e supletivamente no contrato social, por meio do qual, ao longo desse específico período da vida social – a liquidação –, a pessoa jurídica manifesta a sua vontade e se relaciona com terceiros, com o fim de alcançar a sua extinção regular.

Em verdade, a indelegabilidade das funções atribuídas a um determinado órgão social traduz uma das principais características da teoria organicista[39]. Desse modo, o liquidante pode, sim, constituir mandatários *ad judicia* ou

---

Essa situação é, aliás, comum na dissolução extrajudicial. São, contudo, bem diferentes as suas atribuições no exercício de cada órgão. E a diferença está relacionada à extensão da personalidade jurídica da sociedade, antes e depois da dissolução-ato. Enquanto o administrador tem amplos poderes para obrigar a pessoa jurídica por quaisquer atos, mesmo os estranhos ao objeto social [...], o liquidante somente a pode vincular nos atos próprios à liquidação" (*Curso de direito comercial: Direito de empresa*, v. 2, p. 442). Nelson Eizirik entoa o mesmo coro ao asseverar que "o liquidante constitui órgão de gestão e de representação da companhia, em substituição aos diretores, que deve exercer suas funções durante todo o período da liquidação" (*A lei das S/A comentada*, v. III, p. 166). José Waldecy Lucena também se apresenta como adepto desse entendimento ao assim sustentar: "Tanto que nomeado e assinado o respectivo termo, entra o liquidante no exercício de suas funções. Passa, desde esse momento, a ser 'o órgão da sociedade, na última fase da sua existência'. Não é mandatário dos sócios, nem da sociedade e, muito menos, dos credores sociais. Como órgão, *presenta* ele a sociedade, não a representa, nas relações jurídicas externas. Presenta a sociedade, tal como o fazia o gerente/administrador, anteriormente à dissolução, sem solução de continuidade" (*Das sociedades limitadas*, p. 858). Nesse mesmo passo, Sergio Eskenazi Pernidji observa: "O liquidante é órgão da sociedade, como se dá com os administradores, de acordo com o artigo 211, e representa a companhia, com as mesmas responsabilidades (art. 217), exercendo atividade-meio em benefício de acionistas e credores, tendo a obrigação de informar sócios e terceiros, por meio de um balanço anual" (*Liquidação*, p. 1.865).

[37] Sérgio Campinho, *Curso de direito comercial: Sociedade anônima*, item 12.1, p. 275.

[38] Pontes de Miranda. *Tratado de direito privado*. 3. ed. Rio de Janeiro: Borsoi, 1972. Tomo L, p. 383-384.

[39] Nesse sentido, Paulo Fernando Campos Salles de Toledo, com acuidade e clareza, trata da aplicação da teoria organicista tanto às sociedades anônimas, regidas pela Lei n. 6.404/76, como às sociedades contratuais, disciplinadas pelo Código Civil, cabendo, aqui, reproduzir as suas palavras: "A Lei das Sociedades Anônimas é muito clara a respeito da adoção da teoria organicista.

ad negotia, especificando, nos respectivos instrumentos de mandato, os atos que poderão ser praticados. Não pode, porém, delegar as suas funções ou outorgar os seus poderes a outro órgão e tampouco fazer-se substituir no exercício de suas atribuições[40].

6 – Gestão e representação da sociedade pelo liquidante

Durante a sua vida regular, a sociedade limitada é gerida e representada pelos seus administradores, sócios ou não sócios (artigo 1.060 e seguintes do Código Civil).

No decorrer da liquidação, o órgão de gestão e representação da pessoa jurídica é o liquidante. Ele substitui os administradores da sociedade, cujas funções cessam. Destarte, com o ingresso da sociedade no estado de liquidação, seus administradores são automaticamente destituídos em bloco[41].

Lê-se, em seu art. 139, que 'as atribuições e poderes conferidos por lei aos órgãos de administração não podem ser outorgados a outro órgão, criado por lei ou por estatuto'. Além de explicitamente empregar a expressão 'órgão de administração', acentua uma das principais características do organicismo: a indelegabilidade das funções legalmente atribuídas a um órgão societário. Já o Código Civil, ao tratar das sociedades, não é tão ostensivo. Ainda assim, não deixa dúvidas quanto a também ter adotado a teoria organicista, seguindo, neste passo, a tradição do direito brasileiro. O maior exemplo da opção assumida encontra-se no art. 1.070, o qual, em termos muito próximos do art. 139 da Lei das S.A., dispõe que 'as atribuições e poderes conferidos pela lei ao conselho fiscal não podem ser outorgados a outro órgão da sociedade'. É certo que o dispositivo refere-se exclusivamente ao conselho fiscal, mas obviamente deve ser estendido a outros órgãos societários. Não faria sentido, com efeito, que uma atribuição própria da assembleia de sócios, prevista por norma legal específica, fosse, por cláusula contratual, outorgada a outro órgão da sociedade limitada. Por outro lado, a regra do art. 1.070 é reforçada pelo disposto no art. 1.018, ao prescrever que 'ao administrador é vedado fazer-se substituir no exercício de suas funções'. Em outros termos, ele não pode delegá-las, e isto, como facilmente se depreende, por ser órgão da sociedade" (As sociedades limitadas podem ter conselho de administração? In: CASTRO, Rodrigo R. Monteiro de; AZEVEDO, Luís André N. de Moura (Coord.). *Poder de controle e outros temas de direito societário e mercado de capitais*. São Paulo: Quartier Latin, 2010. p. 364-365).

[40] Como bem anota Modesto Carvalhosa, "o cargo e as funções do liquidante são indelegáveis a qualquer outra pessoa física ou jurídica, sendo ele responsável no caso de tal ocorrer, tanto quanto o delegado que aceitou essa delegação absolutamente irregular" (*Comentários ao Código Civil*, v. 13, p. 466). O entendimento é compartilhado por Gustavo Tepedino, Heloisa Helena Barboza, Maria Celina Bodin de Moraes *et al.*: "Assim como ocorre com os administradores (art. 1.018 do CC), consideram-se indelegáveis as funções do liquidante, facultando-se-lhe apenas constituir mandatários da sociedade em liquidação, desde que especificando na procuração os atos e operações que poderão praticar" (*Código Civil interpretado conforme a Constituição da República*, v. III, p. 306).

[41] Nesse sentido, Nelson Eizirik assim expõe: "A companhia dissolvida estará submetida, no curso da liquidação, a uma estrutura organizacional inteiramente nova, tendo em vista a necessidade

Mas, como tivemos a oportunidade de registrar no item 2 deste Capítulo 3, o início do procedimento de liquidação, que se verifica por ocasião da investidura do liquidante, pode, ou não, se dar por intermédio do mesmo ato que reconhece a causa dissolutória e inaugura o estado de liquidação. Assim, pode, ou não, haver um interregno entre a dissolução e a investidura do liquidante. Verificando-se esse *gap*, que deverá ser o mais breve possível, não poderá ficar acéfala a sociedade[42]. Desse modo, até a investidura do liquidante, os administradores seguirão exercendo suas funções, em caráter provisório e com poderes verdadeiramente limitados, estando autorizados a implementar tão somente negócios inadiáveis e impedidos de realizar novas operações, sob pena de responderem de forma solidária e ilimitada (*caput* do artigo 1.036 do Código Civil). Nessa hipótese de existência de um intervalo entre o princípio do estado de liquidação e o nascimento do procedimento de liquidação, que somente ocorre com a investidura do liquidante, há uma espécie de sobrevida da atuação dos administradores, porém de modo bem distinto do que se tinha ao longo do curso regular da vida social.

---

de maior celeridade e redução de custos. Assim, os diretores são automaticamente destituídos em bloco na assembleia geral que deliberar a dissolução e substituídos pelo liquidante, de preferência nomeado na mesma assembleia, para evitar qualquer solução de continuidade. O liquidante constitui órgão de gestão e de representação da companhia, em substituição aos diretores, que deve exercer suas funções durante todo o período da liquidação" (*A lei das S/A comentada*, v. III, p. 166). De modo ainda mais enfático, consigna Alfredo de Assis Gonçalves Neto: "O liquidante é a figura central da liquidação; é, em verdade, o órgão de administração da sociedade destinado a fazê-la desaparecer do mundo jurídico. É, portanto, o administrador da sociedade durante a liquidação, investido dos poderes adequados à prática de todos os atos necessários para conduzir a sociedade à sua extinção" (*Direito de empresa: Comentários aos artigos 966 a 1.195 do Código Civil*, p. 559).

[42] Nesse passo, salienta Francisco Satiro: "De acordo com o Código Civil (art. 1.036), o ingresso no estado de liquidação não retira os poderes do administrador, mas os limita, além de acrescentar-lhe o dever de providenciar a investidura do liquidante. Como é a investidura do liquidante que dá início ao processo de liquidação, de se concluir que, até esse momento, o administrador mantém poderes de representação. Coerentemente, entretanto, tais poderes estarão limitados à gestão dos negócios inadiáveis (vez que os adiáveis deverão ser sobrestados para sua continuação pelo liquidante) e à investidura do liquidante" (*Breves notas sobre o estado de liquidação da sociedade*, p. 449). O entendimento de José Waldecy Lucena flui em semelhante curso: "A rigor, as funções de gestor e representante exercida[s] pelos diretores deveriam estancar no momento em que dissolvida a companhia, já que nessa mesma assembleia geral dá-se a nomeação do *liquidante*. Mas, para evitar a acefalia da companhia em momento tão grave, é intuitivo que os diretores permanecerão em seus cargos até a posse do *liquidante* nomeado, qual dispõe o artigo 150, §4º, de aplicação analógica. Mesmo porque ainda pode ocorrer que o *liquidante* não aceite a nomeação, o que prolongaria a *vacatio*, sem ter a companhia quem pratique atos urgentes e necessários de gestão e representação" (*Das sociedades anônimas: Comentários à lei*, v. III, p. 292).

Na fase de liquidação, há uma significativa alteração do interesse social. Ele não mais se revela a partir do desejo comum de realização do fim social, consistente na obtenção de lucros, por meio da execução do objeto social. Com efeito, nessa nova etapa, o fim social vincula-se à efetivação do procedimento de liquidação da forma mais eficiente possível, ou seja, do modo mais célere e menos oneroso factível. Todos os esforços devem, pois, ser coordenados em direção à adequada implementação dos movimentos de alienação do ativo e pagamento do passivo, de modo a maximizar o saldo remanescente a ser partilhado entre os sócios. Daí as limitações impostas pelo *caput* do artigo 1.036.

Ao representar a sociedade e praticar todos os atos necessários à sua liquidação, cabe ao liquidante, inclusive, alienar bens móveis e imóveis, transigir, receber e dar quitação (*caput* do artigo 1.105 do Código Civil)[43].

Alguns atos, porém, dependem de expressa autorização veiculada no contrato social ou da anuência dos sócios, por meio de deliberação tomada pela maioria absoluta. Caso não conte com uma dessas duas chancelas, não poderá o liquidante "gravar de ônus reais os móveis e imóveis, contrair empréstimos, salvo quando indispensáveis ao pagamento de obrigações inadiáveis, nem prosseguir, embora para facilitar a liquidação, na atividade social" (parágrafo único do referido artigo 1.105).

A gestão e a representação da sociedade exercida pelo liquidante ganham contornos limitados e específicos, pois visam conduzi-la a uma regular extinção.

7 – Remuneração do liquidante

A despeito do silêncio do Código Civil, deve o liquidante ser remunerado. Na omissão do contrato social, caberá aos sócios, em assembleia ou reunião, definir o modo de sua remuneração, tal como se tem em relação à dos administradores da sociedade (artigo 1.071, inciso IV). Na liquidação judicial, deverá ela ser fixada pelo juiz.

---

[43] Ao comentarem o *caput* do artigo 211 da Lei n. 6.404/76 – cuja redação é praticamente idêntica à do *caput* do artigo 1.105 em análise – Egberto Lacerda Teixeira e José Alexandre Tavares Guerreiro, com precisão, sustentam que os atos listados "incumbem *ex lege* ao liquidante". E prosseguem: "Com efeito, se lhe cabe realizar o ativo, é evidente que não poderia o legislador subordinar os atos de disposição à concordância prévia dos acionistas. A própria natureza do processo de liquidação impõe que se dê ao liquidante a liberdade suficiente para praticar os atos que levarão à extinção da companhia" (*Das sociedades anônimas no direito brasileiro*, v. 2, p. 632).

Com o decurso do tempo e em função do crescimento e consequente ganho de complexidade da empresa explorada pela sociedade, e até mesmo de alterações do cenário econômico, a remuneração inicialmente fixada no contrato social pode se distanciar da realidade de mercado, repelindo interessados aptos ao desempenho do mister. Nesse caso, podem os sócios, na hipótese de liquidação extrajudicial, ou o juiz, na de liquidação judicial, redefini-la à luz dessa realidade.

Partindo-se da premissa de que o liquidante substitui os administradores, os quais são afastados em bloco, tem-se que esses últimos logicamente devem deixar de receber suas respectivas remunerações. Nada justifica, após a investidura do liquidante, sigam os antigos administradores sendo remunerados. Isso se chocaria com o fato de, nessa fase, o fim social vincular-se à realização do procedimento de liquidação da forma mais eficiente possível, com a maximização do saldo remanescente a ser partilhado entre os sócios.

8 – Responsabilidade do liquidante

As obrigações e responsabilidades do liquidante regem-se pelas regras relativas aos administradores da sociedade liquidanda (artigo 1.104 do Código Civil).

Ao longo de toda a liquidação, deve o liquidante observar os deveres fiduciários – entre os quais se incluem os de diligência, de lealdade e de não ingressar em conflito com os interesses da sociedade –, sempre tendo em mira os propósitos da liquidação, além de seus específicos deveres, elencados no artigo 1.103 do Código Civil, dos quais trataremos nos itens 10.1 a 10.9 deste Capítulo 3.

Como já tivemos a oportunidade de destacar, na fase de liquidação, o fim social sofre uma significativa modificação. Deixa de consistir na obtenção de lucros, por meio da execução do objeto social e passa a vincular-se à efetivação do procedimento de liquidação da forma mais eficiente possível. Em sua essência, a liquidação relaciona-se com a ultimação dos negócios da sociedade, a realização de seu ativo, o pagamento de seu passivo e a partilha do saldo remanescente entre os seus sócios. Todos os esforços, portanto, devem ser coordenados para a adequada implementação dos movimentos de alienação do ativo e adimplemento do passivo, de forma a maximizar o mencionado saldo remanescente[44].

---

[44] Os deveres contemplados no inciso IV do artigo 1.103 do Código Civil traduzem, nas precisas palavras de Egberto Lacerda Teixeira e José Alexandre Tavares Guerreiro, "as atribuições fundamentais do liquidante e a própria razão de ser de sua existência" (*Das sociedades anônimas no direito brasileiro*, v. 2, p. 632).

Os deveres fiduciários, aplicáveis aos administradores, foram cunhados tendo em mira o prosseguimento das atividades sociais. Tais deveres devem ser observados pelos liquidantes, porém à luz dos objetivos próprios da liquidação. Em outros termos, nessa peculiar fase da vida social, é preciso fazer uma releitura dos deveres fiduciários, que se aplicam, sim, aos liquidantes, mas com as devidas adaptações.

Diante desse cenário, o liquidante da sociedade limitada não responde pessoalmente pelas obrigações que contrair em nome da liquidanda e em função de ato regular de gestão liquidatória, mas responde pelos prejuízos que causar ao proceder dentro de suas atribuições ou poderes com culpa ou dolo e, ainda, com violação da lei ou do contrato social. A responsabilidade é subjetiva, que, na hipótese de ato violador da lei ou do contrato social, comporta inversão do ônus da prova. Sendo o liquidante pessoa jurídica, há a necessidade de se indicar o nome do profissional responsável pela condução dos trabalhos, o qual deverá atender aos requisitos e aos impedimentos previstos em lei e sobre o qual recairão os deveres e as responsabilidades legais. Nessa situação, a responsabilidade do profissional indicado é de natureza subjetiva, com ou sem inversão do ônus da prova, conforme o caso. A pessoa jurídica liquidante responderá objetivamente pelos atos do indicado no curso da liquidação.

O fato de o liquidante poder vir a ser responsabilizado nos moldes indicados anteriormente não faz, logicamente, cessar a responsabilidade dos antigos administradores, que seguem sendo passíveis de responsabilização pelos atos praticados durante o exercício de seus respectivos mandatos, até que se escoe o prazo de prescrição (artigo 206, §3º, inciso VII, alínea *b*, do Código Civil)[45].

9 – Renúncia, destituição e vacância do cargo de liquidante

A qualquer tempo, pode o liquidante, mediante simples renúncia, voluntariamente deixar de exercer o seu cargo. Trata-se de manifestação unilateral de vontade, que sequer demanda motivação. A renúncia deve ser feita por escrito, podendo constar em ata de assembleia ou reunião de sócios ou em notificação extrajudicial a eles dirigida. Na sequência, deve ser arquivada no registro competente e, por fim, publicada. Assim, produzirá efeitos não só *interna corporis*, como também perante terceiros.

---

[45] A Lei n. 6.404/76, em seu artigo 217, cuida expressamente da sobrevida da responsabilização dos administradores, ao assim prever: "O liquidante terá as mesmas responsabilidades do administrador, e os deveres e responsabilidades dos administradores, fiscais e acionistas subsistirão até a extinção da companhia".

O legislador não tece qualquer consideração em relação à renúncia do liquidante. Todavia, essa lacuna evidentemente não pode servir de impeditivo para a verificação da referida manifestação unilateral de vontade. Pode-se recorrer, por analogia, ao disposto no §3º do artigo 1.063 do Código Civil[46], que disciplina a renúncia por parte do administrador[47].

O liquidante também pode vir a ser destituído do cargo. A exemplo do que ocorre com a renúncia, a destituição deve igualmente ser arquivada no registro competente e publicada, de modo a produzir efeitos perante terceiros.

Na liquidação extrajudicial, caso o liquidante tenha sido eleito em assembleia ou reunião de sócios, pode ser destituído por meio de simples deliberação, tomada em novo conclave societário, mediante a observância do quórum da maioria de votos dos presentes, nos moldes dos artigos 1.038, §1º, inciso I; 1.071, inciso VII; e 1.076, inciso III, todos do Código Civil.

Mas isso não é tudo. Havendo justa causa, sua destituição pode ser demandada em juízo, por um ou mais sócios, a teor do que dispõe o artigo 1.038, §1º, inciso II. A regra em comento inicia-se categoricamente com a expressão "em qualquer caso". Assim, a ação de destituição de liquidante mediante prova da correspondente justa causa também pode ser proposta quando sua nomeação decorrer de cláusula contratual[48].

Na liquidação judicial, a destituição dependerá de determinação do juiz, que poderá agir de ofício ou em atendimento a pedido formulado por qualquer interessado, caso o liquidante deixe de cumprir com seus deveres, retarde injustificadamente o andamento do processo, proceda com dolo ou má-fé ou tenha interesse contrário ao da liquidação[49].

---

[46] Artigo 1.063, §3º, do Código Civil: "Art. 1.063. [...] §3º. A renúncia de administrador torna-se eficaz, em relação à sociedade, desde o momento em que esta toma conhecimento da comunicação escrita do renunciante; e, em relação a terceiros, após a averbação e publicação".

[47] Certeiro é o escólio de Carlos Maximiliano: "O mesmo princípio contido numa regra legal é logicamente estendido a outras hipóteses não previstas. Deste modo o Direito Positivo regula, ora direta, ora indiretamente, todas as relações sociais presentes e futuras, visadas, ou não, pelos elaboradores dos Códigos. O elemento supletório de maior valor é a analogia, que desenvolve o espírito das disposições existentes e o aplica a relações semelhantes na essência" (*Hermenêutica e aplicação do direito*, p. 170).

[48] Hipótese não abrangida pelo inciso I, do §1º, do artigo 1.038 do Código Civil.

[49] Nos termos do artigo 661 do Código de Processo Civil de 1939, "os liquidantes serão destituídos pelo juiz, *ex-officio*, ou a requerimento de qualquer interessado se faltarem ao cumprimento do dever, ou retardarem injustificadamente o andamento do processo, ou procederem com dolo ou má-fé, ou tiverem interesse contrário ao da liquidação". Como demonstramos no item 1 deste Capítulo 3, à luz do disposto nos §§2º e 3º do artigo 1.046 do Código de Processo Civil de 2015, acreditamos que, a princípio, o procedimento de dissolução total e liquidação deveria

O cargo de liquidante pode, ainda, ficar vago por motivo que transcenda a vontade do nomeado e dos sócios da sociedade liquidanda. A vacância pode decorrer, por exemplo, do falecimento do liquidante ou de sua impossibilidade de exprimir sua vontade por causa permanente (artigo 4º, inciso III, do Código Civil).

De todo modo, se, por qualquer razão (renúncia, destituição ou simples vacância), o cargo de liquidante ficar desocupado, os sócios, na hipótese de liquidação extrajudicial, ou o juiz, na de liquidação judicial, deverão, com a maior brevidade possível, providenciar a nomeação do substituto, evitando que a sociedade fique acéfala e engessada, o que certamente lhe traria prejuízos.

10 – Deveres do liquidante

O *caput* do artigo 1.103 do Código Civil elenca deveres a serem observados pelo liquidante[50]. Trata-se de listagem meramente exemplificativa e, assim, *numerus apertus*[51], nada impedindo que o contrato social preveja outras atribuições[52] ou, logicamente, que o próprio liquidante tome providências adicionais, que venha a considerar como convenientes ou oportunas.

A par desses deveres objetivamente declinados ao longo do *caput* do artigo 1.103, o liquidante também deve cumprir com os deveres fiduciários – como os de diligência, de lealdade e de não ingressar em conflito com os interesses da sociedade –, mas a luz dos próprios objetivos da liquidação[53].

---

obedecer, no que coubesse, ao previsto nos artigos 655 a 674 do diploma de 1939, submetendo-se, no mais, ao procedimento comum disciplinado no *Codex* de 2015. O hiato legislativo identificado justifica sejam pinçadas algumas regras do Código de Processo Civil de 1939, funcionando o citado artigo 661 como um autêntico exemplo.

[50] O *caput* do artigo 1.103 do Código Civil em muito se aproxima do artigo 210 da Lei n. 6.404/76, que conta com a seguinte redação: "Art. 210. São deveres do liquidante: I – arquivar e publicar a ata da assembleia geral, ou certidão de sentença, que tiver deliberado ou decidido a liquidação; II – arrecadar os bens, livros e documentos da companhia, onde quer que estejam; III – fazer levantar de imediato, em prazo não superior ao fixado pela assembleia geral ou pelo juiz, o balanço patrimonial da companhia; IV – ultimar os negócios da companhia, realizar o ativo, pagar o passivo, e partilhar o remanescente entre os acionistas; V – exigir dos acionistas, quando o ativo não bastar para a solução do passivo, a integralização de suas ações; VI – convocar a assembleia geral, nos casos previstos em lei ou quando julgar necessário; VII – confessar a falência da companhia e pedir concordata, nos casos previstos em lei; VIII – finda a liquidação, submeter à assembleia geral relatório dos atos e operações da liquidação e suas contas finais; IX – arquivar e publicar a ata da assembleia geral que houver encerrado a liquidação".

[51] Nesse sentido: José Waldecy Lucena, *Das sociedades limitadas*, p. 862.

[52] Nesse sentido: Arnoldo Wald, *Comentários ao novo Código Civil*, v. XIV, p. 581.

[53] Como mencionamos no item 8 deste Capítulo 3, os deveres fiduciários, aplicáveis aos administradores, foram cunhados tendo em mira o prosseguimento das atividades sociais. Destarte, eles

10.1 – Averbação e publicação do ato de dissolução

No inciso I do artigo 1.103, há a indicação do dever de "averbar e publicar a ata, sentença ou instrumento de dissolução da sociedade".

De plano cabe registrar que, sendo a dissolução judicial, o objeto da averbação e da publicação mencionadas no preceito em comento será, em princípio, a sentença transitada em julgado, salvo se a nomeação do liquidante se verificar em cumprimento provisório de sentença, hipótese na qual lhe caberá averbar e fazer publicar a respectiva decisão com a informação de ser a execução ainda realizada em caráter provisório. Com o trânsito em julgado, será preciso repetir as mesmas providências, a fim de publicizar o novo estágio, que passou a ser definitivo.

Por outro lado, sendo a dissolução extrajudicial, o objeto da averbação e da publicação será a ata da assembleia ou da reunião de sócios que a tiver deliberado ou o correspondente instrumento de dissolução.

A averbação do documento em questão deverá ser realizada na Junta Comercial, a quem compete efetuar os registros das sociedades empresárias. Já a publicação, por força do disposto no §1º do artigo 1.152 do Código Civil, deverá ser feita na imprensa oficial do local da sede da sociedade e em jornal de grande circulação na mesma localidade.

Esse conjunto de providências tem o franco propósito de conferir publicidade à dissolução da sociedade, possibilitando que terceiros, estranhos ao corpo social, tomem conhecimento de tal fato.

A elas, soma-se a declinada no parágrafo único do preceito sob análise, qual seja: a obrigação de o liquidante empregar, em todos os atos, documentos ou publicações, a denominação ou firma social sempre acrescida da expressão "em liquidação" e de sua assinatura pessoal, com a declaração de sua qualidade.

10.2 – Arrecadação de bens, livros e documentos

No inciso II do artigo 1.103, colhe-se o dever de "arrecadar os bens, livros e documentos da sociedade, onde quer que estejam".

A arrecadação a que se refere o inciso II em comento é necessária para que o liquidante possa cumprir outros deveres que lhe são atribuídos ao longo do próprio artigo 1.103, por exemplo, os de elaborar o inventário e o balanço

---

devem ser observados pelos liquidantes, mas à luz dos próprios objetivos da liquidação. Em outras palavras, nessa peculiar fase da vida social, é preciso fazer uma releitura dos clássicos deveres fiduciários, que se aplicam, sim, aos liquidantes, mas com as devidas adaptações.

(inciso III), realizar o ativo, pagar o passivo e, consequentemente, partilhar o remanescente entre os sócios" (inciso IV).

Se o liquidante encontrar verdadeira dificuldade por ocasião da arrecadação, poderá socorrer-se do Poder Judiciário, propondo as medidas judiciais pertinentes[54].

De todo modo, o liquidante manterá sob sua guarda os documentos, livros e bens arrecadados, pelos quais responderá ao longo de toda a fase de liquidação.

10.3 – Elaboração do inventário e do balanço

O inciso III do dispositivo em questão, por sua vez, atribui ao liquidante o dever de "proceder, nos quinze dias seguintes ao da sua investidura e com a assistência, sempre que possível, dos administradores, à elaboração do inventário e do balanço geral do ativo e do passivo". Essa regra enseja a apresentação de três comentários.

O primeiro deles vincula-se à possibilidade, ou não, de se prorrogar o referido prazo de 15 dias.

De fato, em determinadas situações concretas, o aludido prazo pode se apresentar como muito curto. Imaginemos a liquidação de uma sociedade limitada de médio ou grande porte que possua uma série de estabelecimentos situados em diversas cidades de diferentes regiões do país. A elaboração de seu inventário e de seu balanço certamente dependerá de uma bem-sucedida arrecadação (inciso II), o que seguramente não se dará em uns poucos dias.

O Código de Processo Civil de 1939, no inciso I de seu artigo 660, já fazia referência ao mencionado prazo de 15 dias, contado a partir da data da nomeação do liquidante, ao imputar-lhe o dever de levantar o inventário dos bens e o balanço da sociedade. Contudo, previa expressamente que esse prazo poderia ser prorrogado pelo juiz "por motivo justo".

No ano seguinte, o Decreto-Lei n. 2.627/1940, antigo diploma dedicado às sociedades anônimas, no n. 2 de seu artigo 140, também conferiu ao

---

[54] Em sua obra dedicada às sociedades anônimas, José Waldecy Lucena assim observa: "O normal é que os próprios administradores, cuja administração foi extinta, façam a entrega ao *liquidante* de todos os bens, livros e documentos, dando-lhes este recibo do que recebeu e lavrando um *termo de arrecadação*, no qual será relacionado tudo o que lhe foi entregue. Esse termo poderá ser lavrado no 'Livro de Atas das Reuniões da Diretoria'. Ademais, tem o *liquidante* poderes para arrecadá-los *onde quer que estejam*, podendo até mesmo recorrer, se necessário, à ação judicial de busca e apreensão" (*Das sociedades anônimas: Comentários à lei*, v. III, p. 280). Arnoldo Wald também faz expressa menção à possibilidade de adoção das "medidas judiciais cabíveis" (*Comentários ao novo Código Civil*, v. XIV, p. 582).

liquidante o citado prazo de 15 dias seguintes à data de sua nomeação para organizar o inventário e o balanço da sociedade. Não trouxe, porém, o adendo relativo à possibilidade de sua ampliação.

Esse conjunto de preceitos foi alvo de severas críticas por parte da doutrina[55]. Diante disso, os autores do anteprojeto que se converteu na Lei n. 6.404/76 optaram por tomar um caminho distinto, estabelecendo, no inciso III do artigo 210, o dever de "fazer levantar de imediato, em prazo não superior ao fixado pela assembleia geral ou pelo juiz, o balanço patrimonial da companhia"[56].

O legislador de 2002 não se inspirou no teor do inciso III do artigo 210 da Lei das Sociedades Anônimas. Acabou resgatando o antigo e criticado prazo de 15 dias, silenciando em relação à possibilidade, ou não, de sua prorrogação pelos sócios, na hipótese de liquidação extrajudicial, ou pelo juiz, na de liquidação judicial. Mas, ao fazê-lo, acertadamente fixou como termo *a quo* a data da investidura do liquidante e não a data de sua nomeação[57-58].

A nosso ver, na liquidação judicial, o indigitado prazo pode, sim, ser prorrogado pelo juiz, sempre que constatado, à luz da análise criteriosa do

---

[55] Ao comentar o artigo 140 do Decreto-Lei n. 2.627/1940, Pontes de Miranda assim registrava: "A exigência da organização do inventário e do balanço é essencial; mas o prazo não é admissível para grandes empresas, sobretudo as que têm créditos e débitos em outros pontos do território ou no estrangeiro" (*Tratado de direito privado*, tomo LI, p. 22).

[56] É o que se extrai da exposição de motivos da Lei n. 6.404/76, que contou com o seguinte trecho: "O Projeto introduz as seguintes modificações na legislação em vigor: [...] c) o prazo para levantamento do balanço patrimonial será fixado pela Assembleia Geral ou pelo Juiz (art. 211, n. III [– na lei, artigo 210, inciso III])".

[57] Como destacamos no item 3 deste Capítulo 3, nomeação e investidura são atos que não se confundem. Uma determinada pessoa pode ser nomeada para funcionar como liquidante e não chegar a ser investida na posse de tal cargo, pelo fato de não se sentir confortável, não ter condições, ter sido interditada ou, em um cenário ainda mais extremo, ter falecido. De todo modo, mesmo quando essas situações impeditivas da investidura não se verificam, nem sempre os dois atos ocorrem em um único dia. Em outros termos, nem sempre o sujeito é investido no cargo de liquidante no dia de sua nomeação. Nesse passo, o artigo 658 do Código de Processo Civil de 1939 já estabelecia que, uma vez nomeado, o liquidante assinaria, dentro de 48 horas, o respectivo termo. O certo é que alguns dias de prazo podem ser consumidos entre a nomeação e a investidura do liquidante. Daí o acerto do legislador de 2002 em fixar como termo *a quo* do prazo de 15 dias indicado no inciso III do artigo 1.103 do Código Civil a data da investidura e não a data da nomeação do liquidante.

[58] À época do antigo Decreto-Lei n. 2.627/1940, Pontes de Miranda já advertia que "o tempo há de ser contado da investidura, da posse no cargo, e não da data da nomeação, mesmo porque pode estar ausente a pessoa nomeada como liquidante ou ter sido a investidura marcada para outro dia, pela assembleia geral" (*Tratado de direito privado*, tomo LI, p. 22).

caso concreto, que o mesmo não é exequível ou razoável. Na liquidação extrajudicial, também pode ser prorrogado por deliberação unânime dos sócios[59]. Apesar de o destinatário do prazo ser o liquidante, não vislumbramos óbice para que os sócios o elasteçam, considerando que são diretamente interessados na exatidão das informações que a peça deve espelhar. Se, de um lado, a lei aponta para a necessidade de celeridade do procedimento de liquidação, de outro, não se pode olvidar da indispensável correção da situação financeira do patrimônio contrabalançado. Esses dois valores devem ser coordenados para se lograr a eficiência do procedimento. Por tais razões é que não vislumbramos existir qualquer obstáculo para que os sócios, de maneira unânime, o prorroguem. Não se tem no dispositivo norma de ordem pública, o que permite, assim, ser afastado pelos sócios, como legítimos interessados no deslinde operativo da liquidação.

Mas o certo é que tais dilações apenas deverão ocorrer se efetivamente necessárias, sendo sempre orientadas pelo princípio da razoabilidade. Não consulta aos interesses dos sócios e também aos de eventuais credores da sociedade liquidanda, que reclamam adequada tutela, que essa relevante etapa da fase de liquidação tarde em ser ultimada[60].

O segundo comentário conecta-se com o fato de o legislador ter previsto que, ao cumprir esse dever de elaborar o inventário e o balanço geral do ativo e do passivo, o liquidante deve contar "com a assistência, sempre que possível, dos administradores".

---

[59] Nesse sentido, Modesto Carvalhosa sustenta que esse prazo de 15 dias "é prorrogável por vontade unânime dos sócios, manifestada no ato de investidura do liquidante ou posteriormente, em reunião que, com essa finalidade, promovam" (*Comentários ao Código Civil*, v. 13, p. 451-452). Gustavo Tepedino, Heloisa Helena Barboza, Maria Celina Bodin de Moraes *et al.* também entendem que "nada impede que a unanimidade dos sócios prorrogue esse prazo" (*Código Civil interpretado conforme a Constituição da República*, v. III, p. 302).

[60] A doutrina demonstra preocupação com possíveis abusos em relação a essas prorrogações. Ao tema, Modesto Carvalhosa dedica as seguintes palavras: "Não se trata, portanto, de um prazo peremptório, na medida em que pode ser alterado para mais pelos próprios sócios. Não obstante, o prazo não poderá dilatar-se seguidamente, uma vez que no cumprimento dessa função estão sobretudo envolvidos os interesses dos credores que têm preferência de ordem em face dos sócios" (*Comentários ao Código Civil*, v. 13, p. 452). Gustavo Tepedino, Heloisa Helena Barboza, Maria Celina Bodin de Moraes *et al.*, por seu turno, assim sustentam: "Nada impede que a unanimidade dos sócios prorrogue esse prazo, desde que em bases razoáveis, pois se presume que a realização dos atos de liquidação depende da elaboração desses documentos, não se admitindo que credores da sociedade não tenham seus interesses atendidos por conta de atraso negligente do liquidante, com a conivência dos sócios" (*Código Civil interpretado conforme a Constituição da República*, v. III, p. 302).

Uma primeira e apressada leitura do preceito poderia sugerir que, mesmo após a investidura do liquidante, os administradores ainda pudessem exercer alguma função, ainda que residual, no âmbito da sociedade limitada. Estar-se-ia diante de um verdadeiro equívoco.

Como colocamos no item 6 deste Capítulo 3, no decorrer da liquidação, o órgão de gestão e representação da pessoa jurídica é o liquidante. Ele substitui os administradores da sociedade, cujas funções cessam. Assim, com o ingresso da sociedade no estado de liquidação, seus administradores são automaticamente destituídos em bloco. Com efeito, administradores e liquidante não convivem no desempenho da gestão e da representação da sociedade liquidanda.

O liquidante pode – em verdade, deve – entrar em contato com os antigos administradores, não só para elaborar, do modo mais preciso possível, o inventário e o balanço geral do ativo e do passivo (inciso III), mas também para obter mais informações acerca do real conjunto de bens, livros e documentos da sociedade e suas correspondentes localizações, para fins de arrecadação (inciso II). Mas, ao transmitirem informações para o liquidante ou, de qualquer maneira, contribuírem para o sucesso da liquidação, estarão agindo como *antigos* administradores em cumprimento do dever de cooperação. Essa saudável interação não traduz, portanto, haja qualquer tipo de atuação simultânea e conjunta[61-62].

---

[61] Nesse sentido, Modesto Carvalhosa assim professa: "O texto do inciso III do art. 1.103 pode criar certa confusão quanto às funções do liquidante, na medida em que fala de assistência, sempre que possível, dos administradores na elaboração do balanço e do inventário patrimonial. Esse preceito, no entanto, não deve induzir que mantenham os administradores após o ato dissolutório qualquer função na administração da sociedade. Como referido, a gestão da sociedade liquidanda cabe única e inteiramente ao liquidante, cessando a dos administradores contratualmente nomeados. Seria, com efeito, uma aberração imaginar que compartilharia o liquidante com os antigos administradores a administração da sociedade dissolvida. Nesse ponto o inciso III faz a ressalva "sempre que possível", o que deve ser interpretado como melhor esforço do liquidante para obter dos antigos administradores as informações e os dados relevantes para a elaboração do inventário e do balanço geral do ativo e do passivo. Não traz, portanto, o preceito qualquer obrigação para os antigos administradores, que assim têm a faculdade de prestar colaboração. Temos, desse modo, que o preceito não deve ser lido como permanência de qualquer função aos antigos administradores uma vez nomeado o liquidante. E também não deve ser entendido como obrigação legal dos antigos administradores. Constitui, no entanto, para o liquidante um dever de diligência junto aos mesmos ex-administradores para a obtenção das informações que julgar necessárias ou úteis. A desídia, portanto, do liquidante em obter esses dados, por ele considerados relevantes, constitui negligência no exercício de suas funções, que deve exercer com o cuidado e diligência que todo homem ativo e probo costuma empregar na administração dos seus próprios negócios" (*Comentários ao Código Civil*, v. 13, p. 451).

[62] No universo da sociedade anônima, como já registrado neste item, o dever em comento vem assim enunciado no inciso III, do artigo 210, da Lei n. 6.404/76: "fazer levantar de imediato, em

O terceiro comentário referente a esse inciso III relaciona-se propriamente com os documentos que serão elaborados pelo liquidante, quais sejam: o inventário e o "balanço geral do ativo e do passivo".

O inventário é a listagem dos bens e das dívidas de uma sociedade em uma determinada data[63]. Funciona, pois, como base, como fundamento para a elaboração do balanço.

Já o balanço patrimonial é a principal peça contábil divulgada pelas sociedades; "é a demonstração financeira por excelência"[64]. De modo sintético e estático, reúne informações sobre seu ativo, passivo e patrimônio líquido, em *grupos de contas* definidos pela própria lei[65].

---

prazo não superior ao fixado pela assembleia geral ou pelo juiz, o balanço patrimonial da companhia". Não há, pois, qualquer menção a uma eventual assistência dos antigos administradores.

[63] O inventário deve contemplar os valores dos bens nele relacionados? A doutrina diverge. Por um lado, Pontes de Miranda assevera que "o inventário somente contém a descrição e contagem dos bens e das dívidas", aduzindo que "o balanço é que cogita do estado ativo (valor dos bens descritos) e do passivo do patrimônio social" (*Tratado de direito privado*, tomo LI, p. 22). Por outro, João Eunápio Borges sugere o contrário ao assim salientar: "O balanço, que se baseia no inventário, do qual é a síntese e a expressão gráfica, não tem a finalidade única de permitir a verificação dos lucros ou prejuízos do exercício, mas a de exprimir, com clareza, a situação real da sociedade [...]. Os lançamentos contábeis feitos durante o ano constituem o enunciado de um imenso problema cujo resultado se procura obter no fim do exercício, mediante o levantamento do inventário, isto é, de uma relação estimativa e pormenorizada de tudo aquilo que o comerciante, ou a sociedade, possui e de tudo aquilo que deve em uma data determinada. Feito o inventário, os seus diversos elementos agrupados sob vários títulos, que resumem e sintetizam em termos gerais todos os valores inventariados, vão constituir o *balanço* [...]" (*Curso de direito comercial terrestre*, p. 507). Inclinamo-nos nesta última direção, notadamente pelo fato de o artigo 1.187 do Código Civil elencar os "critérios de avaliação" que devem ser observados por ocasião da "coleta dos elementos para o inventário".

[64] Carlos Augusto da Silveira Lobo. *As demonstrações financeiras das sociedades anônimas: E noções de contabilidade para advogados*. Rio de Janeiro: Renovar, 2001. p. 89. O aludido autor prossegue aduzindo que a peça contábil em comento, "por si só, reflete com inteireza o patrimônio da companhia", de modo que "as demais demonstrações financeiras nada mais são do que a explicitação, mais detalhada ou vista sob ótica diversa, de certos elementos do balanço" (*As demonstrações financeiras das sociedades anônimas: E noções de contabilidade para advogados*, p. 89).

[65] De acordo com o registro histórico de Waldemar Ferreira, com a publicação da obra denominada *Tractatus de Computis et Scripturis, na Summa Arithmetica, Geometria, Proportioni et Proportionalità*, em 1494, por Frater Lucas Paciolus e Burgo S. Sepulchri, introduziu-se "o sistema de contabilidade por partidas dobradas" e também, "com a feitura do inventário e seu jogo com a conta de capital e a de lucros e perdas, o esquema do balanço". Como ressalta, neste primeiro momento, tal documento não recebeu o nome de balanço, mas sim o de inventário, e tampouco era elaborado periodicamente, mas apenas em certos casos. Somente no século XVII

Trajano de Miranda Valverde professa que o vocábulo *balanço* significa "tanto sob o ponto de vista contábil, como sob o ponto de vista jurídico, o resultado da verificação dos valores ativos e passivos de um patrimônio, em dado momento". Sob o ponto de vista contábil, prossegue o mencionado comercialista, "a palavra *balanço* ainda exprime a representação gráfica e sinteticamente ordenada daqueles valores". Em conclusão, arremata ser o mesmo "a demonstração clara e sincera da situação da sociedade"[66].

No dizer de João Eunápio Borges, o balanço nada mais é do que "uma *balança* gráfica que representa em duas colunas, que se equilibram ou se *balanceiam*, as somas do ativo e do passivo da empresa"[67].

Nesse mesmo curso, flui o clássico escólio de José Luiz Bulhões Pedreira[68]:

> Balanço é ato ou efeito de balançar, e balançar significa (além de fazer oscilar) contrapesar, ou examinar comparando. Na expressão "balanço patrimonial" a palavra é empregada no sentido de ato ou efeito de examinar a situação financeira do patrimônio contrapesando, ou comparando, o ativo patrimonial com o passivo exigível e o patrimônio líquido.

Tradicionalmente, sua forma é a de um quadro dividido verticalmente em duas colunas: a primeira, à esquerda, contempla as contas do ativo; e a segunda, à direita, as do passivo e do patrimônio líquido. Também é possível encontrar essas informações dispostas em sequência, ao longo de uma única coluna. De um modo ou de outro, sua estrutura se revela, como observa Luiz Gastão Paes de Barros Leães, "sob um duplo perfil: o dos grupos de contas e o dos valores"[69].

– e a princípio com a *Ordonnance de Commerce* de 1673 –, nasceu a ideia de se encerrar cada exercício com o levantamento do inventário, à época a cada dois anos. Esse conceito foi transportado para o *Code de Commerce* de 1807, reduzindo-se a um ano a bienalidade. No Brasil, restou consagrado no artigo 10, n. 4, do Código Comercial de 1850 e no *caput* do artigo 98 do Decreto-Lei n. 2.627/1940 (*Tratado de direito comercial*, v. 4, p. 385-387).

[66] *Sociedades por ações*. 3. ed. Rio de Janeiro: Forense, 1959. v. II, p. 371.

[67] *Curso de direito comercial terrestre*, p. 507.

[68] *Finanças e demonstrações financeiras da companhia: Conceitos fundamentais*. Rio de Janeiro: Forense, 1989. p. 642 e Exercício social e demonstrações financeiras. In: LAMY FILHO, Alfredo; PEDREIRA, José Luiz Bulhões (Coord.). *Direito das companhias*. Rio de Janeiro: Forense, 2009. v. II, p. 1.562.

[69] *Do direito do acionista ao dividendo*. São Paulo: Obelisco, 1969. p. 54.

Feitas essas considerações, convém lançar a seguinte indagação: o que vem a ser o "balanço geral do ativo e do passivo"? Seria um balanço patrimonial clássico? Seria um balanço especial de determinação?

O "balanço geral do ativo e do passivo" a que se refere o inciso III do artigo 1.103 em comento é um balanço patrimonial contábil levantado contemporaneamente ao início da fase de liquidação da sociedade. Justamente por isso, costuma ser chamado de "último balanço patrimonial"[70], "balanço inicial de liquidação"[71] ou "balanço de abertura de liquidação"[72].

Parece-nos que, nesse balanço, devem ser contemplados os valores históricos dos ativos e dos passivos da sociedade, isto é, seus valores patrimoniais contábeis e não seus valores patrimoniais reais ou de mercado. A própria exiguidade do prazo indicado no referido preceito conduz o intérprete nessa direção, na medida em que não seria razoável esperar que o liquidante, ao longo desse curto interregno de 15 dias, não só arrecadasse os bens da sociedade (inciso II), como também apurasse os seus correspondentes valores efetivos e atuais[73].

---

[70] Nesse sentido: Modesto Carvalhosa, *Comentários à lei de sociedades anônimas*, v. 4, tomo I, p. 117; Nelson Eizirik, *A lei das S/A comentada*, v. III, p. 175; José Waldecy Lucena, *Das sociedades anônimas: Comentários à lei*, v. III, p. 281.

[71] Nesse sentido: Nelson Eizirik, *A lei das S/A comentada*, v. III, p. 175.

[72] Nesse sentido: José Waldecy Lucena, *Das sociedades anônimas: Comentários à lei*, v. III, p. 281.

[73] A doutrina parece caminhar nessa direção. De há muito, Carlos Fulgêncio da Cunha Peixoto assim advertia: "A questão não é simples. Em teoria é correto o ponto de vista de que, em se tratando de um balanço para a liquidação, os bens devem ser avaliados segundo o valor provável de sua realização imediata. Mas, na prática, este modo de proceder pode trazer transtornos sérios e mesmo prejuízos à sociedade, de forma que não é ele aconselhável" (*Sociedades por ações*. São Paulo: Saraiva, 1973. v. 4, p. 277). Após salientar expressamente que "esse balanço especial do ativo e do passivo da sociedade deverá ser o contábil, em seguimento histórico dos balanços anteriores", Modesto Carvalhosa assim prossegue: "Portanto, a historicidade dos valores patrimoniais levantados no balanço especial de liquidação de que trata o inciso III fundamenta-se na impossibilidade material que teria o liquidante de converter os ativos contábeis em valor de mercado. Mesmo que assim fosse possível, o elevado grau de subjetividade dessa avaliação a preços de mercado do patrimônio da sociedade distorceria o quadro patrimonial desta, além de vincular o liquidante a esses mesmos valores, quando fossem estes realizados, para o fim de pagamento de credores e partilha entre os acionistas". Mais à frente, arremata valendo-se das seguintes palavras: "Conclui-se, portanto, que o balanço especial da liquidação, levantado logo no início dos procedimentos respectivos, por ser elaborado em prazo curto, não poderia refletir critérios objetivos, uniformes e de consenso de avaliação do ativo dos bens e direitos da sociedade pelo seu valor real atual, ou seja, pelo seu valor de mercado" (*Comentários ao Código Civil*, v. 13, p. 452-453). Gustavo Tepedino, Heloisa Helena Barboza, Maria Celina Bodin de Moraes *et al.* endossam a lição (*Código Civil interpretado conforme a Constituição da República*, v. III, p. 301). José Waldecy Lucena anota que, "embora haja opiniões em contrário, parece estar em

O balanço em questão não se confunde com aquele apontado no inciso VI do artigo 1.103, denominado de "balanço do estado da liquidação", do qual trataremos no item 10.6 deste Capítulo 3[74].

10.4 – Ultimação dos negócios sociais, realização do ativo, pagamento do passivo e partilha do remanescente

O inciso IV do artigo 1.103 concentra a indicação dos principais deveres do liquidante, os quais traduzem a própria essência da liquidação: "ultimar os negócios da sociedade, realizar o ativo, pagar o passivo e partilhar o remanescente entre os sócios ou acionistas"[75].

De plano, não se pode deixar de registrar ser despicienda a menção a "acionistas" feita ao final do dispositivo em comento, na medida em que a Lei n. 6.404/76 contempla regra própria com redação praticamente idêntica (artigo 210, inciso IV)[76].

O primeiro dever elencado no preceito em análise consiste na ultimação dos negócios sociais. Em reforço a essa específica atribuição do liquidante, o parágrafo único do artigo 1.105 preconiza que ele não pode fazer com que a sociedade prossiga na exploração de sua atividade, ainda que tal medida tenha o propósito de facilitar a liquidação. Em verdade, esse prosseguimento somente será possível se expressamente autorizado por cláusula constante do contra-

---

maioria os que afirmam que do balanço não devem constar os valores de mercado dos bens e direitos, o que poderia ensejar problemas quando de sua alienação" (*Das sociedades anônimas: Comentários à lei*, v. III, p. 282).

[74] Nesse sentido, Modesto Carvalhosa sustenta que o "balanço do estado da liquidação, de que trata o inciso VI", diferentemente daquele citado no inciso III, "deverá apresentar o ativo e o passivo em valores de mercado, suscetíveis, portanto, de serem transformados em dinheiro". Adiante, volta ao tema aduzindo: "Como referido, esse balanço do estado de liquidação a preços de mercado (inciso VI) deve ser o resultante do trabalho de avaliação do liquidante no decorrer dos procedimentos de liquidação, avaliação essa que deverá ser plenamente justificada e, portanto, consistente, para o fim de ser apresentada à reunião ou à assembleia dos sócios semestralmente (inciso VI)" (*Comentários ao Código Civil*, v. 13, p. 452-453).

[75] Referindo-se ao inciso IV do artigo 210 da Lei n. 6.404/76 – cuja redação é muito semelhante à do inciso IV do artigo 1.103 do Código Civil – Egberto Lacerda Teixeira e José Alexandre Tavares Guerreiro assim salientam: "Essas são, por assim dizer, as atribuições fundamentais do liquidante e a própria razão de ser de sua existência. Todos os demais deveres se filiam a esse" (*Das sociedades anônimas no direito brasileiro*, v. 2, p. 632).

[76] Gustavo Tepedino, Heloisa Helena Barboza, Maria Celina Bodin de Moraes *et al.* anotam que "a alusão a 'acionistas', reservada aos sócios de sociedades por ações [...], revela evidente atecnia, sendo certo que o inciso faz referência aos sócios em geral" (*Código Civil interpretado conforme a Constituição da República*, v. III, p. 302).

to social ou por sócios que representem mais da metade do capital social[77].

O segundo dever previsto no inciso em questão é o da realização do ativo, ou seja, a sua transformação em dinheiro[78-79], tendo sempre em mira os preços de mercado[80]. Com efeito, o liquidante deve envidar os seus melhores esforços para alienar os bens da sociedade no prazo mais curto possível e pelo valor mais elevado possível[81]. Deve, pois, conjugar celeridade e eficiência, para alcançar, a cada venda, o melhor resultado útil para a sociedade[82].

Contudo, o liquidante não precisa necessariamente transformar todo o ativo da sociedade limitada em dinheiro. Os sócios podem deliberar, pela maioria de votos dos presentes à assembleia ou à reunião (artigo 1.076, inciso III, do Código Civil), que, por exemplo, o liquidante apenas deverá alienar a parcela do ativo suficiente para fazer frente ao pagamento do passivo, sendo o ativo remanescente entre eles partilhado *in natura*[83], observada a fração do capital social titularizada por cada um.

---

[77] Há situações em que a conferência de uma sobrevida às atividades sociais se apresenta como recomendável. Imaginemos, por exemplo, que determinada sociedade tenha por objeto a produção e a comercialização de produtos cosméticos e que ela possua em seu estoque todas as matérias-primas, as embalagens e os rótulos necessários ao atendimento de uma derradeira e significativa encomenda. Seguramente, será mais benéfico para essa sociedade produzir os cosméticos demandados e realizar a venda, auferindo, assim, o correspondente proveito, do que simplesmente recusar o pedido, quedando-se com o ônus de, na sequência, vender, possivelmente a preço de custo, as referidas matérias-primas, embalagens e rótulos.

[78] Nesse sentido: Nelson Eizirik, *A lei das S/A comentada*, v. III, p. 176; Sergio Eskenazi Pernidji, *Liquidação*, p. 1.879; e José Waldecy Lucena, *Das sociedades anônimas: Comentários à lei*, v. III, p. 283.

[79] A alienação de bens integrantes do ativo pode, em determinadas situações, não traduzir missão singela. A dificuldade de venda pode decorrer da falta de liquidez, da inexistência de interessados, das próprias condições do bem, de uma severa crise econômico-financeira etc.

[80] Nesse sentido: Fábio Ulhoa Coelho, *Curso de direito comercial: Direito de empresa*, v. 2, p. 442.

[81] Após registrar que "o inciso IV estabelece o dever principal do liquidante, que constitui a finalidade da liquidação", Nelson Eizirik, de modo categórico, assim assevera: "Deve o liquidante vender da forma mais rápida e eficiente os bens da companhia, para obter, no menor período de tempo, a maior soma de recursos possível. Em princípio, incumbe ao liquidante reduzir todo o ativo a dinheiro, para depois pagar os credores" (*A lei das S/A comentada*, v. III, p. 175-176).

[82] Acertadamente, Mauro Rodrigues Penteado vai ainda além ao professar que "a conclusão dos negócios da sociedade deve ser feita de forma racional e eficiente, visando ensejar a maior rentabilidade para os acionistas" (*Dissolução e liquidação de sociedades*, p. 273). A despeito de referir-se aos acionistas das sociedades anônimas, o certo é que o entendimento também se aplica aos sócios das sociedades limitadas.

[83] Sobre a realização do ativo, de há muito Pontes de Miranda já tecia as seguintes considerações: "A redução do ativo em dinheiro tem por fim o pagamento das dívidas e a distribuição do ativo residual, se o há. A redução a dinheiro só se faz se o que se tem de moeda corrente não basta

A despeito de, nesta obra, voltarmos as nossas atenções para a sociedade limitada, não podemos deixar de registrar que, na disciplina da sociedade anônima, o legislador conferiu um tratamento distinto em relação a esse ponto. O artigo 215 da Lei n. 6.404/76 cuida da partilha do ativo da sociedade em liquidação.

O §1º do aludido artigo faculta que, depois de pagos ou garantidos os credores, sejam aprovadas em assembleia geral "condições especiais para a partilha do ativo remanescente, com a atribuição de bens aos sócios, pelo valor contábil ou outro por ela fixado". Para tanto, exige um quórum verdadeiramente qualificado, de no mínimo 90% (noventa por cento) dos votos conferidos pelas ações com direito a voto[84].

Já o §2º do mencionado dispositivo estabelece que, se o acionista dissidente comprovar que as prefaladas condições especiais da partilha do ativo remanescente tiveram o objetivo de favorecer a maioria, em detrimento da parcela que lhe tocaria se inexistissem tais condições, a partilha será suspensa, se ainda não consumada, ou, se já consumada, "os acionistas majoritários indenizarão os minoritários pelos prejuízos apurados".

Ao dedicar-se à disciplina das sociedades contratuais no âmbito do Código Civil, o legislador silenciou em relação a essas relevantes questões. Desse modo, imprimiu, ao menos em relação ao quórum de deliberação das referidas condições especiais para a partilha do ativo remanescente, um tratamento diverso do dispensado à sociedade anônima, na medida em que seu artigo 1.076, inciso III, assenta expressamente que as deliberações dos sócios serão tomadas

---

para a solução do passivo. Se há dívidas de determinados bens, que podem ser prestados, a prestação é em natura. Se há meios necessários com que se pode fazer pagamento, sem redução, portanto, a dinheiro de bens do ativo, somente se pode reduzir o que é necessário a outros pagamentos, ou para despesas em dinheiro" (*Tratado de direito privado*, tomo LI, p. 24). Fazendo expressa menção ao quórum da unanimidade, Trajano de Miranda Valverde dedicava ao tema as seguintes palavras: "O liquidante tem a função primordial de exonerar o patrimônio social de todas as obrigações contraídas pela sociedade anônima com terceiros, a fim de que o remanescente possa ser, o mais rapidamente possível, dividido pelos acionistas. Deverá, pois, reduzir todo o ativo a dinheiro, salvo se, pagos os credores, desejarem os acionistas, por decisão unânime, tomada em assembleia geral ou manifestada em instrumento público, a partilha, *in natura*, do patrimônio líquido" (*Sociedades por ações*, v. III, p. 46). Nesse mesmo curso, fluía o escólio de Carlos Fulgêncio da Cunha Peixoto: "O liquidatário, independente de qualquer autorização judicial, venderá os móveis e imóveis da sociedade, reduzindo todo o ativo a dinheiro, exceto se, pagos os credores, os acionistas, por decisão unânime, manifestarem desejo de ser a partilha feita *in natura*" (*Sociedades por ações*, v. 4, p. 278).

[84] A redação originária do §1º do artigo 215 da Lei n. 6.404/76 referia-se ao quórum de 90% (noventa por cento), no mínimo, das ações que compunham o capital social.

"pela maioria de votos dos presentes, nos demais casos previstos na lei ou no contrato, se este não exigir maioria mais elevada".

É bem verdade que o regime de liquidação previsto no Código Civil sugere que, na fase de liquidação, se deva reduzir o ativo a dinheiro, para fins de pagamento das obrigações sociais e partilha de eventual acervo remanescente entre os sócios. Porém, a realização da partilha *in natura* não é vedada pela lei e tampouco repelida por seu sistema. Assim, como a matéria não se encontra entre as exceções legais que demandam quórum de deliberação mais elevado, conclusão outra não há se não a de estar submetida ao quórum da maioria dos presentes no conclave, salvo se já autorizada no contrato social[85].

A partilha de bens *in natura*, por um lado, pode simplificar consideravelmente a fase de liquidação, notadamente se houver bens de baixa liquidez; bens que, apesar de, em tese, se apresentarem como aparentemente líquidos, não possuam interessados em suas respectivas aquisições; bens cuja alienação se revele como difícil em função de seu próprio estado etc.[86] Contudo, por outro lado, essa opção de se entregar *in natura* aos sócios ativos correspondentes à sua fração do capital social tem o potencial de gerar divergências[87].

---

[85] Alfredo de Assis Gonçalves Neto, por seu turno, entende ser necessário o consenso unânime dos sócios. Eis as suas palavras: "Contudo, para que possa haver o rateio dos bens em espécie é preciso que os sócios com isso consintam, visto que, como se verá nos comentários ao artigo seguinte, não podem ser obrigados a receber seus haveres em modo diverso daquele previsto na lei. E a lei, no caso, não repete a norma especial, aplicável às companhias, que faculta a distribuição dos bens integrantes do patrimônio social aos acionistas, sem sua conversão em dinheiro, quando aprovada por quantos representem, no mínimo, 90% do capital social (Lei 6.404/1976, art. 215, §1º)" (*Direito de empresa: Comentários aos artigos 966 a 1.195 do Código Civil*, p. 571-572). Exigir a unanimidade não nos parece a exegese mais adequada, na medida em que, como destacamos no corpo do texto, a partilha *in natura* não é proibida pela lei e tampouco repelida por seu sistema. A unanimidade, assim, não deriva da lei. Ademais, teria ela o condão de engessar o prosseguimento da fase de liquidação, porquanto muitas vezes não se conseguirá, a curto e médio prazos, reduzir todo o ativo social a dinheiro. A eternização da fase de liquidação gera ônus, a serem suportados pela massa liquidanda, em prejuízo de uma eficiente e racional distribuição dessa massa remanescente entre os sócios.

[86] Esse ponto positivo foi ressaltado na exposição de motivos da Lei n. 6.404/76, que contou com o seguinte trecho: "O Projeto introduz as seguintes modificações na legislação em vigor: [...] f) o §1º do artigo 216 [na lei, §1º do artigo 215] admite a simplificação do processo de liquidação mediante a aprovação, por maioria de 90% dos acionistas, de condições especiais de partilha do ativo remanescente".

[87] A divergência pode ser marcada por um viés quantitativo ou qualitativo. Adiante, tomamos a liberdade de apresentar alguns exemplos. Ex1: Superavaliação dos bens transferidos ao sócio. O ativo remanescente a ser partilhado *in natura* foi corretamente avaliado em R$ 100.000.000,00. Por titularizar quotas representativas de 5% (cinco por cento) do capital social, o sócio recebeu

Portanto, a decisão da maioria deve sempre ser inspirada pela razoabilidade e pelo tratamento isonômico dos sócios, sob pena de degenerar em abuso do direito, à luz do disposto no artigo 187 do Código Civil.

A possibilidade de realização de rateios, ao longo da liquidação, mas sempre após o pagamento dos credores, e na medida em que sejam apurados os haveres sociais, é prevista tanto no Código Civil (artigo 1.107), como na Lei n. 6.404/76 (*caput* do artigo 215).

O terceiro dever contemplado no inciso *sub examen* é justamente o do pagamento do passivo.

Detalhando essa específica atribuição, o *caput* do artigo 1.106 estabelece que, respeitados os direitos dos credores preferenciais, o liquidante pagará "as dívidas sociais proporcionalmente, sem distinção entre vencidas e vincendas, mas, em relação a estas, com desconto". Em arremate, o parágrafo único do mencionado dispositivo preconiza que, se o ativo for maior do que o passivo, o liquidante pode, sob sua responsabilidade pessoal, efetuar o pagamento integral das dívidas vencidas. O preceito suscita algumas interessantes questões.

Logo no princípio do *caput*, o legislador faz menção à necessidade de se respeitar "os direitos dos credores preferenciais".

Partindo-se da premissa da solvência da sociedade liquidanda, o Código Civil estabelece a vinculação do liquidante a um critério de pagamento. Deve ele respeitar, na realização dos pagamentos, os títulos legais de preferência. Trata-se de uma orientação legal extraída a partir de uma conduta de cautela, pois muitas vezes, no início e no próprio curso da liquidação, não se pode com segurança precisar se a massa liquidanda terá forças em seu ativo para satisfazer todos os seus credores.

O regime jurídico da preferência confere ao credor que mereceu da lei tratamento preferencial a pretensão de ter o seu crédito satisfeito antes de outros créditos. Os títulos legais de preferência são os privilégios e os direitos reais (artigo 958 do Código Civil)[88].

---

in natura bens que foram avaliados em R$ 5.000.000,00. Todavia, na realidade, os aludidos bens não valem R$ 5.000.000,00, mas sim R$ 4.000.000,00, de modo que tal sócio deveria ter recebido uma quantidade maior de bens. Ex2: Um sócio foi o destinatário exclusivo dos bens que estavam em piores condições, ao passo que todos os demais receberam bens em melhores condições. Ex3: Um sócio foi o destinatário exclusivo dos bens de baixíssima liquidez, ao passo que todos os demais receberam bens com razoável liquidez. Ex4: Um sócio foi o destinatário exclusivo dos bens com elevado custo de manutenção, ao passo que todos os demais receberam bens com custo de manutenção tendente a zero.

[88] Em parecer publicado na Revista Semestral de Direito Empresarial, Sérgio Campinho, coautor desta obra, assim estabeleceu a distinção entre tais títulos: "No âmbito dos privilégios figuram

Partindo-se, pois, do pressuposto de que o legislador fixou um critério para a ordenação dos pagamentos, cabe indagar: qual é a ordem que, a princípio, deve ser observada pelo liquidante?

Entre os comercialistas que comentam o artigo 214 da Lei n. 6.404/76[89] – preceito voltado para as sociedades anônimas que corresponde ao artigo 1.106 do Código Civil em questão –, prepondera o entendimento de que deve ser adotada a ordem de pagamento indicada na legislação falimentar[90].

---

créditos a que a lei, atendendo à sua causa ou a razões de equidade ou conveniência pública, expressamente atribui a prioridade no pagamento. Sua fonte, portanto, é a lei e não a vontade das partes. Os privilégios são de ordem exclusivamente legal, sem exceção. Neste fato reside a clássica distinção entre privilégio e direito real. Aquele é estabelecido por lei e este decorre de contrato. [...] Mas não é só. Distinguem-se, ainda, esses títulos legais de preferência, em função da operacionalidade de suas respectivas exigibilidades e vínculos jurídicos estabelecidos. O direito real recai sobre o bem e está ligado ao conceito da alienação da coisa que lhe serve de objeto, assumindo, no dizer de Carvalho de Mendonça, um caráter de peso, de ônus real sobre a cousa, visto ficar o credor premunido de sua alienação. O privilégio, ao revés, não é um direito em si. Seu objeto não é o bem, porquanto, diversamente do direito real, inexiste relação jurídica que sobre ele recaia. Funda-se, dessarte, não na coisa móvel ou imóvel, mas no processo de satisfação do crédito, a partir da liquidação do patrimônio insolvente, compulsoriamente promovido pelo Estado (A perda do privilégio do crédito titularizado pelo Banco Central em decorrência de sua cessão. *Revista Semestral de Direito Empresarial (RSDE)*. Rio de Janeiro: Renovar, n. 3, jul./dez. de 2008. p. 308-309).

[89] Artigo 214 da Lei n. 6.404/76: "Art. 214. Respeitados os direitos dos credores preferenciais, o liquidante pagará as dívidas sociais proporcionalmente e sem distinção entre vencidas e vincendas, mas, em relação a estas, com desconto às taxas bancárias. Parágrafo único. Se o ativo for superior ao passivo, o liquidante poderá, sob sua responsabilidade pessoal, pagar integralmente as dívidas vencidas".

[90] Egberto Lacerda Teixeira e José Alexandre Tavares Guerreiro dedicam ao tema as seguintes palavras: "O pagamento aos credores preferenciais seguirá, a nosso ver, a mesma ordem de privilégios estipulada pelo estatuto falimentar. Atualmente, a classificação de créditos na falência é a que se segue: (a) créditos resultantes de indenização por acidentes de trabalho; (b) créditos dos salários dos empregados e da indenização trabalhista; (c) créditos tributários da União, Estados e Municípios, no mesmo plano; (d) créditos parafiscais; (e) créditos por encargos da massa; (f) créditos por dívidas da massa; (g) créditos com direitos reais de garantia; (h) créditos com privilégio especial sobre determinados bens; (i) créditos com privilégio geral e (j) créditos quirografários" (*Das sociedades anônimas no direito brasileiro*, v. 2, p. 633). Nesse mesmo curso, flui o entendimento de Mauro Rodrigues Penteado: "À míngua de outros parâmetros legais, sói invocar-se, por analogia, e ainda que como mera orientação para o liquidante, a classificação ou ordem de pagamento dos créditos constante da legislação falimentar, o que, como visto, não é de todo exato, até porque muitas daquelas preferências só se tornam efetivas na execução coletiva (como é o caso das dívidas por acidentes do trabalho, créditos trabalhistas e dos representantes comerciais autônomos [...])" (*Dissolução e liquidação de sociedades*, p. 275-276). Já Modesto Carvalhosa assim sustenta: "A ordem de privilégios de que fala a norma é encabeçada pelos créditos de natureza trabalhista (limitados a 150 salários mínimos por credor) e indeniza-

Contudo, essa não nos parece ser a melhor solução, mormente em se tratando de sociedade limitada[91], uma vez que o próprio Código Civil cuida das preferências e dos privilégios creditórios, indicando que o legislador de 2002, ao referir-se aos "direitos dos credores preferenciais", no *caput* do prefalado artigo 1.106, está conduzindo o intérprete a observar, no mesmo diploma codificado, em obediência ao seu sistema, os preceitos que disciplinam a matéria, os quais devem se harmonizar com aqueles inseridos em legislação hierarquicamente superior, como o Código Tributário Nacional (lei complementar).

Nesse cenário, acreditamos que a orientação a ser adotada é aquela que resulta da conjugação do *caput* do artigo 186 do Código Tributário Nacional com os artigos 957 a 965 do Código Civil.

Assim é que o liquidante deverá primeiramente pagar os créditos decorrentes da legislação do trabalho ou de acidente de trabalho e, em seguida, os tributários[92]. Não havendo título legal à preferência, terão os credores igual direito sobre os bens do devedor comum. Caso contrário, o crédito real preferirá ao pessoal de qualquer espécie; o crédito pessoal privilegiado, ao simples; e o privilégio especial, ao geral. Na sequência, deverá pagar os créditos quiro-

---

tória por acidentes de trabalho; créditos com direitos reais de garantia; créditos tributários; créditos com privilégio especial sobre determinados bens do ativo; créditos com privilégio geral; créditos quirografários; multas contratuais e penas pecuniárias por infração de leis penais ou normas administrativas e, por fim, créditos subordinados". Ao final desse trecho, o citado autor inclui a seguinte nota de rodapé: "Cf. art. 83 da Lei de Falências e Recuperação de Empresas (Lei n. 11.101/2005)" (*Comentários à lei de sociedades anônimas*, v. 4, tomo I, p. 152). Já José Waldecy Lucena assim aduz: "Trata-se, em verdade, de aplicação analógica da Lei Falimentar, ou, o que nos parece mais consentâneo, de mera orientação para o *liquidante*, que optará por segui-la ou não, haja vista não determinar-lhe a Lei esse caminho. Aconselhável, no entanto, que o faça, consoante a fundamentação de Duclerc Verçosa, segundo a qual o cuidado por parte do liquidante, em seguir a ordem de preferências própria do direito falimentar, está ligado à possibilidade de falta de recursos na liquidação para o pagamento de todo o passivo, caso em que deverá ser requerida a autofalência, sendo alcançados pela ineficácia os atos anteriores, na forma da LREF (Lei n. 11.101/2005)" (*Das sociedades anônimas: Comentários à lei*, v. III, p. 322).

[91] Mesmo no caso das sociedades anônimas, entendemos que o regramento a ser observado é o mesmo, em função do estatuído no artigo 1.089 do Código Civil, que manda aplicar, aos casos de omissão da lei especial, as disposições do aludido diploma codificado. Como a Lei das S.A. não cuida de preferências e privilégios creditórios, a fonte supletiva para orientar o liquidante da sociedade anônima deve ser o Código Civil, tal como ocorre com o liquidante da sociedade limitada.

[92] Os créditos com garantia real, no limite do valor do bem gravado, preferem aos créditos tributários apenas no caso de falência. Também os limites e condições para preferência dos créditos decorrentes da legislação do trabalho somente se aplicam no concurso falimentar. Tudo isso em razão da exceção contida no parágrafo único do artigo 186 do Código Tributário Nacional, incluído pela Lei Complementar n. 118/2005, e do artigo 83 da Lei n. 11.101/2005.

grafários (*i.e.*, sem qualquer título de preferência) e, ao final, os subordinados (assim previstos em lei ou em contrato).

Verificando-se estar a sociedade empresária em liquidação insolvente, é dever do liquidante confessar a sua falência quando os seus sócios não atenderem à chamada de recursos destinados à quitação do passivo em aberto. Em assim o sendo, será instaurado o competente concurso de credores, com a observância dos critérios legais de preferência previstos no artigo 83 da Lei n. 11.101/2005.

Avançando na análise do *caput* do artigo 1.106, tem-se que, uma vez respeitados os referidos direitos dos credores preferenciais, o liquidante pagará "as dívidas sociais proporcionalmente, sem distinção entre vencidas e vincendas, mas, em relação a estas, com desconto".

No que tange, portanto, aos créditos desprovidos de preferência, deverá o liquidante, a princípio, efetuar os pagamentos de modo proporcional, sem distinguir as dívidas já vencidas daquelas que ainda estão por vencer. Esse ponto, por si só, suscita o assentamento de duas relevantes questões. A primeira delas é a de que o ingresso da sociedade na fase de liquidação não enseja o vencimento antecipado de suas dívidas[93]. A segunda, umbilicalmente ligada à primeira, é a de que, ao efetuar proporcionalmente o pagamento das dívidas vencidas e vincendas – ou, em outros termos, ao deixar de quitar, de uma vez por todas, as dívidas vencidas –, o liquidante submete a sociedade à incidência dos consectários da mora e, ainda, ao risco de que um credor requeira a sua falência[94].

De todo modo, o legislador permite que, se o ativo for superior ao passivo, o liquidante, sob sua responsabilidade pessoal, pague integralmente as dívidas vencidas (parágrafo único do artigo 1.106).

Assim, ao longo da liquidação, após cotejar o ativo e o passivo e constatar que o primeiro é maior do que o segundo, deverá o liquidante analisar a conveniência e a oportunidade de quitar integralmente as dívidas vencidas, afastando a incidência dos consectários da mora e sepultando o risco de um

---

[93] Nesse sentido: Carlos Fulgêncio da Cunha Peixoto, *Sociedades por ações*, v. 4, p. 291; Mauro Rodrigues Penteado, *Dissolução e liquidação de sociedades*, p. 274 e 279; José Waldecy Lucena, *Das sociedades anônimas: Comentários à lei*, v. III, p. 324-325.

[94] Sobre o tema, adverte Mauro Rodrigues Penteado: "A determinação legal no sentido de que as dívidas vencidas e vincendas sejam pagas proporcionalmente e sem distinção também merece análise mais detida, pois a sua aplicação indiscriminada pode gerar distorções, e até consequências graves, como o requerimento de falência da companhia por credor com crédito vencido e não pago" (*Dissolução e liquidação de sociedades*, p. 278).

requerimento de falência com amparo no inciso I do artigo 94 da Lei n. 11.101/2005. Ele poderá caminhar nessa direção se, por exemplo, constatar que há disponibilidade patrimonial para a realização do pagamento de todos os créditos, mas não há recursos em caixa que lhe permitam fazê-lo no presente momento[95].

Caso o liquidante faça uma avaliação equivocada e, ao final da liquidação, não haja recursos suficientes para fazer frente ao pagamento da integralidade dos créditos, será, enfatize-se, pessoalmente responsável.

Discute-se, ainda, se o credor de dívida vincenda pode se recusar a receber o correspondente pagamento de modo antecipado e parcelado.

De há muito, predomina na doutrina o entendimento de que esse direito de recusa não é dado ao credor. Enquanto ainda vigorava o artigo 142 do Decreto-Lei n. 2.627/1940[96], equivalente histórico do já aludido artigo 214 da Lei n. 6.404/76, Trajano de Miranda Valverde e Cunha Peixoto já defendiam este posicionamento, com o qual compactuamos[97].

Com o advento da Lei n. 6.404/76, a doutrina, em peso, permaneceu se inclinando nessa direção[98]. De modo um tanto quanto isolado, colhe-se o en-

---

[95] Como bem anota Mauro Rodrigues Penteado, "havendo disponibilidade patrimonial e insuficiência de numerário em caixa, os critérios legais da proporcionalidade e indistinção poderão dar lugar ao pagamento preliminar dos débitos vencidos, exatamente para que se evitem demandas ou o requerimento de falência da sociedade" (*Dissolução e liquidação de sociedades*, p. 278).

[96] Artigo 142 do Decreto-Lei n. 2.627/1940: "Art. 142. Respeitados os direitos dos credores preferenciais ou privilegiados, o liquidante pagará as dívidas sociais proporcionalmente e sem distinção entre dívidas exigíveis e não exigíveis, mas, em relação às últimas, com desconto, podendo todavia, sob sua responsabilidade pessoal, pagar primeiramente as dívidas vencidas ou exigíveis, se o ativo for superior ao passivo".

[97] Trajano de Miranda Valverde assim apresentava o ponto: "Sem distinção entre dívidas exigíveis e não exigíveis, o liquidante fará o pagamento proporcional de todas elas, mas, relativamente às últimas, com desconto. São as dívidas a prazo, ou a termo, portanto, ainda não vencidas. O liquidante, sob sua responsabilidade, e no caso de ser o ativo superior ao passivo, poderá manter o benefício do termo. Segue-se que o credor não pode recusar o pagamento parcelado e antecipado. Mais duas exceções à regra de que o credor não é obrigado a receber o pagamento do seu crédito, antecipadamente, ou por parcelas" (*Sociedades por ações*, v. III, p. 51). Carlos Fulgêncio da Cunha Peixoto, por seu turno, dedicava ao tema as seguintes palavras: "No Brasil, a questão está solucionada. A lei sobre sociedade anônima estabelece, em seu art. 142, exceção do princípio de que o credor não é obrigado a receber o seu crédito antes do vencimento. Este dispositivo determina ao liquidante o pagamento de todas as dívidas exigíveis e não exigíveis. Portanto, atualmente, no Brasil, dissolvida a sociedade, o liquidante pode pagar imediatamente todos os débitos da sociedade, ainda que não estejam vencidos, e ao credor não é lícito recusar o pagamento" (*Sociedades por ações*, v. 4, p. 292).

[98] De forma objetiva, assim sustentava Fran Martins: "Dispondo a lei que o pagamento seja feito,

tendimento de Modesto Carvalhosa, para quem, à luz do princípio da segurança jurídica, não se pode exigir que o credor receba seu crédito antecipadamente, com ou sem desconto[99].

---

de modo proporcional, sem distinção entre dívidas vencidas e vincendas, não apenas admite que seja pago por parcelas o que deveria ser satisfeito por inteiro como, igualmente, determina que seja pago antes do vencimento o que só deveria ser feito em época futura. Os credores não poderão recusar esses pagamentos, por decorrerem de uma imposição legal que derroga, no caso específico, os princípios contidos no citado art. 431 do Código Comercial" (*Comentários à lei das sociedades anônimas*. 4. ed. Rio de Janeiro: Forense, 2010. p. 902). Mauro Rodrigues Penteado desenvolve a seguinte linha de raciocínio: "Insta aferir, ainda, o alcance da regra que prevê que o pagamento das dívidas vincendas seja feito 'com desconto às taxas bancárias' (art. 214). Como a liquidação não acarreta o vencimento antecipado das dívidas sociais, seria lícito concluir que o ingresso da companhia nessa fase derradeira não importa em modificações nas condições dos negócios jurídicos celebrados pela sociedade, donde decorre que o credor não poderia ser compelido a receber antes do vencimento (CCom, art. 431). Sucede que os interesses maiores em que não se perenize a desativação da unidade empresarial, cuja dissolução foi deliberada por seus acionistas, justifica a exceção ao princípio codificado". (*Dissolução e liquidação de sociedades*, p. 279-280). Após referir-se expressamente ao posicionamento de Trajano de Miranda Valverde, Sergio Eskenazi Pernidji entoa o mesmo coro, aduzindo que "a sociedade pode antecipar os pagamentos, obrigando o credor a receber, antes do termo, a importância de seu crédito, constituindo exceção ao artigo 431 do Código Comercial" (*Liquidação*, p. 1.888). José Waldecy Lucena, por sua vez, assim defende: "Filiamo-nos à antiga corrente que interpreta o dispositivo atual e o artigo 142, do Diploma de 1940, como impositivos ao credor, que não poderá, de conseguinte, recusar o pagamento antecipado de seu crédito, nem o seu parcelamento. Se o artigo 214, da Lei n. 6.404/1976, já se erigia, como proclamado pela maioria doutrinária, em exceção ao artigo 431, do Código Comercial, essa tese é hoje mais facilmente defensável, eis que o Código Civil/2002 repetiu a disposição da Lei Acionária em seu artigo 1.106, que, assim, consubstancia uma regra excepcionadora àquelas constantes de seus artigos 314 e 315, já que figurantes do mesmo Código" (*Das sociedades anônimas: Comentários à lei*, v. III, p. 327).

[99] Em seus *Comentários ao Código Civil*, assim salienta: "Por outro lado, não se pode exigir que o credor receba antecipadamente, com ou sem desconto. Aplica-se plenamente, sempre tendo em vista o princípio da segurança jurídica, o preceito que se continha no art. 431 do Código Comercial: 'O credor não pode ser obrigado a receber o pagamento em lugar diferente do ajustado, nem antes do tempo do vencimento; nem a receber por parcelas o que for devido por inteiro'. Trata-se, no caso, de obrigação com termo neutro, ou seja, o credor não pode exigir o pagamento antes do vencimento, nem o devedor pagar antecipadamente". (*Comentários ao Código Civil*, v. 13, p. 472). De modo ainda mais detalhado, em seus *Comentários à Lei de Sociedades Anônimas*, tece as seguintes considerações: "Por outro lado, não se pode exigir que o credor receba antecipadamente ao vencimento seu crédito, com ou sem desconto. A esse respeito, era expresso o revogado art. 431 do Código Comercial. Trata-se, no caso, de obrigação com termo neutro, ou seja, o credor não pode exigir o pagamento antes do vencimento nem o devedor pagar antecipadamente. Assim, como lembra Carvalho Santos: 'Quando o dia do vencimento ou do termo é estipulado a favor do credor e do devedor, não pode este fazer o pagamento antes, sem o consentimento do credor'. Com efeito, o disposto no artigo ora comentado tem como destinatário o liquidante e não os credores. Prevalece aí o princípio da segurança

Como já registramos, esse não nos parece ser o entendimento mais adequado.

A nosso ver, as regras inseridas no *caput* do artigo 1.106 do Código Civil e no *caput* do artigo 214 da Lei n. 6.404/76, cunhadas para essa especial fase de liquidação da sociedade, permitem que o crédito ainda não vencido seja pago de forma antecipada e parcelada.

Assim, a título exemplificativo, mesmo que a sociedade liquidanda tenha assumido contratualmente a obrigação de efetuar um determinado pagamento a um credor no prazo de um ano e em uma única parcela, a especialidade do regime da liquidação autoriza a antecipação e o parcelamento do indigitado pagamento.

Trata-se de consciente opção feita pelo legislador, justamente para que a fase de liquidação possa ser ultimada do modo mais racional, eficiente e célere possível, não se eternizando desnecessariamente.

Não é razoável, por exemplo, impor ao liquidante e aos sócios o ônus de aguardarem o decurso de longo período de carência previamente negociado com um credor estratégico da sociedade e o subsequente transcurso de um parcelamento igualmente extenso, se a pessoa jurídica tem recursos em caixa para fazer frente à dívida, nos moldes dos citados preceitos.

Nada justifica permaneçam todos em duradouro compasso de espera nessa peculiar fase da vida social. Isso se chocaria com os interesses dos sócios, que ficariam privados, por exemplo, da realização de rateios, e também com os do próprio liquidante, que ficaria impedido de ultimar a liquidação, encerrando o seu mister.

---

jurídica, decorrente das obrigações contratuais. Não assiste razão, portanto, a Valverde quando afirma que 'o credor não pode recusar o pagamento parcelado e antecipado. Mais duas exceções à regra de que o credor não é obrigado a receber o pagamento de seu crédito, antecipadamente ou por parcelas'. Também não pode prevalecer o respeitável entendimento de Fran Martins, na mesma direção, ao dizer que o artigo ora comentado faz exceção legal ao princípio, afirmando que o credor não pode recusar o pagamento antecipado, embora possa ser com isso prejudicado. A posição desses dois grandes juristas desconsidera por completo o princípio da segurança jurídica nas relações negociais. Realmente, as legislações não exigem que o credor receba de modo antecipado seus créditos. Assim a lei espanhola, art. 877. A propósito, Uría lembra que, na hipótese de dívidas vencidas, devem estas ser satisfeitas da mesma forma que o seriam no período de vida ativa da companhia. Quanto às dívidas não vencidas, a sociedade em processo de liquidação não pode impor ao credor seu reembolso antecipado, mas pode extinguir-se sem esperar vencimentos sempre que aquelas estiverem cabalmente asseguradas. No mesmo sentido, Ripert: 'Le liquidateur paie les créanciers sociaux au fur et à mesure qu'ils se présentent. Il ne peut imposer le règlement à ceux qui sont créanciers à terme'" (*Comentários à lei de sociedades anônimas*, v. 4, tomo I, p. 149-150).

Mas isso não é tudo. A liquidação deve ser orientada pelo repúdio a "recursos e capitais esterilizados ou aprisionados em organizações societárias improdutivas, inativas, ou sem perspectivas de lucratividade"[100] e pelo consequente estímulo de seu retorno à economia. Assim, a par dos interesses privados dos sócios e do liquidante, sobressai o interesse público vinculado ao encerramento da liquidação, como oportuna e adequadamente registra Mauro Rodrigues Penteado[101]:

> [...] da ótica ora posta em relevo, é inequívoco o *interesse público* em que as dissoluções e liquidações se processem de forma ágil e desburocratizada, para que a reinserção de valores estagnados no sistema econômico opere-se com maior celeridade.
> É também de interesse público a eliminação formal de sociedades infecundas ou inertes do cenário empresarial, visto que o direito positivo há sempre de perseguir a certeza e a segurança das relações negociais e mesmo institucionais.

Convém, ainda, anotar que as regras constantes dos artigos 314 e 315 do Código Civil[102-103], de um lado, e a inserida no *caput* do artigo 1.106 do mesmo diploma[104], de outro, não são contraditórias, ao contrário do que uma inaugural e apressada leitura possa sugerir[105].

---

[100] Mauro Rodrigues Penteado, *Dissolução e liquidação de sociedades*, p. 5. Após sustentar que o prefalado repúdio se relaciona com a "lógica" do capitalismo e dos regimes de economia de mercado, o citado autor assim aduz: "Nesses casos, ou quando os sócios se desinteressam pelo empreendimento comum, é essa mesma 'lógica' que determina a dissolução e liquidação da empresa, de molde a que se proceda à partilha e devolução do acervo patrimonial líquido aos participantes, pois, com raríssimas exceções (v.g., lazer e/ou ócio), os valores recebidos em devolução, pelos sócios, até por vocação sistêmica, culminam por ser reintroduzidos no regime produtivo, quer diretamente (constituição de novas sociedades, aquisição de ações ou de participações societárias), quer por via oblíqua (poupança, fundos de ações, investimentos em renda fixa e mesmo saldos de contas correntes bancárias – cuja destinação ao menos teórica é o repasse, pelos intermediários financeiros, a atividades econômicas)" (*Dissolução e liquidação de sociedades*, p. 5).

[101] *Dissolução e liquidação de sociedades*, p. 6.

[102] Artigo 314 do Código Civil: "Art. 314. Ainda que a obrigação tenha por objeto prestação divisível, não pode o credor ser obrigado a receber, nem o devedor a pagar, por partes, se assim não se ajustou".

[103] Artigo 315 do Código Civil: "Art. 315. As dívidas em dinheiro deverão ser pagas no vencimento, em moeda corrente e pelo valor nominal, salvo o disposto nos artigos subsequentes".

[104] *Caput* do artigo 1.106 do Código Civil: "Art. 1.106. Respeitados os direitos dos credores preferenciais, pagará o liquidante as dívidas sociais proporcionalmente, sem distinção entre vencidas e vincendas, mas, em relação a estas, com desconto".

[105] Sobre o tema, valioso é o escólio de Carlos Maximiliano: "Militam as probabilidades lógicas

Os dois primeiros preceitos traduzem regra geral; já o último revela regra especial, insculpida especificamente para a fase de liquidação da sociedade. E como professa Carlos Maximiliano, "se existe antinomia entre a regra geral e a peculiar, específica, esta, no caso particular, tem a supremacia". Isso porque, prossegue o jurista, "preferem-se as disposições que se relacionam mais direta e especialmente com o assunto de que se trata: *In toto jure generi per speciem derogatur; et illud potissimum habetur quod ad speciem directum est* – 'em toda disposição de Direito, o gênero é derrogado pela espécie, e considera-se de importância preponderante o que respeita diretamente à espécie'"[106].

10.5 – Exigência dos quotistas dos valores correspondentes à integralização de suas quotas

No inciso V do artigo 1.103, encontra-se o dever de "exigir dos quotistas, quando insuficiente o ativo à solução do passivo, a integralização de suas quotas e, se for o caso, as quantias necessárias, nos limites da responsabilidade de cada um e proporcionalmente à respectiva participação nas perdas, repartindo-se, entre os sócios solventes e na mesma proporção, o devido pelo insolvente".

Não é preciso fazer qualquer esforço para se atestar que o dispositivo confere ao liquidante duas atribuições distintas: a de exigir dos sócios a integralização dos valores de suas respectivas quotas e a de demandar dos mesmos o aporte de recursos. A primeira aplica-se a toda e qualquer sociedade contratual, entre as quais se inclui a limitada. Já a segunda volta-se tão somente na direção daquelas sociedades que possuem sócios que respondem ilimitadamente pelo passivo social, o que não se verifica na limitada.

Como curial, nos moldes do artigo 1.052 do Código Civil, na sociedade limitada, *interna corporis*, a responsabilidade de cada sócio é restrita ao valor de suas quotas, sendo certo que, perante terceiros, todos os sócios respondem solidariamente pela integralização do capital social. Destarte, caso o capital social de uma limitada esteja devidamente integralizado, não poderá o liquidante exigir que seus sócios providenciem o aporte de valores e tampouco repartir entre os sócios solventes o devido por eventual insolvente. Essa regra,

---

no sentido de não existirem, *sobre o mesmo objeto*, disposições contraditórias ou entre si incompatíveis, em repositório, lei, tratado, ou sistema jurídico. [...] Sempre que descobre uma contradição, deve o hermeneuta *desconfiar de si*; presumir que não compreendeu bem o sentido de cada um dos trechos ao parecer inconciliáveis, sobretudo se ambos se acham no mesmo repositório" (*Hermenêutica e aplicação do direito*, p. 110).

[106] Carlos Maximiliano, *Hermenêutica e aplicação do direito*, p. 111.

contida na parte final do inciso V em comento, enfatize-se, não se aplica à sociedade limitada[107].

Voltando à primeira atribuição conferida ao liquidante no inciso V sob análise – qual seja, a de requerer aos sócios a integralização do valor de suas respectivas quotas caso o ativo da sociedade não seja suficiente para suportar o pagamento de seu passivo – convém tecer breves considerações, distinguindo, com clareza, as hipóteses de solvência e de insolvência da sociedade limitada.

A mencionada exigência de integralização por parte do liquidante pressupõe que o ativo não seja suficiente para fazer frente ao pagamento do passivo, ou seja, que a sociedade esteja insolvente. A regra é clara e não dá margem a dúvidas.

Assim é que, se o ativo for bastante para o pagamento do passivo, ainda que haja quotas pendentes de integralização, não deverá o liquidante instar os sócios a procedê-la, na medida em que os recursos que eles viessem a aportar na sociedade, para eles retornariam por ocasião da partilha do ativo remanescente. Desse modo, caso o liquidante de uma sociedade solvente constate que alguns de seus sócios estão em dia com suas integralizações e outros não, deverá se valer da compensação no momento da realização da partilha do ativo remanescente[108].

Entretanto, a doutrina, em sua maioria, entende que, mesmo nessa situação de solvência da sociedade, em que o ativo baste para o pagamento do passivo, o liquidante deva obrigatoriamente cobrar dos sócios que estão em mora o valor por eles devido[109].

---

[107] A referida regra tampouco se aplica à sociedade anônima. O inciso V do artigo 210 da Lei n. 6.404/76 confere ao liquidante o dever de "exigir dos acionistas, quando o ativo não bastar para a solução do passivo, a integralização de suas ações". Não se faz qualquer referência ao dever de demandar "as quantias necessárias, nos limites da responsabilidade de cada um e proporcionalmente à respectiva participação nas perdas, repartindo-se, entre os sócios solventes e na mesma proporção, o devido pelo insolvente". Isso ocorre porque, nos termos do artigo 1º do aludido diploma legal, a responsabilidade dos acionistas da sociedade anônima limita-se ao preço de emissão das ações subscritas ou adquiridas.

[108] No que tange especificamente à possibilidade de compensação entre débito e crédito de acionista, Carlos Fulgêncio da Cunha Peixoto assim salientava: "A soma devida por um acionista, para integralização do capital, é compensável com o seu crédito contra a sociedade. Não há razão para que o credor, só porque é sócio, seja tratado diferentemente dos demais, e se se opera a compensação entre o crédito e o débito da sociedade, não existe motivo jurídico para que o mesmo não aconteça entre o débito do acionista, qualquer que seja sua origem e seu crédito" (*Sociedades por ações*, v. 4, p. 279).

[109] Modesto Carvalhosa assim sustenta: "Quando alguns sócios integralizaram suas quotas e outros não, cabe aí o princípio da isonomia entre os sócios. Não pode, com efeito, haver sócios com

Como adiantamos, esse não nos parece ser o melhor entendimento. À luz dos métodos de interpretação literal e racional, não conseguimos compactuar com essa linha de raciocínio que, a um só tempo, choca-se com o teor da parte inicial do inciso V do artigo 1.103 e desconsidera que a realização da compensação, por ocasião da partilha do ativo remanescente, não fere o princípio da isonomia e pode, de fato, se apresentar como o caminho mais racional e eficiente. A cobrança de valores devidos por sócio a título de integralização de suas quotas pode se arrastar por longos anos, impedindo a citada partilha e o consequente encerramento da fase de liquidação.

Distinta é a situação se a sociedade limitada está insolvente. Nessa hipótese, o liquidante deverá necessariamente cobrar dos sócios os valores referentes à integralização de quotas subscritas, ainda que tais valores estejam atrelados a parcelas ainda não vencidas.

Porém, nesse caso, à luz dos conceitos de insolvência extraídos das legislações civil e empresarial, é preciso repartir a análise em função da espécie societária, tratando separadamente as sociedades *simples* limitada e *empresária* limitada.

Se a sociedade limitada for da espécie simples, o liquidante apenas deverá exigir dos sócios a integralização do valor de suas quotas caso constate que o ativo é insuficiente à solução do passivo, na medida em que a insolvência civil tem como pressuposto justamente o fato de as dívidas excederem à im-

---

integralizações diversas do capital social. Nessa hipótese, portanto, em que alguns integralizaram e outros não, cabe ao liquidante exigir destes últimos a integralização, a fim de que na partilha haja absoluta isonomia. Pode-se arguir que na partilha antecipada (art. 1.107) ou final (art. 1.108) poderá haver compensação da parcela não integralizada a favor dos demais sócios. Além de ser essa compensação, do ponto de vista de sua praticidade, muito problemática, conforme o caso, não pode o liquidante esperar esse momento para exigir a integralização diante do princípio da isonomia. Essa exigência se faz presente logo no início da liquidação, a fim de estabelecer a *par conditio*, independentemente de se saber se haverá partilha ou não aos sócios diante do passivo" (*Comentários ao Código Civil*, v. 13, p. 455). Ao comentar o inciso V do artigo 210 da Lei n. 6.404/76, Nelson Eizirik compactua com esse posicionamento, defendendo que, "se parte dos acionistas tiver integralizado e outra parte não, caberá ao liquidante exigir dos que estiverem em mora o pagamento da subscrição, prevalecendo o princípio da isonomia" (*A lei das S/A comentada*, v. III, p. 177). Do mesmo modo, José Waldecy Lucena assim aduz: "Diferente, no entanto, é a situação, se há acionistas em mora. Nesse caso, ainda que o ativo baste para solucionar o passivo, o *liquidante* deverá cobrar dos recaídos em mora as parcelas por eles devidas, de tal arte a que fiquem todos equiparados. É, em suma, mera aplicação do *princípio da isonomia* em relação a todos os acionistas. Não seria, de fato, admissível, observou Carvalhosa, que na partilha todos os acionistas recebessem seu quinhão conforme os direitos instituídos no estatuto, tendo alguns realizado mais capital que outros" (*Das sociedades anônimas: Comentários à lei*, v. III, p. 284).

portância dos bens do devedor, nos termos do artigo 955 do Código Civil e do artigo 748 do Código de Processo Civil de 1973, mantido em vigor pelo artigo 1.052 do Código de Processo Civil de 2015.

Por outro lado, nos moldes da Lei n. 11.101/2005, a insolvência não é revelada pelo simples fato de o ativo ser inferior ao passivo. Na verdade, ela pode decorrer de circunstâncias em que o devedor não tenha como dispor de valores realizáveis, suficientes à solução pontual de suas obrigações[110-111].

Assim, a insolvência, à luz do tratamento que lhe dispensou a Lei n. 11.101/2005, consiste no "estado de fato revelador da incapacidade do ativo do empresário de propiciar-lhe recursos suficientes a pontualmente cumprir as suas obrigações, quer por carência de meios próprios, quer por falta de crédito". Nesse passo, "manifesta-se pela efetiva impossibilidade de pagamento pontual de suas dívidas, por ausência de valores prontos e imediatamente realizáveis para esse fim", traduzindo, "para usar a linguagem da legislação, a crise

---

[110] Sérgio Campinho, *Curso de direito comercial: Falência e recuperação de empresa*, item 109, p. 209-210.

[111] O artigo 94 da Lei n. 11.101/2005 conta com a seguinte redação: "Art. 94. Será decretada a falência do devedor que: I – sem relevante razão de direito, não paga, no vencimento, obrigação líquida materializada em título ou títulos executivos protestados cuja soma ultrapasse o equivalente a 40 (quarenta) salários-mínimos na data do pedido de falência; II – executado por qualquer quantia líquida, não paga, não deposita e não nomeia à penhora bens suficientes dentro do prazo legal; III – pratica qualquer dos seguintes atos, exceto se fizer parte de plano de recuperação judicial: a) procede à liquidação precipitada de seus ativos ou lança mão de meio ruinoso ou fraudulento para realizar pagamentos; b) realiza ou, por atos inequívocos, tenta realizar, com o objetivo de retardar pagamentos ou fraudar credores, negócio simulado ou alienação de parte ou da totalidade de seu ativo a terceiro, credor ou não; c) transfere estabelecimento a terceiro, credor ou não, sem o consentimento de todos os credores e sem ficar com bens suficientes para solver seu passivo; d) simula a transferência de seu principal estabelecimento com o objetivo de burlar a legislação ou a fiscalização ou para prejudicar credor; e) dá ou reforça garantia a credor por dívida contraída anteriormente sem ficar com bens livres e desembaraçados suficientes para saldar seu passivo; f) ausenta-se sem deixar representante habilitado e com recursos suficientes para pagar os credores, abandona estabelecimento ou tenta ocultar-se de seu domicílio, do local de sua sede ou de seu principal estabelecimento; g) deixa de cumprir, no prazo estabelecido, obrigação assumida no plano de recuperação judicial. §1º. Credores podem reunir-se em litisconsórcio a fim de perfazer o limite mínimo para o pedido de falência com base no inciso I do *caput* deste artigo. §2º. Ainda que líquidos, não legitimam o pedido de falência os créditos que nela não se possam reclamar. §3º. Na hipótese do inciso I do *caput* deste artigo, o pedido de falência será instruído com os títulos executivos na forma do parágrafo único do art. 9º desta Lei, acompanhados, em qualquer caso, dos respectivos instrumentos de protesto para fim falimentar nos termos da legislação específica. §4º. Na hipótese do inciso II do *caput* deste artigo, o pedido de falência será instruído com certidão expedida pelo juízo em que se processa a execução. §5º. Na hipótese do inciso III do *caput* deste artigo, o pedido de falência descreverá os fatos que a caracterizam, juntando-se as provas que houver e especificando-se as que serão produzidas".

econômico-financeira aguda que, não superada pela vontade dos credores, resultará, inarredavelmente, na decretação da falência"[112].

Caracterizada, portanto, a insolvência da sociedade empresária limitada, apta a ensejar a sua falência, entendemos deva o liquidante exigir dos sócios os valores correspondentes à integralização das quotas por eles subscritas, mesmo que tais valores estejam vinculados a parcelas ainda não vencidas[113].

10.6 – Convocação de assembleia ou reunião de sócios para a apresentação de relatório e balanço do estado da liquidação

O inciso VI do artigo 1.103, por seu turno, contempla o dever de "convocar assembleia dos quotistas, [a] cada seis meses, para apresentar relatório e balanço do estado da liquidação, prestando conta dos atos praticados durante o semestre, ou sempre que necessário".

Nos moldes do artigo 1.072 do Código Civil, as deliberações dos sócios de uma sociedade limitada são tomadas em reunião ou assembleia, conforme previsto no contrato social, sendo certo que a assembleia será necessariamente o foro de deliberação se o número de sócios for superior a dez, ou seja, se a sociedade possuir 11 sócios ou mais.

Diante disso, enxergamos no inciso VI do artigo 1.103 tanto a figura da assembleia como a da reunião de sócios, de modo que, no âmbito das limitadas

---

[112] Sérgio Campinho, *Curso de direito comercial: Falência e recuperação de empresa*, item 109, p. 210.

[113] Antes do advento da Lei n. 6.404/76, ao comentar o artigo 140 do Decreto-Lei n. 2.627/1940, Carlos Fulgêncio da Cunha Peixoto sustentava que, muito embora a liquidação fizesse vencer a dívida do acionista referente à subscrição de suas ações, seu pagamento somente poderia ser exigido pelo liquidante caso não houvesse recursos suficientes para a realização do pagamento dos credores. A seu ver, esse era um ponto distintivo das situações de liquidação e de falência. Cabe, aqui, reproduzir as suas palavras: "A liquidação não agrava a situação dos acionistas. Torna, porém, a dívida, proveniente de subscrição das ações, vencida. Mesmo que os estatutos estipulem prestação, a dívida se torna vencida com a liquidação. O liquidante deve exigir seu pagamento, desde que não haja dinheiro suficiente para a quitação dos credores. [...] Esta exigência, entretanto, fica condicionada à inexistência de dinheiro em caixa depois da apuração do ativo. Aqui encontramos a diferença entre o débito social na falência e na liquidação. Naquela, o síndico, para exigir, amigável ou judicialmente, as prestações do capital devido pelo sócio, não precisa provar a deficiência do ativo para o pagamento do passivo, enquanto que, nessa, o liquidante só pode fazer a cobrança quando o estado da caixa não basta para pagar as dívidas" (*Sociedades por ações*, v. 4, p. 278-279). A nosso ver, as redações conferidas ao n. 6 do artigo 140 do antigo Decreto-Lei n. 2.627/1940, ao inciso V do artigo 210 da Lei n. 6.404/76 e à parte inicial do inciso V do artigo 1.103 do Código Civil deixam bem claro que, verificada a insolvência da sociedade em liquidação – ainda que não tenha havido a decretação de sua falência –, compete ao liquidante exigir dos quotistas a integralização de suas quotas.

que possuam dez sócios ou menos e que prevejam em seus contratos sociais que as deliberações serão tomadas em reunião, deverá o liquidante convocar essa espécie de conclave social e não uma assembleia[114].

O preceito estabelece que a assembleia ou reunião deverá ser convocada a "cada seis meses", justamente para que o liquidante possa submeter à apreciação dos sócios o relatório e o balanço do estado da liquidação, prestando contas dos atos praticados ao longo do semestre, "ou sempre que necessário".

Caso, em uma liquidação extrajudicial, o liquidante se omita e não convoque a assembleia ou reunião a cada seis meses, qualquer sócio, independentemente de sua participação no capital social, poderá fazê-lo, nascendo, assim, uma legitimação substitutiva ou secundária para essa convocação[115].

O trecho final do inciso em comento – "ou sempre que necessário" – com clareza permite que o liquidante convoque os sócios a se reunirem durante o prazo de seis meses, isto é, antes mesmo que se complete o semestre. Isso pode se verificar sempre que for preciso deliberar sobre questão relevante e impostergável, como a gravação de um determinado bem com um ônus real[116].

Ainda no âmbito da liquidação extrajudicial, como o próprio inciso VI em comento denuncia, a assembleia ou reunião será convocada pelo liquidante. A nosso ver, o conclave poderá ser presidido pelo próprio liquidante ou por sócio escolhido entre os presentes[117].

---

[114] Curiosamente, o inciso IX do artigo 1.103 do Código Civil, ao listar a averbação da ata ou do instrumento que considera encerrada a liquidação como dever do liquidante, faz expressa referência à reunião e à assembleia, o que demonstra que a ausência de menção à primeira no inciso VI do mesmo dispositivo não foi intencional.

[115] Nesse sentido: Modesto Carvalhosa, *Comentários ao Código Civil*, v. 13, p. 457; e Gustavo Tepedino, Heloisa Helena Barboza, Maria Celina Bodin de Moraes *et al.*, *Código Civil interpretado conforme a Constituição da República*, v. III, p. 303.

[116] Cabe anotar que, de acordo com o parágrafo único do artigo 1.105 do Código Civil, "sem estar expressamente autorizado pelo contrato social, ou pelo voto da maioria dos sócios, não pode o liquidante gravar de ônus reais os móveis e imóveis, contrair empréstimos, salvo quando indispensáveis ao pagamento de obrigações inadiáveis, nem prosseguir, embora para facilitar a liquidação, na atividade social".

[117] Em seus *Comentários à Lei das Sociedades Anônimas*, referindo-se à assembleia realizada no âmbito de liquidação extrajudicial, Fran Martins salienta que "a sua presidência caberá ao liquidante, dada a necessidade de serem prestadas as contas pelo mesmo, com a apresentação do relatório de suas atividades no período" (*Comentários à lei das sociedades anônimas*, p. 888). Já Modesto Carvalhosa entende que "as reuniões ou assembleias serão dirigidas por um sócio, e nunca pelo próprio liquidante, a quem caberá prestar contas e apresentar o balanço do estado da liquidação" (*Comentários ao Código Civil*, v. 13, p. 457). Em sua obra voltada para as sociedades

Ademais, considerando que o legislador não previu regras especiais sobre modo de convocação, quórum de instalação, quórum de deliberação, representação e lavratura de ata, aplicam-se a tais temas, com as adaptações que se fizerem necessárias, os preceitos que os disciplinam, contidos notadamente na Seção V ("Das Deliberações dos Sócios"), do Capítulo IV ("Da Sociedade Limitada"), do Subtítulo II ("Da Sociedade Personificada"), do Título II ("Da Sociedade"), do Livro II ("Do Direito de Empresa"), da Parte Especial, do Código Civil.

Se o liquidante ostentar a condição de sócio da sociedade limitada em liquidação, estará, obviamente, impedido de votar sobre os seus próprios relatório e balanço do estado da liquidação, em decorrência de claro conflito de interesses. Nesse passo, o §2º do artigo 1.074 do Código Civil preconiza que "nenhum sócio, por si ou na condição de mandatário, pode votar matéria que lhe diga respeito diretamente".

O dispositivo sob análise refere-se a dois documentos distintos: o relatório e o balanço do estado da liquidação.

O primeiro deve, de modo claro, transparente e técnico, contemplar a narrativa dos atos praticados pelo liquidante ao longo do semestre em questão, indicando o estágio em que se encontra a liquidação e as perspectivas vinculadas ao seu encerramento.

Já o segundo, como todo e qualquer balanço, deve, de forma sintética e estática, reunir informações sobre o ativo, o passivo e o patrimônio líquido da pessoa jurídica em grupos de contas. Contudo, considerando que na liquidação busca-se primordialmente a ultimação dos negócios da sociedade, a realização de seu ativo, o pagamento de seu passivo e a partilha do remanescente entre seus sócios, deve o balanço do estado da liquidação contemplar *valores patrimoniais reais* ou *valores de mercado*[118], refletindo, assim, valores de reali-

---

anônimas, o referido autor assim sustenta: "Quanto à presidência da assembleia, caberá ao acionista que for escolhido por ela ou pelo estatuto, se este estabelecer previamente regra a respeito. Não nos parece deva o liquidante, que prestará contas (art. 213) e solicitará autorização (art. 211), e ainda nos demais casos extraordinários de deliberação, ser o presidente da mesa. Ali estará para apresentar relatório, propostas, denúncias ou autorizações (art. 211, parágrafo único), não podendo, ademais, votar nas matérias previstas nos arts. 213 e 219, se for acionista" (Modesto Carvalhosa, *Comentários à lei de sociedades anônimas*, v. 4, tomo I, p. 121).

[118] A doutrina converge em relação a esse ponto. Em seus *Comentários à Lei de Sociedades Anônimas*, Modesto Carvalhosa dedica ao tema as seguintes palavras: "Em lugar das *demonstrações financeiras* (art. 176), deverá o liquidante promover, durante o período de liquidação, o *balanço do estado de liquidação*, mediante a adoção de critérios inteiramente diversos daqueles próprios do balanço patrimonial e, que, por isso, pressupõe a descontinuidade do empreendimento societário (art. 213, *caput*). Dessa forma, o *balanço do estado de liquidação*, levantado pelo liquidante a cada seis meses, ou em períodos maiores (art. 210), não levará em conta a depreciação do ativo, que

zação. Sob essa ótica, o balanço do estado da liquidação se distancia dos balanços patrimonial e de resultado econômico que se valem de *valores patrimoniais contábeis*.

10.7 – Confissão da falência da sociedade

O inciso VII do artigo 1.103 elenca, entre os deveres do liquidante, os de "confessar a falência da sociedade e pedir concordata, de acordo com as formalidades prescritas para o tipo de sociedade liquidanda".

Quando do advento do Código Civil de 2002, ainda vigorava o Decreto-Lei n. 7.661/1945, o qual disciplinava os institutos da falência e da concordata. Após a publicação da Lei n. 11.101/2005, que introduziu em nosso ordenamento jurídico as figuras da recuperação judicial e da recuperação extrajudicial, a redação do inciso em comento não sofreu qualquer alteração, referindo-se, até os dias de hoje, à antiga concordata.

Entretanto, não se pode, com o propósito de se fazer uma leitura contemporânea do dispositivo, nele enxergar, no lugar da concordata, a recuperação judicial, pois ela é flagrantemente incompatível com o estado de liquida-

---

deverá, este sim, ser avaliado pelo valor de mercado, uma vez que não mais se considera sua utilização, mas sim o pagamento dos credores e a partilha residual entre os acionistas. Da mesma forma, o *ativo intangível* deve ser considerado não com base na continuidade da empresa, mas sim em sua alienação (marcas, nome comercial e outros intangíveis), para o fim de pagamento dos credores e partilha do saldo. Igualmente, a variação dos *estoques* não poderá ser feita pelo preço de custo, que pressupõe a continuidade do processo de produção, mas sim pelo preço de mercado, seja de matérias-primas, seja de produtos acabados" (*Comentários à lei de sociedades anônimas*, v. 4, tomo I, p. 139-140). Também em obra voltada para as sociedades anônimas, Nelson Eizirik assim registra: "Como o objetivo do balanço de liquidação é determinar, do modo mais aproximado possível, o valor do patrimônio para fins de sua alienação, de nada adiantaria tomar por base o valor contábil do ativo e do passivo, uma vez que estes, quando realizados, podem demonstrar-se irreais. Assim, o acervo patrimonial deve ser avaliado por seu valor provável de realização, ou seja, por seu valor de mercado. Abandona-se o valor de mensuração dos ativos e passivos utilizados quando do pressuposto da continuidade, como, por exemplo, o custo histórico, valor presente, valor justo, etc., os quais são determinados pelas normas contábeis vigentes e adotam-se os valores líquidos de realização. As marcas, patentes, o ponto comercial e outros intangíveis, se puderem ter vida independente, ou seja, se puderem continuar a existir mesmo com a extinção da sociedade, devem também ser avaliados por seu valor líquido de realização" (*A lei das S/A comentada*, v. III, p. 184-185). Já Gustavo Tepedino, Heloisa Helena Barboza, Maria Celina Bodin de Moraes *et al*. assim observam: "Realiza-se a prestação de contas no curso da liquidação por meio do relatório de atos praticados e do 'balanço do estado de liquidação', que deverá apresentar o ativo e o passivo em valores de mercado, suscetíveis de conversão em dinheiro, conforme avaliação feita pelo próprio liquidante, devidamente justificada" (*Código Civil interpretado conforme a Constituição da República*, v. III, p. 304).

ção, por ligar-se umbilicalmente à preservação da empresa[119]. A recuperação judicial tem por escopo a superação da crise econômico-financeira, de modo a possibilitar o prosseguimento da exploração da atividade social[120]. A liquidação, ao revés, vincula-se à interrupção dessa atividade.

A recuperação judicial poderia, sim, vir a ser requerida se, por qualquer razão, os sócios deliberassem a cessação do estado de liquidação[121]. Porém, nesse caso, em função do encerramento do referido estado, a recuperação judicial não seria requerida pelo liquidante – que inclusive já teria deixado de existir como órgão social –, mas decorreria de deliberação dos sócios[122].

---

[119] Nesse sentido: José Edwaldo Tavares Borba, *Direito societário*, p. 461; Gustavo Tepedino, Heloisa Helena Barboza, Maria Celina Bodin de Moraes et al., *Código Civil interpretado conforme a Constituição da República*, v. III, p. 303; Sergio Eskenazi Pernidji, *Liquidação*, p. 1.881-1.882. No entanto, também há quem cogite possa o liquidante requerer recuperação judicial. Alfredo de Assis Gonçalves Neto assim anota: "Embora paradoxal, não existe vedação a que o liquidante promova, respaldado em deliberação dos sócios, a recuperação judicial ou extrajudicial da sociedade para evitar sua quebra. Sociedade em liquidação não é uma sociedade falida e serão as peculiaridades do caso concreto que irão justificar, ou não, providência dessa natureza (*v.g.*, necessidade de venda em bloco, créditos a receber a longo prazo etc.)" (*Direito de empresa: Comentários aos artigos 966 a 1.195 do Código Civil*, p. 564). José Waldecy Lucena, por sua vez, salienta: "Assim, tanto que levantado o balanço patrimonial da companhia (inciso III), ou se no curso do procedimento liquidatório, constatar o *liquidante* que a situação da companhia é de insolvência, deverá ele requerer a recuperação judicial ou a autofalência [...]" (*Das sociedades anônimas: Comentários à lei*, v. III, p. 287). Modesto Carvalhosa, por seu turno, assim assevera: "Ao dever do liquidante de requerer a autofalência ou a recuperação judicial (arts. 105 e s. da Lei de Falências e Recuperação de Empresas, Lei n. 11.101/2005) acrescenta-se o de requerer a intervenção administrativa ou mesmo a intervenção ou liquidação extrajudicial nos casos previstos em leis especiais" (*Comentários à lei de sociedades anônimas*, v. 4, tomo I, p. 121). Waldo Fazzio Júnior elenca entre os deveres do liquidante os de "confessar a falência e pedir recuperação, nos casos previstos em lei" (*Manual de direito comercial*. 8. ed. São Paulo: Atlas, 2007. p. 144-145).

[120] Nesse passo, o artigo 47 da Lei n. 11.101/2005 assim estabelece: "A recuperação judicial tem por objetivo viabilizar a superação da situação de crise econômico-financeira do devedor, a fim de permitir a manutenção da fonte produtora, do emprego dos trabalhadores e dos interesses dos credores, promovendo, assim, a preservação da empresa, sua função social e o estímulo à atividade econômica".

[121] À luz do disposto no artigo 1.071, inciso VI e no artigo 1.076, inciso II, ambos do Código Civil, a cessação do estado de liquidação depende de deliberação de sócios titulares de quotas representativas de mais da metade do capital social.

[122] O inciso VIII do artigo 1.071 do Código Civil ainda segue fazendo menção à concordata. Do mesmo modo, o §4º do indigitado preceito ainda alude à concordata preventiva. Entretanto, nos dias de hoje, neles devemos encontrar a figura da recuperação judicial. Assim, diante do disposto no artigo 1.076, inciso II, do mesmo diploma codificado, o requerimento da recuperação judicial depende da aprovação de sócios titulares de quotas correspondentes a mais da metade

Cabe, ainda, enfrentar outra relevante questão: a confissão da falência por parte do liquidante depende de prévia autorização dos sócios? Acreditamos que não.

O inciso VII do artigo 1.103 do Código Civil aponta a confissão da falência como dever do liquidante, sem atrelá-lo a qualquer condição prévia. Ademais, se a sociedade está atravessando a fase de liquidação, tem-se que sua atividade não terá prosseguimento e que todos os esforços estarão voltados para a alienação de seu ativo e o pagamento de seu passivo.

Partindo-se dessa premissa, se o liquidante constata que a sociedade empresária não tem como dispor de valores realizáveis suficientes à solução pontual de suas obrigações[123] e os sócios não realizam o desembolso de recursos suplementares ao pagamento, tem o dever de confessar a falência – nos moldes dos artigos 97, inciso I, e 105, ambos da Lei n. 11.101/2005 –, instaurando, assim, o concurso de credores, assegurado o tratamento igualitário entre aqueles que integrarem uma mesma classe (*par conditio creditorum*)[124].

---

do capital social. De todo modo, nos termos do já citado §4º do artigo 1.071, caso haja urgência, os administradores da sociedade podem requerer recuperação judicial mediante autorização de sócios titulares de quotas representativas de mais da metade do capital social.

[123] Sérgio Campinho, *Curso de direito comercial: Falência e recuperação de empresa*, item 109, p. 209-210.

[124] No âmbito das sociedades anônimas, a questão suscita a divergência da doutrina, pois o artigo 122, inciso IX, da Lei n. 6.404/76, com a redação que lhe foi atribuída pela Lei n. 14.195/2021, estabelece competir privativamente à assembleia geral "autorizar os administradores a confessar falência e a pedir recuperação judicial". Em seus *Comentários à Lei de Sociedades Anônimas*, Modesto Carvalhosa assim sustenta: "Presume-se, portanto, que o pedido de autofalência ocorra durante o processo de liquidação, o mesmo sucedendo com o pedido de recuperação (Lei n. 11.101, de 2005) ou de intervenção ou diretamente liquidação extrajudicial (Lei n. 6.024, de 13-3-1974). Outrossim, o pedido deverá ser objeto de deliberação pela assembleia geral, aplicando-se à espécie o art. 122, IX. Não se trata apenas de convocar a assembleia para dar ciência das medidas heroicas efetivadas, mas de justificar e solicitar sua aprovação pela assembleia geral" (*Comentários à lei de sociedades anônimas*, v. 4, tomo I, p. 122). Gustavo Tepedino, Heloisa Helena Barboza, Maria Celina Bodin de Moraes *et al.* assim defendem: "Em qualquer caso, não atendendo ao pedido de desembolso de novos recursos, restará ao liquidante confessar, se for o caso, a falência da sociedade em liquidação (art. 1.103, VII, CC, c/c art. 105, da L. 11.101/2005). Deve-se observar, para esse fim, o regime previsto para cada tipo societário no CC, que não determina a prévia aprovação do pedido de autofalência pelos sócios, diferentemente da disciplina das sociedades anônimas (art. 122, IX, L. 6.404/1976)" (*Código Civil interpretado conforme a Constituição da República*, v. III, p. 303). Já Nelson Eizirik assim aduz: "Compete também ao liquidante requerer a falência da companhia, caso verifique que não há possibilidade de pagar os credores com o ativo social. Tendo em vista a redação do inciso VII, não é necessária a prévia autorização da assembleia geral, uma vez que constitui dever do liquidante, bastando a ciência ao órgão das medidas adotadas" (*A lei das S/A comentada*, v. III, p. 177-178). A nosso ver, a

10.8 – Apresentação do relatório da liquidação e de suas contas finais

O inciso VIII do artigo 1.103 atribui ao liquidante o dever de, "finda a liquidação, apresentar aos sócios o relatório da liquidação e as suas contas finais".

O cumprimento desse dever deve se dar no âmbito da assembleia ou da reunião de sócios. Nesse sentido, o artigo 1.108 do Código Civil preconiza que, "pago o passivo e partilhado o remanescente, convocará o liquidante assembleia dos sócios para a prestação final de contas"[125]. A regra se harmoniza com a contemplada no artigo 1.071, inciso VII, do mesmo diploma, segundo a qual o julgamento das contas do liquidante depende da deliberação dos sócios. Essa deliberação será tomada pela maioria de votos dos presentes, a teor do que dispõe o artigo 1.076, inciso III, do referido Código.

Nesse conclave derradeiro, o liquidante deverá submeter à apreciação dos sócios o relatório da liquidação e o balanço final da liquidação[126].

---

regra contemplada no artigo 122, inciso IX, da Lei n. 6.404/76 apenas se aplica à confissão de falência e ao requerimento de recuperação judicial verificáveis ao longo da vida regular da sociedade, ou seja, sem que ela esteja em liquidação. A interpretação literal conduz o intérprete nessa direção, pois o preceito em comento apenas se refere aos administradores. A exegese sistemática também o faz: há uma regra especialmente voltada para o curso ordinário das atividades da sociedade (artigo 122, inciso IX) e outra para a fase de liquidação (artigo 210, inciso VII). A racional, idem: ao longo da vida regular da sociedade, deve o administrador obter a aprovação dos sócios acerca da conveniência e da oportunidade de se confessar a falência e de se requerer a recuperação judicial, porquanto a primeira medida enseja a extinção da pessoa jurídica e a segunda pode conduzi-la a esse mesmo fim nas hipóteses de convolação em falência (artigo 73 da Lei n. 11.101/2005). Contudo, se a sociedade já está sendo liquidada e o liquidante constata sua insolvência, deve confessar a falência, instaurando o concurso de credores e assegurando a *par conditio creditorum*, caso os sócios não suplementem os recursos necessários ao adimplemento das obrigações.

[125] O artigo 1.108 do Código Civil apenas se refere à figura da assembleia, silenciando em relação à da reunião. Trata-se de nítida hipótese em que o legislador disse menos do que desejava, assim como o fez no inciso VI do artigo 1.103, conforme registramos no item 10.6 deste Capítulo 3. Tanto assim o é que, no inciso IX do artigo 1.103, ao cuidar desse mesmo conclave final, o legislador fez menção aos dois possíveis foros de deliberação: assembleia e reunião de sócios.

[126] Nesse sentido, ao comentar o artigo 216 da Lei n. 6.404/76, cujo *caput* possui redação semelhante à do artigo 1.108 do Código Civil, Nelson Eizirik assim testemunha: "Ainda que a Lei das S.A. não mencione expressamente, deve ser levantado um balanço final da liquidação, no qual se cogita de ativo residual, se existir, e da sua distribuição entre os acionistas" (*A lei das S/A comentada*, v. III, p. 191). Ao debruçar-se sobre o mesmo preceito da Lei das S.A., José Waldecy Lucena também defende a imprescindibilidade de elaboração do citado balanço ao assim sustentar: "A Lei n. 6.404/1976, como de resto já ocorria com o Diploma de 1940, não exige expressamente a feitura de um *balanço final* do estado de liquidação. Ambos tão somente se reportam ao *relatório*, elaborado pelo *liquidante*, e à *prestação de contas* deste. Parece, no entanto, que a

A prestação final de contas do liquidante deve ser tão completa quanto possível, refletindo adequadamente os atos praticados ao longo de toda a fase de liquidação da sociedade e retratando os valores arrecadados com a realização de seu ativo, os pagamentos efetuados a seus credores, bem como o critério adotado para a partilha do remanescente entre seus sócios. Deve, ainda, iluminar os fatos relevantes ocorridos durante essa etapa que tenham sobre ela repercutido.

De acordo com o *caput* do artigo 1.109 do Código Civil, "aprovadas as contas, encerra-se a liquidação, e a sociedade se extingue, ao ser averbada no registro próprio a ata da assembleia"[127].

O preceito em questão expressamente aponta a aprovação das contas do liquidante como marco temporal do encerramento da fase de liquidação. Remanescem, ainda, duas providências complementares a serem tomadas pelo liquidante mesmo após o aludido desfecho da etapa de liquidação, quais sejam: a de realizar o arquivamento da ata da assembleia ou da reunião de sócios no registro competente e a de promover a sua publicação (artigo 1.103, inciso IX e parágrafo único do artigo 1.109, ambos do Código Civil). Com esses últimos passos, extingue-se a sociedade.

Em complementação, o parágrafo único do artigo 1.109 em comento confere ao dissidente o prazo de 30 dias, contados a partir da data da publicação da ata devidamente averbada, "para promover a ação que couber".

Cabe registrar que, a nosso ver, ao referir-se ao *dissidente*, o preceito em tela engloba os sócios que compareceram ao conclave e votaram contrariamente à prestação final de contas; os que, estando presentes, optaram por se abster; e, ainda, os ausentes[128].

---

feitura desse balanço é imprescindível" (*Das sociedades anônimas: Comentários à lei*, v. III, p. 345-346). Logo adiante, após destacar que o liquidante tem o dever de convocar a assembleia a cada seis meses (ou no prazo fixado), para prestar contas dos atos e operações praticados no período, apresentando o relatório e o balanço do estado da liquidação, aduz: "Claro que a derradeira dessas prestações de contas, justamente a mais importante, já que encerrará a liquidação (art. 216), há de seguir o mesmo procedimento: *prestam-se as contas finais* à assembleia e são a esta apresentados o *relatório* e o *balanço final do estado de liquidação*" (*Das sociedades anônimas: Comentários à lei*, v. III, p. 346).

[127] Mais uma vez, silenciou o legislador em relação à reunião de sócios. Tal silêncio, porém, não é eloquente, como demonstramos ao tratar do inciso VI do artigo 1.103 e do artigo 1.108, ambos do Código Civil.

[128] Nesse sentido: Alfredo de Assis Gonçalves Neto, *Direito de empresa: Comentários aos artigos 966 a 1.195 do Código Civil*, p. 577; Nelson Eizirik, *A lei das S/A comentada*, v. III, p. 192; José Waldecy Lucena, *Das sociedades anônimas: Comentários à lei*, v. III, p. 351-352.

No mais, enxergamos o mencionado prazo de 30 dias como um prazo decadencial[129] diretamente vinculado à impugnação da aprovação da prestação final de contas do liquidante, o que não se confunde com a ação indenizatória, contra ele proponível, em razão da violação da lei ou do contrato social.

Com efeito, a regra do parágrafo único em questão deve ater-se à disposição contida no *caput*, além harmonizar-se com o sistema do Código Civil. Desse modo, "a ação que couber" diz respeito à discordância em relação à deliberação social de aprovação final das contas e encerramento da liquidação. Visa, pois, à sua invalidação por irregularidade de convocação ou instalação – em função de violação da lei ou do contrato social –, ou, ainda, por encontrar-se materialmente viciada, como nas hipóteses decorrentes de erro, dolo, fraude ou simulação. A medida prevista no parágrafo único do artigo 1.109 não interdita outras pretensões eventualmente destinadas a obter do liquidante a reparação de danos por atos dolosos ou culposos nas hipóteses de violação da lei ou do contrato social[130]. Essas últimas prescrevem em 3 (três) anos, nos termos da alínea *c*, do inciso VII, do §3º, do artigo 206, do Código Civil.

Ao prever, de modo um tanto quanto lacônico, que "o dissidente tem o prazo de trinta dias, a contar da publicação da ata, devidamente averbada, para promover a ação que couber", o legislador teve em mira estabilizar – e consequentemente conferir segurança jurídica – ao término da existência legal da sociedade.

10.9 – Averbação e publicação da ata ou do instrumento que considerar encerrada a liquidação

No inciso IX, tem-se o dever de "averbar a ata da reunião ou da assembleia, ou o instrumento firmado pelos sócios, que considerar encerrada a liquidação"[131].

---

[129] Ao comentar o parágrafo único do artigo 144 do antigo Decreto-Lei n. 2.627/1940 – equivalente histórico do §2º do artigo 216 da Lei n. 6.404/76 que tem como correspondente, no Código Civil, o parágrafo único do artigo 1.109 – Trajano de Miranda Valverde asseverava que "o prazo de 30 dias é de caducidade ou decadência (art. 162) e, pois, não se suspende, nem se interrompe" (*Sociedades por ações*, v. III, p. 56). A natureza decadencial do indigitado prazo também é defendida por Arnoldo Wald (*Comentários ao novo Código Civil*, v. XIV, p. 593), Alfredo de Assis Gonçalves Neto (*Direito de empresa: Comentários aos artigos 966 a 1.195 do Código Civil*, p. 578) e Nelson Eizirik (*A lei das S/A comentada*, v. III, p. 192).

[130] Nesse sentido, comentando semelhante preceito da Lei n. 6.404/76, confiram-se: Egberto Lacerda Teixeira e José Alexandre Tavares Guerreiro, *Das sociedades anônimas no direito brasileiro*, v. 2, p. 633; Nelson Eizirik, *A lei das S/A comentada*, v. III, p. 193; Sérgio Campinho, *Curso de direito comercial: Sociedade anônima*, item 17.5, p. 402-403.

[131] A previsão alinha-se com a regra constante do artigo 32, inciso II, alínea *a*, da Lei n. 8.934/94, segundo a qual o registro compreende o arquivamento "dos documentos relativos à constitui-

O dispositivo em questão não se refere ao dever de publicação dos aludidos documentos societários. De todo modo, vem ele contemplado no parágrafo único do artigo 1.109 do Código Civil, por nós comentado no item 10.8.

Como destacamos alhures, após o encerramento da fase de liquidação, que se verifica por ocasião da aprovação das contas finais do liquidante (*caput* do artigo 1.109 do Código Civil), remanescem duas providências complementares a serem por ele tomadas: a de realizar o arquivamento, no registro competente, da ata da assembleia ou da reunião ou, ainda, como diz a lei, do instrumento firmado pelos sócios e a de promover a sua publicação (artigo 1.103, inciso IX e parágrafo único do artigo 1.109, ambos do Código Civil). Somente com esses últimos passos a sociedade resta efetivamente extinta, ou seja, verifica-se o término da existência legal da pessoa jurídica.

A averbação do ato societário em questão deverá ser realizada na Junta Comercial, a quem compete efetuar os registros das sociedades empresárias. Já a sua publicação deverá ser feita na imprensa oficial do local da sede social e em jornal de grande circulação (§1º do artigo 1.152 do Código Civil).

Em sintonia com o que estabelece o inciso I do mesmo artigo 1.103, se a dissolução tiver ocorrido judicialmente, o objeto do arquivamento e da publicação será a sentença transitada em julgado[132].

Esse conjunto de providências tem o claro objetivo de conferir publicidade ao encerramento da liquidação e à consequente extinção da sociedade, possibilitando que terceiros estranhos ao corpo social e os sócios que não compareceram ao conclave derradeiro tomem conhecimento de tal fato.

É justamente a partir da mencionada publicação que fluem o prazo decadencial de 30 dias, para que o sócio dissidente proponha a ação que couber, nos moldes do já citado parágrafo único do artigo 1.109 e o prazo prescricional de um ano, previsto no artigo 206, §1º, inciso V, para que o credor não satisfeito exerça o direito comtemplado no artigo 1.110.

Esse último preceito estabelece que, "encerrada a liquidação, o credor não satisfeito só terá direito a exigir dos sócios, individualmente, o pagamento do seu crédito, até o limite da soma por eles recebida em partilha, e a propor contra o liquidante ação de perdas e danos".

ção, alteração, dissolução e extinção de firmas mercantis individuais, sociedades mercantis e cooperativas".

[132] O §1º do artigo 47 do Decreto n. 1.800/96 preconiza que "na hipótese de sentença dissolutória extintiva de empresa, é suficiente o arquivamento do inteiro teor da sentença transitada em julgado".

A responsabilidade do liquidante é subjetiva e possui caráter subsidiário. O credor não satisfeito deve demandar o seu crédito dos sócios, até o limite recebido por cada um deles por ocasião da partilha, apenas propondo ação indenizatória em face do liquidante quando for o caso[133].

Ao buscar a satisfação do crédito não adimplido no curso da liquidação, o credor não satisfeito pode propor a correspondente ação em face de um, alguns ou todos os sócios da sociedade. De todo modo, aquele que efetuar o pagamento poderá reembolsar-se dos demais sócios, mediante o exercício do direito de regresso, observando-se as participações de cada um no capital social[134-135].

11 – Extinção

A existência legal da sociedade limitada tem início com o arquivamento de seu contrato social – que é o seu ato constitutivo – no registro próprio, isto é, na Junta Comercial, sendo ela da espécie empresária (artigos 985 e 45 do Código Civil).

Com o registro, nasce, portanto, a sua personalidade jurídica, subsiste durante a vida social e, inclusive, ao longo de toda a fase de liquidação, apenas terminando com a extinção da sociedade[136].

Conforme aduzimos anteriormente, nos itens 10.8 e 10.9, embora o encerramento da fase de liquidação vincule-se à aprovação das contas finais do liquidante (*caput* do artigo 1.109 do Código Civil), remanescem duas providências complementares a serem por ele tomadas: a de realizar, no registro competente, o arquivamento da ata da assembleia ou da reunião de sócios ou do instrumento por eles firmado e a de promover a sua publicação (artigo

---

[133] O artigo 218 da Lei n. 6.404/76, que regula o direito do credor não satisfeito no âmbito da liquidação da sociedade anônima, se vale expressamente da expressão "se for o caso", para deixar claro o caráter subsidiário da responsabilidade do liquidante. A despeito de o artigo 1.110 do Código Civil não a utilizar, não há, a nosso ver, nada que justifique interpretação distinta.

[134] Sérgio Campinho, *Curso de direito comercial: Direito de empresa*, item 15.1, p. 301.

[135] O artigo 218 da Lei n. 6.404/76 também possui, nesse específico ponto, redação mais completa, pois prevê, em seu trecho final, que "o acionista executado terá direito de haver dos demais a parcela que lhes couber no crédito pago".

[136] Nesse passo, o artigo 51 do Código Civil conta com a seguinte redação: "Art. 51. Nos casos de dissolução da pessoa jurídica ou cassada a autorização para seu funcionamento, ela subsistirá para os fins de liquidação, até que esta se conclua. §1º. Far-se-á, no registro onde a pessoa jurídica estiver inscrita, a averbação de sua dissolução. §2º. As disposições para a liquidação das sociedades aplicam-se, no que couber, às demais pessoas jurídicas de direito privado. §3º. Encerrada a liquidação, promover-se-á o cancelamento da inscrição da pessoa jurídica".

1.103, inciso IX e parágrafo único do artigo 1.109, ambos do Código Civil), sendo certo que somente com esses derradeiros passos há a efetiva extinção da sociedade, findando a sua existência legal e desaparecendo a sua personalidade jurídica.

  De todo modo, esse não é o único caminho para se chegar à extinção. A sociedade também poderá ser extinta ao protagonizar certas operações societárias e, nessas hipóteses, não precisará passar pela fase de liquidação. Isso ocorrerá quando a sociedade for incorporada por outra, totalmente cindida ou objeto de fusão.

Capítulo 4

Dissolução parcial (resolução da sociedade em relação ao sócio)

1 – Evolução do instituto

Conforme iluminado no item 1 do Capítulo 2, antes do advento do Código Civil de 2002 e, portanto, enquanto ainda vigorava o Decreto n. 3.708/1919, a dissolução das sociedades por quotas de responsabilidade limitada seguia o mesmo regime contemplado no Código Comercial de 1850 para as demais sociedades mercantis por ele ainda disciplinadas[1].

De acordo com o referido diploma mercantil codificado – que, enfatize-se, cuidou apenas da dissolução total –, as sociedades por quotas de responsabilidade limitada poderiam ser dissolvidas de pleno direito ou de modo judicial, sendo certo que a dissolução de pleno direito encontrava a sua disciplina em seu artigo 335, ao passo que a dissolução judicial era regida pelo disposto em seu artigo 336.

Rememorar historicamente todas as causas motivadoras de dissolução elencadas nos aludidos artigos 335 e 336 transcende, a toda evidência, o escopo deste trabalho. Releva, apenas, registrar como se deu a evolução do instituto. Desse modo, parece-nos oportuno, em cumprimento ao desiderato, evocar duas hipóteses que com maior frequência emergiam como substratos concretos para a construção jurisprudencial da dissolução parcial: a divergência entre sócios capaz de impedir o preenchimento do fim social e a vontade unilateral do sócio na sociedade celebrada por prazo indeterminado.

Ambos os casos, na dicção do Código Comercial, ensejavam a dissolução total da sociedade, com o desfazimento de todos os vínculos societários e não apenas daquele mantido entre ela e o dissidente. Destarte, a pessoa jurídica ingressava na fase de liquidação – na qual ocorria a alienação de seu ativo,

---

[1] Sociedade em comandita simples, sociedade em nome coletivo e sociedade de capital e indústria.

o pagamento de seu passivo e a partilha do remanescente entre seus sócios – e, ao final, era extinta.

Em diversas situações, a dissolução total, por conduzir à extinção da sociedade, não se apresentava como o caminho mais adequado e justo, pois soterrava a empresa exercida pela pessoa jurídica. A empresa, destaque-se mais uma vez, é um verdadeiro ativo social[2], pois gera empregos e tributos e produz bens e serviços, estimulando a concorrência e beneficiando consumidores e o mercado como um todo. Contribui, outrossim, para a redução das desigualdades regionais e sociais. Por produzir dividendos sociais, interessa não apenas aos sócios da sociedade, mas a todos aqueles que com ela se relacionam, como seus empregados, colaboradores e parceiros em geral, incluindo seus fornecedores, seus consumidores, as instituições que lhe concedem crédito e o próprio Estado. A função social da empresa, rompendo com a inspiração individualista do Código Comercial, estimulou e conferiu concretude a medidas necessárias à sua conservação.

Nesse passo, prestigiando o princípio da preservação da empresa, a jurisprudência evoluiu para consagrar a possibilidade de dissolução parcial da sociedade[3,4,5]. Dessa forma, por um lado, assegurava-se ao dissidente o direito

---

[2] Sérgio Campinho, *Curso de direito comercial: Falência e recuperação de empresa*, item 72, p. 130.

[3] No que tange especificamente à jurisprudência firmada no Supremo Tribunal Federal, que deu ares definitivos à dissolução parcial, faz-se oportuno reproduzir, exemplificativamente, as seguintes ementas: "Não ofende o princípio contido no art. 335, n. 5, do Código Comercial, a recusa de decretação de extinção de uma sociedade por quotas, de responsabilidade limitada, se a mesma decisão garante a retirada do sócio dissidente, plenamente indenizado. A insistência deste pela dissolução, *in casu*, significa abuso do direito, que o nosso sistema jurídico já não tolera" (Recurso Extraordinário n. 18.874/BA, relatado pelo Ministro Vilas Boas e julgado à unanimidade pelos integrantes da Segunda Turma em 08.11.1957). "Dissolução da sociedade por cotas de responsabilidade limitada. Não se dá *ad nutum* de sócio dissidente, mesmo que seja constituída por tempo indeterminado, senão nos termos do contrato, cujas cláusulas devem ser rigorosamente observadas, principalmente se a exclusão da empresa pode atingir interesses de obreiros a quem a lei outorga proteção excepcional. Constituição jurisprudencial que, sem quebra do princípio de liberdade, permite a retirada do sócio, que haja perdido a *affectio societatis*, com pleno ressarcimento e quitação, para que a sociedade continue. Recurso conhecido e provido em termos" (Recurso Extraordinário n. 50.659/RJ, relatado pelo Ministro Vilas Boas e julgado à unanimidade pelos integrantes da Segunda Turma em 11.09.1962). "Comercial. Dissolução de sociedade limitada. Pedida a dissolução total por um sócio, e a dissolução parcial pelos dois outros, o interesse social da conservação do empreendimento econômico, viável ou próspero, indica a adoção da segunda fórmula. Nesse caso, dar-se-á a apuração de haveres do sócio dissidente de maneira que a aproxime do resultado que poderia ele obter com a dissolução total, isto é, de forma ampla, com plena verificação, física e contábil, dos valores do ativo, e atualizados os ditos haveres, em seu valor monetário, até a data do pagamento" (Recurso Extraordinário n. 91.044-1/RS, relatado pelo Ministro Décio Miranda e julgado à unani-

de deixar de ostentar o *status socii*, mediante o recebimento de seus correspondentes haveres, e, por outro, repelia-se, como linha de princípio, a possibilidade de ele pretender dissolver a sociedade integralmente, quando os demais sócios se propusessem a mantê-la e, por natural consequência, a conservar a empresa por ela desenvolvida.

A concepção da dissolução parcial não traduzia maltrato à lei ou a qualquer princípio jurídico. Ao apoiá-la, julgadores e doutrinadores, na qualidade de intérpretes, apenas examinaram a lei com os olhos de seu tempo, com o objetivo maior de atingir o fim social a que ela se destina[6]. Com a solução, equilibrava-se a pretensão do sócio que buscava se desligar do vínculo social com a dos demais, que almejavam preservar seus respectivos vínculos com a sociedade, mesmo diante daquele desfazimento parcial.

---

midade pelos integrantes da Segunda Turma em 07.08.1979). "É inadmissível a dissolução das sociedades por quotas de responsabilidade limitada, por iniciativa do sócio minoritário inconformado, quer por força do art. 335, V, do Código Comercial, quer com fundamento no art. 336, III, do mesmo Código. 1º RE conhecido e parcialmente provido para deferir a dissolução parcial da sociedade limitada, como se apurar em execução. 2º RE não conhecido" (Recurso Extraordinário n. 92.773-5/PR, relatado pelo Ministro Cordeiro Guerra e julgado à unanimidade pelos integrantes da Segunda Turma em 25.08.1981).

[4] O entendimento foi preservado pelo Superior Tribunal de Justiça, cabendo aqui transcrever, também a título exemplificativo, as seguintes ementas: "Sociedade por quotas. Pretensão de dissolução total. Pretensão de dissolução total e liquidação de sociedade por quotas de responsabilidade limitada, postulando-se a dissolução parcial apenas na apelação interposta da sentença de improcedência. Em tal contexto, não há divisar negativa de vigência aos arts. 128 e 459, do CPC e, tampouco ao art. 335, V, do Código Comercial, tanto mais que ressalvada a retirada do sócio dissidente, pelos meios próprios, com a apuração de haveres. Dissídio jurisprudencial não caracterizado" (Recurso Especial n. 46.531-1/MG, relatado pelo Ministro Costa Leite e julgado à unanimidade pelos integrantes da Terceira Turma em 07.06.1994). "Comercial. Sociedade por quota. Morte de um dos sócios. Herdeiros pretendendo a dissolução parcial. Dissolução total requerida pela maioria social. Continuidade da empresa. Se um dos sócios de uma sociedade por quotas de responsabilidade limitada pretende dar-lhe continuidade, como na hipótese, mesmo contra a vontade da maioria, que busca a sua dissolução total, deve-se prestigiar o princípio da preservação da empresa, acolhendo-se o pedido de sua desconstituição apenas parcial, formulado por aquele, pois a sua continuidade ajusta-se ao interesse coletivo, por importar em geração de empregos, em pagamento de impostos, em promoção do desenvolvimento das comunidades em que se integra, e em outros benefícios gerais. Recurso conhecido e provido" (Recurso Especial n. 61.278/SP, relatado pelo Ministro Cesar Asfor Rocha e julgado à unanimidade pelos integrantes da Quarta Turma em 25.11.1997).

[5] A dissolução parcial não teria lugar nas hipóteses de expiração do prazo de duração da sociedade; de mútuo consenso dos sócios; ou até mesmo de perda inteira do capital social, porquanto todas elas culminariam na dissolução total. Mas, desconsiderando-se a peculiar situação da quebra da sociedade, não se mostrava incompatível com as demais situações constantes dos artigos 335 e 336 do Código Comercial.

[6] Sérgio Campinho, *Sociedade por quotas de responsabilidade limitada*, p. 125.

Essa construção, em verdade, ganhava efetivo sustentáculo no âmbito do próprio Decreto n. 3.708/1919, cujo artigo 15 expressamente disciplinava assistir aos sócios que divergissem "da alteração do contrato social a faculdade de se retirarem da sociedade, obtendo o reembolso da quantia correspondente ao seu capital", consagrando, assim, o direito de o dissidente afastar-se da sociedade. Excepcionava, pois, claramente, o esquema da dissolução total albergado no Código Comercial e lançava o gérmen para a ideia do desfazimento parcial do vínculo societário. O conceito de divergir "da alteração do contrato social" foi elastecido pelas construções doutrinária e pretoriana, tendo prevalecido o entendimento de que o fato ensejador do recesso não precisava implicar formalmente dissenso quanto à alteração do contrato social; bastava haver a ruptura da *affectio societatis*, em função de o sócio discordar da forma de condução dos negócios sociais pela maioria, para restar legitimado o exercício do direito de retirada[7].

Dessa sorte, com o objetivo de evitar que uma postura abusiva, individualista e egoísta do sócio dissidente desse fim a uma sociedade próspera e à atividade por ela desenvolvida, ficou assentado nos tribunais o profícuo entendimento de não poder o dissidente pretender, como regra, a dissolução total da sociedade, mas sim a sua dissolução parcial. Esse posicionamento prestigiava simultaneamente o princípio da preservação da empresa[8] e o princípio segundo o qual ninguém pode ser obrigado a manter-se associado por prazo indeterminado[9].

---

[7] Sérgio Campinho, *Sociedade por quotas de responsabilidade limitada*, p. 118.

[8] O princípio da preservação da empresa encontra assento na Constituição ainda que implicitamente. O artigo 170 deixa isso bem claro ao estabelecer que a ordem econômica se funda na valorização do trabalho humano e na livre iniciativa (*caput*), tendo como princípios a função social da propriedade (inciso III) – do qual decorre a "função social da empresa" (José Afonso da Silva. *Comentário contextual à Constituição*. 3. ed. São Paulo: Malheiros, 2007. p. 712-713) –; a livre concorrência (inciso IV); a redução das desigualdades regionais e sociais (inciso VII); a busca do pleno emprego (inciso VIII); o tratamento favorecido para as sociedades de pequeno porte constituídas sob as leis brasileiras e que tenham sede e administração no país (inciso IX), entre outros.

[9] O princípio segundo o qual ninguém pode ser forçado a permanecer associado indefinidamente decorre do princípio constitucional da liberdade de associação, insculpido no artigo 5º, inciso XX. Nas palavras de José Afonso da Silva, "a liberdade de associação, de acordo com os dispositivos constitucionais em exame, contém quatro direitos: (a) o de *criar associação* (e *cooperativa*), que não depende de autorização; (b) o de *aderir a qualquer associação*, pois ninguém poderá ser obrigado a associar-se; (c) o de *desligar-se da associação*, porque ninguém poderá ser compelido a permanecer associado; e (d) o de *dissolver espontaneamente a associação*, já que não se pode compelir a associação a existir" (*Comentário contextual à Constituição*, p. 115).

2 – Crítica terminológica

A expressão *dissolução parcial* criada pela jurisprudência sofreu[10], e ainda sofre[11], severas críticas em relação à sua adequação técnica por uma

---

[10] Hernani Estrella valia-se das seguintes palavras: "Bem que geralmente notada e, por vezes, claramente afirmada, nem sempre se estabeleceu, com a desejada nitidez, a diferença fundamental entre *dissolução efetiva da sociedade* e *simples resilição parcial do contrato*. Dessa imprecisão conceitual resulta o emprego frequente, tanto entre os autores, como nos tribunais, do qualificativo *dissolução parcial*, para designar a hipótese de simples afastamento de sócio com a sobrevivência da sociedade. O fato pode explicar-se, menos por falta de acuidade de quantos – tratadistas eminentíssimos – têm versado o assunto, do que pela força do antecedente histórico, comum aos dois institutos. Realmente, não há negar a íntima correlação, entre eles existente, pois o segundo (resilição parcial do contrato) se formou à ilharga do primeiro, como uma forma particular ou subespécie de *dissolução*. Foi, como se sabe, para obstar esta consequência radical, pelo só advento de alguma das causas pessoais dantes apontadas [...], que se conceberam e urdiram as cláusulas da continuação da sociedade, a despeito da morte, incapacidade ou retirada de sócio. Por isso, embora, já não viesse a entidade a extinguir-se, por tal ocorrência, mesmo assim o desligamento de sócio continuava a equiparar-se, a seu respeito, como se dissolução fora. Neste errôneo pressuposto, ficava submetido em máxima parte à disciplina jurídica da dissolução propriamente dita. Daqui de nominar-se *dissolução parcial* e falar-se em liquidação e partilha. Daqui, também, porque muitas foram as decisões, consagrando soluções, de todo em todo, opostas à realidade da hipótese vertente (*Apuração dos haveres de sócio*. 5. ed. Rio de Janeiro: Forense, 2010. p. 77-78). Em outra passagem de sua obra, Hernani Estrella assim consignava: "Nem mesmo falando-se em *dissolução parcial* ou *liquidação parcial*, se pode arrimar a doutrina que combatemos, porque ambas as expressões, embora vulgarizadas e prestigiadas pela palavra dos versados, são desprovidas de sentido jurídico" (*Apuração dos haveres de sócio*, p. 182). Ao debruçar-se sobre a distinção entre dissolução parcial e recesso, Vera Helena de Mello Franco assim registrava: "Mas, é necessário distinguir: dissolução significa sempre extinção. A permanência da sociedade é contrária ao próprio conceito de dissolução. Se a sociedade permanece com vida não se cuida de dissolução, mas sim de dissociação. Recesso, portanto, é fenômeno dissociativo e não, dissolutório" (Dissolução parcial e recesso nas sociedades por quotas de responsabilidade limitada: Legitimidade e procedimento. Critério e momento de apuração de haveres. *Revista de Direito Mercantil Industrial, Econômico e Financeiro*. São Paulo: Revista dos Tribunais, v. 75, jul./set. de 1989. p. 24).

[11] Nos dias de hoje, a designação segue sendo criticada. Marcelo Bertoldi e Marcia Carla Pereira Ribeiro sustentam que "a expressão dissolução parcial guarda uma contradição em seus termos". E prosseguem: "Ora, por dissolução devemos entender o fim da sociedade, a sua extinção, sua decomposição: se é assim, como imaginar o fim que não seja total, a extinção apenas de parte da sociedade? Ou ela se extingue ou não" (*Curso avançado de direito comercial*, p. 158). Alexandre Ferreira de Assumpção Alves e Allan Nascimento Turano afirmam que "a expressão '*dissolução parcial*' é inadequada" e prosseguem asseverando que, ao longo de sua obra, adotarão "a expressão '*resolução da sociedade em relação ao sócio*' tecnicamente mais apropriada. Isso porque a desvinculação do sócio face à sociedade se opera por meio da resolução do contrato, que se distingue da dissolução. A resolução faz com que o contrato de sociedade se extinga para um dos sócios, subsistindo todos os seus efeitos aos demais em virtude de seu aspecto

parcela da doutrina. Na visão de seus críticos, o vocábulo *dissolução* tem um sentido próprio no direito societário, ligado ao fim da vida normal da sociedade, que, assim, é conduzida à liquidação, culminando em sua extinção[12]. A união dessas duas palavras (*dissolução* e *parcial*) traduz, para eles, uma autêntica contradição, uma logomaquia.

Diante desse histórico de reprovações, o Código Civil de 2002 furtou-se ao uso do termo *dissolução parcial*, adotando a locução *resolução da sociedade em relação a um sócio*.

Contudo, o termo *resolução* também não fica imune a críticas.

É ele reservado, por parte da doutrina civilista, às situações em que o contrato se extingue por força da inexecução voluntária (pressupondo a existência de inadimplemento, ilicitude, culpa, dano e nexo de causalidade a unir o fato ao prejuízo) ou involuntária (não ensejando a responsabilização por perdas e danos) ou, ainda, em decorrência de obstáculo ao cumprimento de obrigação que traduz dificuldade iníqua em se prestar o prometido (resolução por onerosidade excessiva), conforme articulado por Orlando Gomes[13]. Já a resilição se mostra como modo de extinção dos contratos pela vontade unilateral ou bilateral das partes. A natureza jurídica da resilição unilateral vem qualificada pelo próprio Orlando Gomes como um poder que, quando legalmente permitido, não sofre contestação, tratando-se de um direito potestativo[14].

De modo certeiro, Álvaro Villaça Azevedo assim distingue as figuras da rescisão, da resilição e da resolução, atribuindo a cada uma delas significação jurídica própria[15]:

---

plurilateral. Em consequência, é procedida a apuração de haveres do sócio ao qual o contrato se resolve. Ao seu turno, a dissolução implica na extinção da sociedade empresária enquanto pessoa jurídica após averbação do ato no registro competente, precedida da nomeação do liquidante que conduz a alienação do ativo e o pagamento do passivo para que o excedente possa ser partilhado" (*Resolução da sociedade limitada em relação a um sócio e a ação de dissolução parcial*. Curitiba: Juruá, 2016. p. 18). Páginas à frente, voltam ao tema e assim aduzem: "A expressão é imprópria, conforme explicitado introdutoriamente. O que se entende por 'dissolução parcial' nada mais é do que uma espécie do gênero resolução da sociedade em relação a um sócio, fruto de construção doutrinária-jurisprudencial. Isso porque o que ocorre de fato é a extinção de parte do vínculo societário, por meio da resolução do contrato de sociedade em face de um ou de alguns dos sócios. A personalidade jurídica subsiste em todas as etapas, ao contrário da dissolução propriamente dita que tem o condão de extingui-la ao término da liquidação, desde que arquivado o ato no registro competente" (*Resolução da sociedade limitada em relação a um sócio e a ação de dissolução parcial*, p. 41).

[12] Sérgio Campinho, *Curso de direito comercial: Direito de empresa*, item 7.11.1, p. 205.
[13] *Contratos*, p. 190-200.
[14] *Contratos*, p. 207.
[15] Álvaro Villaça Azevedo. Da vigência e extinção do contrato mercantil. In: COELHO, Fábio Ulhoa; LIMA, Tiago Asfor Rocha; NUNES, Marcelo Guedes (Coord.). *Reflexões sobre o projeto de Código Comercial*. São Paulo: Saraiva, 2013. p. 185.

Assim, o contrato extingue-se: (a) por *imperfeição a ele anterior*, que causa sua nulidade ou anulabilidade; (b) pela *execução*, com o cumprimento de todas as obrigações contratuais; (c) pela *inexecução culposa*, quando ocorre *rescisão unilateral ou bilateral*; (d) pela *inexecução não culposa voluntária*, no caso de *resilição unilateral e bilateral*; ou, finalmente, (e) pela *inexecução não culposa involuntária*, quando se trata de *resolução*.

Independentemente da classificação que se venha a preferir, o certo é que a resolução, ao lado da resilição e da rescisão, são causas supervenientes à formação dos contratos que levam à sua extinção.

Na resolução da sociedade em relação a um sócio, não se tem a extinção do contrato plurilateral de sociedade, mas o simples desfazimento do vínculo societário em relação a um de seus integrantes. Em outras palavras, a *resolução da sociedade em relação a um sócio*, regulada pelos artigos 1.028 a 1.032 do Código Civil, não enseja a extinção da pessoa jurídica, ou seja, também se dá de modo meramente *parcial*. Portanto, em princípio, a mesma crítica que era – e ainda é – feita à expressão *dissolução parcial* pode se estender à *resolução parcial*. À primeira, como já anotado, pelo fato de a locução *dissolução* relacionar-se com a concepção do fim da vida normal da sociedade levando-a à liquidação e culminando em sua extinção. E à segunda, pelo fato de o termo *resolução* querer traduzir uma forma, uma modalidade, uma espécie de extinção dos contratos, tampouco se compatibilizando, em sua essência, com esse viés parcial que lhe foi atribuído pelo legislador.

Ademais, a designação *resolução* não se harmoniza, dentro da teoria geral dos contratos, com todas as hipóteses de desligamento de sócio em decorrência da ruptura do vínculo societário. Nesse passo, o exercício do direito de retirada por parte de sócio de sociedade contratada por prazo indeterminado mediante simples pré-aviso com antecedência mínima de 60 dias[16] é típica hipótese de resilição unilateral. Já a exclusão mais se aproxima da figura da rescisão do que da própria resolução[17].

---

[16] Cf. a parte inicial do *caput* do artigo 1.029 do Código Civil.

[17] Anotamos que a exclusão mais se aproxima da figura da rescisão de modo proposital. Como destacaremos no item 5 deste Capítulo 4, em determinadas situações, a exclusão não tem como causa uma postura condenável protagonizada pelo sócio, não estando, pois, associada à sua culpa. O exemplo mais categórico vincula-se à hipótese de exclusão judicial do sócio que se torna incapaz ao longo da vida social (*caput* do artigo 1.030 do Código Civil).

Desse modo, ambas as expressões – *dissolução parcial* e *resolução da sociedade em relação a um sócio* –, que tomamos como sinônimas[18-19], sempre estarão desprovidas de um adequado rigor dogmático, em função da

---

[18] Sérgio Campinho, coautor deste trabalho, assim já registrou: "O Código Civil, incorporando conceito já assente na doutrina e consagrado pela jurisprudência, prevê e regula a figura da dissolução parcial da sociedade, nas hipóteses de retirada, exclusão ou morte do sócio. Essa disciplina, entretanto, é feita sob a nomenclatura 'da resolução da sociedade em relação a um sócio'. Desse modo, a sociedade será resolvida, na dicção legal, em relação a um ou mais sócios, verificando-se, então a liquidação da sua quota-parte no capital social. Preferiu o Código Civil fazer uso dessa nova expressão, em substituição à clássica dissolução parcial da sociedade. Quando aborda o tema dissolução, o faz sob a ótica da dissolução total da sociedade, como se deduz da Seção VI do Capítulo I do Subtítulo II do Título II do Livro II. Mas, em essência, a resolução da sociedade em relação a um sócio, repita-se, reflete a antiga e consolidada dissolução parcial da sociedade, que, afinal, quer traduzir as formas de ruptura do vínculo societário em relação ao sócio que se desliga da sociedade. Não nos parece heresia, conforme já anotamos em edições anteriores, a utilização de ambas as expressões, como sinônimas, o que adotamos como forma de proceder nesta obra. Registre-se que a expressão 'dissolução parcial' vem explicitamente utilizada no Código de Processo Civil de 2015" (*Curso de direito comercial: Direito de empresa*, item 6.11, p. 118-119). Nesse sentido, Arnoldo Wald observa: "O legislador brasileiro mais uma vez optou por acompanhar o direito italiano, dando nova expressão ao que comumente já se denominava de 'dissolução parcial', que, nada mais é do que a resolução da sociedade em relação a um sócio" (*Comentários ao novo Código Civil*, v. XIV, p. 203). José Waldecy Lucena comunga desse mesmo entendimento ao defender ser "de evidência hialina, de conseguinte, que dissolução parcial de sociedade, já que preservado o ente social, é locução que significa 'dissolução da relação social limitadamente a um sócio', qual nominou o Código Civil italiano à Seção V, do Capítulo II, do Título V, do Livro V, disciplinadora dos casos de morte, recesso e exclusão de sócio, e que veio a ser copiada pelo novo Código Civil brasileiro – Seção V – *Da resolução da sociedade em relação a um sócio* (art. 1.028 e seguintes)" (*Das sociedades limitadas*, p. 936-937).

[19] Priscila Corrêa da Fonseca, por sua vez, estabelece uma distinção entre dissolução parcial como gênero e como espécie. Eis as suas palavras: "A expressão *dissolução parcial*, como se explicou, pode ser empregada em toda e qualquer modalidade de extinção parcial do contrato de sociedade. Isso implica dizer que sempre que haja o afastamento – voluntário ou compulsório –, ou mesmo a morte do sócio, dar-se-á a ruptura do contrato social limitadamente ao que se desliga da sociedade, isto é, a dissolução parcial deste. Este é, por conseguinte, o real significado da locução. Pois bem, a dissolução parcial tal qual concebida pelos tribunais – entendida por esta o direito de retirada que se confere ao quotista que tem direito à dissolução total, com a apuração do valor de sua quota do mesmo modo como seria nesta liquidada – também configura modalidade de extinção parcial do vínculo societário e, por consequência, de dissolução parcial *lato sensu*. A crítica que se pode fazer à expressão não pode ser outra senão a de que a dissolução parcial, criação pretoriana, é espécie do gênero amplo dissolução parcial, compreensiva, portanto, de todas as circunstâncias em que se verifique a ruptura limitada do contrato social, inclusive aquela. Daí por que poderá a expressão dar margem à utilização equivocada: a simples referência à dissolução parcial, com efeito, não elucida se a respectiva utilização reporta-se ao gênero ou à espécie" (*Dissolução parcial, retirada e exclusão de sócio*. 5. ed. São Paulo: Atlas, 2012. p. 58).

peculiaridade do vínculo societário, que com elas não se conforma plenamente. Tanto uma como outra querem, em seu âmago, traduzir um resultado jurídico com dimensões e efeitos próprios: o desligamento do sócio em relação à sociedade por uma via que não seja a da transmissão de sua participação societária. Em outros termos, são designações que querem refletir formas de ruptura do vínculo societário em relação ao sócio que se desliga da sociedade, seguindo, entretanto, incólume em relação àqueles que nela permanecem[20].

Por isso, preferimos qualificar a hipótese como o *desligamento*, a *desvinculação*, o *desatamento não consensual* do sócio em relação à sociedade, condutor da liquidação de sua quota, claramente traduzindo a ideia de ruptura, de corte, de desfazimento, de exaurimento, de desenlace do vínculo societário em relação a esse específico sócio, embora sejam expressões despidas de herança conceitual dogmática em nossas estruturas societária e contratual.

Mas o certo é que as duas locuções (*dissolução parcial* e *resolução da sociedade em relação a um sócio*), à mingua de expressão jurídica mais depurada e isenta de máculas, acabaram sendo incorporadas no mercado societário para traduzir o fato jurídico caracterizador da ruptura do vínculo societário que dá causa à liquidação de quotas nas hipóteses de retirada, exclusão ou falecimento de sócio, sem que seus sucessores ingressem na sociedade.

No âmbito do Código de Processo Civil de 2015, o legislador optou por positivar a designação *dissolução parcial de sociedade* ao tratar, nos artigos 599 a 609, da ação de dissolução parcial de sociedade. Porém, ao fazê-lo, não se valeu de boa técnica, na medida em que albergou sob esse mesmo *nomen iuris* a ação autônoma de apuração de haveres[21-22].

3 – Vínculos separáveis

A sociedade limitada pluripessoal constitui-se por contrato de índole plurilateral, consoante abordado no item 3 do Capítulo 1, caracterizado pela indeterminação do número de partes e principalmente pelo fato de os interesses de seus celebrantes serem dirigidos e coordenados para a consecução de um fim comum: a obtenção e a partilha dos lucros resultantes da exploração da atividade econômica pela pessoa jurídica. O contrato gera direitos e obrigações entre os sócios e entre eles e a sociedade, esta um novo sujeito de direitos e obrigações que do pacto resulta.

---

[20] Sérgio Campinho, *Curso de direito comercial: Direito de empresa*, item 7.11.1, p. 205.

[21] Sérgio Campinho, *Curso de direito comercial: Direito de empresa*, item 7.11.1, p. 206.

[22] Sobre o tema, confira-se o disposto no item 2 do Capítulo 5.

A concepção do contrato de sociedade como um contrato plurilateral, torna mais simples a solução de certas questões em torno da dissolução da sociedade, consagrando-se a ideia de sua preservação nas hipóteses de falecimento, retirada ou exclusão de sócio. O desfazimento do vínculo contratual do sócio falecido, do que se afasta ou é afastado não compromete os demais vínculos que se estabelecem entre a pessoa jurídica e os sócios ou o sócio remanescente. O contrato de sociedade, portanto, não se resolve. Verifica-se tão somente a ruptura do vínculo social em relação ao sócio falecido, que se retirou ou foi excluído, podendo tal pacto prosseguir em seus efeitos se assim for do interesse dos sócios ou do sócio remanescente. Os vínculos são, assim, separáveis.

4 – Retirada ou recesso

O sócio de uma sociedade limitada pode optar por deixá-la mediante a cessão de suas quotas para um outro sócio ou para um terceiro. No silêncio do contrato social, a transferência para quem já ostente o *status socii* é livre e a cessão para terceiro, estranho ao corpo social, depende da concordância de titulares de ao menos ¾ (três quartos) do capital social (*caput* do artigo 1.057 do Código Civil[23]). A cessão de quotas é negócio jurídico bilateral, que depende, portanto, do encontro das vontades do cedente e do cessionário. Ela pode se dar de forma gratuita ou onerosa. Em ambos os casos, está-se diante de uma saída negociada, na qual há justamente a substituição da figura do cedente pela do cessionário. De todo modo, quando a transferência é onerosa, o pagamento do preço acordado é feito pelo cessionário ao cedente.

Pode-se, ainda, cogitar a possibilidade de o sócio que deseja deixar a sociedade chegar a um consenso com aqueles que pretendem nela prosseguir e com a própria pessoa jurídica em relação ao valor de seus haveres. Nesse caso, que também traduziria hipótese de saída negociada, sem que ocorresse, no entanto, cessão de quotas, o seu desligamento seria instrumentalizado mediante uma alteração do contrato social. Como a sociedade estaria se resolvendo

---

[23] O parágrafo único do artigo 1.057 faz expressa menção ao artigo 1.003, localizado no capítulo das sociedades simples. O parágrafo único desse último preceito, por sua vez, estabelece que "até dois anos depois de averbada a modificação do contrato, responde o cedente solidariamente com o cessionário, perante a sociedade e terceiros, pelas obrigações que tinha como sócio". No âmbito da sociedade limitada, isso significa que, ao longo do referido período, o cedente responderá solidariamente com o cessionário, perante terceiros, pela integralização do capital social, e perante a própria sociedade, pela integralização do valor de suas quotas, por serem esses os limites da responsabilidade dos sócios de uma sociedade limitada, nos moldes do artigo 1.052 (Sérgio Campinho, *Curso de direito comercial: Direito de empresa*, item 7.9.9, p. 171).

em relação a tal sócio, o capital social sofreria a correspondente redução, salvo se os demais optassem por suprir o valor da quota, nos termos do §1º do artigo 1.031.

Mas essas não são as únicas formas de que o sócio de uma sociedade limitada dispõe para deixá-la. A par das hipóteses de saída negociada, pode exercer o seu direito de retirada ou recesso, que traduz o desligamento não consensual do sócio em relação à sociedade, decorrente do desfazimento do vínculo societário em relação a esse específico sócio, conduzindo à liquidação de sua quota, tudo a partir de sua declaração unilateral de vontade de natureza receptícia.

Com a implementação do direito de retirada ou recesso, por um lado, o sócio liberta-se, como já destacado, do vínculo que o mantinha unido à sociedade e aos demais sócios e, por outro, nasce para a pessoa jurídica o dever de apurar e efetuar o pagamento do valor de seus haveres, que nada mais é do que o valor de sua participação societária.

A nosso ver, as expressões *direito de retirada* e *direito de recesso* são sinônimas[24-25]. Desse modo, ao longo de toda esta obra, ora faremos menção à retirada e ora faremos referência ao recesso, sempre querendo traduzir a despedida do sócio da sociedade por sua iniciativa. Há, porém, quem prefira estabelecer uma distinção entre elas, defendendo que a retirada consistiria no desligamento imotivado do sócio e o recesso, na saída motivada.

O direito de retirada traduz direito potestativo, essencial e irrenunciável.

Como direito potestativo, o recesso expressa-se pela formulação *poder-sujeição*, com o poder do titular do direito de um lado e a sujeição de alguém para com o exercício desse direito de outro[26]. Revela-se, pois, como um poder titularizado pelo sócio de influir na esfera jurídica da sociedade e nas dos demais sócios, sem que esses possam fazer algo que não seja sujeitarem-se a ele, suportando, assim, os efeitos advindos de seu exercício.

---

[24] Nesse sentido: Sérgio Campinho, *Curso de direito comercial: Direito de empresa*, item 6.11.2, p. 120; Fábio Ulhoa Coelho, *Curso de direito comercial: Direito de empresa*, v. 2, p. 299; Alfredo de Assis Gonçalves Neto, *Direito de empresa: Comentários aos artigos 966 a 1.195 do Código Civil*, p. 456-457; André Santa Cruz Ramos, *Direito empresarial*. 10. ed. Rio de Janeiro: Forense; São Paulo: Método, 2020. p. 498.

[25] Pode-se, ainda, designá-lo como direito de *direito de dissidência*, como registra Newton de Lucca em seu O direito de recesso no direito brasileiro e na legislação comparada *in Revista de Direito Mercantil Industrial, Econômico e Financeiro*, v. 114. São Paulo: Malheiros, abril-junho de 1999. p. 9.

[26] Caio Mário da Silva Pereira. *Instituições de direito civil*. 20. ed. Rio de Janeiro: Forense, 2004. v. I, p. 37.

Como direito essencial – também chamado de intangível, impostergável, fundamental, inderrogável ou imutável[27] – não pode ser modificado ou afastado pelo contrato social e tampouco pela assembleia ou reunião de sócios.

Sua renúncia também não é admitida sob qualquer forma, ou seja, não pode se dar por meio de manifestação unilateral de vontade do sócio; de cláusula contemplada no contrato social ou em acordo de quotistas; ou tampouco de deliberação social[28].

Deve o recesso ser exercido de modo integral, não podendo abranger tão somente uma parcela, uma fração das quotas titularizadas pelo sócio, como se tem por factível na cessão de quotas, em virtude de seu caráter negocial. Por meio do exercício desse direito, enfatize-se, o sócio se desliga da sociedade, libertando-se integralmente do vínculo que mantinha com ela e com seus demais sócios.

O exercício do direito de retirada, como visto, produz efeitos nas esferas jurídicas da sociedade e dos demais sócios. De todo modo, antes de tais efeitos definitivamente se consolidarem nas mencionadas esferas jurídicas, pode o notificante se retratar, por intermédio de simples declaração unilateral de vontade[29-30].

---

[27] Sérgio Campinho, *Curso de direito comercial: Sociedade anônima*, item 9.7, p. 214.

[28] Nesse sentido, flui o escólio de Gustavo Tepedino, Heloisa Helena Barboza, Maria Celina Bodin de Moraes *et al.*: "Não pode o contrato suprimir o direito de recesso, por se tratar de direito irrenunciável. Embora possam os sócios não exercê-lo, jamais poderão a ele renunciar. Reputam-se nulas, portanto, quaisquer estipulações contratuais neste sentido, seja através de cláusula inserida no contrato social ou em acordo de quotistas (que será tida como não escrita), seja em razão de deliberação dos sócios ou, ainda, de declaração unilateral do sócio" (*Código Civil interpretado conforme a Constituição da República*, v. III, p. 233). De modo distinto e particular, Modesto Carvalhosa assim sustenta: "Em princípio, o direito de retirada é irrenunciável. Não obstante, por se tratar de direito disponível, pode o acionista no contrato social renunciar seu exercício quando se tratar de determinadas matérias, como *v.g.*, nos casos de fusão ou de incorporação, ou ainda de transformação do tipo societário, tal como previsto no art. 221 da Lei Societária (Lei n. 6.404/76). Não pode, no entanto, haver renúncia universal desse direito inserida no contrato social. Tal cláusula seria aberrante por ensejar o abuso dos sócios majoritários que poderiam alterar livremente o contrato social em detrimento dos interesses dos sócios minoritários, sem que estes pudessem retirar-se" (*Comentários ao Código Civil*, v. 13, p. 252).

[29] Nesse sentido entenderam os integrantes da 24ª Câmara Cível do Tribunal de Justiça do Estado do Rio de Janeiro, por ocasião do julgamento de Embargos de Declaração no Agravo de Instrumento n. 0030326-40.2020.8.19.0000, que contou com parecer de Sérgio Campinho, coautor deste trabalho, cabendo aqui reproduzir o seguinte trecho da ementa do julgado: "Impossibilidade de se conferir à notificação de desejo de retirada da sociedade o caráter de manifestação irretorquível de vontade. A uma, porque se tratou de mera manifestação de intenção futura de iniciar tratativas para a retirada da sociedade, sem que tenha havido concretização dos atos

Uma análise precipitada do instituto poderia sugerir que o direito de retirada tem a simples função de proteger as minorias. Em verdade, é bem mais do que isso. Apresenta-se como um autêntico "instituto equilibrador das relações societárias"[31]. E isso porque simultaneamente permite que o sócio deixe a sociedade, recebendo o justo valor de sua participação societária, e ela siga existindo e explorando a sua atividade, integrada por aqueles que desejam continuar ostentando o *status socii*.

No direito contratual, de há muito impera o princípio segundo o qual ninguém pode ser obrigado a manter-se contratado por prazo de indeterminado. Sob a específica ótica do direito societário, tem-se por consagrado o princípio consoante o qual um sócio não pode ser compelido a, contra a sua vontade, seguir indefinidamente ostentando tal condição. Em outros termos, não pode o sócio ser tido como prisioneiro da sociedade e refém de seus demais sócios. Esse substrato principiológico orienta o legislador, por ocasião da elaboração dos dispositivos referentes à retirada e também o intérprete, no exercício exegético que o leva a extrair uma ou mais normas de tais dispositivos. Essas duas empreitadas são diretamente influenciadas pelo tipo societário, pela natureza jurídica da sociedade, que funciona como pano de fundo para a aplicação do instituto do direito de recesso e, ainda, pelo seu prazo de vigência.

Como já tivemos a oportunidade de registrar no item 2 do Capítulo 1 deste trabalho, a sociedade limitada é uma sociedade *contratual*, apresentando-se em seu âmago como uma sociedade *de pessoa*. Nesse passo, o natural, o razoável e quiçá o esperado é que o sócio que integre uma sociedade limitada constituída por prazo indeterminado possa deixá-la a qualquer momento, in-

---

pertinentes à alteração contratual e sua averbação no órgão competente. A duas, porque houve retratação da agravada em relação a tal pretenso propósito: esta manifestou não só a intenção de permanecer na sociedade, como de também retornar à sua administração" (Embargos de Declaração no Agravo de Instrumento n. 0030326-40.2020.8.19.0000, relatado pelo Desembargador Alcides da Fonseca Neto e julgado à unanimidade pelos integrantes da 24ª Câmara Cível do TJRJ em 01.10.2020). Em aprofundamento, cabe conferir o citado parecer: Sérgio Campinho. Direito societário. Sociedade limitada. A retirada do sócio fundada no artigo 1.029 do Código Civil: Modo de seu exercício, interpretação da vontade e retratação. In: *Estudos e pareceres*. Rio de Janeiro: Processo, 2021. p. 89-112.

[30] Anote-se, entretanto, que através da Instrução Normativa DREI n. 88, de 23.12.2022, incluiu-se no item 4.4.3, da Seção IV, do Capítulo II, do Manual de Registro de Sociedade Limitada, que funciona como Anexo IV, da Instrução Normativa DREI n. 81, de 10.06.2020, previsão no sentido de que "o exercício do direito de retirada é irrevogável e irretratável ao sócio retirante".

[31] A expressão foi cunhada por Rachel Sztajn em seu O direito de recesso nas sociedades comerciais. *Revista de Direito Mercantil Industrial, Econômico e Financeiro*. São Paulo: Revista dos Tribunais, v. 71, jul./set. de 1988. p. 54.

dependentemente da chancela dos demais e sem que sequer seja necessário declinar as razões de sua opção, recebendo o justo valor de sua participação (parte inicial do *caput* do artigo 1.029). Se, contudo, a sociedade for contratada por prazo determinado, também é natural, razoável e esperado que o aludido prazo seja por todos os sócios cumprido, apenas se justificando não fazê-lo em situações que repercutam diretamente nos termos do que foi originalmente avençado ou que, de fato, sejam tidas pelo legislador como especiais (*i.e.*, quando houver modificação do contrato social, incorporação de outra sociedade ou dela por outra ou fusão, nos termos do artigo 1.077), sempre no prazo de 30 dias contados a partir da correspondente assembleia ou reunião, e, ainda, se a qualquer tempo for provada judicialmente a justa causa (parte final do *caput* do artigo 1.029)[32].

A decretação da falência da sociedade suspende o exercício do direito de recesso ou de recebimento do respectivo valor do reembolso por parte do sócio da sociedade falida (artigo 116, inciso II, da Lei n. 11.101/2005), os quais, assim, não são oponíveis à massa falida[33]. Isso porque somente as sobras (artigo 153 da Lei n. 11.101/2005) serão partilhadas entre os sócios, segundo a proporção de seus quinhões. O sócio dissidente, portanto, concorrerá juntamente com os demais sócios à partilha do ativo remanescente na liquidação

---

[32] O disposto no artigo 1.029 também é aplicável às demais sociedades contratuais disciplinadas no Código Civil (sociedade simples, sociedade em nome coletivo e sociedade em comandita simples). No âmbito das sociedades por ações (gênero que compreende as sociedades anônimas e as sociedades em comandita por ações), impera a livre cessão ou circulação de ações e a via do direito de recesso só se abre aos acionistas em algumas situações específicas, expressamente contempladas na Lei n. 6.404/76, as quais estão revestidas do caráter *numerus clausus*. As hipóteses encontram-se nos seguintes artigos: (i) 136, inciso I c/c 137, *caput*; (ii) 136, inciso II c/c 137, *caput*; (iii) 136, inciso III c/c 137, *caput*; (iv) 136, inciso IV c/c 137, *caput*; (v) 136, inciso V c/c 137, *caput*; (vi) 136, inciso VI c/c 137, *caput*; (vii) 136, inciso IX c/c 137, *caput*; (viii) *caput* do artigo 221; (ix) §4º do artigo 223; (x) parágrafo único do artigo 236; (xi) §§1º e 2º do artigo 252; (xii) §2º do artigo 256; (xiii) §2º do artigo 110-A; e (xiv) inciso III, do §7º, do artigo 110-A, todos da Lei n. 6.404/76. Ademais, pode-se verificar a dissolução parcial da sociedade anônima fechada, marcada essencialmente pelo caráter *intuitu personae*, ante a impossibilidade do preenchimento de seu fim, em razão da desinteligência grave e irremediável entre seus acionistas, que conduz à irreversível ruptura da *affectio societatis* (artigo 206, inciso II, alínea *b*, da Lei n. 6.404/76 e §2º do artigo 599 do Código de Processo Civil de 2015). Sobre este último ponto, confiram-se: Sérgio Campinho. A dissolução da sociedade anônima por impossibilidade de preenchimento de seu fim. *Revista da Faculdade de Direito da Universidade do Estado do Rio de Janeiro – UERJ*. Rio de Janeiro: Renovar, n. 3, 1995. p. 85-90; e Mariana Pinto. Considerações sobre a saída do acionista de sociedade anônima fechada por sua iniciativa. *Revista Semestral de Direito Empresarial (RSDE)*. Rio de Janeiro: Renovar, n. 11, jul./dez. de 2012. p. 155-198.

[33] Sérgio Campinho, *Curso de direito comercial: Falência e recuperação de empresa*, item 212, p. 346.

falimentar, ou seja, ao acervo verificado após o pagamento integral dos credores concorrentes[34].

Com a reforma da Lei n. 11.101/2005, implementada pela Lei n. 14.112/2020, foi criada uma nova hipótese de recesso no §7º incluído no artigo 56, o qual preconiza que "o plano de recuperação judicial apresentado pelos credores poderá prever a capitalização dos créditos, inclusive com a consequente alteração do controle da sociedade devedora, permitido o exercício do direito de retirada pelo sócio do devedor". Trata-se, com efeito, de hipótese especialíssima de recesso, exercitável apenas a partir da concessão da recuperação judicial da sociedade e com a verificação da hipótese no preceito prevista.

Feitas essas considerações introdutórias sobre o instituto do direito de recesso, na sequência trataremos especificamente das regras inseridas nos artigos 1.077 e 1.029 do Código Civil.

4.1 – A regra contemplada no artigo 1.077 do Código Civil

O capítulo do Código Civil voltado para as sociedades limitadas traz, em sua Seção V, referente às deliberações dos sócios, o artigo 1.077, que conta com a seguinte redação: "quando houver modificação do contrato, fusão da sociedade, incorporação de outra, ou dela por outra, terá o sócio que dissentiu o direito de retirar-se da sociedade, nos trinta dias subsequentes à reunião, aplicando-se, no silêncio do contrato social antes vigente, o disposto no art. 1.031".

A nosso ver, a regra em comento revela hipótese especial de retirada que a lei erigiu para as sociedades limitadas, sendo certo que essa especialidade vincula-se aos fatos (i) de aplicar-se indistintamente a toda e qualquer sociedade limitada, independentemente de seu prazo de duração ser determinado ou indeterminado; e (ii) de se implementar na forma especificamente prevista no preceito, ou seja, nos 30 dias seguintes ao conclave[35] em que se deliberar a alteração do contrato social, a incorporação ou a fusão[36].

---

[34] Sérgio Campinho, *Curso de direito comercial: Falência e recuperação de empresa*, item 255, p. 390.

[35] De acordo com o disposto no artigo 1.072 do Código Civil, as deliberações dos sócios de uma sociedade limitada são tomadas em reunião ou assembleia, conforme previsto no contrato social, sendo certo que a assembleia será necessariamente o foro de deliberação se o número de sócios for superior a dez, ou seja, se a sociedade tiver 11 sócios ou mais. Muito embora o artigo 1.077 *sub examen* apenas se refira à reunião, silenciando em relação à assembleia, nele também enxergamos essa última figura. Trata-se de nítida situação em que o legislador disse menos do que deveria.

[36] Sérgio Campinho, *Curso de direito comercial: Direito de empresa*, item 7.10.11, p. 198.

Trata-se, como sustentamos no item 4 deste Capítulo 4, de direito potestativo, essencial e irrenunciável, que deve ser exercido de modo integral, abrangendo, assim, todas as quotas titularizadas pelo sócio que deseja deixar a sociedade.

4.1.1 – Noção de sócio dissidente

A hipótese de direito de recesso inserida no artigo 1.077 do Código Civil vincula-se ao sócio minoritário, na medida em que depende da existência de alteração contratual, a qual, como regra geral[37], subordina-se ao atingimento do quórum de mais da metade do capital social (artigo 1.076, inciso II, combinado com o artigo 1.071, inciso V, do mesmo diploma)[38].

Para os fins do referido artigo 1.077, o conceito de sócio dissidente deve abranger não só o que compareceu a assembleia ou reunião de sócios e votou contrariamente, mas também o que, presente no conclave, optou por se abster e, ainda, o que dele sequer participou. Em outros termos, enquadram-se na noção de sócio dissidente os que votaram contrariamente, os abstinentes e os ausentes. A doutrina, em sua franca maioria, tem caminhado nessa direção[39].

O preceito em comento não restringe o exercício do direito de retirada unicamente àqueles sócios que compareceram ao conclave e, naquele momen-

---

[37] Diz-se *como regra geral*, pois, no parágrafo único do artigo 1.004 do Código Civil, há uma situação em que a modificação do contrato social se sujeita a maioria menos qualificada.

[38] Considerando que as causas ensejadoras do exercício do direito de retirada do artigo 1.077 demandam quórum de mais da metade do capital social, não se pode sequer cogitar a possibilidade de um majoritário absenteísta exercê-lo.

[39] Nesse sentido: Modesto Carvalhosa, *Comentários ao Código Civil*, v. 13, p. 246-247; Manoel de Queiroz Pereira Calças, *Sociedade limitada no novo Código Civil*, p. 132; Alfredo de Assis Gonçalves Neto, *Direito de empresa: Comentários aos artigos 966 a 1.195 do Código Civil*, p. 463; José Edwaldo Tavares Borba, *Direito societário*, p. 149-150; e Gustavo Tepedino, Heloisa Helena Barboza, Maria Celina Bodin de Moraes et al., *Código Civil interpretado conforme a Constituição da República*, v. III, p. 233. Arnoldo Wald, por sua vez, salienta que, "tendo como pressuposto o objetivo do direito de recesso, isto é, proteção dos interesses dos minoritários, é preciso dar significado amplo à expressão 'sócios dissidentes', para abranger tanto os presentes na reunião quanto os ausentes que, ao saber do conteúdo da deliberação, não concordaram com tal decisão e desejam sair da sociedade" (*Comentários ao novo Código Civil*, v. XIV, p. 466). De modo nitidamente diverso, Eduardo Goulart Pimenta assim sustenta: "A regra do art. 1.077 do Código Civil é explícita ao exigir que o sócio postulante de sua retirada tenha expressamente manifestado seu voto em sentido contrário à deliberação por ele invocada para deixar a sociedade. Portanto, só os sócios dissidentes na assembleia ou reunião que aprovou a alteração do contrato social ou a participação em procedimentos de fusão ou incorporação podem pleitear, em virtude da aprovação desta medida, seu recesso ou retirada da sociedade" (*Direito societário*. Porto Alegre: Fi, 2017. p. 526).

to, manifestaram voto divergente. Isso não consta do texto legal. Ao referir-se simplesmente ao "sócio que dissentiu", sem fixar qualquer marco temporal para o advento de tal dissenso e sem aludir ao sócio que se fez presente no evento, o legislador culminou por estender o prefalado direito aos que se abstiveram e aos ausentes.

Ainda no que tange à noção de sócio dissidente, cabe fazer referência ao posicionamento defendido por Priscila Corrêa da Fonseca, no sentido de que o sócio que votou favoravelmente em relação a um determinado item da ordem do dia poderia mudar de opinião, passando a dissentir e estando apto, assim, a exercer o direito de recesso. Eis as suas palavras[40]:

> Há de se admitir que o sócio, após ter votado favoravelmente, possa alterar sua opinião e convencer-se da ilegalidade e *prejudicialidade* da deliberação. Não se há de permitir, nesse caso, que possa dela posteriormente divergir?
>
> Poder-se-ia também invocar os brocardos *nemo auditur propriam turpitudinem allegans* e *nemo contra pactum proprium venire potest,* para negar ao sócio que colaborou com seu voto para a formação da deliberação o direito de, ulteriormente, dela dissentir. Todavia, tais princípios não podem ser alegados em casos de voto viciado por erro, dolo, fraude, simulação ou coação. A hipótese de erro é muito frequente, especialmente diante de deliberações que envolvam assuntos complexos, que requeiram o exame de numerosos documentos (por exemplo: aprovação de balanço, contas de administradores etc.). Entretanto, ante os claros termos do Código Civil, que torna ilimitada a responsabilidade dos sócios que expressamente aprovaram as deliberações infringentes do contrato ou da lei, crê-se que não se possa negar ao sócio que contribuiu para a concretização de determinada deliberação e que, posteriormente, convença-se de sua ilegalidade, ou mesmo de sua inconveniência, o direito de dela dissentir e até o de impugnar[41].

---

[40] *Dissolução parcial, retirada e exclusão de sócio*, p. 17-18.

[41] Em nota de rodapé, Priscila Corrêa da Fonseca aduz que Navarrini e Faggella, "que concedem a legitimação a todo e qualquer sócio indistintamente, a atribuem expressamente ao sócio concordante" (*Dissolução parcial, retirada e exclusão de sócio*, p. 18). Manoel de Queiroz Pereira Calças diverge dessa linha de raciocínio registrando que, após analisar os "textos mencionados como suporte à assertiva de que o sócio que vota favoravelmente a determinada deliberação pode, posteriormente, convencido do erro, dolo, coação, fraude, ou qualquer outro vício, dissentir da mesma e valer-se do direito de retirada", não vislumbra "que os autores referidos perfilhem tal entendimento". Na sequência, assim prossegue: "Em rigor, Navarrini e Faggella não admitem o direito de recesso para o sócio que vota favoravelmente à deliberação e, ulteriormente, se retrata e, dissentindo, postula a retirada. Tratam os autores italianos da oposição dos sócios às deliberações ilegais da assembleia, destacando que se trata de ação judicial concedida a qualquer sócio, uma vez que objetiva tutelar o interesse social. Destacam que têm legitimidade para ajuizar a ação os sócios que já o eram quando foi tomada a deliberação, bem como aqueles que entraram posteriormente, os sócios presentes e ausentes, que tenham ou não cargos sociais,

A nosso ver, o sócio que esteve presente na assembleia ou reunião e proferiu seu voto favoravelmente a uma determinada matéria até pode, *a posteriori*, mudar de ideia. Mas essa revisão de posicionamento fica restrita à sua esfera pessoal, não sendo capaz de produzir efeitos jurídicos para que se possa considerá-lo dissidente. O voto manifestado foi válido e eficaz. Eventual arrependimento não é juridicamente apreciável e, assim, não pode colocá-lo em condições de exercer o direito de retirada.

O direito de recesso, com efeito, não tem o condão de combater ilegalidades ou abusos; não é um remédio conferido pelo legislador para o ataque dos vícios que podem atingir uma deliberação ou, ainda, um ou alguns dos votos proferidos[42]. O caminho a ser percorrido nessas situações é justamente o da propositura de ação de invalidação e não o do exercício do direito de retirada. Enfatize-se: se um ou mais votos estiverem viciados em razão de erro, dolo, fraude, simulação ou coação ou, ainda, caso se tome uma deliberação que implique violação do contrato social ou da própria lei, deve-se buscar a correspondente invalidação, não podendo o recesso servir como um *prêmio de consolação*. E esse curso do ajuizamento da ação de invalidação, sim, pode ser trilhado por todos os sócios: os presentes que votaram favoravelmente ou con-

---

'tanto pelos dissidentes como pelos concordantes, estes quando se tratar de nulidade. Enfim, sendo deliberação ilegal, tanto os que com ela concordaram, como os que dissentiram, têm o direito de ajuizar ação de impugnação da deliberação'. O entendimento de Navarrini e Faggella perfilha antiga lição de Cesare Vivante, que sustentava ser o direito de oposição à deliberação assemblear ilegal conferido a todos os sócios, inclusive aos que votaram favoravelmente a tal deliberação, já que, com seu voto, não assumiram nenhum vínculo contratual, sendo certo que, ao formularem oposição, atuam como órgão de defesa social" (*Sociedade limitada no novo Código Civil*, p. 132-133).

[42] Em sua obra dedicada à invalidade das deliberações de assembleia das sociedades anônimas, de modo verdadeiramente didático, ao referir-se ao artigo 286 da Lei n. 6.404/76, Erasmo Valladão Azevedo e Novaes França adverte que *vícios da própria assembleia*, *vícios das deliberações* e *vícios do voto* não se confundem. Oportuna se faz a reprodução das seguintes palavras: "Para logo se verifica que o legislador confundiu, na referida disposição legal, *três* espécies diversas de vícios, a saber: (a) *Vícios da própria assembleia* – que pode ter sido irregularmente *convocada* (ou, mesmo, não convocada) ou *instalada*, por força de violação da lei ou do estatuto, hipótese em que o vício, obviamente, atingirá *todas as deliberações* que nela forem tomadas; (b) *Vícios das deliberações* – nessa hipótese os vícios dizem respeito às próprias deliberações assembleares, que podem ter sido tomadas, todas ou algumas delas apenas, com *violação da lei ou do estatuto*; (c) *Vícios do voto* – nessa hipótese, um ou alguns dos votos que concorreram para a formação da deliberação (ou mesmo todos eles, em alguns casos) podem ter sido viciados em razão de erro, dolo, fraude ou simulação (ou, ainda, em virtude da incapacidade dos votantes ou de violação do disposto nos §§ 1ºˢ do art. 115 e do art. 134, ou no § 2º do art. 228)" (*Invalidade das deliberações de assembleia das S/A e outros escritos sobre o tema da invalidade das deliberações sociais*. 2. ed. São Paulo: Malheiros, 2017. p. 97-98).

trariamente ou que se abstiveram, os ausentes e até mesmo aqueles que adquiriram o *status socii* após o encerramento do conclave.

Ademais, o dispositivo em questão não abriga uma espécie de direito de arrependimento do sócio, tal como se verifica, por exemplo, no artigo 49 da Lei n. 8.078/90 e, ainda, no artigo 420 e no *caput* do artigo 463, ambos do Código Civil. O passo dado pelo sócio em assembleia ou reunião de sócios é, a princípio, definitivo, somente podendo ser revisto judicialmente, mediante a comprovação de que sua manifestação de vontade estava viciada.

Por fim, tem-se que o teor do artigo 1.080 do Código Civil também não pode servir como pilar de sustentação à mencionada linha de entendimento. O fato de as deliberações infringentes do contrato social ou da lei tornarem ilimitada a responsabilidade dos sócios que expressamente as aprovaram não pode ser utilizado como argumento de reforço para a alegação de que poderiam modificar sua opinião e, assim, exercer o direito de retirada. Esse não é o caminho para se combater infração à lei ou ao contrato social.

Por tudo isso, reiteramos que, a nosso ver, a noção de sócio dissidente que se extrai do artigo 1.077 contempla (i) os que compareceram ao conclave e votaram contrariamente; (ii) os que, estando presentes, optaram por se abster; e (iii) os ausentes.

4.1.2 – Causas ensejadoras

Na dicção do artigo 1.077 do Código Civil, são causas ensejadoras dessa modalidade especial de recesso "modificação do contrato, fusão da sociedade, incorporação de outra, ou dela por outra".

Diante disso, discute-se, em doutrina, se toda e qualquer alteração contratual funcionaria como *gatilho* dessa espécie de retirada ou se somente aquelas mais graves e substanciais, aptas a diminuir direitos e interesses de sócio, se prestariam a tal fim. Por um conjunto de motivos, comungamos com a primeira linha de entendimento[43].

---

[43] Marlon Tomazette partilha desse posicionamento ao professar que tal direito não se limita "à divergência em relação às alterações mais importantes do contrato social" (*Curso de direito empresarial: Teoria geral e direito societário*, v. 1, p. 379). Nesse mesmo sentido, Priscila Corrêa da Fonseca assim sustenta: "o denominado *direito de retirada* representa, na verdade, muito mais do que um direito, um poder do sócio de afastar-se da sociedade sempre que discordar de qualquer modificação do contrato social". Mais adiante, aduz que "não reclama, por parte do sócio, justificação alguma, nem tampouco sequer a comprovação de que, da alteração do contrato social, lhe tenham advindo prejuízos de qualquer natureza" (*Dissolução parcial, retirada e exclusão de sócio*, p. 11). Vera Helena de Mello Franco, por sua vez, assevera que a regra sob análise, "ao mencionar 'alteração do contrato social' autoriza inferir possa ter lugar perante qualquer alteração contratual e não somente nas hipóteses de fusão e incorporação" (Resolução

O trecho inicial do dispositivo – "quando houver modificação do contrato [...]" – não traz qualquer restrição ao manejo do direito de recesso e, como curial em matéria de exegese, onde o legislador não restringiu, não é dado ao intérprete fazê-lo[44].

---

do vínculo societário em relação ao sócio: Reescrevendo antigos temas perante o CC 2002. In: GORGA, Érica; PELA, Juliana Krueger (Coord.). *Estudos avançados de direito empresarial: Contratos, direito societário e bancário*. Rio de Janeiro: Elsevier, 2013. p. 98). Arnoldo Wald reconhece a amplitude conferida pelo preceito e a critica, valendo-se das seguintes palavras: "Assim, o Código Civil manteve o amplo campo para o direito de retirada nas alterações do contrato social de forma genérica, mesmo que esta alteração seja irrelevante. Seria, pois, necessário, para ensejar a retirada, que houvesse uma modificação importante e voluntária do contrato, não bastando que o mesmo seja alterado em aspectos secundários em decorrência de nova legislação ou de mutação do contexto econômico. Mais adequado pode parecer o texto do artigo 137 da Lei n. 6.404/76, que enuncia as situações que dão ensejo ao direito de retirada" (*Comentários ao novo Código Civil*, v. XIV, p. 464). Em semelhante tom, José Waldecy Lucena assim anota: "O Decreto n. 3.708 adotou postura condenável, permitindo o recesso amplamente, com autorizar que qualquer alteração contratual – da simples à complexa, da leve à grave, da liliputiana à gigantesca – legitimasse o exercício do direito de retirada, o que o CC/2002, como dito, referendou. Mas, *legem habemus*, lei que há de ser cumprida [...]" (*Das sociedades limitadas*, p. 698). Há, ainda, quem considere que apenas determinadas alterações contratuais possam funcionar como *gatilho* para o exercício do direito de recesso. Nesse sentido, Modesto Carvalhosa assim argumenta: "Não obstante, além dos tipos negociais que nomeia, a norma ora em estudo também admite o exercício do direito de recesso quando houver modificação do contrato social. Nessa ampla hipótese de alteração do contrato social, impõe-se o princípio da *justa causa*, consubstanciado na existência de alterações que diminuam os direitos patrimoniais ou sociais do sócio retirante, como será, *v.g.*, o aumento ou a diminuição do capital social (arts. 1.081 e s.). Não pode, portanto, prevalecer o direito de retirada sob pretexto de qualquer modificação do contrato social, quando for irrelevante". O referido comercialista prossegue defendendo que "os negócios de fusão e de incorporação ensejam *objetivamente* o exercício do direito de retirada, [...] mesmo que se possa evidenciar que a fusão ou a incorporação irão trazer benefícios patrimoniais ao sócio". Já as demais alterações contratuais "demandam a verificação da diminuição ou não de direitos do sócio retirante". E conclui salientando que melhor teria sido que o artigo 1.077, à semelhança da Lei n. 6.404/76, "tivesse exaustivamente enumerado os negócios jurídicos que ensejariam o exercício do direito de recesso" (*Comentários ao Código Civil*, v. 13, p. 245-246). Mais à frente, ainda no bojo da análise do artigo 1.077, volta ao tema em tópico denominado "o recesso somente cabe quando há interesse ou direito atingido" (Modesto Carvalhosa. *Comentários ao Código Civil*, v. 13, p. 253). Manoel de Queiroz Pereira Calças, por seu turno, assim destaca: "Podemos afirmar que o direito de recesso fundamenta-se na justa causa, tal qual previsto para a exclusão de sócio, pelo que, apenas se a alteração contratual causar prejuízo ao direito de sócio, este poderá valer-se do direito de retirada (*Sociedade limitada no novo Código Civil*, p. 131). Por fim, Jorge Lobo propõe a seguinte linha de raciocínio: "Para minimizar o risco de equivocada generalização da expressão empregada no art. 1.077, do Código Civil, é aconselhável aplicar-se, por analogia, os arts. 136 e 137, da LSA, e ter em conta que a modificação, a que se refere o art. 1.077, é aquela que importa em alteração grave e substancial do contrato social ou em alteração de elementos essenciais da sociedade" (*Sociedades limitadas*, v. 1, p. 229).

[44] O artigo 15 do antigo Decreto n. 3.708/1919 já adotava essa orientação, seguida voluntariamente pelo Código Civil de 2002.

Ademais, no universo das sociedades anônimas, típicas sociedades de capital, o direito de retirada recebeu tratamento claramente distinto. Sob o império da livre circulação de ações, a via do recesso somente se abre aos acionistas em situações específicas, expressamente previstas em caráter *numerus clausus* na Lei n. 6.404/76[45]. E aqui cabe invocar outra relevante máxima de hermenêutica: *"ubi lex voluit dixit, ubi noluit tacuit"*, ou seja, "quando a lei quis, determinou; sobre o que não quis, guardou silêncio"[46].

Não nos parece acertado, portanto, invocar a aplicação analógica dos artigos 136 e 137 da Lei n. 6.404/76, para que se possa construir que a alteração contratual precisa ser grave e substancial, porquanto a analogia pressupõe a existência de uma lacuna, de um vazio, de um vácuo legislativo, ou seja, a ausência de regra para regular a espécie, o que, *in casu*, não se verifica[47].

Tampouco conseguimos associar a regra em questão à justa causa exigida pelo legislador para a verificação da exclusão de sócio.

A hipótese é, pois, de aferição objetiva, não concedendo a lei espaço para qualquer especulação acerca do grau de gravidade e relevância da alteração contratual pretendida. Qualquer modificação do contrato social, repita-se, funciona como *gatilho* da modalidade de retirada constante do preceito em tela. Essa foi a consciente escolha feita pelo legislador. Por ocasião do exercício exegético com o fim de extrair a norma resultante do dispositivo, não cabe ao intérprete deixar-se guiar por uma avaliação acerca do acerto ou do desacerto da opção feita pelo legislador. Àqueles que, como nós, acreditam não ter sido essa a mais adequada escolha, cabe criticá-la, na esteira doutrinária, na medida em que a doutrina é fonte intelectiva do direito[48], auxiliando não só na interpretação, como também no aprimoramento do ordenamento jurídico.

---

[45] Tais situações encontram-se nos seguintes artigos da Lei n. 6.404/76: (i) 136, inciso I c/c 137, *caput*; (ii) 136, inciso II c/c 137, *caput*; (iii) 136, inciso III c/c 137, *caput*; (iv) 136, inciso IV c/c 137, *caput*; (v) 136, inciso V c/c 137, *caput*; (vi) 136, inciso VI c/c 137, *caput*; (vii) 136, inciso IX c/c 137, *caput*; (viii) *caput* do artigo 221; (ix) §4º do artigo 223; (x) parágrafo único do artigo 236; (xi) §§1º e 2º do artigo 252; (xii) §2º do artigo 256; (xiii) §2º do artigo 110-A; e (xiv) inciso III, do §7º, do artigo 110-A, todos da Lei n. 6.404/76. Como referido no item 4 deste Capítulo 4, a Lei n. 14.112/2020, reformadora da Lei n. 11.101/2005, criou uma hipótese especialíssima de recesso no âmbito da recuperação judicial, ao introduzir um §7º ao artigo 56, que assim dispõe: "o plano de recuperação judicial apresentado pelos credores poderá prever a capitalização dos créditos, inclusive com a consequente alteração do controle da sociedade devedora, permitido o exercício do direito de retirada pelo sócio do devedor".

[46] Carlos Maximiliano, *Hermenêutica e aplicação do direito*, p. 198.

[47] Consoante a precisa lição de Carlos Maximiliano, "a analogia ocupa-se com uma lacuna do Direito Positivo, com hipótese não prevista em dispositivo *nenhum*, e resolve esta por meio de soluções estabelecidas para casos afins" (*Hermenêutica e aplicação do direito*, p. 175).

[48] Sérgio Campinho, *Curso de direito comercial: Direito de empresa*, item 1.4.2.3, p. 23.

Apenas ressalvamos que as modificações contratuais decorrentes de exigências normativas supervenientes não ocasionam o recesso, o qual se vincula, assim, a alterações necessariamente voluntárias.

Por fim, cumpre apenas registrar e endossar a crítica recorrentemente feita em doutrina em relação à redundância incorrida pelo legislador ao também elencar, no preceito em comento, as operações societárias de fusão e incorporação como *gatilhos* da retirada, na medida em que não há possibilidade de implementá-las sem alteração contratual[49-50].

4.1.3 – Termo *a quo* para a fluência do prazo de 30 dias

O artigo 1.077 sob análise estabelece expressamente que o sócio dissidente terá "o direito de retirar-se da sociedade, nos 30 dias subsequentes à reunião".

Não temos dúvida em relação ao fato de tratar-se de prazo decadencial, cuja fluência sempre se dá a partir da data da assembleia ou da reunião de sócios[51]. Contudo, esse ponto também é objeto de significativa controvérsia em doutrina, colhendo-se os mais distintos entendimentos, como restará demonstrado adiante.

Arnoldo Wald atesta que o prazo de 30 dias é decadencial e que o seu termo *a quo* é a "data da decisão"[52].

---

[49] Nesse sentido: Alfredo de Assis Gonçalves Neto, *Direito de empresa: Comentários aos artigos 966 a 1.195 do Código Civil*, p. 458; Jorge Lobo, *Sociedades limitadas*, v. 1, p. 231; Marcelo Bertoldi e Marcia Carla Pereira Ribeiro, *Curso avançado de direito comercial*, p. 159; Priscila Corrêa da Fonseca, *Dissolução parcial, retirada e exclusão de sócio*, p. 14.

[50] O artigo 1.077 também é alvo de críticas pelo fato de o legislador ter silenciado em relação à cisão. Nesse sentido, Priscila Corrêa da Fonseca assim sustenta: "A má redação do legislador já começa, assim, a ensejar opiniões equivocadas. A cisão, tal como a fusão e a incorporação, revela-se fruto de deliberação social, implicando, pois, alteração contratual, e a discordância relativamente a esta, por seu turno, enseja o direito de retirada" (*Dissolução parcial, retirada e exclusão de sócio*, p. 15). Por outro lado, há também quem se insurja justamente contra quem condene a mencionada omissão. Assim o faz Arnoldo Wald: "Critica-se, descabidamente, a omissão com relação à remissão expressa da hipótese de *cisão* da sociedade. Entretanto, quando for realizada operação de cisão na sociedade, nascerá, necessariamente, o direito de retirada para o dissidente, na medida em que haverá alteração do contrato social para a sua adequação à nova estrutura do capital ou, ainda, mudança do objeto social" (*Comentários ao novo Código Civil*, v. XIV, p. 465-466).

[51] Nesse sentido, Sérgio Campinho, coautor deste trabalho, já sustentava em seu livro dedicado ao Direito de Empresa (*Curso de direito comercial: Direito de empresa*, item 7.10.11, p. 197).

[52] Faz-se oportuna a transcrição das palavras do citado autor: "Trata-se de prazo decadencial e, se não houver a sua manifestação tempestiva, decai o sócio do direito de se manifestar pela sua retirada. O legislador preferiu presumir que o sócio, independente de notificação ou aviso, tem conhecimento da alteração ou, ao menos, da possibilidade de ter havido modificação do contra-

Manoel de Queiroz Pereira Calças, por sua vez, registra que o referido prazo é decadencial[53] e "contado da reunião ou assembleia"[54].

Assim também o faz Alfredo de Assis Gonçalves Neto, para quem, "não exercido nos 30 dias seguintes à data da reunião, o direito de retirada extingue-se". Em complementação, aduz tratar-se "de *prazo decadencial*, insuscetível de suspensão ou de interrupção, que fulmina o próprio direito"[55].

José Waldecy Lucena observa que "o termo *a quo* conta-se, nas limitadas, da data em que efetivada a assembleia ou reunião de sócios, na qual foi tomada a deliberação ensejadora do recesso"[56]. Em seguida, anota que o aludido prazo "é de decadência, vale dizer, é contínuo, não se interrompe, não se suspende, nem é prorrogável"[57].

De modo objetivo, Vera Helena de Mello Franco afirma que no artigo em comento se estabelece "o prazo de 30 dias, a contar da deliberação dissentida, para seu exercício, prazo este que é de decadência"[58].

Gustavo Tepedino, Heloisa Helena Barboza, Maria Celina Bodin de Moraes *et al.*, por seu turno, também reconhecem que "o prazo apresenta natureza decadencial, tratando-se de direito potestativo, não se interrompendo ou suspendendo por qualquer motivo"[59]. Entretanto, argumentam que "a retirada deve verificar-se nos trinta dias seguintes ao dia em que o sócio tenha tomado ciência da deliberação que a motivou"[60] e complementam sua linha de raciocínio valendo-se das seguintes palavras[61]:

---

to ou da deliberação referente à reestruturação societária, à medida em que foi convocado para comparecer à reunião de sócios. Entretanto, em vista deste prazo de decadência e conforme a exigência da atuação em consonância com o princípio da boa-fé, é conveniente que o administrador ou o sócio majoritário, notifique, de imediato, os sócios ausentes para que tenham conhecimento da deliberação e que, caso queiram, exerçam o direito de retirada. Em qualquer caso, o termo inicial é o determinado na lei, qual seja, a data da decisão e não do dia em que o sócio tomou conhecimento da decisão da qual dissentiu" (*Comentários ao novo Código Civil*, v. XIV, p. 466-467).

[53] *Sociedade limitada no novo Código Civil*, p. 184.
[54] *Sociedade limitada no novo Código Civil*, p. 129.
[55] *Direito de empresa: Comentários aos artigos 966 a 1.195 do Código Civil*, p. 463.
[56] *Das sociedades limitadas*, p. 700.
[57] *Das sociedades limitadas*, p. 701.
[58] *Resolução do vínculo societário em relação ao sócio: Reescrevendo antigos temas perante o CC 2002*, p. 99.
[59] *Código Civil interpretado conforme a Constituição da República*, v. III, p. 234.
[60] *Código Civil interpretado conforme a Constituição da República*, v. III, p. 233.
[61] *Código Civil interpretado conforme a Constituição da República*, v. III, p. 234.

Se comparece o sócio à assembleia, a ciência da deliberação coincidirá com a data de sua realização, iniciando-se o prazo no dia subsequente, mesmo não se tratando de dia útil. Caso, entretanto, o sócio não tenha comparecido à assembleia, o prazo legal somente se iniciará quando tomar conhecimento do teor das deliberações, o que ocorrerá com o arquivamento da ata no registro próprio.

Semelhante trilha é cursada por Alexandre Ferreira de Assumpção Alves e Allan Nascimento Turano, para os quais, porém, na hipótese de comparecimento do sócio ao conclave, o prazo em questão flui do primeiro dia útil subsequente à sua realização[62].

Jorge Lobo também estabelece essa distinção, em função de o dissidente ter, ou não, participado do conclave. Todavia, culmina por detalhar quais, em sua visão, seriam os possíveis termos *a quo* para a contagem do prazo em relação aos ausentes. E o faz nos seguintes termos[63]:

> O direito de retirada deve ser exercido nos trinta dias subsequentes à reunião ou à assembleia que houver decidido a alteração do contrato social ou a fusão ou a incorporação, caso o sócio tenha estado presente e votado contra ou tenha se abstido de votar; se não tiver comparecido, o prazo será contado a partir da data da ciência inequívoca do sócio, caso a sociedade lhe tenha enviado cópia autenticada da alteração contratual ou do instrumento de fusão ou incorporação, ou da data do registro, no RPEMAA ou RCPJ, do instrumento de alteração contratual, mesmo que a sociedade tenha publicado, no DO e em jornal de grande circulação, a alteração do contrato social ou anúncio comunicando a alteração contratual, a fusão ou a incorporação.

Por fim, de modo isolado, Modesto Carvalhosa defende que o mencionado prazo é prescricional[64] e que sua fluência se dá (i) a partir da deliberação, nas hipóteses de fusão e incorporação; e (ii) a partir do arquivamento no registro competente, no caso de alteração contratual[65].

---

[62] Cabe reproduzir as palavras dos prefalados autores: "Aqueles que se abstêm ou expressamente dissentem da alteração do contrato social devem requerer o recesso no prazo de 30 dias contados do dia útil subsequente ao da realização da assembleia, enquanto aqueles que se ausentaram devem exercer o direito no mesmo prazo, contado da data de conhecimento do teor da deliberação, que na ausência de comunicação formal por parte da sociedade se dá com o arquivamento da ata no registro competente" (*Resolução da sociedade limitada em relação a um sócio e a ação de dissolução parcial*, p. 61).

[63] *Sociedades limitadas*, v. 1, p. 233.

[64] *Comentários ao Código Civil*, v. 13, p. 245 e 254.

[65] Eis a articulação do indigitado autor: "O direito de recesso poderá ser exercido a partir *da deliberação* dos sócios majoritários em reunião ou em assembleia em se tratando de matéria de

Como salientamos logo no princípio deste item, não temos dúvida em relação ao fato de que o prazo em comento possui natureza decadencial. O artigo 1.077 contempla um direito que, no dizer de Caio Mário da Silva Pereira, traz, "em si, o germe da própria destruição"[66]. Essa modalidade especial de recesso precisa ser necessariamente exercida dentro desse prazo de 30 dias, sob pena de perecer, de caducar. Isso porque "a decadência opera de maneira fatal, atingindo irremediavelmente o direito, se não for oportunamente exercido"[67]. Já a prescrição vincula-se à extinção da pretensão em função do decurso do tempo[68].

Ademais, a diferenciação entre os dois institutos também é feita com base nas situações jurídicas de que se originam, de modo que a prescrição advém de um direito subjetivo, pois "só o direito subjetivo é dotado da *pretensão*, consistente na exigibilidade do dever jurídico a ele correspondente", ao passo que "a decadência decorre de direitos potestativos", sendo certo que o ordenamento jurídico procura delimitar, em algumas hipóteses de direito potestativo, um prazo para o seu exercício, o que se dá justamente por meio dos prazos decadenciais[69].

---

fusão ou de incorporação. Assim, o *fato gerador* será a *deliberação* sobre essas matérias, mesmo porque seria impossível invocar o direito uma vez consumada essa mesma fusão ou incorporação. Isto porque, nesses casos, haverá a constituição de uma nova sociedade ou a incorporação de uma pela outra, ou então a absorção do patrimônio de uma outra pela própria sociedade. Na hipótese de fusão, haverá uma outra pessoa jurídica. No caso de incorporação da sociedade por outra ou de outra pela sociedade haverá no primeiro caso o desaparecimento da sociedade e, no outro, alteração substancial do patrimônio social, donde a impraticabilidade de levantamento do balanço especial. Já quando se tratar de alteração do contrato social, é o *arquivamento* deste o fato gerador do direito. Não basta, portanto, a deliberação dos sócios tendente a essa mesma alteração. Há que ocorrer, com efeito, a materialidade da modificação do direito do sócio, o que ainda não ocorre com a mera deliberação que a respeito tomarem" (*Comentários ao Código Civil*, v. 13, p. 252-253).

[66] *Instituições de direito civil*, v. I, p. 690.

[67] Caio Mário da Silva Pereira, *Instituições de direito civil*, v. I, p. 690.

[68] Ao cuidar da distinção entre a decadência e a prescrição, Caio Mário da Silva Pereira assim assevera: "Decadência é o perecimento do direito potestativo, em razão do seu não exercício em um prazo predeterminado. Com a prescrição tem estes pontos de contato: é um efeito do tempo, aliado à falta de atuação do titular. Mas diferem em que a decadência é a perda do direito potestativo pela falta de exercício em tempo prefixado, enquanto a prescrição extingue a pretensão [a] um direito subjetivo que não tinha prazo para ser exercido, mas que veio a encontrar mais tarde um obstáculo com a criação de uma situação contrária, oriunda da inatividade do sujeito" (*Instituições de direito civil*, v. I, p. 689).

[69] Gustavo Tepedino, Heloisa Helena Barboza, Maria Celina Bodin de Moraes *et al. Código Civil interpretado conforme a Constituição da República*. 2. ed. Rio de Janeiro: Renovar, 2007. v. I, p. 358-359.

Quanto ao marco temporal atrelado à fluência do prazo decadencial de 30 dias, a despeito das respeitáveis posições em sentido diverso, estamos convictos de ser ele a data da assembleia ou da reunião de sócios em que foi deliberada a alteração do contrato social, incluindo aquelas destinadas à implementação de fusão ou incorporação. O texto legal é claríssimo ao prever que o sócio poderá exercer o direito "nos trinta dias subsequentes à reunião". O legislador poderia ter fixado outro marco temporal para a fluência do prazo em questão; poderia, ainda, ter previsto termos *a quo* distintos, a depender do fato de o sócio ter, ou não, comparecido ao conclave. No entanto, não o fez. Limitou-se a dizer que os 30 dias são "subsequentes à reunião".

Os sócios são convocados a participarem da assembleia ou da reunião (*caput* e §2º do artigo 1.072 e artigo 1.073, ambos do Código Civil), sendo certo que o edital de convocação deve indicar a ordem do dia. Diante disso, considera-se que, ao tomar conhecimento da convocação, o sócio tenha condições de avaliar minimamente o quão relevante será o conclave e, consequentemente, a conveniência e a oportunidade de a ele comparecer, até mesmo porque, como preconiza o §5º do artigo 1.072, as deliberações tomadas em conformidade com a lei e com o contrato social vinculam todos os sócios, aí incluídos os ausentes e os dissidentes. E esse ponto também vem em abono à consciente escolha feita pelo legislador.

Cabe registrar que, no âmbito das sociedades anônimas, o direito de recesso é, em regra, exercido no prazo de 30 dias contado da data da publicação da ata da assembleia geral (inciso IV do *caput* do artigo 137 da Lei n. 6.404/76)[70]. Considerando que, para as limitadas, a publicação de atas apenas ocorre em algumas situações excepcionais[71], não faria sentido algum fazer o prazo em comento fluir desse específico marco temporal.

De mais a mais, também nos parece claro que o legislador decidiu dar um tratamento uniforme ao termo inicial da fluência do prazo decadencial de 30 dias. Não conseguimos vislumbrar no preceito qualquer brecha a dar margem à construção de que, para os presentes que votaram contrariamente ou se abstiveram, o prazo fluiria a partir da data do conclave (como determina a lei) e, para os ausentes, da data da ciência da deliberação, que se daria com o arquivamento da correspondente ata no registro competente ou, ainda, com o envio ao sócio de cópia do ato societário. O texto legal não dá

---

[70] Diz-se *em regra*, pois o §4º do artigo 223 e o parágrafo único do artigo 236 da Lei n. 6.404/76 possuem prazos distintos.

[71] É o que se tem, por exemplo, em relação à ata da assembleia ou da reunião de sócios que cuida da aprovação da redução do capital social por ser o mesmo excessivo em relação ao objeto da sociedade, nos moldes do *caput* e do §1º do artigo 1.084 do Código Civil.

margem a essa construção. Mais difícil ainda nos parece a tarefa de enxergar, no preceito em questão, um termo *a quo* vinculado à aprovação das operações societárias de fusão ou incorporação e outro atrelado à aprovação de alteração do contrato social.

Cumpre, ainda, observar que, a nosso ver, não se pode impor ao administrador ou ao sócio controlador o ônus de notificar os ausentes sempre que se estiver diante da aprovação de alteração contratual – por mais sutil que seja – ou de uma operação de fusão ou de incorporação. Ao ser convocado para a assembleia ou reunião, repita-se, o sócio passa a ter informações mínimas acerca das matérias que nela serão postas à deliberação, o que, inclusive, orienta a sua decisão de dela participar, pessoalmente ou até mesmo por intermédio de um procurador[72]. A decisão do sócio por não comparecer ao conclave e sequer se fazer representar por um procurador não pode se voltar contra o administrador ou contra o controlador.

Por fim, e antes de avançarmos rumo ao próximo item, convém anotar que, caso a sociedade limitada adote como regência supletiva os preceitos constantes da Lei n. 6.404/76, o disposto no §3º de seu artigo 137 poderá ser aplicado[73]. Assim, nos dez dias subsequentes ao término do prazo para o exercício do direito de recesso, poderão os administradores convocar nova assem-

---

[72] Confira-se o disposto no §1º do artigo 1.074 do Código Civil.

[73] Nesse sentido, já defendia Sérgio Campinho em seu *Curso de direito comercial: Direito de empresa*, item 7.10.11, p. 197. Vera Helena de Mello Franco vai além e sustenta ser "de admitir-se, perante a pobreza franciscana do Código Civil, possa se lançar mão do estabelecido na norma do art. 137, §3º da lei acionária, de modo a facultar possa esta deliberação ser ratificada ou desconsiderada pela reunião ou assembleia dos sócios, especialmente convocada para tal fim", sem estabelecer como condição a adoção da regência supletiva pelos preceitos da Lei n. 6.404/76 (*Resolução do vínculo societário em relação ao sócio: Reescrevendo antigos temas perante o CC 2002*, p. 99). Nesse mesmo passo, Alfredo de Assis Gonçalves Neto consigna pensar "que essa disposição tem inteira aplicação à sociedade limitada" e aduz ter sido "esse o entendimento que sufragou a Comissão de Direito de Empresa na IV Jornada de Direito Civil, promovida pelo Conselho da Justiça Federal, condensado no seguinte enunciado: 'Nas hipóteses do art. 1.077 do Código Civil, cabe aos sócios delimitar seus contornos, para compatibilizá-los com os princípios da preservação e da função social da empresa, aplicando-se supletiva (art. 1.053, parágrafo único) ou analogicamente (art. 4º da LINDB), o art. 137, §3º, da Lei das Sociedades por Ações, para permitir a reconsideração da deliberação que autorizou a retirada do sócio dissidente'" (*Direito de empresa: Comentários aos artigos 966 a 1.195 do Código Civil*, p. 462). No extremo oposto, posiciona-se Jorge Lobo, para quem: "o exercício do direito de recesso produz efeitos a partir da notificação do sócio à sociedade, dela, então, desligando-se o sócio, sendo inaplicável à hipótese o art. 137, §3º, da LSA, por força do art. 1.031, §2º, do Código Civil, ainda que prevista no contrato social a reunião ou assembleia geral de ratificação, porque seria cercear o direito essencial de recesso do sócio dissidente" (*Sociedades limitadas*, v. 1, p. 239). Reiteramos, aqui, o entendimento de que o disposto no §3º do artigo 137 da Lei n. 6.404/76 apenas se aplica às sociedades limitadas regidas supletivamente pelos dispositivos do referido diploma legal.

bleia ou reunião de sócios para ratificar ou reconsiderar a deliberação, caso considerem que o montante a ser adimplido aos dissidentes que exerceram tal direito colocará em risco a estabilidade financeira da sociedade.

A nosso ver, *in casu*, a analogia não pode ser utilizada para possibilitar a aplicação do indigitado §3º à sociedade limitada disciplinada supletivamente pelas regras da sociedade simples, notadamente porque, assim, estar-se-ia restringindo o exercício do direito de retirada e, nos moldes da lição de Carlos Maximiliano, "em se tratando de dispositivos que limitam a *liberdade*, ou *restringem quaisquer outros direitos*, não se admite o uso da analogia"[74].

4.1.4 – Modo de exercício e momento da produção de efeitos

Não há, na lei, qualquer consideração em relação à forma de implementação do direito de recesso contemplado no artigo 1.077 do Código Civil. De todo modo, ele deve ser exercido por escrito, mediante o envio de notificação à sociedade, justamente para possibilitar a sua comprovação.

Além de indicar a hipótese ensejadora dessa modalidade especial de retirada, a notificação deve traduzir, de forma inequívoca, a vontade do sócio dissidente de unilateralmente romper o vínculo societário que o une à sociedade e aos seus demais sócios.

O desfazimento desse liame ocorre na data em que a sociedade recebe a notificação enviada pelo sócio dissidente. Nesse momento, por um lado, o retirante deixa de ostentar o *status socii*, cessando todos os seus direitos patrimoniais e políticos de sócio, e, por outro, nasce para a pessoa jurídica o dever de apurar os seus correspondentes haveres, nos moldes do contrato social ou da lei, à luz desse específico marco temporal. Em outros termos, a data do recebimento da notificação pela sociedade funciona como a *data de corte* ou a *data-base* – expressões frequentemente empregadas no contencioso societário – da apuração dos haveres do sócio retirante, salvo se houver a reconsideração da deliberação que motivou o seu exercício, permitida na hipótese de adoção da Lei n. 6.404/76 como fonte de regência supletiva, nos moldes abordados ao final do item 4.1.3 deste Capítulo 4.

O Código de Processo Civil deixou a questão bem clara ao preconizar, em seu artigo 605, inciso III, que a data da resolução da sociedade será, "no recesso, o dia do recebimento, pela sociedade, da notificação do sócio dissidente", sepultando a divergência que existia em doutrina acerca do tema[75].

---

[74] *Hermenêutica e aplicação do direito*, p. 174.

[75] De há muito, Sérgio Campinho, coautor deste livro, assim sustenta em sua obra dedicada ao Direito de Empresa: "O não atendimento, por parte da sociedade, do recesso exercido nos

moldes do preceito referenciado fundamenta o pedido de declaração judicial de seu reconhecimento, com a apuração judicial dos haveres do retirante, considerados no momento do exercício daquele direito não observado, que consiste no dia do recebimento pela sociedade da notificação enviada pelo sócio dissidente (data de resolução)" (*Curso de direito comercial: Direito de empresa*, item 7.10.11, p. 197-198). Esse mesmo caminho parecia ser percorrido por Priscila Corrêa da Fonseca, ao salientar que, "uma vez comunicada a sociedade acerca da intenção do sócio de exercer o direito de retirada – independentemente do recebimento do valor de reembolso –, perde este a condição de sócio" (*Dissolução parcial, retirada e exclusão de sócio*, p. 20). Gustavo Tepedino, Heloisa Helena Barboza, Maria Celina Bodin de Moraes *et al.* defendiam que o retirante se encontrava em uma "situação singular", cabendo, aqui, reproduzir as suas palavras: "Com efeito, não se mostra consentâneo com o sistema considerar o sócio retirante mero credor, pois sua relação com a sociedade não se equipara àquela de terceiro em relação ao pacto social. Ademais, o exercício do direito de recesso muitas vezes decorre de discordâncias acerca dos rumos da sociedade, que podem exigir a fiscalização dos negócios sociais até o pagamento definitivo dos haveres, com vistas a impedir que sejam dilapidados os recursos sociais, a tornar inócuo ou prejudicial o exercício da retirada. Por outro lado, não se pode reconhecer ao retirante a condição de sócio, com todos os direitos a ela inerentes, sob pena de onerar-se em demasia a sociedade, em benefício desarrazoado do sócio dissidente. O sócio retirante encontra-se, pois, em situação singular: a ele se negam os direitos de votar e ser votado, perceber dividendos futuros e bonificações ou eleger membros do conselho fiscal, porém se lhe confere o direito de fiscalizar os negócios sociais sempre que haja indícios de fraude ou malversação dos recursos sociais" (*Código Civil interpretado conforme a Constituição da República*, v. III, p. 234-235). Modesto Carvalhosa, por seu turno, asseverava que o dissidente seguiria ostentando a condição de sócio até o momento em que outorgasse quitação à sociedade em relação ao pagamento de seus haveres. Em item denominado "direito pleno de sócio até o pagamento do recesso", assim argumentava: "O sócio retirante permanece como tal até o pagamento do valor do reembolso, continuando com todos os seus direitos patrimoniais e sociais, que são, assim, plenamente oponíveis à sociedade e aos demais sócios. Será inteiramente abusivo e ilícito a sociedade negar tais direitos, sob a alegação de que a retirada do quadro social opera-se a partir da manifestação do sócio dissidente. Se tal entendimento pudesse prevalecer, estaria criada uma situação jurídica aberrante, na medida em que o mero pedido de recesso importaria na imediata retirada do sócio do quadro social, sem que, no entanto, recebesse seus haveres. Ocorre que o sócio dissidente não se torna mero credor da sociedade. A relação que se estabelece entre os sócios e a sociedade é de outra natureza. Assim, o sócio somente deixa de sê-lo quando efetivamente recebe seus haveres. Enquanto tal não ocorrer, é pleno o exercício dos direitos de sócio. E não basta que a sociedade ponha à disposição do sócio retirante o valor dos haveres que entenda cabível. Será necessário que o sócio aceite e dê quitação desse recebimento. Enquanto não o fizer, permanece o sócio dissidente com seus direitos de sócio intocáveis. O absurdo de considerar o sócio que exerceu seu direito de retirada como mero credor é, outrossim, incompatível com a sistemática da sociedade limitada que demanda a alteração contratual para a retirada de sócios. Ademais, o sócio deve ser substituído por outro, caso contrário deverá haver a diminuição do capital social. Ambas as providências são impossíveis antes que haja o pagamento dos haveres do sócio retirante e a respectiva alteração do contrato social". Páginas à frente, em tópico intitulado "a resolução extingue a relação", o referido autor voltava ao tema, valendo-se das seguintes palavras: "O sócio que denuncia, uma vez e desde que recebidos os seus haveres, extingue a relação jurídica negocial. A resolução unilateral representada pela retirada do sócio produz efeito para o futuro, não extinguindo a relação jurídica negocial desde o momento de seu exercício, mediante comunicação. Isto porque apenas com o pagamento e quitação dos haveres do sócio retirante é que ocorre a extinção. Enquanto tal não ocorrer, a relação jurídica decorrente do estado de sócio mantém-se íntegra para todos os efeitos, notadamente para o

Por fim, ainda no que tange ao artigo 1.077 do Código Civil, cumpre apenas registrar que, se, por qualquer razão, após o recebimento pela sociedade da notificação do sócio dissidente, ela e os remanescentes resistirem à pretensão ou ficarem inertes, permanecendo o retirante com seu nome indevidamente estampado no quadro social, como se sócio fosse, poderá ele ir a juízo ou instaurar procedimento arbitral, em havendo convenção de arbitragem, com o propósito de promover a apuração de seus haveres, sendo-lhe facultado cumular esse pedido com o de declaração de resolução da sociedade e, ainda, com o de se proceder a alteração do contrato social, pretensão essa que poderá, inclusive, ser objeto de tutela antecipada.

Nesse caso, o capítulo da sentença que se voltar à confirmação do exercício do direito de retirada com amparo no artigo 1.077 em comento terá natureza declaratória, porque simplesmente reconhecerá situação preexistente e produzirá efeitos *ex tunc*, retroagindo à data da efetiva resolução do vínculo que unia o dissidente à sociedade, isto é, à data do recebimento da notificação pela pessoa jurídica; já o capítulo da sentença referente ao pagamento de haveres terá natureza condenatória[76].

4.2 – A regra contemplada no artigo 1.029 do Código Civil

No capítulo que o Código Civil reserva às sociedades simples, mais precisamente em sua Seção V, relativa à resolução da sociedade em relação a um sócio, encontra-se o artigo 1.029, cujo *caput* conta com a seguinte redação: "além dos casos previstos na lei ou no contrato, qualquer sócio pode retirar-se da sociedade; se de prazo indeterminado, mediante notificação aos demais sócios, com antecedência mínima de sessenta dias; se de prazo determinado, provando judicialmente justa causa". Em complementação, seu parágrafo único vem assim redigido: "nos trinta dias subsequentes à notificação, podem os demais sócios optar pela dissolução da sociedade".

Diferentemente da regra especial retratada no artigo 1.077 do referido diploma codificado – que, ao voltar-se na direção do sócio que discorda da aprovação de alteração contratual, fusão ou incorporação, relaciona-se diretamente com o sócio minoritário –, o artigo 1.029 destina-se a todo e qualquer sócio: minoritário ou majoritário, controlador ou não. Tanto assim o é que de sua redação consta o seguinte trecho: "qualquer sócio pode retirar-se da sociedade".

---

pleno exercício dos direitos patrimoniais e sociais do sócio junto à sociedade e perante os demais sócios" (*Comentários ao Código Civil*, v. 13, p. 247 e 250).

[76] Assim já sustentamos no nosso A legitimidade ativa na ação de dissolução parcial da sociedade limitada, à luz do novo Código de Processo Civil (Lei n. 13.105, de 16.3.2015). In: RIBEIRO, Marcia Carla Pereira; CARAMÊS, Guilherme Bonato Campos (Coord.). *Direito empresarial e o CPC/2015*. 2. ed. Belo Horizonte: Fórum, 2018. p. 66-67.

Igualmente digna de nota é a expressão "além dos casos previstos na lei ou no contrato", na medida em que ela, a um só tempo, indica nutrir o preceito caráter de regra geral em matéria de direito de recesso, aplicando-se a toda e qualquer sociedade contratual, gênero que compreende a espécie sociedade limitada[77] e, ainda, a possibilidade de inclusão de causas ensejadoras dessa modalidade de retirada no próprio contrato social. Considerando que, nas sociedades constituídas por prazo indeterminado, o recesso pode ser exercido de modo imotivado, não havendo a necessidade de apresentação de qualquer razão ou justificativa, a previsão de *gatilhos* no contrato social ganha destaque no âmbito das sociedades contratadas por prazo determinado.

Ademais, conforme já registramos no item 4 deste Capítulo 4, a retirada é direito potestativo, essencial e irrenunciável, que deve ser exercido de forma integral, de modo a abranger a totalidade das quotas titularizadas pelo sócio que deseja deixar a sociedade.

4.2.1 – Aplicação às sociedades limitadas

A possibilidade de o sócio de uma sociedade limitada constituída por prazo indeterminado dela retirar-se, mediante o simples envio de notificação premonitória, com antecedência mínima de 60 dias, nos moldes da parte inicial do *caput* do artigo 1.029 do Código Civil, e a sua própria convivência com o recesso preconizado no artigo 1.077 do mesmo diploma têm suscitado, desde o seu advento, intensa divergência da doutrina, podendo-se identificar claramente três posicionamentos distintos.

De acordo com uma primeira corrente, o artigo 1.029 do Código Civil não se aplica às sociedades limitadas.

Em comentário dedicado ao preceito em questão, Alfredo de Assis Gonçalves Neto assevera que, "nas sociedades de responsabilidade limitada e anônimas, nas quais os sócios e acionistas não respondem pelas obrigações sociais, o direito de retirada está sujeito a outras regras (CC, art. 1.077; Lei 6.404/1976, art. 137)"[78]. Mais à frente, ao analisar o referido artigo 1.077, aduz que, na limitada, independentemente de seu prazo de duração ser determinado ou indeterminado, "o direito de retirada só é autorizado se houver divergência do sócio quanto a alguma *modificação do contrato social* produzida pela maioria"[79-80].

---

[77] Sobre a aplicação do artigo 1.029 do Código Civil às sociedades limitadas, confira-se o disposto no item 4.2.1 deste Capítulo 4, logo a seguir.

[78] *Direito de empresa: Comentários aos artigos 966 a 1.195 do Código Civil*, p. 302.

[79] O tema é desenvolvido pelo aludido autor nos seguintes moldes: "Nos comentários ao art. 1.029

ficou demonstrado que o Código Civil, alterando a sistemática anterior, regulou como de desligamento de sócio algumas causas que antes eram consideradas como de dissolução das sociedades. Dentre aquelas causas, estava a simples vontade de qualquer dos sócios, se a sociedade fosse ajustada por prazo indeterminado (CCom, art. 335, n. 5). No regime atual essa causa passou a ser tratada, pelas normas disciplinadoras da sociedade simples, não mais como de dissolução, mas como de retirada de sócio. Viu-se, então, que o fundamento do direito de retirada previsto no art. 1.029 é o mesmo que embasa o rompimento dos contratos de duração em geral, celebrados por prazo indeterminado. Não é dado supor que a indeterminação de prazo proíba o rompimento da relação jurídica assim celebrada. Por isso, se a lei não dispuser de modo diverso, qualquer das partes pode rompê-la quando bem entender, com pré-aviso, segundo os critérios gerais do Código Civil, com os quais faz coro o disposto no mencionado artigo. O querer ou não querer ficar ou permanecer vinculado a um contrato não é uma particularidade própria do ajuste societário, mas da indeterminação do tempo de duração dos negócios jurídicos em geral. Tanto é assim que, na sociedade com prazo determinado, como também visto, o direito de retirada só tem lugar na ocorrência de uma justa causa. Na sociedade limitada, porém, o fundamento é diverso. O direito de retirada só é autorizado se houver divergência do sócio quanto a alguma *modificação do contrato social* produzida pela maioria, independentemente de seu prazo de duração ser determinado ou indeterminado, consoante o estatuído no art. 1.077. Já era assim no domínio do Dec. 3.708/1919, cujo art. 15 contemplava expressamente o direito de o sócio retirar-se da sociedade por quotas de responsabilidade limitada se e quando dissentisse de alguma alteração do contrato social. É bem verdade que, na época, essa regra era pouco notada, já que, permitindo o Código Comercial a dissolução da sociedade pela vontade exclusiva do sócio (art. 335, n. 5), era comum o exercício do direito de dissolução, que a doutrina cuidou de reputar parcial, para permitir o desligamento do sócio descontente, permanecendo a sociedade entre os demais. Retirada e dissolução parcial, com raras exceções da doutrina, eram tidas, então, como sinônimas. No regime vigente, porém, a dissolução por vontade potestativa do sócio não mais existe, substituída que foi pela vontade coletiva dos sócios em maioria de capital, como forma de preservar a empresa (art. 1.033, III). E assim, somente havendo dissidência quanto a uma modificação do contrato social é que o direito de retirada tem lugar e pode ser exercido" (*Direito de empresa: Comentários aos artigos 966 a 1.195 do Código Civil*, p. 457-458).

[80] Em parecer sobre o tema, assim consignou: "O direito de retirada de sócio na sociedade limitada não é regulado pela norma do art. 1.029 do Código Civil, mas pelo seu art. 1.077, de cujo enunciado ressaltam estas diferenças: (i) o pressuposto causal de haver uma discordância do sócio retirante com alguma modificação do contrato social; (ii) a legitimação para seu exercício restrita a sócio minoritário; (iii) a extensão desse direito à sociedade ajustada por tempo determinado; (iv) o prazo decadencial de 30 dias para seu exercício; e (v) a dispensa de notificação dos demais sócios com 60 dias de antecedência". Adiante, aduziu: "O direito de retirada previsto no art. 1.029 do Código Civil insere-se nas normas que regulam a sociedade simples e é aplicável às sociedades que não versam sobre o assunto. No tocante à sociedade limitada, contudo, não há essa omissão, porque o Capítulo VI, que a regula, contém a regra do art. 1.077, que é expressa a respeito, dando ao direito de retirada conformação própria, como destaquei linhas atrás". Ao responder o quesito sobre o ponto em comento, registrou que o direito de recesso na sociedade limitada "não é aquele previsto no art. 1.029 do Código Civil, constante do regime jurídico da sociedade simples e aplicável subsidiariamente às sociedades empresárias com sócios de serviço ou de responsabilidade subsidiária e ilimitada pelo cumprimento das obrigações sociais; é o regulado pelo art. 1.077 do mesmo Código, que tem como pressuposto uma modificação não consentida do contrato social – o que significa dizer que, em regra, só se legitima para seu exercício o sócio que possuir participação inferior a 25% do capital social desse tipo societário, já que, salvo raras exceções, com participação maior, a modificação contratual não tem como se concretizar sem o concurso de sua vontade" (Direito de retirada em sociedade limitada. Interpretação das disposições contidas nos arts. 1.029 e 1.077 do Código Civil. Inconsistência da tese da *affectio societatis* para a formação ou manuten-

José Edwaldo Tavares Borba também se filia a essa primeira corrente, amparando-se no argumento de que a sociedade limitada possui o artigo 1.077 como regra própria[81], de modo que, a par das hipóteses nele contempladas, o sócio somente poderia exercer o direito de recesso "em situações extremas, caracterizadas pela 'opressão da minoria' pela maioria"[82] ou caso as quotas fossem "intransferíveis"[83].

ção dos vínculos societários firmados no contrato social. In: *Direito comercial: Pareceres*. São Paulo: Lex, 2019. p. 225, 227 e 245-246).

[81] A questão é abordada da seguinte forma: "Na sociedade limitada, vinculam-se os sócios à própria duração da entidade, não lhes sendo permitido pedir, segundo lhes aprouver, a apuração de seus haveres. O disposto no art. 1.029 (direito de retirada – sociedade simples) não se aplica subsidiariamente à sociedade limitada, a qual, nessa matéria, encontra-se regida por norma própria (art. 1.077). O direito de retirada ou de recesso somente se coloca quando o contrato social é alterado, ou é deliberada a fusão da sociedade, sua incorporação por outra, ou a incorporação de qualquer sociedade (matérias que já por si, como também a cisão, acarretam a alteração do contrato social). Nesses casos, os sócios que divergirem da alteração contratual têm o direito (art. 1.077) de se desvincular da sociedade, recebendo o valor patrimonial de suas cotas, segundo balanço especialmente levantado, se de outra forma não dispuser o contrato social" (*Direito societário*, p. 148-149).

[82] Ao ponto, o autor chega por meio da seguinte linha de raciocínio: "Se a sociedade limitada conta com normas próprias sobre direito de recesso, afigura-se evidente que as normas sobre direito de retirada, que se destinam à sociedade simples, não lhe são aplicáveis. A legislação subsidiária somente se aplica na omissão da legislação específica. Na sociedade simples o sócio pode se demitir de sua condição de sócio mediante mera notificação, com o que fará jus a uma apuração de haveres. Na sociedade limitada, o direito de recesso apenas se coloca quando o contrato social é alterado sem a concordância do sócio. Alguns tribunais vêm, todavia, estendendo, inadequadamente, a norma da sociedade simples à sociedade limitada. Trata-se de uma ilegalidade. É claro, no entanto, que, em situações extremas, caracterizadas pela 'opressão da minoria' pela maioria, caberia admitir-se, com inspiração na prática norte-americana (*O'Neal Oppression of Minority Shareholders*), o direito de retirada, com a apuração de haveres do sócio prejudicado, sob o fundamento de que estaria havendo abuso de poder. Outra situação em que se admitiria a desvinculação do sócio seria a concernente ao abandono da cota ou cotas sociais (qualquer bem pode ser objeto de abandono), ou seja, o sócio que não mais quiser participar da sociedade, e desde que o capital esteja integralizado, poderá renunciar aos seus haveres, despedindo-se da sociedade, mediante notificação à própria sociedade e aos demais sócios. Nesse caso, não faria jus a uma apuração de haveres, mas ficaria a salvo de obrigações ou deveres posteriores à data de arquivamento da referida notificação no Registro de Empresas" (*Direito societário*, p. 149).

[83] Esse aspecto, por sua vez, é assim enfrentado: "Não cabe afirmar que esse sentido de permanência conflitaria com o princípio que impede as vinculações perpétuas, ou até mesmo com o art. 5º, XX, da Constituição Federal ('ninguém poderá ser compelido a associar-se ou a permanecer associado'), porquanto, nessas sociedades de responsabilidade limitada, o fenômeno contratual é ultrapassado pela objetivação das participações. Trata-se de um investimento de capital. Se o sócio não deseja continuar com a sua participação, poderá aliená-la a terceiro, jamais deixar a sociedade através de apuração de haveres. Salvo se as cotas forem, por força do contrato social, intransferíveis, condição que propiciará a apuração de haveres" (*Direito societário*, p. 148). Em outro tópico de sua obra, ao cuidar especificamente da cessão de quotas, o autor assim salienta: "A matéria [cessão de quotas] deverá ser disciplinada no contrato social, no qual se especificará

Gustavo Tepedino, Heloisa Helena Barboza, Maria Celina Bodin de Moraes *et al.* igualmente entendem que o artigo 1.029 não se aplica às sociedades limitadas. Contudo, chegam a essa conclusão a partir do estabelecimento de uma relação, em distintos tipos societários, do direito de retirada com o regime de responsabilidade e a possibilidade de cessão de participações societárias[84].

A nominada primeira corrente conta, ainda, com a adesão de Ricardo Negrão[85], Alexandre Ferreira de Assumpção Alves e Allan Nascimento

---

se as cotas são intransferíveis ou transferíveis e, nesse último caso, se a transferibilidade é livre ou condicionada. A intransferibilidade, desde que adotada, acarretará para a sociedade a obrigação de, sempre que um sócio o solicitar, promover a apuração de seus haveres, pois, se assim não fora, estaria o cotista obrigado a permanecer indefinidamente na sociedade. Dessarte, ou se permite a alienação da cota a terceiro ou se processa a sua liquidação" (*Direito societário*, p. 133-134).

[84] Em comentário dedicado ao artigo 1.077 do Código Civil, são tecidas as seguintes considerações: "Com efeito, o direito de retirada previsto nas sociedades limitadas não possui o mesmo conteúdo do conferido aos sócios das sociedades simples. Sua extensão relaciona-se de forma direta com o regime de responsabilidade que caracteriza o tipo societário e com a possibilidade de cessão da participação dos sócios. Dito de outro modo, em sociedades nas quais as quotas são livremente negociáveis e, ao mesmo tempo, há limitação da responsabilidade dos sócios, a tendência é que se estabeleçam rígidas restrições ao direito de retirada. Dessa forma, nas sociedades simples, que aliam, em regra, responsabilidade subsidiária dos sócios com a negociação restrita das quotas – vez que a cessão de quotas requer o consentimento dos demais sócios, além de vincular o cedente às dívidas sociais por dois anos (v. comentários ao art. 1.003, par. ún.) – o direito de retirada tende a ser amplo, nos termos do art. 1.029. Em situação oposta, nas sociedades anônimas, em que as ações possuem livre cessibilidade e os sócios apenas podem ser chamados a responder no limite do valor das ações adquiridas ou subscritas, o direito de retirada caracteriza-se por suas hipóteses restritas (arts. 137, 223, §4º, 230, 236, par. ún., 264, §3º, e 270, par. ún., Lei das S.A.). Compreende-se, assim, a amplitude intermediária do direito de retirada nas sociedades limitadas. Nesse tipo societário, por se caracterizar pela relativa liberdade no que tange à cessão de quota (v. comentários ao art. 1.057) e pela responsabilidade dos sócios limitada a, no máximo, o valor do capital social não integralizado (v. comentários ao art. 1.052), o direito de retirada não se afigura amplo, como nas sociedades simples, ou restrito a determinadas hipóteses, como nas sociedades por ação. Assim, permite o artigo em análise que exerçam os sócios direito de retirada nos casos de modificação contratual, fusão ou incorporação de que dissintam, não havendo motivos para invocar a aplicação subsidiária do art. 1.029" (*Código Civil interpretado conforme a Constituição da República*, v. III, p. 232).

[85] No capítulo de sua obra referente às sociedades limitadas, Ricardo Negrão anota que o direito de recesso apenas é admitido nos cinco casos a seguir reproduzidos, os quais traduzem justamente as hipóteses contempladas no artigo 1.077 e aquela inserida no artigo 1.114: "a) na modificação do contrato social, hipótese de amplo espectro, referindo-se a qualquer modificação do contrato social, em seus elementos essenciais; b) na fusão da sociedade; c) na incorporação de outra sociedade por ela; d) na incorporação dela por outra sociedade; e) na transformação da sociedade, quando prevista anteriormente no contrato social; se não prevista e não havendo consentimento unânime, ocorrerá sua dissolução (art. 1.114)" (*Manual de direito comercial e de empresa*, v. 1, p. 370).

Turano[86] e Henrique Cunha Barbosa[87], que, da mesma forma, expendem seus pontos de vista para afastar a incidência do artigo 1.029 sobre a sociedade limitada.

---

[86] Alexandre Ferreira de Assumpção Alves e Allan Nascimento Turano assim defendem: "Em que pese os argumentos sustentados nessa discussão, deve prevalecer o entendimento que o art. 1.029 não se aplica às sociedades limitadas no que tange ao direito de retirada. Conclusão essa que independe da adoção ou não das normas da Lei das Sociedades por Ações de forma subsidiária. As razões são claras, como será demonstrado a seguir. Preliminarmente, na sociedade limitada a matéria é regulada pelo art. 1.077, norma especial que afasta a incidência das regras gerais. Isso porque nos casos em que é ressalvada a aplicação dos dispositivos referentes às sociedades simples, em que pese a existência de regras específicas para as sociedades limitadas, o legislador o faz de forma expressa. Contudo, de forma intencional, isso não ocorre em relação ao art. 1.029. Nessa esteira, não há qualquer omissão quanto à matéria que justifique invocar as disposições das sociedades simples, o que refuta a tese que a amplitude do direito de retirada está relacionada à regência subsidiária da sociedade limitada. Adicionalmente, como já se sustentou, não há incompatibilidade entre a legislação infraconstitucional, que restringe o direito de recesso nas sociedades limitadas à ocorrência de causas típicas, e a CRFB que prevê no rol de garantias fundamentais o direito a não permanência forçosa na sociedade. O sócio que deseja se desvincular da sociedade, quando bem lhe aprouver, tem como alternativa a cessão de quotas. Aqui há um ato negocial entre cedente e cessionário, que em nada prejudica a sociedade. O exercício do direito de retirada, contudo, obriga a sociedade à apuração e pagamento dos haveres do sócio retirante. O reembolso implica na redução do capital social e pode descapitalizar a sociedade de tal modo que sua subsistência se torne inviável. Portanto, cumpre afirmar que nas sociedades limitadas não se admite o recesso por ato unilateral de um de seus sócios, seja ele imotivado (naquelas de prazo indeterminado), ou fundado em justa causa a ser provada judicialmente (naquelas de prazo determinado). O exercício do direito de retirada condiciona-se à ocorrência de um dos fatos típicos mencionados no art. 1.077, ou a uma das hipóteses convencionadas no contrato social. A única exceção se dá nos casos em que contrato social prevê a intransferibilidade das quotas, isto é, proíbe a sua cessão. Nessa hipótese o sócio tem o direito de exercer o recesso independentemente da ocorrência de uma das causas típicas, ficando a sociedade obrigada ao reembolso (*Resolução da sociedade limitada em relação a um sócio e a ação de dissolução parcial*, p. 59-60).

[87] De modo mais veemente, Henrique Cunha Barbosa assim sustenta: "Vale antecipar que, ao contrário do que se vem consagrando na jurisprudência, a previsão disposta no art. 1.029 do Código, a qual dá azo a verdadeira denúncia vazia do contrato de sociedade, aplica-se tão somente às sociedades do tipo simples, pouco importando a legislação supletiva de que se socorra a Sociedade Limitada (art. 1.053, P.u.). Afinal, o regramento do recesso pelo art. 1.077 deixa latente não haver omissão no capítulo das Ltdas. acerca do tema. Admitir o contrário é tornar letra morta o próprio art. 1.077, o que importaria em latente afronta ao princípio hermenêutico de que 'a lei não guarda palavras inúteis'. Diga-se mais, em alguns casos o art. 1.029 não seria aplicável sequer às próprias sociedades de natureza jurídica simples, quando estas optassem pela tipologia de Ltda., como o faculta expressamente o art. 983 do Código, hipótese em que submeter-se-ão então exclusivamente ao regramento aplicável ao tipo adotado (Ltda.). Para que não restem dúvidas quanto a isso, vale aqui um breve esclarecimento. Ao contrário do que sustentam parte da doutrina e da jurisprudência, o legislador de 2002 optou por criar regimes jurídicos societários diversos no Código Civil (Sociedades Simples x Sociedades Limitadas), o que,

Liderando uma segunda corrente de entendimento, Fábio Ulhoa Coelho assenta que as sociedades limitadas se subdividem em duas espécies: as limitadas com vínculo societário instável, disciplinadas supletivamente pelas regras da sociedade simples; e as limitadas com vínculo societário estável, regidas supletivamente pelos dispositivos da Lei n. 6.404/76[88]. E, com base

---

já não ficasse óbvio da leitura dos próprios Capítulos referentes a cada um desses tipos, resta definitivamente inequívoco e assente no art. 983 do Código. Podia tê-los unificado? Sim, podia. O fez? Não! Portanto, sob o sistema legal vigente, é de todo inconcebível uma aplicação irrestrita do art. 1.029 às Sociedades Limitadas, salvo se os sócios expressamente optarem por adotar a possibilidade de denúncia imotivada do contrato de sociedade, repetindo que, sob a ótica da melhor hermenêutica, não basta aqui o simples silêncio acerca da supletividade ou a indicação de regência supletiva pelas normas de sociedades simples, na medida em que, diante da previsão expressa do art. 1.077, tal implica em não haver omissão acerca da matéria no Capítulo IV, inexistindo portanto lacuna a ser suprimida. Assim, para que se admita sua aplicabilidade necessária se faz a menção expressa ao art. 1.029 ou o estabelecimento de cláusula contratual facultando a denúncia vazia do contrato de sociedade" (Dissolução parcial, recesso e exclusão de sócios: Diálogos e dissensos na jurisprudência do STJ e nos projetos de CPC e Código Comercial. In: AZEVEDO, Luís André N. de Moura; CASTRO, Rodrigo R. Monteiro de (Coord.). *Sociedade limitada contemporânea*. São Paulo: Quartier Latin, 2013. p. 357).

[88] Cumpre, aqui, reproduzir a linha de raciocínio deduzida pelo mencionado autor no tópico referente às espécies de sociedade limitada: "Proponho chamar as sociedades deste subtipo I de *limitadas com vínculo societário instável*. Isso porque, quando contratadas por prazo indeterminado, qualquer sócio pode dela se desligar, imotivadamente, por simples notificação aos demais, a qualquer tempo. Aplica-se, com efeito, a essa sociedade limitada o disposto no art. 1.029 do CC (do capítulo das 'sociedades simples'), que assegura ao sócio o direito de retirar-se da sociedade sem prazo, mediante simples notificação aos demais, com antecedência de 60 dias. [...] Proponho chamar as sociedades deste subtipo II de *limitadas com vínculo societário estável*. Como, nesse caso, não se aplica o art. 1.029 acima mencionado, e não se encontra, por outro lado, na LSA, nenhuma norma contemplando qualquer forma de dissolução parcial da sociedade, segue-se que não há fundamento legal para o sócio pretender desligar-se imotivadamente do vínculo societário que o une aos demais. Mesmo sendo contratada a limitada por prazo indeterminado, como a lei de regência supletiva é a LSA, não há meios de o sócio se retirar da sociedade, a não ser na hipótese do art. 1.077, também do CC (modificação do contrato social, fusão ou incorporação). [...] Quatro são as mais relevantes diferenças entre os dois subtipos de sociedades limitadas: *a*) *Dissolução parcial*. As sociedades limitadas com vínculo societário instável (subtipo I) podem ser parcialmente dissolvidas nas hipóteses de morte (CC, art. 1.028), liquidação de quotas a pedido de credor de sócio (art. 1.026, parágrafo único), retirada imotivada (art. 1.029, primeira parte), retirada motivada (art. 1.077) ou expulsão de sócio (art. 1.085). Já as sociedades com vínculo estável (subtipo II) só podem ser parcialmente dissolvidas nas hipóteses de retirada motivada (art. 1.077) ou expulsão de sócio (art. 1.085). Isso porque as três primeiras causas que podem importar a dissolução parcial da sociedade limitada de subtipo I estão previstas unicamente em regras referentes às sociedades simples, que não se aplicam às limitadas de subtipo II, em que os sócios elegeram, no contrato social, a LSA como fonte supletiva de regência" (*Curso de direito comercial: Direito de empresa*, v. 2, p. 365-366).

nessa distinção, argumenta que o artigo 1.029 somente se aplica às sociedades limitadas de vínculo instável[89].

Essa visão, segundo a qual o artigo 1.029 aplica-se apenas à sociedade limitada cuja regência supletiva se dê pelos preceitos próprios da sociedade simples, é compartilhada por Eduardo Goulart Pimenta[90], Gisela Ceschin[91],

---

[89] Eis as suas palavras: "As condições para o exercício do direito de retirada variam, segundo a limitada tenha sido contratada por prazo indeterminado ou determinado e de acordo com o seu subtipo. Na sociedade limitada de vínculo instável, a natureza contratual orienta a compreensão da matéria. Se contratada por prazo indeterminado, o sócio pode retirar-se a qualquer momento (CC, art. 1.029), já que, em decorrência do princípio da autonomia da vontade, que informa o direito contratual, ninguém pode ser obrigado a manter-se vinculado contra a sua vontade por tempo indefinido (Gomes, 1959: 29/33). Se, por outro lado, a sociedade de vínculo instável é contratada por prazo determinado, o sócio não pode desligar-se das obrigações que contratou sem a concordância dos demais contratantes, enquanto não transcorrer o tempo escolhido de comum acordo. Em outras palavras, os sócios que constituem uma sociedade limitada, para durar por dois anos, estão contraindo (uns perante os outros, e todos perante a pessoa jurídica em gestação) a obrigação de manterem seus recursos investidos na empresa, durante todo aquele tempo. Não podem, simplesmente, liberar-se da obrigação, porque desistiram do investimento. Se houver justa causa, admite-se a retirada por ordem do juiz (CC, art. 1.029), mas não é possível o sócio se desvincular da sociedade com prazo determinado mediante manifestação unilateral de vontade. Desse modo, na limitada de vínculo instável com prazo determinado, o direito de retirada é condicionado à discordância relativamente a alteração contratual, incorporação ou fusão deliberadas pela maioria (CC, art. 1.077). Tendo sido, contra a sua vontade, alterado o contrato social ou aprovada a participação da limitada em incorporação (como incorporadora ou incorporada) ou fusão, o sócio está livre para submeter à sociedade o desligamento. Nas sociedades limitadas de vínculo estável, por sua vez, admite-se apenas a retirada motivada. Não há, na LSA, nenhuma hipótese em que o acionista pode imotivadamente impor o desinvestimento à sociedade. O recesso é cabível, segundo aquela lei, apenas nas hipóteses especificamente por ela indicadas. Desse modo, independentemente do prazo de duração (determinado ou indeterminado), o sócio só pode desligar-se da sociedade limitada de vínculo estável, por ato unilateral, quando discordar de alteração contratual, incorporação ou fusão aprovadas pelos majoritários (CC, art. 1.077). O sócio que concorda em participar de limitada de cujo contrato social consta expressa cláusula elegendo a LSA como norma de regência supletiva renuncia ao direito de retirada imotivada" (*Curso de direito comercial: Direito de empresa*, v. 2, p. 421).

[90] Ao discorrer sobre o artigo 1.029, Eduardo Goulart Pimenta assim observa: "Não se pode deixar de salientar que a excessiva liberalidade do texto do art. 1.029 do Código Civil torna, na prática, 'letra morta' seu art. 1.077, ao menos no que diz respeito às sociedades limitadas constituídas por prazo indeterminado e cujo regime jurídico subsidiário seja as normas das sociedades simples. Isso porque o sócio de uma sociedade limitada constituída por prazo indeterminado e cujo regime jurídico subsidiário seja as regras da sociedade simples pode deixar o empreendimento por mera notificação aos demais, com a antecedência mínima de sessenta dias e com fundamento no art. 1.029 do Código Civil, não precisando, portanto, aguardar a ocorrência de alguma das hipóteses do art. 1.077" (*Direito societário*, 2017, p. 529-530).

MárcioTadeu Guimarães Nunes[92] e Vera Helena de Mello Franco[93].

Por derradeiro, há uma terceira corrente, sob a qual estão albergados todos aqueles que consideram que o disposto no artigo 1.029 aplica-se a toda e qualquer sociedade limitada, como é o nosso caso[94-95]. Entre os adeptos

---

[91] Gisela Ceschin afirma expressamente que "as normas do artigo 1.077 e do artigo 1.029, ambas do Código Civil, coexistem e são complementares. O próprio artigo 1.029 prevê que 'além dos casos previstos em lei ou no contrato, qualquer sócio pode retirar-se da sociedade'". Na sequência, assim aduz: "A regra consubstanciada no artigo 1.029 opera-se como recesso geral, ou ordinário, aplicável às sociedades limitadas com regência subsidiária pelas regras das sociedades simples". E arremata: "A sociedade limitada poderá ter regência supletiva às normas das sociedades simples, nos termos do que dispõe o artigo 1.053 do Código Civil. Nessa hipótese, há maior amplitude nas hipóteses de direito de recesso, haja vista a disciplina do artigo 1.029 do mesmo Código" (Direito de recesso na sociedade limitada e seus aspectos práticos. In: AZEVEDO, Luís André N. de Moura; CASTRO, Rodrigo R. Monteiro de (Coord.). *Sociedade limitada contemporânea*. São Paulo: Quartier Latin, 2013. p. 433).

[92] No dizer de Márcio Tadeu Guimarães Nunes, "também é hipótese de planejamento a ser considerada a circunstância do uso da faculdade legal prevista no parágrafo único do artigo 1.053 do CC, a qual aponta para a possibilidade do emprego das normas de regência das Sociedades Anônimas em caso de lacunas no regime jurídico das Limitadas. Tal providência poderia afastar a regra presente no artigo 1.029 do CC (que pertence ao regime jurídico das sociedades simples), limitando os modelos de dissolução parcial sem justa causa, uma vez que nesta modalidade de planejamento sobraria ao sócio – que pretendesse se retirar da sociedade – valer-se das disposições constantes no artigo 1.077 do CC as quais, por sua vez, somente teriam lugar quando e se houvesse modificação substancial do contrato social" (*Dissolução parcial, exclusão de sócio e apuração de haveres nas sociedades limitadas: Questões controvertidas e uma proposta de revisão dos institutos*. São Paulo: Quartier Latin, 2010. p. 49).

[93] Vera Helena de Mello Franco, por sua vez, consigna seu entendimento nos seguintes termos: "Indaga-se se possível, na ausência de previsão como está expresso no direito italiano e mencionado anteriormente, a convivência do direito de retirada, previsto na norma do art. 1.029, com o recesso estabelecido na norma do art. 1.077, na mesma sociedade limitada quando for esta celebrada por prazo indeterminado. Se o contrato social estabeleceu a aplicação subsidiária da lei do anonimato, afasta-se a possibilidade de que possa o sócio lançar mão igualmente da retirada facultada pelo art. 1.029, visto faltar remessa legal para tanto. Outra será a situação quando a disciplina subsidiária é aquela da sociedade simples. Neste caso, tendo em vista a remessa expressa às normas da sociedade simples, admite-se possa o cotista recorrer não somente ao recesso, como à retirada voluntária. Mas é necessário não esquecer que nas limitadas, ao contrário do que ocorre em virtude do *intuitu personae* nas sociedades de pessoas, descritas no Livro II, Subtítulo II, Capítulos I, II e III do Código Civil, tem-se maior liberdade na circulação das cotas como demonstra a norma do art. 1.057 do CC. Justifica-se, destarte, a possibilidade de denúncia imotivada do contrato nestas sociedades personalistas, ainda mais considerando-se nelas inexistir o direito de recesso" (*Resolução do vínculo societário em relação ao sócio: Reescrevendo antigos temas perante o CC 2002*, p. 100).

[94] Logo após o advento do Código Civil, Sérgio Campinho, coautor deste trabalho, assim sus-

desse posicionamento, podemos destacar Erasmo Valladão Azevedo e Novaes França e Marcelo Vieira von Adamek[96], Manoel de Queiroz Pereira Calças[97],

---

tentou em sua obra dedicada ao Direito de Empresa: "É assegurado ao sócio, pelo art. 1.029 do Código Civil – de aplicação compulsória à sociedade limitada, visto sua implicação na resolução, ainda que parcial, do contrato de sociedade em relação ao sócio dissidente –, o direito de, além dos casos previstos na lei ou no contrato, poder retirar-se da sociedade, sempre que lhe aprouver (sociedade com prazo indeterminado) ou for verificada justa causa (sociedade com prazo determinado)" (*Curso de direito comercial: Direito de empresa*, item 7.10.11, p. 195). Ao tratar especificamente da convivência entre os artigos 1.029 e 1.077 do Código Civil, encarregou-se de anotar: "A regra prevista no art. 1.077 consiste, portanto, em hipótese especial de retirada que a lei erigiu para as sociedades limitadas (direito potestativo, essencial – pois nem o contrato, nem o conclave dos sócios podem privar o seu exercício – e irrenunciável do sócio). A sua especialidade resulta do fato de ser uniformemente aplicável às sociedades contratadas por prazo determinado ou indeterminado de vigência e de se implementar de modo específico: nos trinta dias subsequentes à assembleia ou à reunião em que foi tomada a deliberação da qual dissentiu o retirante. A sua previsão legal não exclui o recesso preconizado no art. 1.029, que traduz hipótese geral ou ordinária de recesso, também representando um direito individual, potestativo e irrenunciável. Como se sustentou, ele se aplica irrestritamente às sociedades limitadas, independentemente, pois, do modo de sua regência supletiva, porquanto envolve matéria de resolução do contrato de sociedade. As normas são complementares e coexistentes. Tanto assim o é, que o próprio texto normativo do art. 1.029 dispõe que, 'além dos casos previstos em lei ou no contrato, qualquer sócio pode retirar-se da sociedade [...]'. Destarte, a par dos casos que configuram a hipótese especial de recesso do art. 1.077, qualquer sócio da limitada pode fazer uso do recesso geral ou ordinário consubstanciado no art. 1.029, em razão do caráter contratualista que lhe dá estrutura" (*Curso de direito comercial: Direito de empresa*, item 7.10.11, p. 198).

[95] Já tivemos a oportunidade de apresentá-lo no nosso O recesso na sociedade limitada. In: AZEVEDO, Luís André N. de Moura; CASTRO, Rodrigo R. Monteiro de (Coord.). *Sociedade limitada contemporânea*. São Paulo: Quartier Latin, 2013. p. 115-153.

[96] O escólio de Erasmo Valladão Azevedo e Novaes França e Marcelo Vieira von Adamek flui nos seguintes moldes: "Coisa completamente diversa ocorre com a sociedade limitada. Isto porque, ao contrário do princípio da livre circulação das participações sociais, vigora o princípio da restrita (restritíssima) circulação das quotas: na omissão do contrato, o art. 1.057 do Código Civil exige aprovação de 75% do capital social para a cessão de quotas a estranho. E, dessa forma, nem que o sócio encontre um interessado na aquisição de suas quotas, muito dificilmente conseguirá cedê-las, acrescendo, ainda, que a grande maioria das sociedades limitadas é formada *intuitu personae*, por um pequeno número de sócios, o que torna muito improvável a hipótese de um terceiro se interessar por tal aquisição. A manter-se, entretanto, o entendimento de que o art. 1.029 não se aplicaria às sociedades limitadas, enjaulando o sócio, a jurisprudência provavelmente seguirá o mesmo caminho tomado em relação às sociedades anônimas fechadas, apelando para uma duvidosa exegese do art. 1.034, II, do Código Civil, para permitir que o sócio possa se desvencilhar das amarras que o prendem". Na sequência, apresentam a seguinte conclusão: "Parece muito mais sensato por isso – com o máximo respeito pelos que pensam diversamente –, a exegese de que o art. 1.077 do Código Civil aplica-se principalmente às sociedades limitadas de prazo determinado, autorizando o recesso pela simples e boa razão de que, com a alteração do contrato social, mudam-se as bases da sociedade originalmente avençada (e o art. 1.077, signifi-

Jorge Lobo[98], Modesto Carvalhosa[99], Marlon Tomazette[100], José Waldecy

cativamente, é muito mais amplo do que o art. 137 da LSA: autoriza o recesso desde que haja qualquer modificação do contrato social). E que o art. 1.029 aplica-se a qualquer sociedade limitada de prazo indeterminado – mesmo àquelas em cujo contrato se optou pela regência supletiva da sociedade anônima (art. 1.053, parágrafo único) – também pela simples e boa razão de que não se pode restringir a retirada nesse tipo social, já que inexiste o princípio da livre circulação das participações sociais" (Notas sobre a sociedade perpétua. *Revista de Direito Mercantil Industrial, Econômico e Financeiro*. São Paulo: Malheiros, v. 157, jan./mar. de 2011. p. 113-114).

[97] Em sua obra sobre a *Sociedade Limitada no Novo Código Civil*, mais especificamente em capítulo dedicado aos direitos dos sócios, Manoel de Queiroz Pereira Calças manifesta comungar desse mesmo entendimento ao salientar: "O novo Código Civil regula o direito de retirada de duas formas distintas, levando em consideração a circunstância de a sociedade ser celebrada por tempo indeterminado ou determinado. Assim, se a sociedade é convencionada por tempo indeterminado, como ocorre com a grande maioria das sociedades, qualquer sócio pode retirar-se da sociedade mediante notificação aos demais sócios com a antecedência mínima de 60 dias (artigo 1.029). Prevê a nova lei, porém, que os demais sócios, nos 30 dias subsequentes à notificação do dissidente, poderão optar pela dissolução total da sociedade (artigo 1.029, parágrafo único)" (*Sociedade limitada no novo Código Civil*, p. 128). Adiante, em capítulo voltado para a dissolução, retoma o tema, assim articulando: "O sócio de sociedade celebrada por prazo indeterminado tem o direito de retirar-se da sociedade a qualquer tempo, motivada ou imotivadamente; essa assertiva é o corolário do princípio constitucional que assegura o direito de se associar ou desassociar. Destarte, se um sócio comunica unilateralmente aos demais que pretende desligar-se do quadro societário, rompendo, dessa forma, o vínculo jurídico que o mantém na sociedade, aos demais não é lícito opor-se. Preceitua o artigo 1.029 do Código Civil de 2002 que o sócio, nesse caso, deverá notificar os demais, com antecedência mínima de 60 dias. [...] Além do direito de retirada do sócio por quebra da *affectio societatis*, ou, inclusive, imotivadamente, prevê ainda a legislação o direito de retirada do sócio com fundamento no artigo 1.077 do Código Civil, quando houver modificação do contrato, fusão da sociedade, incorporação de outra, ou dela por outra para os sócios dissidentes" (*Sociedade limitada no novo Código Civil*, p. 180 e 184).

[98] Jorge Lobo, por sua vez, declina a sua posição do seguinte modo: "Penso que a lição doutrinária e a jurisprudência consolidada durante a vigência do Dec. n. 3.708/19 aplicam-se à retirada do sócio da sociedade limitada mesmo após a promulgação e entrada em vigor do Código Civil, *ex vi*, do art. 1.029, do Código Civil, não obstante revogado o Título V, da Parte Primeira, do Código Comercial, conforme dispõe o art. 2.045, do Código Civil. [...] Na sociedade de prazo indeterminado, *ex vi* do art. 1.029, do Código Civil, basta que o sócio retirante notifique aos demais, com antecedência de, no mínimo, sessenta dias, denunciando o contrato, facultando-se aos demais optarem pela dissolução da sociedade (CCivil, art. 1.029, par. único). [...] Na sociedade de prazo determinado, o sócio poderá retirar-se se provar justa causa em ação própria no juízo da sede da sociedade, facultando aos demais decidirem pela dissolução total da sociedade (CCivil, art. 1.033, II) nos trinta dias subsequentes à notificação (CCivil, art. 1.029, par. único)" (*Sociedades limitadas*, v. 1, p. 231-232).

[99] Modesto Carvalhosa dedica-se ao tema no tomo I do quarto volume de seus *Comentários à Lei de Sociedades Anônimas*, em tópico denominado "dissolução parcial das sociedades limitadas no Código Civil", do qual cabe reproduzir o seguinte trecho: "O Código Civil de 2002 consagra o entendimento jurisprudencial permissivo da dissolução parcial da sociedade limitada, já consolidado na vigência do revogado Decreto n. 3.708/19, tratando nos arts. 1.028 a 1.030 das diferentes causas de dissolução parcial da sociedade, e no art. 1.031 da forma pela qual deverá ser feita a liquidação da quota do sócio com relação ao qual a sociedade se resolve. Embora esses dispositivos que tratam da resolução da sociedade em relação a um sócio sejam relativos às sociedades simples, deve-se entendê-los como supletivamente aplicáveis também às sociedades

Lucena¹⁰¹, Rodrigo Monteiro de Castro e Rodrigo Mendes de Araújo¹⁰², Waldo

---

limitadas, na ausência de disposição legal a respeito para estas últimas, seja no Código Civil, seja na Lei n. 6.404/76" (*Comentários à lei de sociedades anônimas*, v. 4, tomo I, p. 27).

[100] Marlon Tomazette, por sua vez, elege as seguintes palavras para tratar da questão: "Acreditamos que, no que diz respeito às sociedades limitadas por prazo indeterminado, o direito de retirada mantém os mesmos contornos do regime do Decreto 3.708/19, vale dizer, o sócio pode se retirar a qualquer tempo, independentemente de causa justificada. Tal possibilidade advém da natureza contratual do ato constitutivo de tais sociedades e é corroborada pelas disposições aplicáveis às sociedades simples. Em se tratando de um contrato por prazo indeterminado, assiste ao contratante o direito de denunciar o contrato, retirando-se e, por vezes, até extinguindo-o. Outrossim, há disposição expressa nesse sentido no que diz respeito às sociedades simples, disposição esta aplicável supletivamente às limitadas. Trata-se de aplicação do princípio de que ninguém é obrigado a ficar preso a um contrato por toda a vida, não se podendo cogitar da aplicação das regras relativas às sociedades anônimas, na medida em que estas não têm natureza contratual". Logo adiante, reforça manter "a opinião de que, em qualquer sociedade limitada por prazo indeterminado, os sócios possuem o direito de recesso independentemente de motivação, em função da natureza contratual da sociedade e sobretudo pela garantia constitucional de que ninguém será compelido a manter-se associado" (*Curso de direito empresarial: Teoria geral e direito societário*, v. 1, p. 379-381).

[101] José Waldecy Lucena aborda o ponto em mais de um tópico de sua obra, cabendo aqui reproduzir dois trechos. Em seu capítulo XIII, sobre o direito de recesso e a exclusão de sócio, destaca: "Há de se indagar, de conseguinte, se esse estágio jurídico, alcançado a respeito da por quotas, teria sido alterado pelo CC/2002 para a sociedade limitada. A resposta há de ser negativa. Embora tenha o Código concedido, ao sócio que quer sair da sociedade, alguns meios de liberar-se (art. 1.057), esses meios nem sempre serão eficazes. Basta que nenhum sócio e nenhum terceiro se interessem em adquirir as quotas do sócio em retirada, para que esta se frustre. Nesse caso, incidirá então o artigo 1.029, *ex-vi* do artigo 1.053, o qual retrata exatamente a evolução jurídica a que chegara a sociedade por quotas, seja a de prazo determinado, seja a de prazo indeterminado: 'Art. 1.029. Além dos casos previstos na lei ou no contrato [...]'" (*Das sociedades limitadas*, p. 687). No capítulo XVII, voltado para a dissolução parcial, assim assevera: "Nem a sociedade pode ser *in aeternum*, nem pode o sócio ser compelido a manter-se indefinidamente como sócio. 'Sendo a sociedade instituída com prazo indeterminado' – escreveu aquele que foi o maior comercialista de seu tempo –, 'isto é, sem duração fixada no contrato (*sine temporis proefinitione*), a presunção legal é que os sócios se reservaram o direito de dissolvê-la, quando qualquer deles bem entendesse. A sua duração foi deixada *ad beneplacitum sociorum*'. É entendimento generalizado o de que ninguém pode ser forçado, contra a vontade, a permanecer no estado de sócio, o que feriria a liberdade do homem de dirigir seu próprio destino, ou, como querem alguns mais específicos, haveria violação à liberdade de trabalho. [...] O CC/2002, transformando a jurisprudência em lei, sepultou definitivamente a dissolução de sociedade mediante a vontade unilateral do sócio. Em seu lugar, adotou o direito de retirada imotivada do sócio: 'Art. 1.029. Além dos casos previstos na lei ou no contrato [...]'" (*Das sociedades limitadas*, p. 955-956 e 958).

[102] Rodrigo Monteiro de Castro e Rodrigo Mendes de Araújo, denominando esta terceira corrente de "corrente liberal", expõem a seguinte linha argumentativa: "A corrente liberal mais bem se sustenta na natureza contratual das sociedades limitadas do que na liberdade de associação consagrada constitucionalmente. Em razão da sua natureza contratual, a sociedade limitada submete-se a regras e princípios de direito contratual, dentre os quais se destaca o princípio de que ninguém é obrigado a se manter contratado de maneira indefinida. Trata-se de um dos chamados *princípios gerais de direito*, que, à luz do artigo 4º do Decreto-lei n. 4.657/42, outrora chamado de 'Lei de Introdução ao Código Civil' e hoje nomeado como 'Lei de Introdução às Normas do Direito Brasileiro', deve ser utilizado para preencher lacuna legal. É exatamente o que se dá em

Fazzio Júnior[103], Priscila Corrêa da Fonseca[104] e Ana Lúcia Alves da Costa Arduin e Leonardo Barém Leite[105].

---

relação à retirada de sócio em limitada por prazo indeterminado: embora não haja lei que a regule, esta lacuna deve ser preenchida com a utilização do princípio geral de direito de que 'ninguém é obrigado a se manter contratado de maneira indefinida'. Considerando-se, portanto, a existência de lacuna, que deve ser preenchida pelo princípio geral de direito, como deve ser operacionalizada a saída do sócio? Ele deve enviar comunicação escrita aos demais sócios? Com qual prazo de antecedência? A resposta a estes questionamentos passa pela utilização de outro recurso para o preenchimento de lacunas, também previsto no artigo 4º [da] Lei de Introdução às Normas do Direito Brasileiro: a *analogia*. Havendo disposição legal específica para as sociedades simples – o artigo 1.029 –, ela deve ser utilizada por analogia para as sociedades limitadas, considerando-se a identidade de razões que presidem as sociedades simples por prazo indeterminado e as sociedades limitadas por prazo indeterminado. Portanto, nas sociedades limitadas por prazo indeterminado, o sócio pode exercer o seu direito de retirada, em razão do princípio geral de direito de que ninguém é obrigado a se manter contratado de maneira indefinida, mediante a observância, por analogia, do procedimento previsto no artigo 1.029" (Tutelas de urgência e o direito de retirada de sócio nas sociedades limitadas. In: YARSHELL, Flávio Luiz; PEREIRA, Guilherme Setoguti J. (Coord.). *Processo societário*. São Paulo: Quartier Latin, 2012. p. 672-673).

[103] Após afirmar que "o sócio não é refém da sociedade", Waldo Fazzio Júnior filia-se à corrente em comento valendo-se dos seguintes termos: "O direito de recesso é instrumento protectivo da minoria social em face da maioria. Tem como pressuposto a deliberação, pela maioria, sobre matéria que a lei estipula como propiciadora do recesso. Nem precisa ocorrer modificação contratual ou transformação societária. Tratando-se de sociedade de prazo indeterminado, qualquer sócio pode retirar-se da sociedade, mediante notificação aos demais sócios com antecedência mínima de 60 dias. Estes têm 30 dias, após a notificação, para optar pela dissolução da sociedade. Se sociedade limitada com prazo determinado, o sócio recedente deverá provar, em processo judicial, justa causa para a retirada" (*Manual de direito comercial*, p. 163-164).

[104] Priscila Corrêa da Fonseca sustenta que o artigo 1.029 contempla "mais uma hipótese de recesso incondicionado que, muito embora disciplinado no âmbito das sociedades simples, aplica-se indubitavelmente às sociedades limitadas". E arremata anotando que, "diante da norma do art. 1.029 do Código Civil – de que também podem se socorrer os sócios das sociedades limitadas – e da jurisprudência que já vem se cristalizando em torno do art. 5º, XX, da Carta Magna, o art. 1.077 já se antevê como verdadeira letra morta" (*Dissolução parcial, retirada e exclusão de sócio*, p. 20).

[105] Nas palavras de Ana Lúcia Alves da Costa Arduin e Leonardo Barém Leite: "Mais uma vez atento às dificuldades em torno do assunto, o legislador prescreveu, nos artigos 1.029 e 1.077 do Código Civil, o tratamento do direito de recesso nas Sociedades Limitadas. No primeiro caso, à luz do disposto no art. 1.029, o sócio de uma sociedade de prazo de duração indeterminado terá o direito de se retirar da sociedade, mediante notificação aos demais sócios da sociedade, com antecedência mínima de 60 dias, independentemente de justa causa. Neste caso, o recesso se funda no princípio da autonomia da vontade, que informa o direito contratual, segundo o qual ninguém pode ser obrigado a manter-se vinculado contra a sua vontade, por tempo indefinido. No segundo caso, o art. 1.077 estabelece, no caso das Sociedades Limitadas, que o sócio dissidente de matéria aprovada pelos sócios majoritários relativa à modificação do contrato social, à fusão da sociedade, à incorporação de outra, ou dela por outra, terá o direito de se retirar da sociedade, nos 30 dias subsequentes à reunião, aplicando-se, no silêncio do contrato social até então vigente, o disposto no art. 1.031. Nesse caso, independe o fato de a sociedade ter prazo de duração determinado ou indeterminado, eis que o exercício do direito de retirada se funda em justa causa" (A tutela jurídica do sócio minoritário das sociedades limitadas. In: CASTRO,

Uma vez identificadas as três correntes doutrinárias relativas à aplicabilidade, ou não, do artigo 1.029 do Código Civil às sociedades limitadas e expostas as posições de seus respectivos articuladores, cabe tecer algumas considerações sobre as indigitadas duas primeiras e apresentar as justificativas que nos levam a comungar com a terceira.

Pode-se dizer que a primeira corrente tem como pilar de sustentação o fato de a sociedade limitada possuir regra própria em matéria de direito de recesso. A premissa é acertada, na medida em que o artigo 1.077 integra a Seção V ("Das Deliberações dos Sócios"), do Capítulo IV ("Da Sociedade Limitada"), do Subtítulo II ("Da Sociedade Personificada"), do Título II ("Da Sociedade"), do Livro II ("Do Direito de Empresa"), da Parte Especial, do Código Civil. Porém, a nosso ver, isso não é o bastante para se negar a aplicação do artigo 1.029 – o qual, rememore-se, localiza-se no capítulo da sociedade simples – à limitada. Diante desse quadro, deve o intérprete buscar resposta para a seguinte indagação: como regra própria sobre o direito de retirada no âmbito da sociedade limitada, o artigo 1.077 obsta a aplicação do artigo 1.029 ou soma-se a ele? Estamos convictos de que os dois preceitos são complementares e não excludentes, de modo que coexistem harmonicamente, apresentando-se o artigo 1.077 como *regra especial* em matéria de recesso, voltada apenas para a sociedade limitada, e o artigo 1.029 como *regra geral*, *comum* ou *ordinária* do instituto, aplicável a toda e qualquer sociedade contratual, gênero que também compreende a espécie sociedade limitada.

Tampouco nos parece deva prosperar o argumento de que, na sociedade limitada, "o fenômeno contratual é ultrapassado pela objetivação das participações"[106]. É ela, indubitavelmente, uma sociedade contratual[107]. Quando a constituem, seus sócios celebram um contrato plurilateral[108]. Assim, as questões referentes à constituição da sociedade, ao desfazimento do vínculo que une um ou mais sócios aos demais e à própria pessoa jurídica, à sua dissolução como um todo, à liquidação da quota de um ou mais sócios e à liquidação da sociedade como um todo obedecerão aos regramentos e aos princípios das sociedades contratuais. Não vislumbramos em nosso ordenamento jurídico nenhum elemento capaz de justificar a ultrapassagem desse fenômeno contratual, culminando por impedir que o sócio de uma sociedade limitada exerça o direito de retirada com amparo no disposto no artigo 1.029.

Rodrigo R. Monteiro de; ARAGÃO, Leandro Santos de (Coord.). *Direito societário: Desafios atuais.* São Paulo: Quartier Latin, 2009. p. 378).

[106] José Edwaldo Tavares Borba, *Direito societário*, p. 148.

[107] Confira-se o item 2 do Capítulo 1.

[108] Confira-se o item 3 do Capítulo 1.

A solução da questão – aplicação do artigo 1.029 à sociedade limitada – também não parece ser guiada ou influenciada pelo regime de transferência de participações societárias. De fato, um sócio pode deixar a sociedade mediante a cessão de suas participações societárias ou do exercício do direito de recesso. Ambos os caminhos são válidos. Contudo, nitidamente não se confundem.

A cessão de quotas é negócio jurídico bilateral, que depende do encontro das vontades do cedente e do cessionário, observando-se o disposto no contrato social ou, em seu silêncio, no artigo 1.057 do Código Civil. Ela pode se dar de forma gratuita ou onerosa. Sempre se estará diante de uma saída negociada, na qual há justamente a substituição da figura do cedente pela do cessionário. Na transferência onerosa, o pagamento do preço acordado é feito pelo cessionário ao cedente. A sociedade nada paga ao sócio que se despede de seu quadro social.

Já o recesso nasce a partir da declaração unilateral de vontade do sócio que deseja se retirar da sociedade. Não consiste em uma saída negociada. Não depende de um consenso. Ao revés, traduz o desligamento não consensual do sócio em relação à pessoa jurídica. O retirante exerce um direito potestativo, de forma que, por um lado, há o desfazimento do vínculo que o une à sociedade e aos demais sócios e, por outro, nasce para a pessoa jurídica o dever de apurar e efetuar o pagamento do valor de seus haveres.

A nosso ver, o funcionamento de um instituto (cessão de quotas) não determina ou sequer interfere no grau de amplitude do outro (direito de retirada), porquanto os referidos atos jurídicos são distintos, portadores de características próprias, sem qualquer grau de dependência ou de ligação.

Ademais, enxergamos com reserva a hipótese de serem as quotas intransferíveis por força de cláusula contratual[109]. Poderia uma regra inserida no contrato social impedir, obstar, proibir, vedar a cessão de quotas[110]? À luz do

---

[109] Cabe rememorar que há, em doutrina, quem defenda que o artigo 1.029 somente se aplica à sociedade limitada se, em função de cláusula constante do contrato social, as quotas forem intransferíveis. Nesse sentido: José Edwaldo Tavares Borba, *Direito societário*, p. 133-134 e 148; e Alexandre Ferreira de Assumpção Alves e Allan Nascimento Turano, *Resolução da sociedade limitada em relação a um sócio e a ação de dissolução parcial*, p. 59-60.

[110] A situação cogitada é realmente extrema. José Edwaldo Tavares Borba assevera que os sócios deverão prever, no contrato social, "se as cotas são intransferíveis ou transferíveis e, nesse último caso, se a transferibilidade é livre ou condicionada" (*Direito societário*, p. 133-134). A intransferibilidade não contempla, portanto, os cenários de cessão condicionada (a uma maioria simples ou qualificada ou, ainda, à própria unanimidade dos demais sócios) e muito menos a hipótese de livre cessão, pois tanto a cessão condicionada quanto a livre cessão estariam inseri-

disposto no citado artigo 1.057, que pressupõe serem as quotas transferíveis, tal cláusula estaria revestida de legalidade? A previsão poderia, ao menos, revelar-se como abusiva?

O máximo de restrição permitida pelo referenciado dispositivo codificado consiste na cessão de participações societárias condicionada ainda que à unanimidade dos demais sócios. A cláusula de intransferibilidade exorbita os limites em lei permitidos. O sistema legal é o da transferibilidade das quotas. O que pode variar é o regime de sua implementação: livre cessão ou cessão condicionada.

Essa constatação prejudica o argumento como um todo, pois, no cenário conjecturado (intransferibilidade de quotas), não se teria fundamento para aplicar o artigo 1.029, já que a cláusula contratual que ensejaria essa aplicação se apresentaria como inválida e ineficaz.

Ainda no que tange a esse específico ponto do regime de transferência de participações societárias nas sociedades limitadas, cabe refletir por que as hipóteses de serem as quotas transferíveis de modo condicionado ou livre eliminariam a possibilidade de aplicação do artigo 1.029.

Com efeito, em um contexto de cessão de quotas condicionada à vontade da unanimidade dos demais sócios ou de uma maioria, em que se tem caracterizado um regime de liberdade relativa na transferência de participações societárias, qual seria a saída para aquele que não obtivesse a anuência dos demais sócios ou da prefalada maioria? Deveria ele, mesmo contra a sua vontade, conformar-se com a necessidade de seguir ostentando o *status socii* até o eventual advento de uma das hipóteses contempladas no artigo 1.077? Tal fato não o transformaria em um autêntico prisioneiro da sociedade e refém de seus demais sócios, chocando-se com o princípio de direito contratual de que ninguém é obrigado a permanecer contratado por prazo indefinido? Efetivamente, esse não pode ser o caminho, porquanto direito de recesso e cessão de quotas são institutos distintos, como já grifado.

Mesmo no campo da livre cessão de participações societárias, em inúmeros casos concretos encontrar um interessado em adquiri-las e acordar em relação ao seu preço não traduzem missões singelas.

Como certeiramente anotam Erasmo Valladão Azevedo e Novaes França e Marcelo Vieira von Adamek, "a grande maioria das sociedades limi-

---

das em um ambiente de transferibilidade de quotas. Alexandre Ferreira de Assumpção Alves e Allan Nascimento Turano, por sua vez, referem-se de modo expresso aos "casos em que contrato social prevê a intransferibilidade das quotas, isto é, proíbe a sua cessão" (*Resolução da sociedade limitada em relação a um sócio e a ação de dissolução parcial*, p. 60).

tadas é formada *intuitu personae*, por um pequeno número de sócios, o que torna muito improvável a hipótese de um terceiro se interessar por tal aquisição"[111]. A prática demonstra a precisão dessa assertiva. Em regra, as quotas das sociedades limitadas têm pouquíssima liquidez. Muitas vezes, o simples fato de a sociedade ser marcada pelos atributos ou qualidades pessoais de seus sócios ou pelo convívio de pessoas com vínculos familiares ou com relacionamento próximo, funciona como um repelente natural a terceiros estranhos ao corpo social, que associam esse modelo a deficientes práticas de governança, a elevados custos de agência e, portanto, a uma maior insegurança nas relações societárias[112] e acabam optando por se valer de outras opções de investimento, dotadas de maior liquidez e classificadas como mais seguras quando comparadas com a aquisição de quotas de uma sociedade limitada.

A cessão de quotas por parte daquele que pretende deixar a sociedade a quem já ostenta o *status socii* também pode não ser simples. Por diversas vezes, esse desejo é manifestado quando se está diante da ruptura da *affectio societatis*. Se o clima é de desarmonia, de inexistência de confiança societária e de falta de *animus* para suportar as áleas comuns, qualquer acordo entre quem pretende se retirar e seus sócios ganha contornos de dificuldade, mormente para se chegar ao que julgam ser o preço justo pelas participações societárias.

Entre os argumentos que embasam a primeira corrente, há, ainda, o de que a extensão do direito de retirada "relaciona-se de forma direta com o regime de responsabilidade que caracteriza o tipo societário e com a possibilidade de cessão da participação dos sócios"[113]. A construção também não nos sensibiliza.

O exercício do direito de recesso na sociedade limitada não está diretamente ligado ao regime de transferência de quotas, como já sustentamos, e tampouco ao regime de responsabilidade de seus titulares. A disciplina da retirada não é ditada por esses dois quesitos. Não logramos visualizar, na lei, qualquer elemento capaz de conduzir o intérprete nessa direção. O fato de o

---

[111] *Notas sobre a sociedade perpétua*, p. 113.

[112] A insegurança pode guardar relação com a necessidade de se acompanhar mais de perto a administração; o receio de que as promoções não observem padrões de merecimento, mas sim traduzam o desejo do controlador de preservar o seu núcleo no poder; a expectativa de não receber informações periódicas, apresentadas de modo didático e preciso; a ausência de critérios efetivos para assegurar as esperadas boas práticas de governança corporativa etc. (Mariana Pinto, *Considerações sobre a saída do acionista de sociedade anônima fechada por sua iniciativa*, p. 197).

[113] Gustavo Tepedino, Heloisa Helena Barboza, Maria Celina Bodin de Moraes *et al.*, *Código Civil interpretado conforme a Constituição da República*, v. III, p. 232.

sócio desfrutar de limitação de responsabilidade não influi no modelo de recesso, para se concluir pelo afastamento da aplicação do disposto no artigo 1.029. Não se pode olvidar que, na sociedade simples pura, todos os sócios podem limitar suas responsabilidades ao valor de suas respectivas quotas, consoante permitido pelo inciso VIII do artigo 997. E, na sociedade em comandita simples, os comanditários são definidos a partir da limitação de suas responsabilidades ao valor de suas correspondentes quotas, a teor do artigo 1.045. Em nenhum desses casos se cogita afastar a incidência do artigo 1.029. Com efeito, a regulamentação do direito de retirada em cada tipo societário é determinada pelo disposto na lei, cuja interpretação é dirigida segundo a própria natureza da forma societária em referência.

Por seu turno, nos moldes da segunda corrente doutrinária apontada, as condições para o exercício do direito de recesso no âmbito da sociedade limitada variam de acordo com dois fatores: a adoção da regência supletiva pelas regras da sociedade simples ou pelos dispositivos constantes da Lei n. 6.404/76; e o fato de a pessoa jurídica ter sido constituída por prazo determinado ou indeterminado.

Dessa feita, (i) sendo a limitada regida supletivamente pelos preceitos próprios da sociedade simples, o artigo 1.029 a ela se aplicará, de modo que (a) possuindo prazo indeterminado, o direito de retirada poderá ser exercido imotivadamente, a qualquer momento, por meio de singelo pré-aviso com a antecedência mínima de 60 dias; e (b) contando com prazo determinado, o desligamento poderá operar-se judicialmente, mediante comprovação de justa causa (parte final do artigo 1.029), ou extrajudicialmente, nas hipóteses de modificação do contrato social, fusão ou incorporação (artigo 1.077); e (ii) sendo a limitada regida supletivamente pelas regras da Lei das Sociedades Anônimas, apenas será admitido o recesso motivado, de forma que, independentemente de seu prazo de duração, o desligamento somente poderá se verificar quando se estiver diante de uma daquelas referenciadas situações do artigo 1.077[114].

Conforme já destacamos no princípio de nossa exposição sobre o tema, partindo-se da premissa de que a limitada é uma sociedade contratual – e quanto a isso, enfatize-se, não paira qualquer dúvida – tem-se que todas as

---

[114] Conforme atesta Marcelo Guedes Nunes, "a prática jurídica, no entanto, vem reconhecendo a instabilidade do vínculo como inerente a todas as sociedades limitadas. Com isso, os quotistas de uma sociedade limitada de prazo indeterminado sempre terão direito de retirada imotivada, ainda que o seu contrato social contenha cláusula prevendo aplicação subsidiária da Lei das Sociedades Anônimas" (Dissolução parcial na sociedade limitada. In: COELHO, Fábio Ulhoa (Coord.). *Tratado de direito comercial*. São Paulo: Saraiva, 2015. v. 2, p. 231).

questões referentes à sua constituição, ao desfazimento do vínculo que une um ou mais sócios aos demais e à própria pessoa jurídica, à sua dissolução como um todo, à liquidação da quota de um ou mais sócios e à liquidação da sociedade como um todo obedecerão aos regramentos e aos princípios das sociedades contratuais.

As regras de forma da sociedade simples, constantes de seu capítulo específico do Código Civil, integram as regras de forma da sociedade limitada. Esse é o caminho natural, seja em função do viés contratualista de ambas as sociedades, seja pelo fato de os dispositivos da sociedade simples se apresentarem como regra geral em matéria de direito societário. Entretanto, o artigo 1.053 faculta que o contrato social afaste a regência supletiva pelos preceitos da sociedade simples e preveja que ela se dê pelos da Lei n. 6.404/76. De todo modo, as regras contempladas na Lei das Sociedades Anônimas somente poderão ser aplicadas à sociedade limitada se não contrariarem a sua natureza contratualista. É justamente por isso que todas às questões pertinentes à formação e ao desfazimento do vínculo societário são guiadas pelas regras da sociedade simples e não pelas da Lei n. 6.404/76.

Assim, ainda que os sócios tenham optado por prever no contrato social que a regência supletiva da sociedade limitada se dará pelos dispositivos constantes da Lei das Sociedades Anônimas, as questões relativas à formação, à dissolução total ou parcial e à liquidação serão regidas supletivamente pelos preceitos da sociedade simples, que assim como a limitada é sociedade contratual. Tais regramentos acabam por aderir aos do capítulo da limitada[115].

---

[115] Nesse passo, ao tratar do parágrafo único do artigo 1.053 do Código Civil, assim professa Paula Forgioni: "Interpretando esse dispositivo de forma sistemática e *de acordo com a realidade e tradição brasileiras*, não podemos chegar a conclusões outras senão as de que: (i) A disciplina das limitadas é composta dos dispositivos específicos, que se complementam pelas regras gerais das sociedades simples que com eles forem harmonizáveis ou compatíveis. E: (ii) Caso seja a vontade das partes, expressa no contrato social, a sociedade limitada (ou seja, o regramento da sociedade limitada, composto pelas regras específicas, por seu contrato social e pelas regras 'gerais' das sociedades simples) clama pela disciplina 'supletiva' (complementar) das sociedades anônimas. Eis a verdadeira e única inovação com relação ao método de colmatação empregado pelo diploma anterior: agora, as partes podem decidir que a sociedade será eminentemente de pessoas e recusar a disciplina típica (suplementar) das sociedades de capitais. Mas essa regência supletiva vem suprir o regramento 'total' das limitadas, construído conforme o comando do *caput* do art. 1.053, e não apenas na parte específica do Código. Insistimos: tomando em conta de consideração a evolução da realidade brasileira, outra não pode ser a interpretação do referido art. 1.053: as regras das sociedades [limitadas] completam-se *sempre* com aquelas gerais postas na disciplina das sociedades simples, e somente após chamam a 'regência supletiva' das

A submissão da sociedade limitada ao disposto no artigo 1.029 faz-se ainda mais evidente se considerarmos, como efetivamente consideramos[116], que ela se apresenta, em sua essência, como uma sociedade de pessoa, marcada pelo caráter *intuitu personae*. Ora, se a figura do sócio é elemento fundamental para a formação da pessoa jurídica; se os seus atributos, as suas habilidades, o seu conhecimento, a sua capacidade técnica e a confiança que ele transmite aos demais e guarda em relação aos mesmos possuem efetiva relevância no contexto societário, resta ainda mais justificada a possibilidade de ele vir a retirar-se da sociedade constituída por prazo indeterminado mediante simples pré-aviso aos demais, com a antecedência legal. Apesar de esse ser um argumento acessório, não podemos deixar de apresentá-lo.

Ainda no que tange à segunda corrente, cumpre enfrentar a seguinte questão: considerando – como o fazem os seus defensores – que o sócio que concorda em participar de sociedade limitada regida supletivamente pelas regras da Lei n. 6.404/76 "renuncia ao direito de retirada imotivada", já que nesse caso "admite-se apenas a retirada motivada"[117], qual caminho deve ser percorrido por aquele que pretenda deixar uma sociedade limitada constituída por prazo indeterminado, ante a inconteste ruptura da *affectio societatis*, se nenhuma das hipóteses indicadas no artigo 1.077 se verificar no caso concreto e, ainda, nenhum de seus sócios e nenhum terceiro quiser ou puder adquirir suas

---

sociedades anônimas. *Caso contrário teríamos um novo tipo societário, estranho à nossa evolução histórica e à nossa prática – e que em nada corresponde à nossa realidade –*, no qual as regras e os princípios das sociedades anônimas haveriam de ser diretamente aplicados ao regramento específico das limitadas. Assim fosse, e viveria entre nós um quasímodo sem passado, desconectado da evolução histórica, a zombar do competente trabalho doutrinário e jurisprudencial desenvolvido ao longo de mais de 50 anos. Não há a 'sociedade limitada simples' e a 'sociedade limitada anônima', mas *apenas a disciplina jurídica da sociedade limitada, composta da interação da parte específica do Código com sua parte geral* (hoje corporificada na sociedade simples) e que, se assim for a vontade das partes, pode ir além, chamando, naquilo que lhe for compatível, as regras e os princípios das sociedades anônimas. A história das sociedades comerciais – dizia-o Sylvio Marcondes – corresponde à evolução da satisfação jurídica de necessidades econômicas. Assim, seria desprovida de sentido a criação de um novo tipo societário não reclamado pela prática. Não podemos nos embrenhar por estrada cuja embocadura evitamos há mais de 50 anos; ao contrário, mostra-se mais prudente ampararmo-nos na realidade societária existente, e seguir em frente, que voltar e reacender infindáveis discussões que somente aumentam o grau de insegurança e de imprevisibilidade a que estão sujeitos os agentes econômicos que atuam no Brasil (*A unicidade do regramento jurídico das sociedades limitadas e o art. 1.053 do Código Civil: Usos e costumes e regência supletiva*, p. 222-223).

[116] Confira-se o item 2 do Capítulo 1.
[117] Fábio Ulhoa Coelho, *Curso de direito comercial: Direito de empresa*, v. 2, p. 421.

quotas? Deve valer-se da via judicial ou arbitral, em havendo convenção de arbitragem, para buscar a dissolução parcial da sociedade limitada e a apuração de seus haveres ou não tem sequer esse direito?

A adesão à primeira possibilidade se chocaria com o movimento identificado no contexto nacional, no sentido de se evitar a imposição de desnecessária judicialização. Não parece adequado compelir todo e qualquer sócio de sociedade limitada contratada por prazo indeterminado a propor demanda para fins de obtenção de um resultado (perda do *status socii*) que poderia ser alcançado extrajudicialmente[118].

Por outro lado, a adesão à segunda possibilidade implicaria relegar a limitada a uma situação de inferioridade quando comparada à sociedade anônima fechada constituída *cum intuitu personae*, uma vez que doutrina, jurisprudência[119] e mais recentemente o próprio legislador (cf. § 2º do artigo 599 do Código de Processo Civil) convergiram ao abraçar a possibilidade de propositura de ação de dissolução parcial desse tipo de sociedade, ante a impossibilidade do preenchimento de seu fim, quando verificada a ruptura da *affectio societatis*. Ora, se o acionista de uma companhia fechada constituída *cum intuitu personae* pode demandar judicialmente a dissolução parcial da pessoa

---

[118] Como demonstraremos no item 4.2.2 deste Capítulo 4, o sócio de uma sociedade limitada contratada por prazo indeterminado pode optar por submeter a sua pretensão à apreciação do Poder Judiciário ou de um Tribunal Arbitral, independentemente do envio de prévia notificação aos demais sócios e à própria pessoa jurídica, possuindo, pois, interesse de agir. Ele não precisa apresentar o seu pleito de desligamento à jurisdição estatal ou privada, mas pode fazê-lo.

[119] Nesse sentido, cabe conferir exemplificativamente os seguintes precedentes do Superior Tribunal de Justiça: (i) Embargos de Divergência no Recurso Especial n. 111.294/PR, relatado pelo Ministro Castro Filho e julgado à unanimidade pelos integrantes da Segunda Seção em 28.06.2006; (ii) Recurso Especial n. 507.490/RJ, relatado pelo Ministro Humberto Gomes de Barros e julgado por maioria pelos integrantes da Terceira Turma em 19.09.2006; (iii) Recurso Especial n. 651.722/PR, relatado pelo Ministro Carlos Alberto Menezes Direito e julgado à unanimidade pelos integrantes da Terceira Turma em 25.09.2006; (iv) Embargos de Divergência no Recurso Especial n. 419.174/SP, relatado pelo Ministro Aldir Passarinho Júnior e julgado à unanimidade pelos integrantes da Segunda Seção em 28.05.2008; (v) Agravo Regimental no Recurso Especial n. 1.079.763/SP, relatado pelo Ministro Aldir Passarinho Júnior e julgado à unanimidade pelos integrantes da Quarta Turma em 25.08.2009; (vi) Agravo Regimental no Agravo de Instrumento n. 1.013.095/RJ, relatado pelo Ministro Raul Araújo Filho e julgado à unanimidade pelos integrantes da Quarta Turma em 22.06.2010; (vii) Recurso Especial n. 1.128.431/SP, relatado pela Ministra Nancy Andrighi e julgado à unanimidade pelos integrantes da Terceira Turma em 11.10.2011; (viii) Embargos de Divergência no Recurso Especial n. 1.079.763/SP, relatado pelo Ministro Sidnei Beneti e julgado por maioria pelos integrantes da Segunda Seção em 25.04.2012; e (ix) Recurso Especial n. 1.303.284/PR, relatado pela Ministra Nancy Andrighi e julgado à unanimidade pelos integrantes da Terceira Turma em 16.04.2013.

jurídica e o correspondente pagamento de seus haveres, por que o sócio de uma sociedade limitada não poderia fazê-lo?

Em síntese conclusiva, apesar das respeitáveis posições em sentido contrário nesse que, sem dúvida, é um dos debates mais férteis do direito societário contemporâneo, nos mantemos fiéis ao entendimento de que o artigo 1.029 do Código Civil aplica-se irrestritamente às sociedades limitadas, conforme, inclusive, encontra-se construída a jurisprudência do Superior Tribunal de Justiça[120-121], sendo certo que o regime jurídico da retirada será informado segundo o prazo de vigência da pessoa jurídica.

---

[120] O Superior Tribunal de Justiça caminhou nessa direção, conforme refletido nas seguintes ementas: (i) "Recurso Especial. Direito Empresarial. Direito Societário. Sociedade limitada. Aplicação supletiva das normas relativas a sociedades anônimas. Art. 1.053 do CC. Possibilidade de retirada voluntária imotivada. Aplicação do art. 1.029 do CC. Liberdade de não permanecer associado garantida constitucionalmente. Art. 5º, XX, da CF. Omissão relativa à retirada imotivada na Lei n. 6.404/76. Omissão incompatível com a natureza das sociedades limitadas. Aplicação do art. 1.089 do CC. 1. Entendimento firmado por este Superior Tribunal no sentido de ser a regra do art. 1.029 do CC aplicável às sociedades limitadas, possibilitando a retirada imotivada do sócio e mostrando-se despiciendo, para tanto, o ajuizamento de ação de dissolução parcial. 2. Direito de retirada imotivada que, por decorrer da liberdade constitucional de não permanecer associado, garantida pelo inciso XX do art. 5º da CF, deve ser observado ainda que a sociedade limitada tenha regência supletiva da Lei n. 6.404/76 (Lei das Sociedades Anônimas). 3. A ausência de previsão na Lei n. 6.404/76 acerca da retirada imotivada não implica sua proibição nas sociedades limitadas regidas supletivamente pelas normas relativas às sociedades anônimas, especialmente quando o art. 1.089 do CC determina a aplicação supletiva do próprio Código Civil nas hipóteses de omissão daquele diploma. 4. Caso concreto em que, ainda que o contrato social tenha optado pela regência supletiva da Lei n. 6.404/76, há direito potestativo de retirada imotivada do sócio na sociedade limitada em questão. 5. Tendo sido devidamente exercido tal direito, conforme reconhecido na origem, não mais se mostra possível a convocação de reunião com a finalidade de deliberar sobre exclusão do sócio que já se retirou. 6. Recurso Especial provido" (Recurso Especial n. 1.839.078/SP, relatado pelo Ministro Paulo de Tarso Sanseverino e julgado à unanimidade pelos integrantes da Terceira Turma em 09.03.2021); (ii) "Agravo Interno no Agravo em Recurso Especial – Ação dissolução parcial de sociedade limitada – Decisão monocrática que negou provimento ao reclamo. Insurgência dos demandados. 1. A ausência de impugnação a fundamento do acórdão recorrido atrai o óbice da Súmula 283/STF, aplicável por analogia. 2. Reexaminar o entendimento do Tribunal local, demandaria revolvimento de matéria fático-probatória, inadmissível no apelo especial, por óbice da Súmula 7/STJ. 3. De acordo com orientação do Superior Tribunal de Justiça, '*o direito de retirada imotivada de sócio de sociedade limitada por tempo indeterminado constitui direito potestativo à luz dos princípios da autonomia da vontade e da liberdade de associação*' (REsp 1.403.947/MG, Rel. Ministro Ricardo Villas Bôas Cueva, Terceira Turma, julgado em 24/04/2018, *DJe* 30/04/2018)" (Agravo Interno no Agravo em Recurso Especial n. 829.037/RJ, relatado pelo Ministro Marco Buzzi e julgado à unanimidade pelos integrantes da Quarta Turma em 22.06.2020); (iii) "Recurso Especial. Ação de dissolução parcial de sociedade limitada de prazo indeterminado. Notificação prévia. Apuração de haveres. Data-base. Prazo de 60 dias. 1. Ação distribuída em 18/12/2009.

Recursos especiais interpostos em 4/9/2017 e 18/9/2017. Autos conclusos à Relatora em 17/4/2018. 2. O propósito recursal é definir a data-base para apuração dos haveres devidos ao sócio em caso de dissolução parcial de sociedade limitada de prazo indeterminado. 3. O direito de recesso, tratando-se de sociedade limitada constituída por prazo indeterminado, pode ser exercido mediante envio de notificação prévia, respeitado o prazo mínimo de sessenta dias. Inteligência do art. 1.029 do CC. 4. O contrato societário fica resolvido, em relação ao sócio retirante, após o transcurso de tal lapso temporal, devendo a data-base para apuração dos haveres levar em conta seu termo final. Recurso Especial não provido" (Recurso Especial n. 1.735.360/MG, relatado pela Ministra Nancy Andrighi e julgado à unanimidade pelos integrantes da Terceira Turma em 12.03.2019); (iv) "Recurso Especial. Direito Empresarial. Societário. Dissolução parcial. Sociedade limitada. Tempo indeterminado. Retirada do sócio. Direito potestativo. Autonomia da vontade. Apuração de haveres. Data-base. Artigo 1.029 do Código Civil de 2002. Notificação extrajudicial prévia. Postergação. 60 (sessenta) dias. Enunciado n. 13 – I Jornada de Direito Comercial – CJF. Art. 605, II, do Código de Processo Civil de 2015. 1. Recurso especial interposto contra acórdão publicado na vigência do Código de Processo Civil de 1973 (Enunciados Administrativos n°s. 2 e 3/STJ). 2. O direito de retirada imotivada de sócio de sociedade limitada por tempo indeterminado constitui direito potestativo à luz dos princípios da autonomia da vontade e da liberdade de associação. 3. Quando o direito de retirada é exteriorizado por meio de notificação extrajudicial, a apuração de haveres tem como data-base o recebimento do ato pela em presa. 4. O direito de recesso deve respeitar o lapso temporal mínimo de 60 (sessenta) dias, conforme o teor do art. 1.029 do CC/2002. 5. No caso concreto, em virtude do envio de notificação realizando o direito de retirada, o termo final para a apuração de haveres é, no mínimo, o sexagésimo dia, a contar do recebimento da notificação extrajudicial pela sociedade. 6. A decisão que decretar a dissolução parcial da sociedade deverá indicar a data de desligamento do sócio e o critério de apuração de haveres (Enunciado n. 13 da I Jornada de Direito Comercial – CJF). 7. O Código de Processo Civil de 2015 prevê expressamente que, na retirada imotivada do sócio, a data da resolução da sociedade é o sexagésimo dia após o recebimento pela sociedade da notificação do sócio retirante (art. 605, inciso II). 8. Recurso especial provido" (Recurso Especial n. 1.403.947/MG, relatado pelo Ministro Ricardo Villas Bôas Cueva e julgado à unanimidade pelos integrantes da Terceira Turma em 24.04.2018); e (v) "Recurso especial. Ação de dissolução de sociedade. 1. Violação dos arts. 535 e 538 do CPC/1973. Inexistência. Indicação de tema para prequestionamento. Ausente. Enunciado n. 98/STJ. Inaplicabilidade. 2. Exercício do direito de retirada. Direito potestativo. Notificação prévia e atendimento de prazo legal. Art. 1.029 do CC. Data-base para apuração de haveres. 3. Pagamento de haveres. Juros de mora. Termo inicial. Prazo nonagesimal para pagamento. 1.031. 4. Recurso especial da empresa parcialmente provido. Recurso especial da sócia retirante improvido. 1. Ação de dissolução parcial de sociedade ajuizada por sócio retirante contra a sociedade limitada e os demais sócios, a fim de obter a apuração dos haveres devidos. 2. Ausentes os vícios do art. 535 do CPC/1973, porque fundamentado de forma expressa e coerente, a rejeição dos embargos de declaração não implica em violação de dispositivo legal. 3. Do mesmo modo, não há violação do art. 538 do CPC/1973 quando os embargos de declaração opostos não deduzem questão cujo prequestionamento se faria necessário, não se aplicando, por consequência, o afastamento da multa na forma do enunciado n. 98 da Súmula do STJ. 2. O direito de retirada de sociedade constituída por tempo indeterminado, a partir do Código Civil de 2002, é direito potestativo que pode ser exercido mediante a simples notificação com antecedência mínima de sessenta dias (art. 1.029), dispensando a propositura de ação de dissolução parcial para tal finalidade. 3. Após o decurso do prazo, o contrato societário fica resolvido, de pleno direito, em relação ao sócio retirante, devendo serem apurados haveres e pagos os valores devidos na forma do art. 1.031 do CC, considerando-se, pois, termo final daquele prazo como a data-base para apuração dos haveres. 4. Inexistindo acordo e propondo-se ação de dissolução parcial com fins de apuração de haveres, os juros de

A regra do artigo 1.077 retrata hipótese especial de direito de recesso, que tem como traço marcante de sua especialidade os fatos de (i) aplicar-se de forma indistinta às sociedades limitadas, sejam elas contratadas por prazo determinado ou indeterminado de vigência; e (ii) realizar-se de modo específico: o sócio que dissentir de modificação do contrato social, fusão da sociedade, incorporação de outra, ou dela por outra exercerá o seu direito de retirada nos 30 dias subsequentes à data da assembleia ou da reunião de sócios na qual foi tomada a deliberação de que discordou, sob pena de decadência. A sua previsão legal não exclui a figura do recesso preconizada no artigo 1.029, que traduz hipótese geral, comum ou ordinária, com aplicação irrestrita às sociedades limitadas, independentemente do modo de regência supletiva eleito, por envolver matéria de resolução, ainda que parcial, do contrato de sociedade. As normas são, portanto, complementares e coexistentes.

Do próprio texto normativo do artigo 1.029, sobressai o seu caráter de regra geral para as sociedades contratuais. O dispositivo inicia-se com explícita ressalva: "Além dos casos previstos na lei ou no contrato, qualquer sócio pode retirar-se da sociedade [...]". O artigo 1.077 traduz justamente situação prevista em lei, específica e exclusivamente para a sociedade limitada. Desse modo, a par do caso especial de retirada do artigo 1.077, o sócio da sociedade limitada pode fazer uso do recesso geral, comum ou ordinário consubstanciado no artigo 1.029, em função do caráter contratualista que lhe dá vida. Essa exegese assegura a harmonia do sistema.

---

mora serão devidos após o transcurso do prazo nonagesimal contado desde a liquidação da quota devida (art. 1.031, §2º, do CC). Precedentes. 5. Recurso especial da empresa parcialmente dissolvida parcialmente provido. Recurso especial da sócia retirante improvido" (Recurso Especial n. 1.602.240/MG, relatado pelo Ministro Marco Aurélio Bellizze e julgado à unanimidade pelos integrantes da Terceira Turma em 06.12.2016).

[121] Em voto proferido por ocasião do julgamento do Recurso Especial n. 1.602.240/MG, último indicado na nota anterior, o Ministro Marco Aurélio Bellizze assim consignou: "Ao disciplinar o direito societário, o Código Civil de 2002 incorporou ao direito nacional o entendimento, já sedimentado jurisprudencialmente, de que o vínculo associativo não poderia ser imposto ao sócio que desejasse se retirar de sociedade constituída por prazo indeterminado, ainda que ausente a imposição de alteração contratual. Nesse rumo, excluídas as sociedades de capitais que seguem reguladas pela Lei n. 6.404/1976, o art. 1.029 do CC/2002 assegurou, de forma expressa, a possibilidade de retirada voluntária de sócios dos demais tipos societários, mediante a mera notificação da empresa, respeitado o prazo de sessenta dias de antecedência mínima. [...] Tecnicamente, o direito de retirada constitui-se, portanto, em direito potestativo positivado em favor de cada sócio, individualmente considerado. Desse modo, uma vez exercido o direito e respeitado o prazo de antecedência da notificação, opera-se plenamente a resilição do vínculo associativo individual, sujeitando os demais sócios e a empresa, independentemente de anuência ou de intervenção judicial".

Por tais razões, parece-nos que emprestar visão distinta a esse tema reflete verdadeira involução, em desprestígio à construção jurisprudencial que se consolidou no direito brasileiro sobre o exercício do direito de retirada pelo sócio de sociedade limitada.

4.2.2 – Exercício no âmbito das sociedades constituídas por prazo indeterminado

Diz o artigo 1.029 do Código Civil que, caso a sociedade seja constituída por prazo indeterminado, o exercício do direito de retirada se dará mediante o simples envio de uma notificação aos demais sócios, com antecedência mínima de 60 dias, sendo certo que, nos 30 dias subsequentes à referida notificação, poderão os sócios remanescentes optar pela dissolução total da sociedade. A regra suscita a apresentação de alguns breves comentários.

O legislador não teceu qualquer consideração em relação à forma da notificação indicada no preceito. Optou por referir-se pura e simplesmente a *notificação*. Nada mais. Desse modo, o essencial é que ela seja veiculada por um dos meios de comunicação de vontade existentes, capaz de fazer prova segura de que chegaram, a comunicação e o seu conteúdo, incólumes aos destinatários[122]. O direito de recesso pode, pois, ser exercido, *e.g.*, mediante carta protocolada, telegrama com aviso de recebimento, e-mail com confirmação de recebimento, notificação extrajudicial implementada via cartório de registro de títulos e documentos ou até mesmo de modo judicial[123].

No que tange ao conteúdo da aludida notificação, tem-se que, ao elaborá-la, o sócio não precisa declinar os motivos que o levaram a tomar sua decisão. Não precisa apresentar qualquer justificativa para o passo que está sendo dado. Basta deixar claro que, por meio dela, está exercendo o seu direito de retirada, traduzindo, pois, de forma inequívoca, a sua vontade de unilateralmente romper o vínculo societário que o une à sociedade e aos seus demais sócios. Justamente por isso, essa modalidade de recesso é por alguns chamada de denúncia vazia, oca, abstrata[124] ou simplesmente de denúncia desmotivada[125].

Quanto ao prazo de antecedência da mencionada notificação, o dispositivo em comento é categórico ao estabelecer que ela deverá conter "antece-

---

[122] Sérgio Campinho, *Curso de direito comercial: Direito de empresa*, item 6.11.2, p. 120.

[123] A notificação judicial vem prevista no artigo 726 do Código de Processo Civil.

[124] José Waldecy Lucena, *Das sociedades limitadas*, p. 676.

[125] Priscila Corrêa da Fonseca, *Dissolução parcial, retirada e exclusão de sócio*, p. 20.

dência mínima de sessenta dias". Logo, tem-se que esse prazo pode ser elastecido, mas não reduzido[126].

Avançando, cumpre tratar dos destinatários dessa notificação. O artigo 1.029 *sub examen* determina expressamente que ela seja enviada "aos demais sócios". Isso se justifica pelo fato de eles terem celebrado um contrato de sociedade que irá se resolver em relação ao notificante[127] e, ainda, para que possam refletir acerca da conveniência e da oportunidade de deliberarem a dissolução total da pessoa jurídica, como lhes faculta o parágrafo único do preceito em questão[128], o que será abordado em linhas seguintes. Mas isso não é tudo.

O artigo 605, inciso II, do Código de Processo Civil passou a prever a necessidade de também se notificar a própria sociedade, ao vir assim redigido: "a data da resolução da sociedade será: [...] II – na retirada imotivada, o sexagésimo dia seguinte ao do recebimento, *pela sociedade*, da notificação do sócio retirante". Essa notificação dirigida à pessoa jurídica tem o específico propósito de fixar a data de corte da apuração dos haveres do notificante, os quais, enfatize-se desde já, serão adimplidos pela própria sociedade[129].

Desse modo, a depender de seu destinatário, a notificação de recesso produz efeitos distintos: a dirigida aos demais sócios tem o condão de fixar a data da cessação dos direitos, deveres e obrigações do retirante e, ainda, a data limite para a realização de eventual assembleia ou reunião de sócios, para fins

---

[126] Arnoldo Wald observa que "a matéria pode ser regida pelo contrato social, que pode estabelecer prazos maiores, seja para a notificação, seja para o pagamento, desde que respeitado o princípio da autonomia da vontade" (*Comentários ao novo Código Civil*, v. XIV, p. 209). José Waldecy Lucena anota que "o contrato social" pode "ampliá-lo, mas jamais diminuí-lo" (*Das sociedades limitadas*, p. 959).

[127] Sérgio Campinho, *Curso de direito comercial: Direito de empresa*, item 6.11.2, p. 120.

[128] Nesse sentido: Arnoldo Wald, *Comentários ao novo Código Civil*, v. XIV, p. 209.

[129] Sérgio Campinho, coautor deste trabalho, assim registrou logo após o advento do citado diploma processual civil codificado: "O Código de Processo Civil de 2015 criou uma nova notificação (art. 605, II): a da sociedade. Essa notificação tem por escopo específico fixar a data de corte, ou seja, a data que será considerada como a data de saída do sócio retirante para exclusivamente definir a data que orientará a apuração de seus haveres (cf. item 7.12 deste Capítulo). Assim, a notificação ou as notificações aos demais sócios contempladas na primeira parte do *caput* do art. 1.029 do Código Civil – regra não revogada pelo Código de Processo Civil – ficam com o propósito de determinar a data de saída do sócio para a liberação de suas obrigações e a cessação dos direitos decorrentes do *status socii*, bem como para dar início à fluência do prazo de trinta dias para que os sócios decidam pela dissolução total da sociedade, diante da retirada formalizada" (*Curso de direito comercial: Direito de empresa*, item 7.10.11, p. 196).

de deliberação acerca da dissolução total da sociedade; já a enviada à pessoa jurídica presta-se a fixar a data de corte da apuração dos haveres[130].

A dissolução total apresenta-se como um possível desdobramento do envio da indigitada notificação[131]. Diversos motivos podem ensejar a sua deliberação, como, por exemplo, o fato de o retirante exercer um papel de protagonista no seio social, detendo não só o *know-how* da empresa explorada pela sociedade, como a confiança de clientes, fornecedores, funcionários e prestadores de serviços; ou o fato de os remanescentes atestarem que o adimplemento, pela pessoa jurídica, dos haveres devidos ao notificante, no prazo e na forma previstos no contrato social (ou, em seu silêncio, nos moldes estabelecidos no §2º do artigo 1.031 do Código Civil, por força, inclusive, do disposto no artigo 609 do Código de Processo Civil), é demasiadamente oneroso ou complexo, afigurando-se, assim, mais conveniente, proceder à liquidação da sociedade como um todo.

Nesse caso, deverá ser observado o mesmo quórum que se extrai da combinação dos artigos 1.076, inciso II e 1.071, inciso VI, ambos do Código Civil, indicado pelo legislador como sendo o aplicável à dissolução total da sociedade limitada, com a especificidade de ele não incidir sobre o capital so-

---

[130] Marcelo Guedes Nunes defende que, "apesar de o art. 1.029 do Código Civil mencionar *aos demais sócios*, em regra a notificação é dirigida à pessoa da sociedade, da qual todos participam, contra quem a denúncia está sendo oposta e a quem cabe, em última análise, o pagamento do reembolso" (*Dissolução parcial na sociedade limitada*, p. 232). Assim não nos parece. O *caput* do artigo 1.029 é claríssimo ao determinar sejam os demais sócios destinatários da notificação em questão. E assim o é, como destacado no corpo do texto, (i) para que o vínculo contratual seja desfeito em relação ao notificante; e (ii) para possibilitar que avaliem se devem, ou não, optar pela dissolução total da sociedade, como lhes faculta o parágrafo único do prefalado dispositivo.

[131] A opção, por parte dos demais sócios, ao longo desse interregno de 30 dias, pela dissolução total da sociedade, faz com que o exercício do direito de recesso reste prejudicado. Assim, nesse primeiro cenário, por um lado, o vínculo que une o sócio notificante à pessoa jurídica e aos seus demais sócios não é desfeito após o decurso do prazo mínimo de 60 dias e, por outro lado, a sociedade não precisa apurar o valor dos haveres e efetuar o correspondente pagamento. Há o seu imediato ingresso no estado de liquidação, no qual se desenvolverá o procedimento de liquidação. Nesse contexto, o liquidante praticará uma série de atos indicados na lei e supletivamente no contrato social, vinculados à ultimação dos negócios sociais, à realização de seu ativo, ao pagamento de seu passivo e à distribuição de um eventual saldo remanescente entre os seus sócios, incluindo aquele notificante. De todo modo, vale consignar que nada impede seja tal passo – opção pela dissolução total da sociedade – dado após o decurso daquele prazo de 30 dias. A diferença é que, nesse segundo cenário, o exercício do direito de retirada não resta prejudicado, verificando-se, portanto, o desfazimento do vínculo que une o sócio notificante à pessoa jurídica e aos seus demais sócios ao final do prazo mínimo de 60 dias e, ainda, a necessidade de apuração e pagamento de seus haveres, independentemente do ingresso da sociedade no estado de liquidação.

cial como um todo, mas apenas sobre as participações titularizadas pelos demais sócios, não se computando, pois, a fração do retirante. A interpretação sistemática conduz o intérprete nessa direção, permitindo a conciliação do quórum especialmente cunhado pelo legislador para a dissolução de pleno direito da sociedade limitada com uma base, um universo mais restrito, que apenas engloba as participações dos demais sócios[132].

À luz do desfazimento do vínculo societário que une o notificante à sociedade e aos demais sócios, caberá a esses últimos, nos moldes do disposto no §1º do artigo 1.031 do Código Civil, definir se irão reduzir o capital social ou suprir o valor da quota do retirante, o que apenas corrobora que são eles que devem definir se a dissolução total é, ou não, o melhor caminho.

Ainda no que pertine ao exercício dessa modalidade de retirada no âmbito de sociedade limitada constituída por prazo indeterminado, cabe aduzir que, se, por qualquer razão, após o recebimento da notificação do sócio dissidente, a sociedade e os remanescentes resistirem à pretensão ou ficarem inertes, permanecendo o retirante com seu nome indevidamente estampado no quadro social, como se sócio fosse, poderá ele ir a juízo ou instaurar procedimento arbitral, em havendo convenção de arbitragem, com o propósito de promover a apuração de seus haveres, sendo-lhe facultado cumular esse pedido com o de declaração de resolução da sociedade e, ainda, com o de se proceder a alteração do contrato social, pretensão essa que poderá, inclusive, ser objeto de tutela antecipada.

Por fim, cumpre indagar se um sócio de uma sociedade limitada contratada por prazo indeterminado poderia optar por, conforme o caso, submeter a sua pretensão à apreciação do Poder Judiciário ou se valer da via arbitral eleita, independentemente do envio de prévia notificação aos demais sócios e à própria pessoa jurídica, ou se tal passo estaria fadado ao fracasso, em decorrência da falta de interesse de agir. Conforme já tivemos a oportunidade de sustentar[133],

---

[132] Ao tratar do processo sistemático de interpretação, Carlos Maximiliano assim testemunha: "Possui todo corpo órgãos diversos; porém a autonomia das funções não importa em separação; operam-se, coordenados, os movimentos, e é difícil, por isso mesmo, compreender bem um elemento sem conhecer os outros, sem os comparar, verificar a recíproca interdependência, por mais que à primeira vista pareça imperceptível. O processo sistemático encontra fundamento na lei da solidariedade entre os fenômenos coexistentes". Logo adiante, acrescenta que "o Direito objetivo não é um conglomerado caótico de preceitos; constitui vasta unidade, organismo regular, sistema, conjunto harmônico de normas coordenadas, em interdependência metódica, embora fixada cada uma no seu lugar próprio". E arremata: "Cada preceito, portanto, é membro de um grande todo; por isso do exame em conjunto resulta bastante luz para o caso em apreço" (*Hermenêutica e aplicação do direito*, p. 105).

[133] *A legitimidade ativa na ação de dissolução parcial da sociedade limitada, à luz do novo Código de Processo Civil (Lei n. 13.105, de 16.3.2015)*, p. 69.

entendemos que o sócio sempre poderá apresentar perante a jurisdição estatal ou privada o seu pleito de desligamento do vínculo social, fazendo uso da ação de dissolução parcial[134]. Diversas situações práticas e de conveniência podem indicar ser esse o melhor caminho a ser percorrido por aquele que deseja deixar de ostentar o *status socii* e perceber o justo valor de seus haveres[135].

A possibilidade de ruptura do vínculo societário pela simples denúncia exercida pelo sócio que pretende deixar a sociedade não neutraliza e tampouco inviabiliza que tal rompimento se realize perante a jurisdição estatal ou privada. Faculta-se, pois, ao sócio, que exerça o seu direito de recesso por meio do ajuizamento da competente ação de dissolução parcial da sociedade, articulando a sua pretensão de desligamento formal do vínculo societário, com a consequente apuração judicial de seus haveres.

O fundamento jurídico a amparar o interesse de agir do sócio retirante reside na quebra da *affectio societatis*. A sua saída seria, desse modo, motivada, constituindo modalidade diversa da retirada decorrente da simples notificação prevista no artigo 1.029 do Código Civil, que configura a denúncia vazia, isto é, sem a necessidade de ser explicitada a causa, o motivo que ampara a pretensão de desligamento da sociedade, decorrendo, assim, do princípio de que ninguém é obrigado a permanecer contratado por prazo indeterminado. Na denúncia motivada, que se perfaz na via judicial ou arbitral, é suficiente a afirmação, pelo autor, da quebra da *affectio societatis*, não sendo exigível que se adentre no mérito desse rompimento e muito menos que se faça a sua prova[136].

4.2.3 – Exercício no âmbito das sociedades constituídas por prazo determinado

Preconiza o artigo 1.029 do Código Civil que, se a sociedade for contratada por prazo determinado, para exercer o direito de recesso, o sócio precisará provar judicialmente estar amparado em justa causa. A providência também poderá realizar-se no âmbito da jurisdição arbitral, caso exista convenção de arbitragem.

A razão de ser da regra é singela: ao constituírem uma sociedade por prazo determinado, os sócios se comprometem a seguir unidos, preservando,

---

[134] Como bem destacou o Ministro Ricardo Villas Bôas Cueva em voto proferido por ocasião do julgamento do Recurso Especial n. 1.403.947/MG, "a vontade do sócio retirante pode ser exteriorizada judicial ou extrajudicialmente, o que balizará o termo fixado para fins de apuração de haveres" (Recurso Especial n. 1.403.947/MG, relatado pelo Ministro Ricardo Villas Bôas Cueva e julgado à unanimidade pelos integrantes da Terceira Turma em 24.04.2018).

[135] A natureza do capítulo da sentença referente ao desfazimento do vínculo societário nessas duas hipóteses, tratadas nos dois últimos parágrafos, será abordada no item 2 do Capítulo 6.

[136] Sérgio Campinho, *Curso de direito comercial: Direito de empresa*, item 7.11.3, p. 212.

assim, ao longo daquele interregno previamente estabelecido, os investimentos que em conjunto fizeram e as posições assumidas. Desse modo, somente pode deixar de ostentar o *status socii* antes do advento do termo final de existência da sociedade o sócio que, na via judicial ou arbitral, comprovar possuir justa causa.

O legislador não apresentou uma definição de justa causa[137]. O conceito jurídico é aberto e indeterminado. De fato, qualquer noção mais hermética não teria o condão de capturar as mais distintas situações que, à luz de cada caso concreto, podem vir a se apresentar como justas causas para o desfazimento do vínculo societário, no âmbito de sociedade constituída por prazo determinado.

A nosso ver, a justa causa contemplada no referido artigo 1.029 pode estar atrelada, *v.g.*, ao desaparecimento de pressupostos e condições que levaram os sócios a celebrar o contrato de sociedade, ao descumprimento de deveres por parte de sócio ou sócios, à quebra da confiança ou à desinteligência grave entre eles e, de maneira geral, à ruptura da *affectio societatis*[138], sempre verificados caso

---

[137] A doutrina tem se dedicado a traçar os contornos da justa causa. Para Alfredo de Assis Gonçalves Neto, "essa justa causa, embora não definida na lei, não será o simples insucesso do empreendimento comum, que deflui naturalmente da álea do negócio, mas deverá ter como substrato, não necessariamente o ilícito, mas a alteração das circunstâncias que concretamente influem na atuação em sociedade, tais como: (i) o grave desentendimento entre os sócios na condução dos negócios sociais; (ii) a prática de atos ilícitos pelos administradores, sem providências para seu afastamento; (iii) a inexequibilidade dos fins sociais; (iv) o desligamento, por qualquer modo, ou a incapacidade superveniente do sócio de indústria ou administrador mais (ou o único) qualificado para o exercício das funções essenciais da atividade econômica desenvolvida pela sociedade, e assim por diante" (*Direito de empresa: Comentários aos artigos 966 a 1.195 do Código Civil*, p. 302). Marlon Tomazette, após salientar que o Código Civil "foi um tanto quanto lacônico", porquanto não definiu "a justa causa para a retirada dos sócios nas sociedades por prazo determinado", assim registra: "Pier Giusto Jaeger e Francesco Denozza afirmam que tal justa causa se identifica com eventos que não permitem a continuação da sociedade. Francesco Messineo fala que há justa causa quando não mais existe a confiança nos outros sócios. A decisão da existência ou não de justa causa deverá ser apreciada caso a caso pelo juiz, podendo-se ter como uma ideia geral a quebra da relação de confiança entre os sócios e da *affectio societatis*" (*Curso de direito empresarial: Teoria geral e direito societário*, v. 1, p. 316). Ricardo Negrão, por seu turno, defende que por justa causa "entende-se todo e qualquer ato, ou conjunto de atos, de um ou alguns sócios que impeça o prosseguimento da atividade comum, da vida societária". Em complementação, assim aduz: "Não são situações delineadas na lei, como ocorre com as aplicáveis para as sociedades por ações, tampouco hipóteses de largo espectro, como a que previa o Decreto n. 3.708/19. São demonstrações claras de fatos que, para o homem comum, impedem a realização dos fins sociais" (*Manual de direito comercial e de empresa*, v. 1, p. 311). Já Eduardo Goulart Pimenta sustenta que o termo "justa causa" se refere "ao cumprimento das obrigações dos sócios para com a sociedade e vice-versa". E prossegue: "Assim, para que o sócio de uma sociedade por prazo determinado possa pleitear o recesso societário ele precisa demonstrar que o contrato por ele firmado com os demais membros não está sendo devidamente cumprido, ao menos com relação a ele" (*Direito societário*. Rio de Janeiro: Elsevier, 2010. p. 124).

[138] Sérgio Campinho, coautor deste trabalho, dedicou ao tema as seguintes palavras: "Ajustada a sociedade com prazo determinado, a solução será diversa. O seu recesso dependerá de ação

a caso. Há que traduzir, pois, a prática de atos que comprometam ou inviabilizem a consecução do fim social, obstruindo a continuidade das relações societárias.

Para ser enquadrado como justa causa, o fato não pode ser demasiadamente antigo ou tampouco ter sido admitido ou tolerado, ainda que em outra ocasião, pelo sócio que ora pretende exercer o direito de retirada.

4.2.4 – Momento da produção de efeitos

Ainda no âmbito do estudo do artigo 1.029 do Código Civil, oportuna se faz a identificação de dois relevantes momentos: (i) a data em que o vínculo societário que une o retirante à sociedade e aos demais sócios deixa de existir; e (ii) a data a ser considerada para fins de apuração de seus haveres, usualmente denominada, no contencioso societário, de data de corte ou data-base.

Quando o direito de recesso é exercido no bojo de sociedade limitada constituída por prazo determinado mediante a comprovação judicial de justa causa, diz o artigo 605, inciso IV, do Código de Processo Civil que a data da resolução será a do trânsito em julgado da decisão que a dissolver. Desse modo, esse específico dia traduzirá a data em que o *status socii* deixará de existir e também funcionará como data de corte para fins de apuração de haveres. A previsão se alinha com a natureza jurídica da sentença que, nesse caso, é constitutiva negativa ou simplesmente desconstitutiva, na medida em que a ruptura do vínculo societário depende necessariamente do pronunciamento judicial, reconhecendo a justa causa exigida pela lei, o qual somente ocorre de forma definitiva com o trânsito em julgado.

A questão se faz mais sofisticada quando o direito de retirada é manifestado no seio de sociedade limitada contratada por prazo indeterminado, por meio do simples envio de notificação, na forma da lei, com antecedência mínima de 60 dias. Isso porque, por um lado, o *caput* do artigo 1.029 do Código Civil estabelece que o sócio dela poderá se retirar "mediante notificação *aos demais sócios*, com antecedência mínima de sessenta dias" e, por outro, o artigo 605, inciso II, do

---

judicial, em que deverá, para lograr êxito em sua pretensão, provar justa causa. No seu rol incluímos, sem prejuízo da concorrência de outras, a serem verificadas no caso concreto, dentro do princípio do livre convencimento do juiz, a hipótese da ruptura da *affectio societatis*, antes abordada, cujo desaparecimento justifica a dissolução da sociedade, ainda que parcialmente, em relação ao dissidente, por verificada a inexequibilidade do fim social (art. 1.034, II), ante a ausência de um dos pressupostos, ao lado da pluralidade de sócios, da existência do contrato de sociedade. Basta haver a quebra da *affectio societatis*, em função de o sócio discordar da forma de condução dos negócios sociais determinada pela maioria, para legitimar o exercício de seu direito de recesso. Nas sociedades de pessoa-contratual é o fato suficiente para assegurar a configuração da causa justificadora da manifestação do direito de retirada por parte do dissidente" (*Curso de direito comercial: Direito de empresa*, item 7.10.11, p. 196-197).

Código de Processo Civil – que, ressalte-se, não revogou o primeiro dispositivo mencionado – preconiza que a data da resolução da sociedade será "o sexagésimo dia seguinte ao do recebimento, *pela sociedade*, da notificação do sócio retirante".

Com o escopo de conferir racionalidade à convivência desses dois preceitos, parece-nos que a notificação dirigida aos demais sócios (*caput* do artigo 1.029 do diploma material civil) tem o condão de fixar a data da cessação dos direitos, deveres e obrigações do retirante e, ainda, a data limite para a realização de eventual assembleia ou reunião de sócios, para fins de deliberação acerca da dissolução total da sociedade; já a destinada à pessoa jurídica (artigo 605, inciso II, do diploma processual civil) presta-se a fixar a data de corte da apuração dos haveres do notificante[139].

Ainda no que tange ao exercício do direito de recesso de modo imotivado no âmbito de sociedade limitada contratada por prazo indeterminado, cumpre registrar que, se, por qualquer razão, após o recebimento da notificação enviada pelo retirante, a sociedade e os demais sócios resistirem à pretensão ou ficarem inertes, permanecendo o notificante com seu nome indevidamente estampado no quadro social, como se sócio fosse, poderá ele ir a juízo ou instaurar procedimento arbitral, em havendo convenção de arbitragem, com o propósito de promover a apuração de seus haveres, sendo-lhe facultado cumular esse pedido com o de declaração de resolução da sociedade e, ainda, com o de se proceder a alteração do contrato social, pretensão essa que poderá, inclusive, ser objeto de tutela antecipada.

In casu, o capítulo da sentença referente à confirmação do exercício do direito de retirada com amparo na parte inicial do *caput* do artigo 1.029 terá natureza declaratória, uma vez que simplesmente reconhecerá situação preexistente, e produzirá efeitos *ex tunc*, retroagindo à data da efetiva resolução do vínculo que unia o dissidente à sociedade; já o capítulo da sentença relativo ao pagamento de haveres terá natureza condenatória[140].

Por derradeiro, convém rememorar que, a nosso ver, o sócio de uma sociedade limitada contratada por prazo indeterminado sempre poderá optar por submeter sua pretensão dissolutória à jurisdição estatal ou privada, independentemente do envio de prévia notificação aos demais sócios e à própria sociedade, possuindo, assim, interesse de agir[141].

---

[139] Confira-se o item 4.2.2 do Capítulo 4.

[140] Nesse sentido, confira-se o nosso *A legitimidade ativa na ação de dissolução parcial da sociedade limitada, à luz do novo Código de Processo Civil (Lei n. 13.105, de 16.3.2015)*, p. 64.

[141] Confira-se o item 4.2.2 deste Capítulo 4 e, ainda, o nosso *A legitimidade ativa na ação de dissolução parcial da sociedade limitada, à luz do novo Código de Processo Civil (Lei n. 13.105, de 16.3.2015)*, p. 66.

5 – Exclusão

A exclusão consiste no afastamento compulsório do sócio da sociedade. Ao ser excluído, o sócio deixa a pessoa jurídica e perde o *status socii* involuntariamente[142]. É, por assim dizer, expulso, retirado, repelido, dispensado, eliminado da sociedade.

A exclusão se realiza, portanto, sem o consentimento do excluído e, em certos casos, até mesmo contra a sua própria vontade, pois, apesar de em muitas vezes entrar em colisão com os demais sócios, não apresenta o concreto e imediato ânimo de despedir-se da sociedade[143]. Ora pode configurar providência sancionadora, derivada do descumprimento de deveres sociais, ora pode revestir-se do objetivo de tutelar interesses de terceiros não sócios ou de obstar prejuízos à própria pessoa jurídica, em função de alterações na condição pessoal do sócio, sem, portanto, relacionar-se com uma punição[144].

A medida se apresenta, em linhas gerais, como um mecanismo de estabilização das relações societárias e de autotutela dos interesses sociais, amparando-se, pois, nos princípios da preservação da empresa e da sua função social[145-146].

---

[142] Nas palavras de Marcelo Guedes Nunes, "a exclusão é o inverso da retirada". Assim, "enquanto a retirada é a saída voluntária do sócio, a exclusão corresponde à saída involuntária" (*Dissolução parcial na sociedade limitada*, p. 235).

[143] Sérgio Campinho, *Curso de direito comercial: Direito de empresa*, item 7.10.12, p. 199.

[144] Fábio Ulhoa Coelho, *Curso de direito comercial: Direito de empresa*, v. 2, p. 403-404.

[145] Entre nós, o ponto foi explorado de forma pioneira por Rubens Requião, ao longo de sua tese denominada *A Preservação da Sociedade Comercial pela Exclusão do Sócio*, com a qual, no ano de 1959, alcançou a cátedra de Direito Comercial da Faculdade de Direito da Universidade do Paraná. Na introdução de seu trabalho, o autor registrava que o tema da exclusão "como técnica preservativa da sociedade comercial" possuía importância "indisfarçável", o que atestava por sua "presença constante nos escritórios dos advogados e nas controvérsias dos tribunais". Contudo, a doutrina dele se descurava. Nesse passo, assim aduzia: "Causa impressão, e não a disfarçamos no decorrer destas páginas, a circunstância de ter a jurisprudência de nossos tribunais avançado largos passos à frente da doutrina, no que se refere à exclusão do sócio, no sentido preservativo da sociedade. Nossos doutrinadores se mantiveram estacionários, enquanto os tribunais, em longas passadas, tanto quanto pode a cautela que os caracteriza, vêm delineando os modernos contornos do instituto, quebrando certos preconceitos e conquistando horizontes na elaboração de novas soluções" (*A preservação da sociedade comercial pela exclusão do sócio*. Tese apresentada para o concurso à cátedra de Direito Comercial da Faculdade de Direito da Universidade do Paraná. Curitiba, 1959. p. 15-16). Na síntese de Paula Forgioni: "Nessa matéria a jurisprudência caminhou sempre adiante da doutrina. Disseminada a criação pretoriana da dissolução parcial, o instituto ganhou progressivo prestígio entre os magistrados, que alargam suas fronteiras. Consagrou-se a possibilidade de expulsão de sócios do quadro societário, cuja motivação, em última instância, repousa sobre a preservação da empresa" (Possibilidade de

A exclusão apenas pode ocorrer de modo integral. Assim, um sócio não pode ser parcialmente excluído da sociedade. Tal medida atingirá a totalidade da participação do sócio, ensejando, como destacado anteriormente, a perda do *status socii* em função da completa ruptura do vínculo que o unia à pessoa jurídica e aos demais sócios. É, contudo, factível ocorrer a diminuição da participação societária na medida em que (i) admite-se a redução da quota do sócio remisso, nos termos do artigo 1.004 do Código Civil[147]; e (ii) a hipótese de liquidação da quota do devedor, prevista no parágrafo único do artigo 1.030 e no parágrafo único do artigo 1.026 do referido *Codex*, não precisa atingir a integralidade de sua participação societária[148]. De todo modo, as duas situações destacadas não se confundem com a exclusão, na medida em que nessa última há o efetivo desaparecimento do *status socii*, ao passo que naquelas há uma diminuição justificada da participação do sócio no contexto societário.

Antes do advento do Código Civil de 2002, também era possível implementar a exclusão do sócio nas esferas judicial ou extrajudicial. Nesse último

---

exclusão de sócio minoritário pelo fim da *affectio societatis* diante de previsão expressa no contrato social. In: FRANÇA, Erasmo Valladão Azevedo e Novaes; VON ADAMEK, Marcelo Vieira (Coord.). *Temas de direito empresarial e outros estudos em homenagem ao Professor Luiz Gastão Paes de Barros Leães*. São Paulo: Malheiros, 2014. p. 78-79).

[146] Em sua obra dedicada ao direito de exclusão de sócios nas sociedades comerciais, publicada originariamente em 1968, Avelãs Nunes já pontuava que "o direito de exclusão de sócios é hoje uma conquista do direito societário da generalidade dos países, radicando historicamente na ideia de utilidade da empresa social e na necessidade de preservar quanto possível as sociedades comerciais, os centros colectivos de actividade económica por elas erigidos, de todas as causas que possam afectar a desejada continuidade e normalidade do seu funcionamento". Adiante, reforçava que "a exclusão de sócios, configurada e actuada no interesse social, visa garantir a estabilidade da empresa social, no interesse da economia em geral e no interesse da comunidade dos sócios, satisfazendo do mesmo passo exigências do próprio comércio jurídico". Páginas à frente, asseverava que não seria "ousado afirmar que o fundamento jurídico do direito de exclusão de sócios pode ir buscar-se directamente à noção de sociedade como um contracto de *fim comum*, como *organização económica* que se deseja estável". E arremata: "O poder de a sociedade eliminar os elementos perturbadores ou inúteis é um meio de defesa que necessariamente lhe advém da própria finalidade para que os sócios a criaram" (*O direito de exclusão de sócios nas sociedades comerciais*. Coimbra: Almedina, 2002. p. 47-48 e 52). Sobre o tema, José Waldecy Lucena tece as seguintes considerações: "Da conjugação do princípio preservativo da empresa e do ente social que a explora com o princípio geral da resolução contratual por inadimplemento, consubstanciado em cláusula expressa ou em cláusula tácita de resolução, exsurge o poder jurídico de exclusão de sócio desajustado (com ou sem culpa), em vez de, na esteira do direito romano e da doutrina individualista, decretar-se a dissolução da sociedade, com a consequente extinção da empresa" (*Das sociedades limitadas*, p. 707).

[147] Confira-se o item 5.3 deste Capítulo 4.

[148] Confira-se o item 5.5 deste Capítulo 4.

caso, a expulsão se dava de modo singelo: bastava promover a alteração do contrato social e levá-la a registro. Àquela época, a exclusão extrajudicial era realizada com amparo no artigo 15 do Decreto n. 3.708/1919[149], independentemente da existência de cláusula contratual autorizativa. Em verdade, esse passo apenas não podia ser dado se o contrato social contivesse cláusula restritiva, à luz do disposto no artigo 35, inciso VI, da Lei n. 8.934/94[150] e do artigo 53, inciso VII, do Decreto n. 1.800/96[151-152].

O Código Civil de 2002 apresentou estrutura diversa e mais detalhada para a disciplina da matéria.

---

[149] Artigo 15 do Decreto n. 3.708/1919: "Art. 15. Assiste aos sócios que divergirem da alteração do contrato social a faculdade de se retirarem da sociedade, obtendo o reembolso da quantia correspondente ao seu capital, na proporção do último balanço aprovado. Ficam, porém, obrigados às prestações correspondentes às quotas respectivas, na parte em que essas prestações forem necessárias para pagamento das obrigações contraídas, até á data do registro definitivo da modificação do estatuto social".

[150] Artigo 35 da Lei n. 8.934/94: "Art. 35. Não podem ser arquivados: [...] VI – a alteração contratual, por deliberação majoritária do capital social, quando houver cláusula restritiva".

[151] Artigo 53 do Decreto n. 1.800/96: "Art. 53. Não podem ser arquivados: [...] VII – a alteração contratual produzida e assinada por sócios titulares de maioria do capital social, quando houver, em ato anterior, cláusula restritiva".

[152] Sobre o tema, Sérgio Campinho, coautor deste trabalho, assim anotava em seu *Sociedade por Quotas de Responsabilidade Limitada*: "A exclusão pode realizar-se judicial ou extrajudicialmente. É preferível para os sócios majoritários e para a própria sociedade que se faça desta última forma, eis que os efeitos do afastamento do sócio faltoso são imediatos, ao passo que na exclusão judicial, via de regra, só serão produzidos após o trânsito em julgado da sentença que o exclua, permanecendo, até lá, como sócio. Para efetivar-se a exclusão extrajudicial, basta aos sócios promoverem a alteração do contrato social, registrando-a no Registro Público de Empresas Mercantis, justificando, no respectivo instrumento, os motivos ensejadores do ato, fazendo dele constar o despedimento do sócio dissidente, apresentando a nova composição social, além de indicar o montante dos haveres devidos ao sócio excluído e colocá-los à sua disposição na tesouraria da sociedade. Posteriormente, devem realizar a sua notificação, dando-lhe ciência da exclusão e convocando-o para receber o valor dos haveres. A base legal a permitir a exclusão extrajudicial reside no artigo 15 do Dec. 3.708/19, o qual admite perfeitamente a interpretação de ser dispensável cláusula contratual a autorizá-la, porquanto consagra o princípio da maioria poder alterar o contrato social e a exclusão se faz mediante sua alteração. Na verdade, a exclusão extrajudicial não poderá realizar-se por obra da maioria somente se houver cláusula restritiva no contrato social, conforme deflui do inciso VI, do art. 35, da Lei n. 8.934/94 e do inciso VII, do art. 53, do Decreto 1.800/96. A Jurisprudência do Superior Tribunal de Justiça tem referendado o entendimento, tornando assente que 'a desarmonia entre os sócios é suscetível de acarretar a exclusão de um deles por deliberação da maioria, independentemente de previsão contratual ou de pronunciamento judicial'". Em nota de rodapé, fazia-se referência ao Recurso Especial n. 7.183/AM, relatado pelo Ministro Barros Monteiro e julgado à unanimidade pelos integrantes da Quarta Turma em 13.08.1991 (*Sociedade por quotas de responsabilidade limitada*, p. 119-121).

O capítulo que o aludido diploma codificado destina à sociedade limitada possui dispositivo diretamente voltado para o instituto da exclusão de sócio: trata-se do artigo 1.085, o qual preconiza a possibilidade de exclusão extrajudicial daquele que estiver pondo em risco a continuidade da empresa exercida pela sociedade, em função da prática de atos de inegável gravidade.

O mencionado preceito faz expressa referência ao artigo 1.030, que se encontra no capítulo que o Código Civil reserva para a sociedade simples. E ao fazê-lo, evidencia que o sócio de uma sociedade limitada também pode ser excluído (i) judicialmente por falta grave no cumprimento de suas obrigações; (ii) judicialmente em função de sua incapacidade superveniente; (iii) extrajudicialmente por ter sido declarado falido; e (iv) extrajudicialmente pelo fato de sua quota ter sido liquidada, nos moldes do parágrafo único do artigo 1.026 do citado diploma codificado.

Por fim, o prefalado artigo 1.030 refere-se, também de modo expresso, ao artigo 1.004, igualmente situado no capítulo próprio da sociedade simples, mas também aplicável à sociedade limitada. Esse dispositivo, por sua vez, prevê a possibilidade de exclusão extrajudicial do sócio remisso[153].

Todas essas hipóteses de exclusão constantes das regras de tipo da sociedade simples, cumpre anotar, se amoldam perfeitamente à sociedade limitada, em razão do caráter contratualista que lhe serve de fundamento.

Desse modo, o esquema jurídico da exclusão de sócio na sociedade limitada pode ser assim ordenado: (i) o sócio remisso pode ser excluído, por iniciativa da maioria dos demais sócios, de forma extrajudicial, nutrindo essa espécie de exclusão caráter sancionador (parágrafo único do artigo 1.004); (ii) o sócio cuja falência ou insolvência civil venha a ser decretada, na forma das respectivas leis de regência, e o sócio cuja quota venha a ser liquidada, nos termos do parágrafo único do artigo 1.026, são excluídos, de pleno direito e, portanto, no plano extrajudicial, não possuindo essas modalidades de exclusão caráter punitivo (parágrafo único do artigo 1.030); (iii) o sócio que cometer falta grave no cumprimento de suas obrigações e o sócio declarado incapaz por fato superveniente podem ser excluídos, por iniciativa da maioria dos demais sócios, na esfera judicial – ou arbitral, caso haja convenção de arbitragem –, sendo a primeira hipótese marcada pelo viés sancionador e a segunda não (*caput* do artigo 1.030); (iv) o sócio que também incorrer em falta grave no cumprimento de suas obrigações pode ser excluído, por iniciativa da maioria

---

[153] Não é só o *caput* do artigo 1.030 que guia o leitor na direção do artigo 1.004. A ele também nos remete o artigo 1.058, que, inserido no capítulo próprio da sociedade limitada, versa sobre a não integralização da quota do sócio remisso.

representativa de mais da metade do capital social, quando essa entender que ele está pondo em risco a continuidade da empresa explorada pela sociedade, sendo certo que essa espécie de exclusão se realiza de modo extrajudicial, mediante alteração do contrato social, desde que nele contemplada tal possibilidade, a qual também possui caráter punitivo (artigo 1.085). Essa modalidade de exclusão extrajudicial, entretanto, deverá obedecer a forma prescrita em lei. Assim, ressalvada a situação das sociedades constituídas por apenas dois sócios, somente poderá ser determinada em assembleia ou reunião de sócios especialmente convocada para esse fim, com a prévia ciência do sócio que se pretende excluir, de modo que ele tenha a oportunidade de comparecer ao conclave e exercer o seu direito de defesa.

A exclusão revela, portanto, um meio de desfazimento do vínculo societário em relação a um ou mais sócios, não afetando, porém, os demais vínculos plurilaterais decorrentes do contrato social. A sociedade prossegue em sua existência, em virtude da incolumidade dos demais vínculos remanescentes entre os sócios, até mesmo se forem eles reduzidos a um único liame, verificando-se, nesse caso, a unipessoalidade.

Diante do que foi exposto e buscando aferir a natureza jurídica da exclusão, tem-se que, dependendo de sua causa, revela-se (i) ora como um *direito potestativo* de uma certa maioria (parágrafo único do artigo 1.004); (ii) ora como um *direito subjetivo* (*a*) de uma determinada maioria, que deverá ser reconhecido na via judicial ou arbitral, existindo convenção de arbitragem (*caput* do artigo 1.030) ou, ainda, (*b*) de uma específica maioria, sujeito a ulterior confirmação judicial ou arbitral, em caso de contestação por parte do excluído (artigo 1.085); (iii) ora como *providência ex lege* (parágrafo único do artigo 1.030).

Ao longo das próximas páginas, trataremos especificamente de cada uma das modalidades de exclusão, começando pelas espécies de exclusão judicial e de imediato avançando em direção às de exclusão extrajudicial.

5.1 – A exclusão judicial do sócio por falta grave no cumprimento de suas obrigações

O *caput* do artigo 1.030 do Código Civil preconiza poder "o sócio ser excluído judicialmente, mediante iniciativa da maioria dos demais sócios, por falta grave no cumprimento de suas obrigações".

Ao vincular a possibilidade de exclusão judicial por falta grave à "iniciativa da maioria dos demais sócios", o legislador acolheu a possibilidade de afastamento não só do sócio minoritário, como também do sócio majoritário, controlador ou não[154]. Destarte, uma vez identificada a falta grave no cumprimento de suas obrigações, qualquer sócio, independentemente da fração do capital social que titularize, pode vir a ser excluído em juízo, pela iniciativa da maioria dos demais sócios, computada segundo suas participações societárias, com a desconsideração da participação daquele que se quer excluir.

Feita essa consideração inicial, cumpre analisar em que consiste a aludida "falta grave no cumprimento de suas obrigações", na medida em que o legislador se valeu de um conceito jurídico aberto e indeterminado.

Arnoldo Wald a define valendo-se das seguintes palavras[155]:

> A justa causa deve fundar-se em atos do sócio que possam afetar direitos e interesses da sociedade e até a sua continuidade e solidez, como seriam os relacionados à gestão danosa ou fraudulenta, uso indevido da firma, quebra dos deveres fiduciários e de lealdade em relação à sociedade, usurpação de oportunidade de negócio da empresa, e outros motivos graves, que acabam redundando na quebra da *affectio societatis*, por ato de sócio.

Referindo-se tanto à falta grave no cumprimento das obrigações do sócio, mencionada no artigo 1.030 em comento, quanto ao ato de inegável gravidade, previsto no artigo 1.085, sobre o qual nos debruçaremos no item 5.6 deste Capítulo 4, Modesto Carvalhosa sustenta traduzirem "a violação da lei ou do contrato social pelo sócio, ou sua ação ou omissão, que provoque a quebra da *affectio societatis*". Ato contínuo, afirma que "representa falta do sócio no cumprimento de suas obrigações não apenas o ato de violação das disposições do contrato social, mas o ato de infração da lei ou a *conduta* que provoque a desavença irremediável no corpo social", destacando, por derradeiro, que "a gravidade de tais faltas está no dano que representam à harmonia necessária entre os sócios para que a sociedade continue a cumprir seu fim"[156].

Após acertadamente aproximar as expressões "falta grave no cumprimento de suas obrigações" (artigo 1.030) e "atos de inegável gravidade que possam colocar em risco a continuidade da empresa" (artigo 1.085), Marcelo Vieira von Adamek registra que "não é toda e qualquer falta que pode legitimar a exclusão de sócio, mas somente aquela falta qualificada como 'grave' — ato de inegável gravidade que, tendo pertinência com a posição jurídica de sócio, inviabilize ou coloque em risco a própria continuidade da atividade social, tal

---

[154] Como demonstraremos no item 5.6 deste Capítulo 4, na esfera extrajudicial, a exclusão por falta grave apenas se volta na direção do sócio minoritário.

[155] *Comentários ao novo Código Civil*, v. XIV, p. 214.

[156] *Comentários ao Código Civil*, v. 13, p. 323.

como, de forma enfática, isso expressou o nosso legislador". Em arremate, acrescenta que "*falta grave* é, portanto, apenas aquela que objetivamente tenha essa agudeza (de 'inegável gravidade'), e não a que, discricionária ou arbitrariamente, assim a pretenda qualificar a maioria"[157].

José Waldecy Lucena, amparando-se nos ensinamentos de Arturo Dalmartello e António José Avelãs Nunes, entende que "todos os casos de não adimplemento, não importa se com ou sem culpa", incluem-se no conceito de "falta de dever de colaboração social, caracterizadora de *causa justificada* (Cód. Com., art. 339), ou de *culpa grave* (CC/2002, art. 1.030) ou de *atos de inegável gravidade* (idem, art. 1.085), para supedanear a exclusão do sócio inadimplente"[158].

Luis Felipe Spinelli, por sua vez, associa a falta grave ao descumprimento de deveres por parte do sócio[159].

Já Marcelo Guedes Nunes a atrela "a violações das obrigações constantes do contrato social como o inadimplemento da contribuição prevista no contrato social, atos ou omissões capazes de ameaçar o andamento dos negócios"[160].

Ricardo Negrão, por seu turno, consigna que "são graves as faltas que impedem o prosseguimento da atividade comum: a desídia, a incapacidade moral, o abuso, a prevaricação ou a fuga do sócio, conforme definia o art. 336 do Código Comercial"[161].

A nosso ver, a noção de *falta grave* contemplada no *caput* do artigo 1.030 sob exame relaciona-se com o comportamento do sócio que resulte no descumprimento de deveres de sócio e no inadimplemento de obrigações assumidas junto à pessoa jurídica capazes de comprometer ou prejudicar os negócios e as atividades sociais.

---

[157] Anotações sobre a exclusão de sócios por falta grave no regime do Código Civil. In: VON ADAMEK, Marcelo Vieira (Coord.). *Temas de direito societário e empresarial contemporâneos*. São Paulo: Malheiros, 2011. p. 187 e 189; e, ainda, Anotações sobre a exclusão de sócios por falta grave no regime do Código Civil. *Revista de Direito Mercantil Industrial, Econômico e Financeiro*. São Paulo: Malheiros, v. 158, abr./jun. de 2011. p. 112-113.

[158] *Das sociedades limitadas*, p. 708.

[159] *Exclusão de sócio por falta grave na sociedade limitada*. São Paulo: Quartier Latin, 2015. p. 74, 88 e 90.

[160] *Dissolução parcial na sociedade limitada*, p. 239.

[161] *Manual de direito comercial e de empresa*, v. 1, p. 327. Mais à frente, o citado autor volta ao tema, reiterando que "as hipóteses de falta grave, mediante reconhecimento judicial, referem-se a qualquer ato ou conjunto de atos que, praticados por um ou mais sócios, impeçam o prosseguimento da atividade comum" (*Manual de direito comercial e de empresa*, v. 1, p. 369).

A análise da existência, ou não, de falta grave deve sempre ser feita à luz do caso concreto. Como bem anota Marcelo Guedes Nunes, "a falta deve ser grave não apenas pelo ato em si, mas pelo contexto no qual ele é praticado"[162].

Ademais, para se caracterizar como grave, além da forte intensidade, a falta não pode ter sido cometida há largo espaço de tempo ou tampouco ter sido admitida ou tolerada em outra ocasião, quando protagonizada pelo mesmo ou por outro sócio. Ela tem que ser atual e gerar imediata reprovação do corpo social.

Incontáveis são os exemplos de falta grave. A título meramente ilustrativo, podemos indicar que ela é cometida pelo sócio que concorre com a própria sociedade sem contar com sua autorização; aproveita, em benefício próprio ou de terceiro, oportunidade de negócio da pessoa jurídica; apropria-se ou usa de modo indevido recursos ou bens da sociedade; oculta documentos, livros ou quaisquer outros bens da pessoa jurídica; atenta contra a integridade física ou assedia, sexual ou moralmente, funcionários da sociedade; divulga a terceiros informação sigilosa da pessoa jurídica ou falsa notícia sobre ela, entre outros. O essencial é que a conduta ou o comportamento do sócio esteja vinculado ao relacionamento societário, traduzido pela relação dos sócios entre si, do sócio com a sociedade ou com a empresa por ela exercida.

Para haver a exclusão judicial, portanto, não é suficiente a alegação de simples ruptura da *affectio societatis*[163]. Faz-se indispensável a comprovação

---

[162] *Dissolução parcial na sociedade limitada*, p. 239.

[163] O Superior Tribunal de Justiça vem caminhando nessa direção, nos moldes da seguinte ementa: "Agravo Interno no Recurso Especial. Aplicação do direito intertemporal. Enunciado administrativo n. 2/STJ. Dissolução parcial de sociedade cumulada com pedido de exclusão judicial de sócio minoritário. Alegação de quebra da *affectio societatis*. Insuficiência. Precedentes. Divergência jurisprudencial. Ausência de cotejo analítico. Não demonstração. Agravo improvido. 1. Na hipótese em exame, aplica-se o Enunciado 2 do Plenário do STJ: '*Aos recursos interpostos com fundamento no CPC/1973 (relativos a decisões publicadas até 17 de março de 2016) devem ser exigidos os requisitos de admissibilidade na forma nele prevista, com as interpretações dadas, até então, pela jurisprudência do Superior Tribunal de Justiça*'. 2. Cinge-se a controvérsia acerca da possibilidade de o sócio majoritário pleitear a dissolução parcial de sociedade por cotas de responsabilidade limitada, formada por dois sócios, com a expulsão judicial do sócio minoritário do seu quadro societário, sob a escusa de quebra da *affectio societatis*, quando não há especificação nem demonstração na petição inicial de eventual prática de justa causa por parte do sócio cuja exclusão se pretende. 3. A jurisprudência do Superior Tribunal de Justiça já se pronunciou sobre a questão, firmando entendimento no sentido de que: '*Para exclusão judicial de sócio, não basta a alegação de quebra da affectio societatis, mas a demonstração de justa causa, ou seja, dos motivos que ocasionaram essa quebra*'. (REsp 1.129.222/PR, Rel. Ministra Nancy Andrighi, Terceira Turma, julgado em 28/06/2011, *DJe* de 1º/08/2011). 4. Na hipótese, o Tribunal de origem, em consonância com o entendimento firmado nesta Corte Superior, reformou a

de que essa quebra advém de falta grave associada ao descumprimento de dever oriundo da condição de sócio – notadamente do dever de lealdade – ou de obrigação assumida perante a pessoa jurídica, vulnerando a sociedade e a empresa por ela realizada. No regime do Código Civil, a exclusão não é um ato discricionário da maioria.

A exclusão resultará na apuração e no pagamento dos haveres do excluído, facultando-se à sociedade pleitear indenização pelos danos eventualmente sofridos em decorrência de sua conduta, a fim de que tal prejuízo seja compensado com o valor do reembolso das quotas a ser apurado (artigo 602 do Código de Processo Civil).

O fato de a exclusão, na hipótese, ser judicial, não implica necessariamente que o levantamento dos haveres se faça em juízo. Em outros termos, o pedido de exclusão não deve ser obrigatoriamente formulado em conjunto com o pedido de apuração de haveres, os quais podem, assim, ser levantados pela sociedade extrajudicialmente, nos moldes do artigo 1.031 do Código Civil. Contudo, na prática do contencioso societário, é usual e frequente a cumulação, de forma que se resolva, no mesmo processo, a expulsão do sócio e a apuração e o pagamento do valor do reembolso, diante do caráter litigioso de que se revestem as respectivas pretensões, sendo certo que a via judicial é o caminho adequado para que a sociedade postule indenização compensável com o valor dos haveres a apurar.

Impende esclarecer que, quando a lei exigir que a exclusão se realize judicialmente, a senda judicial pode ser substituída pela via arbitral sempre

---

sentença exarada pelo Juízo singular, para julgar improcedente o pedido inicial, sob o fundamento de que as autoras buscam a dissolução parcial de sociedade empresária com a exclusão da sócia-ré, com base no singelo argumento de quebra da *affectio societatis*, ou seja, sem, contudo, alegarem causa específica que justificasse a exclusão da ré do quadro societário da segunda autora, o que desautoriza o acolhimento da pretensão inicial, visto que, para se pretender excluir sócio do quadro social de sociedade por cotas de responsabilidade limitada, faz-se necessária a prova da justa causa, o que não houve no caso dos autos. 5. Destarte, uma vez que o v. acórdão recorrido, ao resolver a controvérsia atinente ao pedido de expulsão judicial de sócio minoritário do quadro social de sociedade por cotas de responsabilidade limitada, adotou a orientação firmada pela jurisprudência desta Corte Superior, não há que falar em ofensa aos artigos 1.030 e 1.085 do Código Civil, tampouco em reforma do aresto hostilizado, que deve ser mantido por seus próprios fundamentos. 6. Para a correta demonstração da divergência jurisprudencial, deve haver o cotejo analítico com exposição das circunstâncias que identificam ou assemelham os casos confrontados, a fim de demonstrar a similitude fática entre os acórdãos impugnado e paradigma, bem como a existência de soluções jurídicas díspares, nos termos dos arts. 541, parágrafo único, do CPC e 255, §2º, do RISTJ, o que não houve no caso dos autos. 7. Agravo interno a que se nega provimento" (Agravo Interno no Recurso Especial n. 1.479.860/RJ, relatado pelo Ministro Lázaro Guimarães e julgado à unanimidade pelos integrantes da Quarta Turma em 20.09.2018).

que existir convenção de arbitragem, como na hipótese de cláusula compromissória presente no contrato social, submetendo a solução de divergências entre os sócios ou entre eles e a sociedade à arbitragem.

É possível requerer-se em juízo ou perante árbitro único ou Tribunal Arbitral tutela de urgência, de natureza cautelar, visando ao afastamento do sócio cuja exclusão se pleiteia, cumprindo, para tal, sejam demonstradas as presenças do *fomus boni iuris* e do *periculum in mora*.

Decretada a exclusão, leva-se a respectiva sentença a registro, promovendo-se, na sequência, a correspondente alteração contratual para espelhar a nova composição societária.

5.2 – A exclusão judicial do sócio em função de sua incapacidade superveniente

A sobrevinda incapacidade do sócio também é causa motivadora de sua exclusão judicial, não de forma automática, mas sim mediante a iniciativa da maioria dos demais sócios, sempre calculada segundo as suas participações no capital social, e não por cabeça.

Para amparar a pretensão de expulsão do sócio, a incapacidade deve ser necessariamente superveniente, pois somente ela tem o condão de promover as alterações das condições pessoais que motivaram a celebração do contrato de sociedade. Essa aferição deve ficar jungida à decisão da maioria dos demais sócios, a qual pode se dar no sentido da propositura da ação de exclusão ou da permanência do sócio incapaz no seio social. Nesse último caso, a continuação do sócio incapaz na sociedade precisa ajustar-se aos termos do §3º do artigo 974 do Código Civil[164]. Assim, em um cenário de incapacidade superveniente, o sócio pode seguir ostentando tal condição desde que, cumulativamente, (i) não exerça a administração da sociedade; (ii) o capital social esteja totalmente integralizado; e, (iii) como relativamente incapaz, seja assistido[165].

A hipótese não revela, pois, qualquer descumprimento de dever ou obrigação legal ou contratual por parte do sócio. Com efeito, essa modalidade

---

[164] Sérgio Campinho, *Curso de direito comercial: Direito de empresa*, item 6.11.3, p. 122.

[165] Com o advento da Lei n. 13.146/2015 (Estatuto da Pessoa com Deficiência), a incapacidade absoluta passou a atingir apenas os menores de 16 anos, vinculando-se simplesmente ao critério etário. Nesse passo, foram reformados os artigos 3º e 4º do Código Civil, os quais receberam as seguintes novas redações: "Art. 3º. São absolutamente incapazes de exercer pessoalmente os atos da vida civil os menores de 16 (dezesseis) anos". "Art. 4º. São incapazes, relativamente a certos atos ou à maneira de os exercer: I – os maiores de dezesseis e menores de dezoito anos; II – os ébrios habituais e os viciados em tóxico; III – aqueles que, por causa transitória ou permanente, não puderem exprimir sua vontade; IV – os pródigos. Parágrafo único. A capacidade dos indígenas será regulada por legislação especial".

de exclusão vincula-se à condição pessoal do sócio: antes ele gozava de plena capacidade e supervenientemente, por fato alheio à sua vontade, foi acometido por incapacidade.

Exige-se decisão judicial para a concretização dessa exclusão, porquanto caberá ao julgador perquirir se efetivamente, no caso concreto, a incapacidade do sócio implica alteração das condições pessoais que se refletem no desenvolvimento das relações sociais e na empresa realizada pela sociedade, conforme entendido pela maioria dos demais sócios que querem ver implementada tal expulsão. Cumpre valorar e ponderar os impactos da sobrevinda incapacidade no interesse e no fim social com as regras e os princípios de proteção dos interesses do incapaz.

Decretada a exclusão por sentença, deve-se levá-la a registro, seguida de alteração do contrato social para traduzir a nova formação societária.

5.3 – A exclusão extrajudicial do sócio remisso

O sócio quotista encontra-se obrigado a realizar as entradas de capital na forma e no prazo previstos no contrato social, ou, nele inexistindo tempo certo para a integralização das quotas, no prazo definido pela administração da sociedade ao proceder às chamadas de capital. Remisso será, portanto, aquele sócio que não se desincumbir tempestiva e adequadamente dessa obrigação.

O Código Civil, entretanto, exige, para a caracterização da mora, em qualquer hipótese, a prévia notificação do sócio inadimplente, com a concessão do prazo de 30 dias para o cumprimento da aludida obrigação (*caput* do artigo 1.004). Somente será considerado em mora o sócio que não adimplir a sua obrigação nesse interregno. A mora não é, assim, automática, dependendo da notificação do devedor e do decurso do prazo nela assinado.

Fica o sócio remisso responsável pelos danos causados à sociedade em função de sua mora. Faculta-se à maioria dos demais sócios preferir, à correspondente indenização, a sua exclusão ou a redução de sua quota ao montante já realizado (parágrafo único do artigo 1.004). Essa maioria também se estabelece segundo o valor das quotas de cada sócio, desconsiderando-se desse universo as do remisso.

A exclusão do sócio remisso funda-se, pois, na própria causa do contrato de sociedade, que tem por fim a realização de um escopo comum, a partir das contribuições de seus integrantes[166]. Faltando o sócio com os seus deveres

---

[166] Arnoldo Wald, *Comentários ao novo Código Civil*, v. XIV, p. 142.

de colaboração e contribuição para o desenvolvimento das atividades sociais, desaparece o seu direito de permanecer no corpo social, facultando-se à maioria dos demais sócios optar por sua exclusão, que será implementada de modo extrajudicial. Para a sua formalização, basta que os sócios procedam à alteração contratual que a materialize e a levem a registro, de forma a espelhar e publicizar a nova composição social.

O sócio remisso não fará jus ao reembolso do valor de suas quotas, mas terá o direito de receber as entradas de capital por ele realizadas[167], atualizadas monetariamente, com a dedução dos juros de mora e das demais prestações estabelecidas no contrato social, como a pena convencional, além das despesas atreladas ao ato de expulsão, desde que efetivamente comprovadas[168].

Em razão da exclusão, o capital social será reduzido no montante que corresponder à participação do sócio remisso. Para que não ocorra essa diminuição, mantendo-se como valor do capital social a importância fixada no contrato social, faculta-se aos sócios remanescentes a possibilidade de integralização da quantia que cabia ao sócio excluído realizar, tomando as respectivas quotas para si, ou, ainda, como outra opção à redução do capital social, transferindo-as do remisso para terceiro estranho ao corpo social (artigo 1.058 e §1º do artigo 1.031, ambos do Código Civil).

5.4 – A exclusão extrajudicial do sócio declarado falido

O sócio que venha a ter a sua falência decretada será de pleno direito excluído da sociedade, conforme preconiza o parágrafo único do artigo 1.030 do Código Civil[169]. Essa é uma modalidade de exclusão que se realiza independentemente de pronunciamento judicial, sendo desprovida de qualquer nota punitiva ao sócio, porquanto não há a necessidade de se perquirir a sua conduta.

Trata-se de uma exclusão impositiva, não podendo ser contornada pela sociedade ou pelos demais sócios, pois, na espécie, prevalece a tutela dos interesses da massa falida.

---

[167] Nesse sentido: Arnoldo Wald, *Comentários ao novo Código Civil*, v. XIV, p. 361; Fábio Ulhoa Coelho, *Curso de direito comercial: Direito de empresa*, v. 2, p. 402; Marlon Tomazette, *Curso de direito empresarial: Teoria geral e direito societário*, v. 1, p. 375-376; Marcelo Bertoldi e Marcia Carla Pereira Ribeiro, *Curso avançado de direito comercial*, p. 192; e Sérgio Campinho, *Curso de direito comercial: Direito de empresa*, item 7.10.1, p. 177. De modo distinto flui o entendimento de Alfredo de Assis Gonçalves Neto, para quem o sócio remisso excluído faz jus a apuração de haveres (*Direito de empresa: Comentários aos artigos 966 a 1.195 do Código Civil*, p. 229).

[168] Sérgio Campinho, *Curso de direito comercial: Direito de empresa*, item 7.10.1, p. 177.

[169] O mesmo se tem em relação ao sócio que tenha a sua insolvência civil declarada.

A quebra do sócio não acarreta a falência da sociedade ou tampouco a sua dissolução de pleno direito. Verificado o fato, suas participações societárias serão objeto de arrecadação pelo administrador judicial, ingressando como ativo na sua falência. Em se tratando de sociedade limitada, a quota do sócio será liquidada, apurando-se os seus haveres, que serão vertidos, caso positivos, para a massa falida como ativo falencial[170].

Entregue a respectiva soma ao juízo falimentar, os sócios remanescentes firmarão alteração contratual, para levá-la a registro e refletir a nova formação societária.

5.5 – A exclusão extrajudicial do sócio cuja quota tenha sido liquidada

A exclusão do sócio que tenha a sua quota liquidada nos moldes preconizados no parágrafo único do artigo 1.026 do Código Civil também se implementa de pleno direito e extrajudicialmente, à luz do disposto no parágrafo único do artigo 1.030 do mesmo diploma codificado.

A hipótese tem em mira proteger os interesses do credor particular do sócio, que persegue a satisfação de seu crédito, fazendo recair a execução sobre os haveres do devedor na sociedade. Encontra-se tal credor legitimado a requerer a liquidação da quota do sócio devedor, competindo à pessoa jurídica depositar, no juízo da execução, o correspondente valor em dinheiro, no prazo de até 90 dias contados a partir da data daquela liquidação.

Essa modalidade de exclusão também é impositiva e não possui natureza sancionadora, como se pode perceber. Após a entrega judicial dos valores apurados na liquidação da quota, cumpre aos sócios remanescentes celebrar alteração contratual e registrá-la, a fim de retratar a nova composição social.

5.6 – A exclusão extrajudicial do sócio que estiver pondo em risco a continuidade da empresa explorada pela sociedade, em função de atos de inegável gravidade

O artigo 1.085 do Código Civil contempla mais uma hipótese de exclusão extrajudicial, associada à prática de atos de inegável gravidade que ponham em risco a continuidade da empresa exercida pela sociedade.

Cabe reproduzir o referido preceito, de modo a tornar mais didática e direta a exposição que faremos na sequência:

---

[170] Sérgio Campinho, *Curso de direito comercial: Falência e recuperação de empresa*, item 212, p. 343. Sobre o tema, em aprofundamento, confira-se, como um todo, o mencionado item 212, no mesmo curso, p. 343-346.

Art. 1.085. Ressalvado o disposto no art. 1.030, quando a maioria dos sócios, representativa de mais da metade do capital social, entender que um ou mais sócios estão pondo em risco a continuidade da empresa, em virtude de atos de inegável gravidade, poderá excluí-los da sociedade, mediante alteração do contrato social, desde que prevista neste a exclusão por justa causa.
Parágrafo único. Ressalvado o caso em que haja apenas dois sócios na sociedade, a exclusão de um sócio somente poderá ser determinada em reunião ou assembleia especialmente convocada para esse fim, ciente o acusado em tempo hábil para permitir seu comparecimento e o exercício do direito de defesa.

A regra encontra-se no capítulo que o legislador dedicou à sociedade limitada, aplicando-se, pois, especificamente a esse tipo societário. Ademais, ao ressalvar expressamente a aplicação do disposto no artigo 1.030, o *traz*, por assim dizer, para o próprio capítulo da limitada.

A exclusão de sócio de sociedade limitada por falta grave é, portanto, regida por dois dispositivos normativos distintos: (i) o artigo 1.030, que cuida da *exclusão judicial*, está inserido no capítulo da sociedade simples e foi analisado no item 5.1 deste Capítulo 4; e (ii) o artigo 1.085, que trata da *exclusão extrajudicial*, localiza-se no capítulo da sociedade limitada e é objeto de nossa abordagem ao longo deste específico tópico.

É bem verdade que o artigo 1.030 se vale da expressão "falta grave no cumprimento de suas obrigações", ao passo que o artigo 1.085 se refere a "atos de inegável gravidade" que ponham "em risco a continuidade da empresa". Contudo, não há distinção valorativa entre as duas expressões[171]. Os dois conceitos jurídicos abertos e indeterminados nos remetem ao comportamento do sócio que resulte no descumprimento de deveres de sócio e no inadimplemento de obrigações assumidas junto à pessoa jurídica capazes de comprometer ou prejudicar os negócios e as atividades sociais[172].

Desse modo, não há ato de sócio que se enquadre como "falta grave no cumprimento de suas obrigações" (artigo 1.030) e não se apresente como ato "de inegável gravidade" (artigo 1.085) e vice-versa. Em outros termos, o ato

---

[171] Nesse sentido: Modesto Carvalhosa, *Comentários ao Código Civil*, v. 13, p. 313 e 323; Marcelo Vieira von Adamek, Anotações sobre a exclusão de sócios por falta grave no regime do Código Civil. In: VON ADAMEK, Marcelo Vieira (Coord.). *Temas de direito societário e empresarial contemporâneos*. São Paulo: Malheiros, 2011. p. 187; e, ainda, Anotações sobre a exclusão de sócios por falta grave no regime do Código Civil. *Revista de Direito Mercantil Industrial, Econômico e Financeiro*. São Paulo: Malheiros, v. 158, abr./jun. de 2011. p. 112; e Marcelo Guedes Nunes, *Dissolução parcial na sociedade limitada*, p. 239.

[172] Em complementação, remetemo-nos ao disposto no já aludido item 5.1, deste Capítulo 4.

que, em função de sua gravidade, enseja a exclusão judicial do artigo 1.030, também possibilita a exclusão extrajudicial do artigo 1.085, desde que, logicamente, reunidos os demais requisitos legais vinculados a cada uma dessas modalidades de exclusão.

A verificação da existência, ou não, de ato de inegável gravidade que ponha em risco a continuidade da empresa – ou seja, a verificação da existência, ou não, de falta grave apta a vulnerar os negócios e as atividades sociais – deve sempre ser feita à luz do caso concreto[173]. Ademais, para se caracterizar como grave, além da forte intensidade, a falta não pode ter sido cometida há largo espaço de tempo ou tampouco ter sido admitida ou tolerada em outra ocasião, quando protagonizada pelo mesmo ou por outro sócio. Ela tem que ser atual e gerar imediata reprovação do corpo social.

A alegação de simples ruptura da *affectio societatis* não é o bastante para possibilitar a exclusão extrajudicial[174]. Essa quebra costuma decorrer da falta grave. Porém, o fato de a *affectio societatis* ter sido rompida não pressupõe a existência de uma falta grave. É, portanto, indispensável a comprovação de que essa ruptura advém de ato de inegável gravidade associado ao descumprimento de dever oriundo da condição de sócio – notadamente do dever de lealdade – ou de obrigação assumida perante a pessoa jurídica, vulnerando a sociedade e a empresa por ela realizada. No regime do Código Civil, a exclusão não é um ato discricionário da maioria.

---

[173] Como observa Marcelo Guedes Nunes, "a falta deve ser grave não apenas pelo ato em si, mas pelo contexto no qual ele é praticado" (*Dissolução parcial na sociedade limitada*, p. 239).

[174] Nesse sentido: Sérgio Campinho, *Curso de direito comercial: Direito de empresa*, item 7.10.12, p. 201; Alfredo de Assis Gonçalves Neto, *Direito de empresa: Comentários aos artigos 966 a 1.195 do Código Civil*, p. 486; Marcelo Vieira von Adamek, Anotações sobre a exclusão de sócios por falta grave no regime do Código Civil. In: VON ADAMEK, Marcelo Vieira (Coord.). *Temas de direito societário e empresarial contemporâneos*. São Paulo: Malheiros, 2011. p. 189-190; e, ainda, Anotações sobre a exclusão de sócios por falta grave no regime do Código Civil. *Revista de Direito Mercantil Industrial, Econômico e Financeiro*. São Paulo: Malheiros, v. 158, abr./jun. de 2011. p. 113-114; Marlon Tomazette, *Curso de direito empresarial: Teoria geral e direito societário*, v. 1, p. 381. Em sentido contrário, Arnoldo Wald defende ser "causa bastante" para a exclusão do sócio "o fato de estar ele infringindo seus deveres básicos de fidelidade e confiança ou o simples desaparecimento da *affectio* como situação de fato" (*Comentários ao novo Código Civil*, v. XIV, p. 507). Nesse mesmo curso parece fluir o entendimento de José Waldecy Lucena, que assim sustenta: "Em compêndio, haveremos de concluir que a discórdia entre os sócios, se importar em quebra da *affectio societatis*, assim travando a marcha das atividades sociais, erigir-se-á em *justa causa/causa justificada* para a exclusão (CC/2002, art. 1.085; anterior Cód. de Comércio, art. 339), a qual poderá ser pronunciada extrajudicial ou judicialmente, consoante exposto aos itens precedentes" (*Das sociedades limitadas*, p. 778).

Somente o sócio minoritário de sociedade limitada pode ser excluído extrajudicialmente com amparo no artigo 1.085 sob análise. Isso porque, nos termos de seu *caput*, a iniciativa dessa espécie de exclusão compete à "maioria dos sócios, representativa de mais da metade do capital social". Assim, o sócio majoritário, controlador ou não, que venha a cometer falta grave, somente poderá ser excluído judicialmente, à luz do artigo 1.030.

Para que a exclusão extrajudicial prevista no mencionado artigo 1.085 possa ser implementada, faz-se necessário que o contrato social possua cláusula permissiva. Ao estabelecer tal condição, o legislador teve em mira assegurar clareza e transparência em relação a essa possibilidade, evitando fosse o minoritário faltoso surpreendido[175].

Por ocasião da inclusão da cláusula permissiva no contrato social, podem os sócios optar por uma redação que simplesmente preveja a possibilidade de exclusão extrajudicial em comento. A adoção de redação genérica é o bastante para a satisfação da exigência legal. Não impõe o legislador que os

---

[175] A doutrina, em sua maioria, critica a imposição de cláusula autorizativa. Modesto Carvalhosa a associa a um "evidente retrocesso em matéria de exclusão de sócio" (*Comentários ao Código Civil*, v. 13, p. 312). Alfredo de Assis Gonçalves Neto argumenta que, "com essa exigência, o Código Civil cria um entrave desnecessário à exclusão de sócio, quando poderia ter-se contentado com a deliberação fundada no motivo justo por ele declinado ('atos de inegável gravidade')" (*Direito de empresa: Comentários aos artigos 966 a 1.195 do Código Civil*, p. 484). Mauricio Moreira Menezes vai além ao consignar que a exigência "é de constitucionalidade duvidosa" (Considerações sobre o problema da exclusão de sócio da sociedade limitada por justa causa. *Revista Semestral de Direito Empresarial (RSDE)*. Rio de Janeiro: Renovar, n. 11, jul./dez. de 2012. p. 145; e, ainda, Reflexões sobre a exclusão de sócio da sociedade limitada por justa causa. In: YARSHELL, Flávio Luiz; PEREIRA, Guilherme Setoguti J. (Coord.). *Processo societário*. São Paulo: Quartier Latin, 2018. v. III, p. 557). Por outro lado, em defesa da cláusula autorizativa, José Marcelo Martins Proença tece as seguintes considerações: "Porém, o Código Civil de 2002, no artigo 1.085, passou a exigir a presença de cláusula específica no contrato social autorizando a exclusão extrajudicial do sócio por justa causa. Trata-se de disposição legal vista por muitos como retrocesso em relação à construção jurisprudencial e doutrinária até então erigida. Temos para nós que a crítica não prospera, uma vez que, sendo do interesse dos sócios a possibilidade de exclusão extrajudicial, devem eles negociar cláusula contratual nesse sentido. Além disso, a tendência da proteção institucional ao sócio minoritário dá guarida à modificação legal. Ou seja, não existindo previsão no contrato social para a exclusão extrajudicial, entenderam os sócios, quando da negociação dos termos do contrato social, que os minoritários não devem ficar sujeitos à deliberação majoritária em eventual exclusão. Portanto, os sócios de sociedade limitada somente poderão ser excluídos extrajudicialmente, por justa causa, quando existente cláusula contratual que a permita, bem como quando provado a prática de atos de inegável gravidade que coloque em risco a continuidade da empresa" (A ação judicial de exclusão de sócio nas sociedades limitadas: Legitimidade processual. In: YARSHELL, Flávio Luiz; PEREIRA, Guilherme Setoguti J. (Coord.). *Processo societário*. São Paulo: Quartier Latin, 2012. p. 421).

sócios confiram concretude à noção de falta grave. Tratá-la em abstrato atende. Não é preciso ir além. De todo modo, podem os sócios decidir fazê-lo e, a depender do caso concreto, tende a ser conveniente e oportuno assim proceder. Destarte, quando da concepção da cláusula autorizativa, podem os sócios preferir listar exemplificativamente atos e condutas que, a seu ver, seriam inegavelmente graves e colocariam em risco a empresa exercida pela sociedade. Esse caminho possui seus atrativos, como a potencial redução de divergências futuras quanto ao eventual enquadramento de determinado ato como falta grave e a possível simplificação da identificação de outras faltas graves, a partir do próprio conjunto de atos elencados e à luz da realidade daquela específica sociedade. Mas há, ainda, uma terceira possibilidade: a inclusão não de uma listagem exemplificativa (*numerus apertus*), mas sim taxativa (*numerus clausus*), situação em que as hipóteses de falta grave não expressamente contempladas apenas poderão ensejar a exclusão pela via judicial[176]. Portanto, o certo é que, ao redigirem a cláusula permissiva, devem os sócios refletir adequadamente sobre os impactos advindos de cada um desses três possíveis caminhos: redação genérica, listagem exemplificativa e listagem taxativa.

A cláusula autorizativa em questão pode ser originária, ou seja, nascer juntamente com a concepção e celebração do contrato social, ou derivada ou superveniente, isto é, vir a ser nele incorporada em um segundo momento, já no decurso da vida social, mediante a implementação da correspondente alteração, observando-se o quórum de mais da metade do capital social, nos moldes do artigo 1.076, inciso II, combinado com o artigo 1.071, inciso V, ambos do Código Civil.

De todo modo, para que a exclusão extrajudicial espelhada no artigo 1.085 *sub examen* possa se concretizar, deverá necessariamente ser deliberada em assembleia ou reunião de sócios especialmente convocada para esse fim, com a prévia ciência do sócio que se pretende excluir, de modo que ele tenha a oportunidade de comparecer ao conclave e exercer o direito de defender-se das imputações contra ele lançadas.

Na específica situação prevista no artigo 1.085 em análise, o conclave social não poderá, em nenhuma hipótese, deixar de existir[177], pois se apresenta

---

[176] Nesse sentido: Modesto Carvalhosa, *Comentários ao Código Civil*, v. 13, p. 315; e Marcelo Vieira von Adamek, Anotações sobre a exclusão de sócios por falta grave no regime do Código Civil. In: VON ADAMEK, Marcelo Vieira (Coord.). *Temas de direito societário e empresarial contemporâneos*. São Paulo: Malheiros, 2011. p. 195-196; e, ainda, Anotações sobre a exclusão de sócios por falta grave no regime do Código Civil. *Revista de Direito Mercantil Industrial, Econômico e Financeiro*. São Paulo: Malheiros, v. 158, abr./jun. de 2011. p. 118.

[177] Nesse sentido: Marcelo Vieira von Adamek, Anotações sobre a exclusão de sócios por falta grave no regime do Código Civil. In: VON ADAMEK, Marcelo Vieira (Coord.). *Temas de di-*

como uma condição para a implementação da exclusão extrajudicial de sócio de sociedade limitada, compondo, assim, a forma prescrita em lei para esse fim.

A assembleia ou reunião de sócios ocorrerá para que o sócio que se pretende excluir tenha a oportunidade de exercer o seu "direito de defesa", isto é, de se manifestar, oralmente ou por escrito, sobre os elementos caracterizadores da falta grave que dariam suporte à sua exclusão extrajudicial.

Ir ao conclave e nele se pronunciar são faculdades – e não deveres ou obrigações – do sócio excluendo. Assim, ele pode optar por sequer comparecer ou até mesmo por estar presente e guardar silêncio sobre um, alguns ou todos os pontos apresentados pelos demais sócios. A ausência e o silêncio do sócio que se deseja excluir não se voltam contra ele e tampouco interferem na regularidade da assembleia ou reunião de sócios. Impõe a lei, tão somente, que a ele seja dada essa oportunidade de exercer o seu direito de defesa[178-179].

---

reito societário e empresarial contemporâneos. São Paulo: Malheiros, 2011. p. 200; e, ainda, Anotações sobre a exclusão de sócios por falta grave no regime do Código Civil. *Revista de Direito Mercantil Industrial, Econômico e Financeiro*. São Paulo: Malheiros, v. 158, abr./jun. de 2011. p. 121.

[178] Nesse sentido, Modesto Carvalhosa assim assevera: "*Não é requisito* de validade da exclusão extrajudicial *o comparecimento* do sócio que se deseja excluir na reunião ou assembleia que deliberar sobre a exclusão, tampouco a apresentação por ele de 'defesa' ou de alegações. Por outro lado, a ausência do sócio indigitado não presume revelia, não se podendo daí deduzir sua confissão ficta de 'culpa'. O sócio ausente tem direito pleno de arguir o mérito da exclusão tanto quanto o tem o sócio presente" (*Comentários ao Código Civil*, v. 13, p. 319). Nesse mesmo curso flui o entendimento de Marcelo Vieira von Adamek: "[...] o comparecimento do sócio excluendo ao conclave e o uso da palavra para apresentação de defesa aos demais sócios não são *deveres* ou *ônus*, mas simples *faculdades*. Logo, a ausência do excluendo, de um lado, não impede que os demais sócios deliberem sua exclusão e, de outro, não implica admissão das imputações feitas (não há, por outras palavras, confissão ficta ou coisa que o valha), de modo que nada impede que posteriormente venha ele a exercer seu direito constitucional de ação para discutir a validade do ato perante o órgão jurisdicional competente. Por isso, antevendo o excluendo que – pouco importando os argumentos que tenha ou venha a apresentar – os demais sócios irão expulsá-lo, talvez prefira poupar-se de dissabores e não saciar a sanha sádica dos demais, deixando para debater eventuais ilegalidades perante juiz isento, imparcial e equidistante das partes. É uma opção válida que a lei assegura independentemente de o excluendo ter, ou não, comparecido à assembleia ou reunião, não se podendo inferir da sua ausência qualquer juízo de valor negativo" (Anotações sobre a exclusão de sócios por falta grave no regime do Código Civil. In: VON ADAMEK, Marcelo Vieira (Coord.). *Temas de direito societário e empresarial contemporâneos*. São Paulo: Malheiros, 2011. p. 202-203; e, ainda, com discretas distinções redacionais, Anotações sobre a exclusão de sócios por falta grave no regime do Código Civil. *Revista de Direito Mercantil Industrial, Econômico e Financeiro*. São Paulo: Malheiros, v. 158, abr./jun. de 2011. p. 123). Gustavo Tepedino, Heloisa Helena Barboza, Maria Celina Bodin de Moraes *et al.*, de modo direto, afirmam que "sua ausência ao conclave ou a decisão de não se manifestar não produzem qualquer efeito jurídico, nem no sentido de viciar a deliberação, nem no sentido de

De toda sorte, no dia a dia da advocacia societária, constatamos que a realização do conclave costuma render mais ônus do que bônus[180]. Por um

---

vedar-lhe posterior pretensão à anulação do conclave sob outro fundamento" (*Código Civil interpretado conforme a Constituição da República*, v. III, p. 256-257).

[179] Na visão de Modesto Carvalhosa, "se, no entanto, o excluído não esteve presente a esse conclave, deve ser cientificado da deliberação de exclusão, que é ato unilateral de caráter receptício" (*Comentários ao Código Civil*, v. 13, p. 320). Assim não nos parece. Os requisitos de validade dessa específica modalidade de exclusão extrajudicial constam do artigo 1.085 sob análise. O preceito nitidamente não contempla a necessidade de cientificação *a posteriori* do excluído que optou por não comparecer à assembleia ou à reunião de sócios.

[180] Sobre o tema, Sérgio Campinho, coautor deste trabalho, assim testemunhou, em seu *Curso de direito comercial: Direito de empresa*, logo após o advento do Código Civil: "[...] não nos pareceu proficiente a previsão da necessidade de convocação de reunião ou assembleia com a presença do excluído, a fim de que possa manifestar, querendo, o seu direito de defesa. Não nos sensibiliza o argumento explicitado por Miguel Reale e referendado no Relatório Final do relator do projeto de lei que redundou no atual Código, apresentado à Comissão Especial de Reforma, segundo o qual, por força de dispositivo constitucional que proíbe seja alguém privado dos seus bens sem o devido processo legal e o devido contraditório, foi assegurado ao sócio que está para ser excluído 'o direito de defesa, de maneira que o contraditório se estabeleça no seio da sociedade e depois possa continuar por vias judiciais'. Primeiro, porque não se verifica na espécie privação de bens, uma vez que o excluído receberá os valores a que faz jus em decorrência de sua participação societária. Apenas perde a condição de sócio. Segundo, porque as garantias do contraditório e da ampla defesa ficam preservadas, caso o excluído queira questionar o ato judicialmente. Em função de nossa experiência nas atuações judicial e extrajudicial em contendas societárias, temos que a realização de assembleia ou reunião em nada contribuirá para o aprimoramento do instituto da exclusão. Ao revés, será mais uma fonte de perpetração de disputas, estimulando o enfrentamento dos querelantes, sem as garantias, as seguranças e os fatores inibidores que o processo judicial assegura àquele que deseja exercer o seu direito de defesa" (*Curso de direito comercial: Direito de empresa*, item 7.10.12, p. 200-201). Marcelo Guedes Nunes, por sua vez, assim anota: "O Código Civil regulou mal a matéria e a exigência da reunião ou assembleia tem se mostrado inócua. Como, em regra, a exclusão ocorre em sociedades limitadas de pequeno porte, a convivência é cotidiana e, na maioria das vezes, diária, não sendo razoável esperar que dois ou três sócios apresentem em uma reunião formal um argumento ou documento novo, que já não tenha sido discutido e debatido algumas dezenas de vezes" (*Dissolução parcial na sociedade limitada*, p. 237). Já Mauricio Moreira Menezes registra que, "a se configurar a situação prevista pelo legislador, poderá o minoritário passar por momentos de gravíssimo constrangimento, sem que disso resulte qualquer vantagem a ele, aos demais sócios e à sociedade" (Considerações sobre o problema da exclusão de sócio da sociedade limitada por justa causa. *Revista Semestral de Direito Empresarial (RSDE)*. Rio de Janeiro: Renovar, n. 11, jul./dez. de 2012. p. 146; e, ainda, Reflexões sobre a exclusão de sócio da sociedade limitada por justa causa. In: YARSHELL, Flávio Luiz; PEREIRA, Guilherme Setoguti J. (Coord.). *Processo societário*. São Paulo: Quartier Latin, 2018. v. III, p. 558). Em sentido contrário, tem-se, nos seguintes termos, o entendimento de José Waldecy Lucena: "Se se exige justa causa para a exclusão e sendo esta medida extremamente grave, que atinge o patrimônio do sócio e, não raras vezes, macula a sua honra, como homem e como cidadão, e compromete seu conceito como empresário e homem de negócios, nada mais justo seja ele no mínimo convocado para tomar

lado, tem-se a conjugação de dois fatores que suprimem a utilidade da assembleia ou da reunião de sócios. O primeiro deles vincula-se ao fato de ser a exclusão um passo extremo no âmbito das relações societárias. Assim, em regra, uma vez traçada a rota de expulsão extrajudicial do minoritário, dificilmente os majoritários se sensibilizarão com argumentos que ele possa vir a apresentar em um conclave. O segundo guarda relação com o fato de o minoritário excluendo sequer precisar estar presente ou exercer direito de defesa, como já registrado anteriormente. Ele pode comparecer e se manifestar, mas não está, de modo algum, obrigado a fazê-lo. Sua ausência e seu silêncio, como se disse, não o prejudicam. Assim, constatando, *a posteriori*, que sua exclusão se deu em descompasso da lei, pode submeter a sua pretensão de invalidação ao Poder Judiciário, ou, na hipótese de convenção de arbitragem, a árbitro único ou a Tribunal Arbitral[181]. Por outro lado, usualmente tais encontros são penosos e não se prestam a salvar relações societárias já desgastadas. Ao revés: geralmente, agravam o nível de destruição e acirram os ânimos entre os envolvidos. Dessa feita, a providência costuma ser pouco útil e cercada de tensões.

Com o advento da Lei n. 13.792/2019, foi a exigência de realização de assembleia ou reunião de sócios afastada para a implementação da exclusão extrajudicial do artigo 1.085 em sociedades limitadas que contem com apenas dois sócios, porquanto, nessas sociedades, os fatores negativos destacados no parágrafo anterior reluziam de modo ainda mais intenso[182]. Assim, nesse cenário, caso o contrato social possua a cláusula permissiva, o majoritário poderá excluir extrajudicialmente o minoritário, independentemente da realização de qualquer conclave, mediante simples alteração do referido pacto social, declinando os elementos caracterizadores da falta grave.

Diz a lei, no parágrafo único do artigo 1.085 do Código Civil, que o conclave deverá ser especialmente convocado para esse fim da exclusão extrajudi-

---

conhecimento, de viva voz, das imputações que lhe são feitas, caracterizadoras de justa causa para sua expulsão do grêmio social, facultando-lhe então produzir a defesa que desejar, e que poderá até mesmo convencer seus pares, ou alguns deles, a votarem contra a expulsão, assim não logrando esta obter a votação majoritária necessária" (*Das sociedades limitadas*, p. 741).

[181] Perante a jurisdição estatal ou privada, conforme o caso, o minoritário excluendo poderá suscitar a própria inexistência de falta grave a embasar a sua exclusão ou, ainda, a inobservância, pela maioria, de formalidade legal para a sua implementação.

[182] Como pontua Alfredo de Assis Gonçalves Neto, "a regra veio consagrar o que já era sustentado pela doutrina e por algumas decisões de nossos Tribunais, cortando uma exigência absolutamente desnecessária". Mais adiante, assim aduz: "Abolida essa formalidade inútil, elimina-se, na maioria dos casos, uma indesejada oportunidade de os sócios acirrarem seus ânimos" (*Direito de empresa: Comentários aos artigos 966 a 1.195 do Código Civil*, p. 489).

cial, "ciente o acusado em tempo hábil para permitir seu comparecimento e o exercício do direito de defesa". Os interregnos mínimos de oito dias para a primeira convocação e de cinco dias para a segunda convocação, previstos no §3º do artigo 1.152 do mesmo diploma, funcionam como o indigitado tempo hábil.

Para que efetivamente tenha a oportunidade de exercer o seu "direito de defesa", não basta seja o excluendo convocado para o conclave, na forma do contrato social ou da lei, tal como os demais sócios, tomando ciência de seu local, data, horário e ordem do dia. É indispensável que ele conheça previamente os elementos que, na visão dos majoritários, caracterizam a sua falta grave. Nesse passo, não parece ser conveniente e oportuno que esses elementos caracterizadores da falta grave se tornem públicos, sendo veiculados, por exemplo, em editais de convocação publicados no diário oficial da localidade da sede da sociedade e em jornal de grande circulação, na medida em que isso ensejaria desnecessária e indesejada exposição do excluendo e da própria pessoa jurídica. Assim, nesse caso, parece ser lícito a ordem do dia apenas contemplar o assunto relativo à exclusão de sócio, sendo os motivos que a configuram disponibilizados ao excluendo, por qualquer meio de comunicação unilateral de caráter receptício, contanto que se comprove que efetivamente chegaram ao destinatário e que se tenha respeitado aquele mesmo prazo de antecedência indispensável à caracterização do tempo hábil.

Para fins de aferição do quórum de instalação da assembleia ou reunião de sócios, deve-se considerar a participação do excluendo, na medida em que, naquele momento, ele ainda ostentará o *status socii*. Instalado o conclave, a expulsão será aprovada se contar com o apoio, na expressão do *caput* do artigo 1.085, da "maioria dos sócios, representativa de mais da metade do capital social", ou seja, da maioria absoluta do capital social[183].

---

[183] Nesse sentido: Alfredo de Assis Gonçalves Neto, *Direito de empresa: Comentários aos artigos 966 a 1.195 do Código Civil*, p. 487; Arnoldo Wald, *Comentários ao novo Código Civil*, v. XIV, p. 501 e 510; Fábio Ulhoa Coelho, *Curso de direito comercial: Direito de empresa*, v. 2, p. 402; Marlon Tomazette, *Curso de direito empresarial: Teoria geral e direito societário*, v. 1, p. 381; e Modesto Carvalhosa, *Comentários ao Código Civil*, v. 13, p. 313. Há, porém, quem enxergue no preceito a presença de quórum complexo, composto por uma dupla maioria: aquela referente ao capital social (mais da metade do capital social) e outra relativa aos sócios (mais da metade dos sócios, contados, assim, por cabeça). Nesse passo, Priscila Corrêa da Fonseca assim expõe: "O dispositivo alude '*a maioria dos sócios, representativa de mais da metade do capital social*', exigindo para a aprovação da exclusão o voto não apenas da maioria dos sócios, mas também daqueles que possuam quotas representativas da maior parte do capital social. Melhor explicando, segundo a letra da lei, não basta que o sócio seja titular de quotas que lhe confiram a condição de majoritário para que possa ele deliberar a exclusão de qualquer outro de seus pares. Impõe-se, também, àqueles que desse modo pretendam decidir, que componham a maioria do

A decisão pela exclusão deverá necessariamente ser fundamentada, ainda que de modo sucinto, mas suficiente a possibilitar a posterior identificação do cumprimento do requisito de ser ela amparada em falta grave. Na hipótese de o sócio excluído demandar judicialmente, ou na via arbitral, conforme o caso, a invalidação de sua expulsão em função da inexistência de falta grave, estará a sociedade atrelada àqueles elementos e fundamentos refletidos na ata. Não poderá, pois, alterá-los ou substituí-los por outros verificados anteriormente ao conclave. Permanece, assim, a eles vinculada. Poderá, no entanto, eventualmente até mesmo em sede de reconvenção, trazer, em reforço, novos elementos e fundamentos, desvelados após a realização da assembleia ou reunião de sócios em que se deliberou o afastamento. A ausência ou a deficiente fundamentação constituem vícios capazes de invalidar a deliberação.

Deliberada a exclusão extrajudicial do sócio minoritário, será implementada a correspondente alteração do contrato social, a qual, logicamente, não dependerá da assinatura daquele, mas tão somente de sócio ou sócios que representem mais da metade do capital social.

Por derradeiro, cabe tecer uma breve consideração acerca do artigo 1.086 do Código Civil, o qual estabelece que, "efetuado o registro da alteração contratual, aplicar-se-á o disposto nos arts. 1.031 e 1.032". Esse último preceito, situado no capítulo da sociedade simples, preconiza que "a retirada, exclusão ou morte do sócio, não o exime, ou a seus herdeiros, da responsabilidade pelas obrigações sociais anteriores, até dois anos após averbada a resolução da sociedade; nem nos dois primeiros casos, pelas posteriores e em igual prazo, enquanto não se requerer a averbação". Há que se compreender adequadamente essa remissão feita, no artigo 1.086, ao artigo 1.032. Por força do disposto no *caput* do artigo 1.052, no âmbito da sociedade limitada, a responsabilidade de cada sócio é restrita ao valor de suas quotas, sendo certo que todos respondem solidariamente pela integralização do capital social. A referência feita no corpo do artigo 1.086 ao artigo 1.032 não pode passar ao largo dessa objetiva e limi-

---

quadro social". Mais adiante, assim conclui: "Como, por conseguinte, inviabilizada estará a exclusão sempre que a maioria dos sócios não detiver a maior parte das quotas sociais, ou vice-versa, ou seja, quando a titularidade da maior parte do capital não estiver afeta à maioria dos sócios. Nestes casos, a exclusão deverá ser deliberada judicialmente" (*Dissolução parcial, retirada e exclusão de sócio*, p. 30-31). Do mesmo modo: Marcelo Vieira von Adamek, Anotações sobre a exclusão de sócios por falta grave no regime do Código Civil. In: VON ADAMEK, Marcelo Vieira (Coord.). *Temas de direito societário e empresarial contemporâneos*. São Paulo: Malheiros, 2011. p. 204; e, ainda, Anotações sobre a exclusão de sócios por falta grave no regime do Código Civil. *Revista de Direito Mercantil Industrial, Econômico e Financeiro*. São Paulo: Malheiros, v. 158, abr./jun. de 2011. p. 124.

tadora regra. As interpretações sistemática e racional nos conduzem à conclusão de que, mesmo após o arquivamento da alteração contratual que reflete a sua exclusão, o antigo sócio da sociedade limitada seguirá respondendo pela integralização do capital social pelo prazo de até dois anos contado a partir da data do aludido arquivamento. Não há, pois, que se cogitar de um agravamento do regime de responsabilidade do excluído[184].

5.7 – Possibilidade de exclusão judicial nas hipóteses em que a lei autoriza a exclusão extrajudicial

Cumpre examinar interessante questão vinculada à possibilidade, ou não, de se requerer judicialmente a exclusão de um sócio na hipótese de o contrato social possuir cláusula que permita a sua realização de forma extrajudicial, nos moldes do artigo 1.085 do Código Civil. Nesse cenário, haveria interesse de agir? Em outros termos, haveria carência da ação, se a maioria representativa de mais da metade do capital social, entendendo que um sócio minoritário põe em risco a continuidade da empresa explorada pela sociedade, em função da prática de ato de inegável gravidade, deixasse de proceder à sua expulsão no campo extrajudicial, como contratualmente previsto, para promovê-la perante a jurisdição estatal?

A nosso ver, na situação cogitada, haveria, sim, interesse de agir, inexistindo, pois, carência da ação[185].

---

[184] Nesse sentido, Arnoldo Wald assim professa: "Com relação à previsão de responsabilidade pelo prazo de 2 (dois) anos, pelas dívidas sociais, entendemos que tal dispositivo legal deve ser interpretado de forma sistemática e em conformidade com a regra geral sobre a responsabilidade dos sócios. Tal interpretação sistemática impõe-se à medida que seria absurdo agravar o regime de responsabilidade do sócio excluído" (*Comentários ao novo Código Civil*, v. XIV, p. 520).

[185] Assim já sustentamos em nosso *A legitimidade ativa na ação de dissolução parcial da sociedade limitada, à luz do novo Código de Processo Civil (Lei n. 13.105, de 16.3.2015)*, p. 67-68. Nesse mesmo sentido: Erasmo Valladão Azevedo e Novaes França e Marcelo Vieira von Adamek. *Da ação de dissolução parcial de sociedade: Comentários breves ao CPC/2015*. São Paulo: Malheiros, 2016, p. 40-42; e Alfredo de Assis Gonçalves Neto, *Direito de empresa: Comentários aos artigos 966 a 1.195 do Código Civil*, p. 485. Em sentido diverso, Fábio Ulhoa Coelho consigna que a sociedade "só está legitimada para a ação de sua própria dissolução parcial no caso de exclusão de sócio, que não possa ser efetivada por meio de assembleia ou reunião", de modo que, "quando tem cabimento a exclusão extrajudicial (CC, art. 1.085), não se legitima a sociedade para a ação" (A ação de dissolução parcial de sociedade. *Revista de Informação Legislativa*, n. 190, abr./jun. de 2011. p. 151-152. Disponível em: https://www2.senado.leg.br/bdsf/bitstream/handle/id/242887/000923100.pdf?sequence=1&isAllowed=y. Acesso realizado em 1º.10.2020). Em semelhante curso, Priscila Corrêa da Fonseca defende ser manifesta a falta de interesse de agir da sociedade "quando é certo que tal eliminação pode ser alcançada mediante mera deliberação de sócios" (*Dissolução parcial, retirada e exclusão de sócio*, p. 92-93).

Com efeito, resta claro do sistema do Código Civil que a exclusão não é um ato discricionário da maioria, seja ela realizada de forma judicial ou extrajudicial. Deverá sempre estar pautada em uma justa causa eleita por lei a autorizá-la ou a ensejá-la, sendo uma delas o cometimento de falta grave que ponha em risco a continuidade da empresa explorada pela sociedade. Na hipótese de falta grave amparada no artigo 1.085, sempre terá o sócio excluído a possibilidade de postular a anulação da alteração contratual que materializou sua expulsão, comprovando a ausência de causa justificadora – ou, ainda, o descumprimento de formalidade legal –, o que faz com que a matéria fique, em última análise, sempre jungida ao controle judicial[186].

O próprio artigo 1.085, na parte inaugural de seu *caput*, faz uma expressa ressalva ao disposto no artigo 1.030, traduzindo, assim, que a possibilidade de a exclusão se realizar no plano extrajudicial não elimina a utilização da via judicial para se atingir o mesmo fim, em prestígio e em consonância com o princípio constitucional do acesso à justiça, pois a lei não pode excluir da apreciação do Poder Judiciário lesão ou ameaça a direito (artigo 5º, inciso XXXV, da Constituição Federal) e o ato caracterizador de falta grave põe em risco o desenvolvimento das relações sociais, a continuidade da empresa e, assim, o direito da sociedade que a realiza.

Diante de um eventual quadro de incerteza que venha a cercar, no caso concreto, a expulsão extrajudicial do sócio por falta grave, legitima-se a pretensão de a sociedade, por impulso de sócios titulares de quotas representativas da maioria do capital social, logo levar a questão jurídica para avaliação e decisão judicial. Busca-se, com a iniciativa, conferir maior segurança jurídica, advinda da estabilização gerada por uma decisão judicial transitada em julgado, sem prejuízo de se obter o afastamento do sócio em tutela de urgência. Em juízo, o sócio que se quer excluir poderá exercer, com todas as garantias do devido processo legal, os seus direitos ao contraditório e à ampla defesa.

O disposto no inciso V do artigo 600 do Código de Processo Civil não pode conduzir a uma conclusão diversa. Não cabe tomá-lo em sua literalidade, mas enxergá-lo de modo sistêmico. Ao conferir legitimidade à sociedade para promover a exclusão judicial nas hipóteses "em que a lei não autoriza a exclusão extrajudicial", quis apenas referir-se à legitimação ativa para a ação de dissolução parcial assentada nos termos do artigo 1.030 do Código Civil[187]. Nada mais. Ao prescrever que a ação pode ser proposta pela sociedade nas situações

---

[186] Sérgio Campinho, *Curso de direito comercial: Direito de empresa*, item 7.10.12, p. 201.
[187] Sérgio Campinho, *Curso de direito comercial: Direito de empresa*, item 7.11.3, p. 211.

em que não se tenha autorizada a exclusão extrajudicial, não desejou, com isso, obstar o seu ajuizamento quando encontrar-se contratualmente autorizado aquele caminho de expulsão.

Em conclusão, temos que a via da exclusão extrajudicial, amparada no artigo 1.085, não interdita a rota da expulsão judicial, fundada no *caput* do artigo 1.030, competindo aos sócios titulares de quotas representativas de mais da metade do capital social, em exercício de juízo de conveniência e oportunidade, optar por uma ou por outra, à luz das especificidades que venham a cercar o caso concreto, visando sempre conferir maior segurança e estabilidade à empresa realizada pela sociedade.

6 – Falecimento

A sucessão de participações societárias no âmbito da sociedade limitada é assunto de grande destaque, que demanda reflexão e adequado planejamento por parte dos sócios, ao confeccionarem o contrato social[188].

As quotas traduzem direito patrimonial do sócio, ligado à estrutura da sociedade e, assim, afetado a uma finalidade econômica. Vinculam-se às próprias criação e existência da pessoa jurídica e, por conseguinte, da empresa por ela realizada[189].

A questão sucessória das quotas envolve três centros de interesses distintos: o da sociedade, o dos sócios remanescentes e o dos sucessores do sócio falecido. Dessa multiplicidade de interesses podem resultar conflitos em função de divergências entre esses três polos, os quais potencialmente são capazes de pôr em risco a própria empresa exercida pela sociedade, que merece especial atenção por parte dos sócios e desfruta de efetiva proteção do direito, enquanto fonte de desenvolvimento econômico e social.

---

[188] A regra a ser observada na hipótese de falecimento de um ou mais sócios pode vir a ser incluída em um pacto parassocial. O contrato social não é, portanto, o único instrumento apto a refleti-la.

[189] Ana Frazão adequadamente demonstra essa peculiaridade que reveste a sucessão de participações societárias e que a distingue da sucessão tradicional, cujo objetivo é a repartição de um patrimônio estático em prol dos sucessores. Como professa, "quando se trata de participações societárias, a sucessão tem como objeto um patrimônio dinâmico, já afetado à determinada finalidade econômica" (A morte de sócio e o problema da sucessão das participações societárias. *Revista de Direito Empresarial (RDEmp)*. Belo Horizonte: Fórum, ano 12, n. 3, set./dez. de 2015, item 1. Disponível em: http://www.bidforum.com.br/bid/PDI0006.aspx?pdiCntd=239321. Acesso realizado em 31.10.2020). O ponto também é por ela abordado em seu A retirada e a morte de sócio nas sociedades limitadas de acordo com o anteprojeto do novo Código Comercial. In: COELHO, Fábio Ulhoa; LIMA, Tiago Asfor Rocha; NUNES, Marcelo Guedes (Coord.). *Novas reflexões sobre o projeto de Código Comercial*. São Paulo: Saraiva, 2015. p. 208.

Desse modo, no universo societário, a sucessão é especial e, por tudo isso, reclama adequada ponderação e definição *ex ante* pelos sócios. Devem eles traçar explícita e precisa prescrição contratual para orientar a solução a ser empregada à hipótese no momento de sua verificação.

O falecimento do sócio vem disciplinado no artigo 1.028 do Código Civil[190], preceito inserido no capítulo que o legislador dedica à sociedade simples, mas que se aplica à sociedade limitada, tendo em vista a natureza contratual da matéria que envolve o desfazimento do vínculo societário[191-192]. Não sendo a questão regulada no pacto social, surgem as opções legais para equacionar o fato jurídico em referência.

6.1 – A liquidação da quota

Nas sociedades por ações, o falecimento do acionista implica a transmissão automática de suas ações a seus sucessores, não desafiando o evento *morte do sócio* maiores indagações.

Nas sociedades limitadas, sob a égide do Decreto n. 3.708/1919, em razão da omissão incorrida, dividia-se a doutrina não só em relação à própria sobrevivência da sociedade diante do falecimento do sócio, mas também quanto à imediata sucessão, ou não, do falecido por seus herdeiros e legatários nos direitos decorrentes do *status socii*[193]. O Código Civil de 2002 – sob a in-

---

[190] Artigo 1.028 do Código Civil: "Art. 1.028. No caso de morte de sócio, liquidar-se-á sua quota, salvo: I – se o contrato dispuser diferentemente; II – se os sócios remanescentes optarem pela dissolução da sociedade; III – se, por acordo com os herdeiros, regular-se a substituição do sócio falecido".

[191] Sérgio Campinho, *Curso de direito comercial: Direito de empresa*, item 7.10.5, p. 185.

[192] De modo diverso, Fábio Ulhoa Coelho assim defende: "Já na sociedade limitada de vínculo estável, a regra se inverte. Se os sócios sobreviventes não querem o ingresso dos sucessores na sociedade ou estes não se interessam por fazer parte dela, a dissolução parcial dependerá necessariamente de acordo entre eles. Nas sociedades limitadas desse subtipo, a morte do sócio nunca importa diretamente a dissolução parcial, devendo os sucessores nela ingressar. Se uma das partes – sucessores ou sócios sobreviventes – não querem a apuração dos haveres, a outra tem de se conformar com a transferência das quotas do falecido aos sucessores. Assim é porque a LSA, norma de regência supletiva das limitadas desse subtipo, não prevê o reembolso das ações em favor dos sucessores do acionista falecido. Não se aplica a essas limitadas, por outro lado, o art. 1.028 do Código Civil, que se abriga no capítulo relativo às 'sociedades simples'. Em suma, se a limitada é de vínculo instável, a morte de sócio importa a dissolução parcial da sociedade, a menos que sucessores e sócios sobreviventes se ponham de acordo quanto ao ingresso na sociedade dos primeiros. Na limitada de vínculo estável, a morte não importa a dissolução parcial da sociedade, salvo se sucessores e sócios sobreviventes concordarem em realizar a apuração de haveres" (*Curso de direito comercial: Direito de empresa*, v. 2, p. 449).

[193] Confira-se: Sérgio Campinho, *Sociedade por quotas de responsabilidade limitada*, p. 100-102.

fluência da orientação traçada no direito italiano[194] e em consonância com a construção pretoriana nacional – consagrou, no *caput* de seu artigo 1.028, a regra geral a orientar a matéria.

Extrai-se do referido dispositivo normativo o comando segundo o qual a morte do sócio acarreta a liquidação de sua quota, para pagamento de seus sucessores. Esses não herdam, assim, a condição de sócio, mas desfrutam, a partir do evento, de um crédito em face da pessoa jurídica, que em função dele não se dissolve.

A solução referenda o princípio da preservação da empresa e de sua função social, mostrando-se adequada à teoria dos contratos plurilaterais, pois neles são admitidas movimentações de entrada e saída de contratantes – no caso, sócios –, sem a necessidade de alteração do objeto do contrato, que tem prosseguimento regular com a nova composição contratual – na hipótese, societária[195]. Com efeito, a sorte da sociedade e da empresa por ela explorada independe da sorte dos sócios, não sendo em princípio razoável que a pessoa jurídica seja extinta em função da morte de um ou alguns sócios. O modelo legal consagrado como regra é, portanto, o do desfazimento parcial do vínculo em relação ao falecido, devendo a sociedade, por meio de seu órgão de administração, apurar os correspondentes haveres e adimpli-los a seus sucessores.

6.2 – A liberdade contratual

A fórmula da lei, expressada no artigo 1.028 do Código Civil, em essência, prestigia a liberdade contratual. A regra contemplada no contrato social deverá sempre prosperar, com o intuito de assegurar a aplicação do tratamento idealizado pelos sócios para regular a questão. Desse modo, encontrando-se no contrato social dispositivo que afaste a liquidação da quota do sócio falecido, deve ele prevalecer para orientar o desenlace da situação[196].

Podem os sócios prever no contrato social, por exemplo, a admissão e o ingresso de herdeiros e legatários no quadro social, ou de apenas um ou alguns determinados sucessores. É factível, ainda, a inclusão de cláusula contratual que preconize a transmissão do ônus financeiro da sucessão para sócio ou

---

[194] O artigo 2.284 do Código Civil italiano foi a fonte de inspiração por ocasião da redação do artigo 1.028 do Código Civil de 2002, que àquele em muito se assemelha.

[195] Na lição de Tullio Ascarelli, os contratos plurilaterais são "contratos abertos" e "a saída de um sujeito é compatível com a possibilidade de continuação do grupo" (*Problemas das sociedades anônimas e direito comparado*, p. 411 e 413).

[196] Como já anotado, é possível que a regra a ser observada na situação de falecimento de um ou mais sócios conste de pacto parassocial.

terceiro não sócio, que passa, em contraprestação, a titularizar as quotas do falecido. Em todas essas situações, se visa a evitar o desembolso, por parte da sociedade, do valor dos haveres devidos aos sucessores do sócio pré-morto e, consequentemente, o impacto econômico-financeiro da liquidação da quota na pessoa jurídica.

Contudo, a usual opção de assunção das quotas por sucessores estranhos ao quadro social não se mostra como uma solução definitiva para se evitar o dispêndio com o valor dos haveres por parte da sociedade. Isso porque a previsão contratual é, em princípio, vinculante apenas para os sócios remanescentes e não para os sucessores do sócio falecido. Caso não funcionem no pacto social como parte, ou ao menos como signatários na qualidade de intervenientes, não se tem como a eles impor essa idealizada solução contratual. A cláusula, nessas condições, é a eles inoponível[197]. Fica-lhes, assim, assegurada a faculdade de ingressar na sociedade, assumindo a posição jurídica de sócio, ou de exigir a liquidação da quota.

À mingua de disposição contratual sobre a matéria, é que se aplica a regra geral da liquidação da quota. Permite-se, ainda, que os sócios remanescentes optem pela dissolução total da sociedade, ou que, "por acordo com os herdeiros", regulem a substituição do sócio falecido.

---

[197] Nesse sentido, Fábio Ulhoa Coelho observa que, se os sucessores resistem à formação do vínculo societário, "a morte do sócio é fato jurídico suficiente ao desencadeamento da dissolução parcial da sociedade". E prossegue: "Afinal, sendo contratual a sociedade e não havendo obrigatoriedade de sua contratação em nenhuma hipótese, segue-se que os sucessores do sócio falecido podem se recusar, sempre, a contratar a sociedade" (A dissolução de sociedades no Código de Processo Civil. In: YARSHELL, Flávio Luiz; PEREIRA, Guilherme Setoguti J. (Coord.). *Processo societário*. São Paulo: Quartier Latin, 2018. v. III, p. 158). Do mesmo modo, Marcelo Guedes Nunes assim salienta: "Já os sucessores podem recusar a entrada no quadro social. A vontade do sócio falecido e dos quotistas sobreviventes manifestada no contrato não os vincula, de tal forma que, a despeito da presença de cláusula nesse sentido, os sucessores podem, em razão da existência de passivos ou de incompatibilidade com os sobreviventes, optar por não ingressar na sociedade e requerer a apuração de seus haveres. Como ninguém pode ser obrigado a contratar, essa solução, além de tudo, se coaduna com a amplitude do direito de retirada. Nos casos de sociedades contratadas por prazo indeterminado, não faria sentido obrigar os sucessores a continuar quando eles titulam o direito de se retirar a qualquer tempo, ainda que injustificadamente" (*Dissolução parcial na sociedade limitada*, p. 227-228). Nesse mesmo curso, flui o escólio de Marlon Tomazette: "Todavia, havendo acordo dos sócios remanescentes ou cláusula contratual com os herdeiros, pode haver a substituição do sócio falecido, não havendo sequer a dissolução parcial da sociedade, mas apenas a entrada de um novo sócio. No caso da cláusula contratual, é óbvio que o ingresso dos herdeiros no quadro societário dependerá da manifestação deles, pois a declaração de vontade do sucedido não pode criar obrigações para eles" (Legitimidade na ação de dissolução parcial nas sociedades contratuais no CPC/2015. In: RIBEIRO, Marcia Carla Pereira; CARAMÊS, Guilherme Bonato Campos (Coord.). *Direito empresarial e o CPC/2015*. 2. ed. Belo Horizonte: Fórum, 2018. p. 38).

6.3 – A opção pela dissolução total

O recurso à dissolução total da sociedade na hipótese de falecimento de sócio ou de um determinado sócio já pode estar pactuado no contrato social como um remédio alternativo à liquidação da quota. Consoante assinalamos no item 6.2 deste Capítulo 4, a lei sempre prestigia a liberdade contratual e, assim, a prevalência da solução concebida pelos sócios no pacto social.

No entanto, ainda que essa fórmula não venha prevista no contrato social, a providência da dissolução total da sociedade é assegurada aos sócios remanescentes, e precedentemente à liquidação da quota, pois a lei não desconsiderou o fato de que essa liquidação pode provocar incontornáveis impactos econômico-financeiros na sociedade, pondo em xeque a sua estabilidade, diante do desembolso a que estará obrigada a fazer, inviabilizando, assim, o prosseguimento da própria empresa por ela realizada. Por outro lado, cabe, ainda, sopesar a circunstância de que o falecimento de um determinado sócio pode levar os demais a optar pela dissolução da sociedade em função do convencimento do relevante, e por vezes indispensável, papel por ele desempenhado para a evolução ou para o próprio prosseguimento da pessoa jurídica e de sua empresa.

Nesse caso, o resultado a ser encontrado, diante da dissolução integral da sociedade, será a liquidação total de seu patrimônio e a sua consequente extinção. Os sucessores, portanto, apenas concorrerão ao quinhão que tocaria ao sócio pré-morto no acervo remanescente.

De todo modo, a adoção desse caminho, quando já não contemplado no contrato social, exige absoluto consenso entre os sócios, ou seja, decisão unânime dos remanescentes. Soa-nos como proposital a referência feita no inciso II do artigo 1.028 do Código Civil a "os sócios remanescentes" e não à maioria dos sócios remanescentes. Assim, para a implementação dessa solução alternativa e não prevista no contrato social, todos os integrantes da pessoa jurídica devem estar de acordo[198].

Parece-nos, pois, que estamos diante de regra especial em relação àquela projetada no universo das sociedades limitadas, nas quais se exige especificamente o quórum de mais da metade do capital social para operar-se a dissolução (artigos 1.076, inciso II e 1.071, inciso VI)[199].

---

[198] Nesse sentido, flui o escólio de Arnoldo Wald (*Comentários ao novo Código Civil*, v. XIV, p. 205).

[199] Conforme demonstramos no item 2.1.2 do Capítulo 2, ao qual ora nos remetemos, à sociedade limitada, o legislador dedicou regra especial em relação às demais sociedades contratuais disciplinadas no Código Civil. Tal regra é extraída da combinação dos artigos 1.076, inciso II e 1.071,

6.4 – A livre negociação

Ainda em razão das tormentosas dificuldades advindas da resolução de conflitos sucessórios no âmbito da sociedade limitada, a lei também acena com a possibilidade de sua composição entre as partes interessadas na substituição do sócio falecido, prestigiando, diante da natureza contratualista do aludido tipo societário, a autonomia da vontade das partes para o encontro de uma solução de consenso. Portanto, a decisão dos sócios acerca desse "acordo com os herdeiros" para realizar-se a substituição do falecido deverá ser sempre tomada à unanimidade.

O acordo pode ser celebrado não apenas com os herdeiros do *de cujus*, consoante a literalidade do inciso III do artigo 1.028 do Código Civil, sendo também permitido que dele participem, por uma questão de lógica e racionalidade, os eventuais legatários e o eventual cônjuge meeiro sobrevivente[200]. Por se tratar de composição, a participação societária do sócio pré-morto pode até ser transferida para um terceiro, que assumirá a posição de sócio, desde que se verifique o consentimento unânime dos remanescentes e dos sucessores do falecido[201]. Parece-nos, inclusive, que a composição aventada no mencionado preceito possa ser implementada ainda que exista cláusula contratual dispondo sobre a sucessão, não só pelo fato de que a vinculação de sucessores exige as suas respectivas anuências, conforme anotado no item 6.2 deste Capítulo 4, *supra*, mas também, e principalmente, porque será sempre legítimo aos demais sócios e aos sucessores do sócio falecido regularem a sucessão da forma que melhor lhes aprouver. O acordo entre as partes nela envolvidas sempre será possível. Assim é que, mesmo diante da existência de cláusula contratual que preveja, por exemplo, o ingresso de todos os herdeiros na sociedade, poderão os sócios remanescentes e tais herdeiros acordar em sentido diverso, afastando, *ex post* e diante dos interesses revelados no caso concreto, ainda que episodicamente, a citada disposição contratual.

---

inciso VI, localizados justamente no capítulo desse tipo societário. Assim, independentemente do prazo de vigência da sociedade limitada, sua dissolução de pleno direito depende da deliberação de sócios que titularizem mais da metade do capital social.

[200] Sérgio Campinho, *Curso de direito comercial: Direito de empresa*, item 6.11.1, p. 119.
[201] Nesse sentido: Arnoldo Wald, *Comentários ao novo Código Civil*, v. XIV, p. 206.

Capítulo 5

A ação de dissolução parcial no Código de Processo Civil de 2015

1 – A ação de dissolução parcial de sociedade como um procedimento especial do Código de Processo Civil

O Código de Processo Civil de 2015 inovou ao dedicar um de seus capítulos, composto pelos artigos 599 a 609, exclusivamente à "ação de dissolução parcial de sociedade"[1], constituindo-a como um procedimento especial de jurisdição contenciosa. Antes do advento desse diploma, nenhum outro havia disciplinado essa relevante ação, que se revela como uma das principais demandas do contencioso societário.

O Código Comercial de 1850 cuidava tão somente da dissolução total. Contudo, como já tivemos a oportunidade de registrar[2], algumas das hipóteses elencadas em seus artigos 335 e 336 fomentaram a consagração do que se convencionou chamar, a partir da construção pretoriana, de *dissolução parcial da sociedade*[3], em prestígio à própria preservação da empresa. Desse modo, por um lado, assegurava-se ao sócio dissidente o direito de retirar-se da sociedade, mediante o recebimento de seus haveres e, por outro, repelia-se, como regra de princípio, a possibilidade de ele pretender dissolvê-la totalmente[4].

---

[1] Trata-se do Capítulo V, do Título III ("Dos Procedimentos Especiais"), do Livro I ("Do Processo de Conhecimento e do Cumprimento de Sentença"), da Parte Especial, do referido diploma codificado.

[2] Confira-se o item 1 do Capítulo 2 e o item 1 do Capítulo 4.

[3] A expressão *dissolução parcial* foi, e ainda é, alvo de severas críticas por parte da doutrina, sob o argumento de que a ideia de dissolução se associa necessariamente ao fim da vida normal da sociedade, ensejando a sua liquidação e culminando em sua extinção. Sobre a crítica terminológica em comento, confira-se o item 2 do Capítulo 4 deste trabalho.

[4] Conforme igualmente anotamos no item 1 do Capítulo 4, a construção ganhava sustentáculo no âmbito do próprio Decreto n. 3.708/1919 que, em seu artigo 15, expressamente preconizava assistir aos sócios que divergissem da alteração do contrato social "a faculdade de se retirarem da sociedade, obtendo o reembolso da quantia correspondente ao seu capital".

O Código de Processo Civil de 1939 também não enfrentou o tema da dissolução parcial; tratou apenas da dissolução total e da consequente liquidação da sociedade, ao longo de seus artigos 655 a 674. Possivelmente não o fez em função da "falta de compreensão clara, à época, do direito material correspondente à dissolução parcial"[5].

O Código de Processo Civil de 1973, por sua vez, perdeu a oportunidade de cuidar da matéria, de modo que, ao longo de sua vigência, a ação de dissolução parcial de sociedade sujeitou-se ao procedimento comum[6].

O longo silêncio legislativo foi quebrado pelo Código de Processo Civil de 2015, cujo Capítulo V ("Da Ação de Dissolução Parcial de Sociedade"), do Título III ("Dos Procedimentos Especiais"), do Livro I ("Do Processo de Conhecimento e do Cumprimento de Sentença"), de sua Parte Especial é justamente inaugurado pelo polêmico artigo 599, sobre o qual teceremos algumas considerações no item subsequente.

2 – Uma crítica ao teor do *caput* do artigo 599 do Código de Processo Civil

O artigo 599 do diploma processual civil de 2015 estabelece, em seu *caput*, que:

> A ação de dissolução parcial de sociedade pode ter por objeto:
>
> I – a resolução da sociedade empresária contratual ou simples em relação ao sócio falecido, excluído ou que exerceu o direito de retirada ou recesso; *e*
>
> II – a apuração dos haveres do sócio falecido, excluído ou que exerceu o direito de retirada ou recesso; *ou*
>
> III – somente a resolução *ou* a apuração de haveres [grifamos].

---

[5] Cassio Scarpinella Bueno. Ação de dissolução parcial de sociedade. In: COELHO, Fábio Ulhoa (Coord.). *Tratado de direito comercial*. São Paulo: Saraiva, 2015. v. 8, p. 392.

[6] Com precisão, Erasmo Valladão Azevedo e Novaes França e Marcelo Vieira von Adamek, assim observam: "Aliás, falha que se pode eventualmente reconhecer e atribuir ao CPC/1973 – embora compreensível e justificável à luz da realidade jurídica e econômica da época – é a de não ter trazido a disciplina para os processos societários. Essa falha, no entanto, tem uma explicação: o Anteprojeto Buzaid foi concebido na mesma época do Anteprojeto da Lei das S/A e houve aí uma dupla abdicação de atribuições: o CPC/1973 não disciplinou os processos societários (e inclusive eliminou a disciplina da cautelar de suspensão de deliberação assemblear prevista no anteprojeto) porque isso seria feito na Lei das S/A; esta, por sua vez, deixou de disciplinar a mesma matéria, na suposição de que o CPC/1973 viria a fazê-lo – e, assim, ao final, nenhum dos dois tratou de nada" (*Da ação de dissolução parcial de sociedade: Comentários breves ao CPC/2015*, p. 17).

Ao conferir ao *caput* do aludido preceito a redação reproduzida, o legislador culminou por estabelecer – de modo genérico e categórico, porém a nosso ver equivocado – que a expressão "ação de dissolução parcial de sociedade" pode contemplar (i) a pretensão de desfazimento do vínculo societário mantido entre o sócio e a sociedade (ação de dissolução parcial propriamente dita[7] ou *stricto sensu*[8]) cumulada com a de apuração de haveres; (ii) somente a pretensão de desfazimento do indigitado vínculo; ou (iii) somente a pretensão de apuração de haveres.

Dessa feita, em *ultima ratio*, pode-se ter, no batismo legal, uma "ação de dissolução parcial de sociedade" atrelada a um caso em que já se tenha efetivamente por desfeito o vínculo societário em relação a um ou mais sócios, restando pendente de definição judicial tão somente o valor e eventualmente o modo de pagamento de seus haveres.

Com o objetivo de tornar mais concreta a assertiva, tomemos um exemplo. Imaginemos que uma sociedade limitada, constituída por prazo indeterminado, possua cinco sócios e que, em um determinado momento, um deles opte por exercer o seu direito potestativo de recesso, com amparo no disposto no artigo 1.029 do Código Civil[9]. Os sócios remanescentes não criam qualquer embaraço em relação ao passo dado pelo retirante, de modo que, após o decurso do prazo de 60 dias previsto no mencionado preceito, todos firmam uma alteração contratual, refletindo adequadamente o desligamento e, ato contínuo, providenciam o seu registro. Entretanto, em paralelo, aquele que se retirou (e indubitavelmente não mais ostenta a condição de sócio) e os remanescentes divergem em relação ao valor dos haveres devidos pela sociedade ao primeiro, o que o leva a demandar em juízo a correta apuração dos mesmos. Na linguagem do Código de Processo Civil de 2015, essa não seria uma simples ação de apuração de haveres, mas sim uma "ação de dissolução parcial de sociedade", muito embora, enfatize-se, não haja mais qualquer sociedade a ser parcialmente dissolvida, pois o vínculo que a ela unia o retirante já desapareceu, mas simplesmente haveres a serem apurados.

Os institutos da dissolução parcial e da apuração de haveres não se confundem, sendo certo que ensejam a prolação de sentenças com conteúdos e naturezas jurídicas completamente distintos.

---

[7] Sérgio Campinho, *Curso de direito comercial: Direito de empresa*, item 7.11.1, p. 206.

[8] Erasmo Valladão Azevedo e Novaes França e Marcelo Vieira von Adamek, *Da ação de dissolução parcial de sociedade: Comentários breves ao CPC/2015*, p. 17.

[9] Sobre a aplicação do artigo 1.029 do Código Civil às sociedades limitadas, cabe conferir o item 4.2.1 do Capítulo 4 desta obra e, ainda, o nosso *O recesso na sociedade limitada*, p. 115-153.

Por um lado, a ação de dissolução parcial propriamente dita se manifesta pela ruptura do vínculo que une o sócio à sociedade e aos seus demais sócios, desafiando sentença de natureza constitutiva negativa ou desconstitutiva. Por outro lado, a ação autônoma de apuração de haveres pressupõe o prévio desfazimento do referido vínculo e rende ensejo à sentença de natureza condenatória[10].

Na hipótese de cumulação de ambos os pedidos, logicamente o capítulo da sentença que se voltar para o tema da dissolução terá natureza constitutiva negativa ou desconstitutiva e o que tratar da apuração de haveres terá, por seu turno, natureza condenatória.

Parece-nos que o legislador, ao redigir o artigo 599, teve a simples intenção de estabelecer que as regras constantes do Capítulo V, do Título III, do Livro I, da Parte Especial, do *Codex* de 2015 se aplicariam tanto no caso de cumulação de pedidos, quanto no de não cumulação. Todavia, ao fazê-lo, não se valeu de boa técnica. O *caput* do preceito em comento indiscutivelmente culminou por atribuir à ação autônoma de apuração de haveres o *nomen iuris* de "ação de dissolução parcial de sociedade", o que não deveria ter ocorrido,

---

[10] Sérgio Campinho, *Curso de direito comercial: Direito de empresa*, item 7.11.1, p. 206. Nesse mesmo sentido, Erasmo Valladão Azevedo e Novaes França e Marcelo Vieira von Adamek dedicam ao tema as seguintes palavras: "Aceita por esse modo a ideia de dissolução *parcial* como alternativa à dissolução *total* da sociedade, as suas bases dogmáticas foram, a partir daí, paulatinamente se cristalizando entre nós, ao mesmo tempo em que foram estabelecidas as diferenças fundamentais entre (*i*) a ação de dissolução parcial *stricto sensu*, demanda de carga predominantemente constitutivo-negativa, e (*ii*) a ação de apuração de haveres, de carga condenatória – duas das principais demandas do processo societário, conexas, mas distintas, e que encontraram a sua elaboração teórica definitiva apenas em tempos recentes" (*Da ação de dissolução parcial de sociedade: Comentários breves ao CPC/2015*, p. 16-17). Cassio Scarpinella Bueno assim sustenta: "Do ponto de vista classificatório tradicional, não há dúvidas, nem para o CPC/1973 e nem para o CPC/2015, de que a sentença (ou capítulo) relativa à dissolução parcial de sociedade tem natureza *constitutiva*, enquanto a sentença (ou capítulo) relativa ao pagamento dos haveres é *condenatória*" (*Ação de dissolução parcial de sociedade*, p. 415). Humberto Theodoro Júnior também enfrenta a questão, referindo-se às sentenças de natureza *constitutiva negativa* (que associa às hipóteses "em que sócio solicita retirar-se de sociedade por prazo determinado ou sócios remanescentes requerem a exclusão de ex-sócio") e *condenatória* (relacionada à ação de apuração de haveres) e também mencionando situações em que eventual sentença possuiria natureza simplesmente *declaratória*, justamente porque estaria se limitando a reconhecer uma situação pré-existente. Segundo o citado processualista, isso ocorreria "na ação que declara dissolvida parcialmente a sociedade, quando o sócio exerce o direito de retirada de sociedade por tempo indeterminado ou em caso de falecimento do ex-sócio" (*Curso de direito processual civil: Procedimentos especiais*. 50. ed. Rio de Janeiro: Forense, 2016. v. II, p. 230-231).

justamente porque, se a ação tiver por objeto apenas a apuração de haveres, a dissolução parcial já terá se realizado e estará em algum lugar do passado.

Assim, à luz da inconfundível natureza jurídica dos institutos e considerando, ainda, que *nomen iuris* não faz direito, apesar do rótulo genérico apropriado pelo Código de Processo Civil de 2015, seguimos utilizando (i) a expressão "ação de dissolução parcial de sociedade", quando nos referimos aos feitos em que se postula o desfazimento do vínculo societário, usualmente em cumulação com o pedido de apuração judicial dos haveres; e (ii) a expressão "ação de apuração de haveres", quando tratamos dos feitos cuja pretensão se limita à realização de tal apuração, pelo fato de o vínculo societário já ter, efetivamente, se rompido[11].

3 – Legitimidade ativa[12]

A disciplina da legitimidade ativa para propor a ação de dissolução parcial propriamente dita, a ação autônoma de apuração de haveres e a ação que cumule essas duas pretensões foi concentrada no artigo 600 do Código de Processo Civil, sobre o qual nos debruçaremos ao longo das próximas linhas.

Os três primeiros incisos do referido dispositivo relacionam-se com a hipótese de dissolução parcial que decorre do falecimento do sócio.

O inciso I atribui legitimação ativa ao "espólio do sócio falecido, quando a totalidade dos sucessores não ingressar na sociedade". E, ao fazê-lo, comunga com a ação autônoma de apuração de haveres, enquanto ainda pendente o inventário[13] dos bens deixados pelo sócio falecido. Chega-se a essa conclusão após o percurso da linha de raciocínio adiante apresentada.

O artigo 1.028 do Código Civil estabelece que, no caso de falecimento do sócio, sua quota será liquidada, salvo a verificação de uma das seguintes situações: (i) aplicação de cláusula contratual que disponha de modo distinto (inciso I); (ii) opção dos remanescentes pela dissolução total da sociedade (inciso II); ou (iii) "se, por acordo com os herdeiros, regular-se a substituição do sócio falecido" (inciso III).

Nitidamente, ao conferir legitimação ativa ao "espólio do sócio falecido, quando a totalidade dos sucessores não ingressar na sociedade", a regra se

---

[11] Sérgio Campinho, *Curso de direito comercial: Direito de empresa*, item 7.11.1, p. 206-207.

[12] Sobre esse tema, já escrevemos o nosso *A legitimidade ativa na ação de dissolução parcial da sociedade limitada, à luz do novo Código de Processo Civil (Lei n. 13.105, de 16.3.2015)*, p. 53-70.

[13] O inciso em comento se vale expressamente da palavra "espólio". Se o espólio ainda existe, é porque o inventário ainda não foi encerrado.

volta na direção do *caput* do artigo 1.028, que trata da liquidação da quota. E se, *in casu*, o falecimento enseja a simples liquidação da quota, o certo é que a sociedade já terá se resolvido em relação ao *de cujus* no momento de seu óbito, não se fazendo necessário demandar em juízo a dissolução parcial. O que pode ocorrer, portanto, é a necessidade de se postular judicialmente a apuração de haveres quando houver negativa, mora ou divergência em relação ao valor ou ao modo de pagamento.

A doutrina, em sua maioria, associa a hipótese de legitimação ativa preconizada no inciso I exclusivamente à ação de apuração de haveres. Nesse sentido, sustentam Sérgio Campinho[14], coautor desta obra, Erasmo Valladão Azevedo e Novaes França e Marcelo Vieira von Adamek[15], Flávio Luiz Yarshell e Felipe do Amaral Matos[16] e Tiago Asfor Rocha Lima[17].

Contudo, há quem entenda de modo distinto. Igor Bimkowski Rossoni parece caminhar exclusivamente na direção da ação de dissolução parcial *stricto sensu*, ao salientar que "o que se pode cogitar, e talvez essa tenha sido a intenção do legislador, é o espólio, representado pelo inventariante, antecipar-se aos sucessores e, desde já, solicitar a dissolução da sociedade"[18]. Entretanto, o próprio autor encontra dificuldades em ultimar o enquadramento, consoante se atesta a partir da leitura do restante de sua exposição[19]:

> Todavia, condicionar a legitimidade do espólio a que a totalidade dos sucessores não tenha ingressado na sociedade é um total contrassenso. Ora, se o espólio solicitou a dissolução e consequente apuração dos haveres, os sucessores receberão o correspondente monetário às quotas e não as quotas sociais do "de cujus". Ou seja, eles nunca ingressarão na sociedade.
> Embora seja clara a legitimidade do espólio para a propositura da ação, a circunstância em que essa legitimidade se verifica é equivocada dada a atec-

---

[14] *Curso de direito comercial: Direito de empresa*, item 7.11.3, p. 210.

[15] *Da ação de dissolução parcial de sociedade: Comentários breves ao CPC/2015*, p. 34.

[16] O procedimento especial de dissolução (parcial) de sociedade no projeto de CPC. In: YARSHELL, Flávio Luiz; PEREIRA, Guilherme Setoguti J. (Coord.). *Processo societário*. São Paulo: Quartier Latin, 2012. p. 225.

[17] Aspectos processuais da apuração de haveres *post mortem* e o novo Código de Processo Civil. In: YARSHELL, Flávio Luiz; PEREIRA, Guilherme Setoguti J. (Coord.). *Processo societário*. São Paulo: Quartier Latin, 2015. v. II, p. 814.

[18] O procedimento de dissolução parcial de sociedade no PL 166/2010 (novo Código de Processo Civil). In: YARSHELL, Flávio Luiz; PEREIRA, Guilherme Setoguti J. (Coord.). *Processo societário*. São Paulo: Quartier Latin, 2012. p. 341.

[19] *O procedimento de dissolução parcial de sociedade no PL 166/2010 (novo Código de Processo Civil)*, p. 341-342.

nia da redação do dispositivo. Da atual redação do inciso I do art. 586[20], a legitimidade do espólio mostra-se impossível.

A presença do vocábulo *totalidade* no corpo do inciso I em comento é digna de nota. Se todos os sucessores do sócio falecido ingressarem na sociedade, não haverá que se cogitar de dissolução parcial e tampouco de apuração de haveres. Ademais, se um ou alguns sucessores passarem a ostentar o *status socii*, mas não a totalidade deles, estaremos diante da mesma situação: não será caso de ruptura de vínculo societário ou de apuração de haveres[21-22].

O inciso II do artigo 600 do Código de Processo Civil contempla a legitimidade ativa dos "sucessores, após concluída a partilha do sócio falecido". Essa hipótese também se relaciona especificamente com a ação autônoma de apuração de haveres. Mas, nesse caso, o inventário dos bens deixados pelo sócio falecido já foi encerrado, tendo desaparecido a figura do espólio e

---

[20] À época da tramitação do Projeto de Lei n. 166/2010, o preceito em comento vinha assim numerado. De todo modo, o teor de seu inciso I vinha na mesma linha do inciso I do artigo 600.

[21] Nesse sentido: Erasmo Valladão Azevedo e Novaes França e Marcelo Vieira von Adamek, *Da ação de dissolução parcial de sociedade: Comentários breves ao CPC/2015*, p. 34.

[22] Ao tratar especificamente dessa restrição estabelecida pelo dispositivo, Tiago Asfor Rocha Lima apresenta a seguinte crítica: "No entanto, embora a dicção do texto legal seja clara em restringir essa legitimação aos casos em que nem todos os sucessores ingressam na sociedade, parece razoável que possa se permitir e que seja útil e necessária a apuração dos haveres mesmo nas hipóteses em que todos os sucessores ingressam na sociedade, porém, com participações (quotas ou ações) não equivalentes. É que quando as participações dos sucessores na sociedade não foram equânimes será necessária a apuração dos haveres, a fim de se verificar financeiramente o *quantum* que está sendo destinado a cada um dos herdeiros quotistas/acionistas, proporcionando-lhes condições de efetuar as devidas compensações com os demais bens que compõem o acervo hereditário. Aqui vale uma observação: nessa hipótese, a decisão judicial não será de cunho condenatório, mas sim declaratório, pois a intenção da parte autora limitar-se-á a ter reconhecido o valor de cada quota, muito embora não se tenha a pretensão de liquidá-las, mas tão somente de ter aquele patrimônio avaliado. Basta, para tanto, que a parte ao promover a ação restrinja o objeto de seu pedido. Trata-se, assim, de exceção à regra de que nas ações de apuração de haveres se busca um provimento de natureza condenatória. O legislador parece, pois, ter sido infeliz na redação do inc. I, do art. 600, pois, ao restringir a legitimidade ativa do espólio para promover a apuração dos haveres do sócio falecido aos casos em que nem todos os herdeiros ingressam na sociedade, terminou por desconsiderar situações outras em que esta apuração far-se-á útil e necessária para a realização isonômica da partilha no bojo do inventário" (*Aspectos processuais da apuração de haveres post mortem e o novo Código de Processo Civil*, p. 815). Temos duas considerações a respeito dessa crítica. A primeira delas é que não enxergamos no preceito uma restrição à legitimação ativa do espólio "aos casos em que *nem todos* os sucessores ingressam na sociedade". Com efeito, a legitimação existe quando *nenhum* deles ingressa na pessoa jurídica. A segunda delas é que, a nosso ver, tecnicamente a hipótese não seria de apuração de haveres, mas sim de simples pedido de avaliação de participações societárias.

não tendo ocorrido o ingresso de sucessores no seio social[23]. Se o inventário ainda estivesse em curso, o legislador teria se valido do vocábulo *espólio*, e não *sucessores*, e teria dispensado o trecho final do dispositivo; e se esses últimos tivessem de fato ingressado na sociedade, o legislador teria utilizado a palavra *sócios*.

Desse modo, tem-se que o inciso II também se volta para o *caput* do artigo 1.028 do Código Civil, que prevê a liquidação da quota do falecido. Mas aqui, diferentemente da situação contemplada no inciso I, a apuração de haveres se dará quando já ultimada a partilha e será demandada diretamente pelos sucessores do *de cujus*. Esse também é o entendimento de Erasmo Valladão Azevedo e Novaes França e Marcelo Vieira von Adamek[24].

Há também quem vislumbre a possibilidade de se atrelar a hipótese à ação judicial que cumule os pedidos de dissolução parcial e de apuração e pagamento de haveres. Nesse sentido, ao tratar especificamente desse inciso, Fábio Ulhoa Coelho se vale das seguintes palavras[25]:

> Os sucessores do sócio falecido (art. 586, II[26]) somente se legitimam para a ação de dissolução após o desfazimento do espólio, isto é, quando concluída a partilha do sócio falecido. É o caso em que apenas parte dos sucessores quer ingressar na sociedade. Logo em seguida ao falecimento, o espólio assume, de imediato, a posição de titular das quotas sociais do falecido. Essa situação jurídica pode (na verdade, deve) ser, o quanto antes, retratada em alteração contratual levada a registro na Junta Comercial. Enquanto não se procede à partilha dessas quotas, o sócio é o espólio[27]. Quando nem todos os sucessores querem o desfazimento do vínculo societário, o espólio não está legitimado para a ação de dissolução. Uma vez, contudo, feita a partilha, ele deixa de ser o sócio, para que ingressem na sociedade os sucessores. Agora, cada um

---

[23] Sérgio Campinho, *Curso de direito comercial: Direito de empresa*, item 7.11.3, p. 210.

[24] *Da ação de dissolução parcial de sociedade: Comentários breves ao CPC/2015*, p. 35.

[25] *A ação de dissolução parcial de sociedade*, p. 151.

[26] Tal como registrado, quando da tramitação do Projeto de Lei n. 166/2010, o preceito em comento vinha assim numerado. De todo modo, o teor de seu inciso II vinha na mesma linha do inciso II do artigo 600.

[27] Anotamos que, em nossa visão, o espólio jamais ostentará a condição de sócio da sociedade. Consagrando o *droit de saisine*, o artigo 1.784 do Código Civil estabelece que, "aberta a sucessão, a herança transmite-se, desde logo, aos herdeiros legítimos e testamentários". Há, portanto, a transmissão imediata da posse e da propriedade com a abertura da sucessão. Tecnicamente, o espólio não adquire o *status socii*. O seu inventariante exerce os direitos inerentes às quotas, nos moldes do §1º do artigo 1.056 do Código Civil, até que se ultime a partilha e, assim, se tenha a liquidação da herança. E deve fazê-lo sempre no interesse dos sucessores do falecido.

titula parte das quotas sociais que eram do falecido e tem, em relação à continuidade do vínculo societário, o seu próprio interesse; pode buscar, em juízo, o desfazimento do vínculo e a apuração de haveres, caso não haja acordo com os demais sucessores (os que desejam permanecer na sociedade) e com os sócios sobreviventes.

Semelhante trilha parece ser percorrida por Igor Bimkowski Rossoni, que assim defende[28]:

> Também é assegurada a legitimidade ativa para a propositura da demanda de dissolução parcial ao(s) sucessor(es) que tenha(m) herdado as quotas sociais (art. 586, II). Ao que tudo indica, neste caso, uma vez ingressando na sociedade, para sua retirada, o sócio teria de invocar o art. 1.029 do CC, hipótese de retirada comum a todos os sócios, e não só ao herdeiro do "de cujos".

Não nos parece que a hipótese ora analisada (legitimação ativa dos "sucessores, após concluída a partilha do sócio falecido") guarde relação com "o caso em que apenas parte dos sucessores quer ingressar na sociedade", conforme sustentado por Fábio Ulhoa Coelho[29], ou com o cenário em que, após ter ingressado na sociedade, um determinado sócio opte por exercer o direito de recesso, nos moldes do artigo 1.029 do Código Civil, como cogitado por Igor Bimkowski Rossoni[30].

Se, após o falecimento do sócio, um, alguns ou todos os sucessores manifestam o desejo de ingressar na sociedade; o acordo com os sócios remanescentes é feito justamente nesse sentido; e, após a conclusão da partilha e o encerramento do inventário, esse fato passa a ser refletido no contrato social, aqueles que haviam manifestado o desejo de ingresso (e que, nesse momento, efetivamente já ingressaram) não são mais simples *sucessores* do falecido, mas propriamente *sócios* da pessoa jurídica. E, logicamente, se optarem por deixar a sociedade, motivada ou imotivadamente, com amparo nos artigos 1.029 ou 1.077 do Código Civil, o farão como *sócios*.

Avancemos na direção do intrigante e desafiador inciso III do artigo 600 do Código de Processo Civil, por meio do qual confere-se legitimação ativa à "sociedade, se os sócios sobreviventes não admitirem o ingresso do espó-

---

[28] *O procedimento de dissolução parcial de sociedade no PL 166/2010 (novo Código de Processo Civil)*, p. 342.

[29] *A ação de dissolução parcial de sociedade*, p. 151.

[30] *O procedimento de dissolução parcial de sociedade no PL 166/2010 (novo Código de Processo Civil)*, p. 342.

lio ou dos sucessores do falecido na sociedade, quando esse direito decorrer do contrato social".

Diz-se que o preceito é intrigante e desafiador, pois a expressão "esse direito" gera uma ambiguidade que enseja duas possíveis leituras. A qual direito, afinal, o inciso em comento se refere: ao *direito de ingresso*, titularizado pelos sucessores do falecido ou ao *direito de não admissão* de tais sucessores, titularizado pelos sócios remanescentes?

A primeira possível leitura do inciso III seria a de que a sociedade poderia ir à juízo demandar a apuração de haveres se os sócios remanescentes não admitissem o ingresso dos sucessores do falecido quando *esse direito de ingresso* estivesse contemplado em cláusula contratual. De acordo com esse cenário, o contrato social, tal como permitido pelo inciso I do artigo 1.028 do Código Civil, possuiria uma cláusula que estabeleceria que, com o falecimento de um sócio, haveria a sua substituição por seus sucessores. Entretanto, após o óbito, os sócios remanescentes simplesmente descumpririam o mandamento contratual e não admitiriam o ingresso deles. A nosso ver, a interpretação literal atrelada a essa possível primeira leitura do texto legal deve ser de plano afastada, por conduzir o intérprete na direção de conclusão absurda[31], conforme já exposto. Não se pode cogitar da positivação de uma regra que tenha como premissa o descumprimento de uma cláusula contratual por parte da maioria dos sócios sobreviventes. Em verdade, como já foi registrado por Sérgio Campinho, coautor desta obra[32]:

> [...] não se pode obstruir a eficácia de cláusula do contrato social que assegure o ingresso dos sucessores do sócio falecido na sociedade. Seria uma agressão ao direito garantido. Contra ele, não podem os sócios sobreviventes se opor. Se o direito ao ingresso decorre do contrato (art. 1.028, I, do Código Civil), não há espaço para essa interdição do direito dos sucessores. Uma lei processual não pode, contrariando o disposto no direito material, incentivar o descumprimento do contrato, propondo a alternativa da apuração de haveres como solução para esse descumprimento.

A segunda possível leitura do dispositivo – que, diga-se desde já, é a que nos parece cabível – seria a de que a sociedade poderia ir a juízo demandar a apuração de haveres se os sócios remanescentes não admitissem o ingresso dos sucessores do falecido quando *esse direito de não admissão* decorresse do contrato social. Esse cenário estaria relacionado "à especial situação

---

[31] Sérgio Campinho, *Curso de direito comercial: Direito de empresa*, item 7.11.3, p. 210.

[32] *Curso de direito comercial: Direito de empresa*, item 7.11.3, p. 210.

ligada ao *caput* e ao inciso III do art. 1.028 do Código Civil, em que o contrato social veda, inicialmente, o ingresso dos herdeiros, ou simplesmente se mostra silente, e os sócios sobreviventes não se dispõem a regular a substituição do sócio falecido por acordo com os herdeiros, como forma de se evitar a liquidação da quota"[33]. Nessa hipótese, "o desfecho será a apuração de haveres do sócio falecido, que se mostra como caminho ordinário na espécie"[34]. Assim, o direito decorrente do contrato social mencionado no trecho final do inciso III do artigo 600 seria justamente "o direito de não admissão dos herdeiros, que restaria reafirmado pelos sócios sobreviventes no caso concreto"[35-36].

Erasmo Valladão Azevedo e Novaes França e Marcelo Vieira von Adamek chegam a esse mesmo entendimento, ao atestarem que "a menção a 'esse direito', contida no inc. III, só pode estar se referindo à situação em que não há no contrato social cláusula de continuação pela qual os sobreviventes de antemão prestaram validamente o seu assentimento ao ingresso dos sucessores, isto é, quando há o direito de opor-se ao ingresso[37].

Essa hipótese contemplada no inciso III também se relaciona com a ação autônoma de apuração de haveres, na medida em que os sucessores do

---

[33] Sérgio Campinho, *Curso de direito comercial: Direito de empresa*, item 7.11.3, p. 210.

[34] Sérgio Campinho, *Curso de direito comercial: Direito de empresa*, item 7.11.3, p. 210.

[35] Sérgio Campinho, *Curso de direito comercial: Direito de empresa*, item 7.11.3, p. 210.

[36] Tiago Asfor Rocha Lima parece ter vislumbrado uma terceira possível leitura para o inciso III do artigo 600. Eis as suas palavras: "A terceira hipótese de legitimação ativa relacionada à apuração de haveres *post mortem* é conferida à própria sociedade à qual fazia parte o falecido. Isso para os casos em que houver divergência entre os sócios sobreviventes e o espólio ou os sucessores do falecido, quanto ao ingresso destes na sociedade. Aqui, diferentemente das duas situações anteriores, haverá uma dupla discussão: primeiro, a respeito do direito dos sucessores de ingressarem ou não nos quadros societários; segundo, acerca da apuração dos haveres propriamente dita. Esse debate pode ocorrer por diversos motivos. O mais comum, todavia, dá-se pela má redação dos dispositivos concernentes ao tema nos atos constitutivos das empresas, levando a interpretações dúbias pelos interessados. [...] Ademais, mesmo quando o contrato social for claro a respeito da possibilidade de que os sucessores ingressem na sociedade, pode ocorrer eventual incompatibilidade, *verbi gratia*, por conflito de interesses entre um herdeiro ingressante e a sociedade. Isso sói ocorrer quando o sucessor quotista já for sócio de outra empresa no mesmo ramo, sendo, pois, concorrente no mercado" (*Aspectos processuais da apuração de haveres post mortem e o novo Código de Processo Civil*, p. 816-817). A nosso ver, o cenário cogitado não se amolda com o preceito em comento, pois o mesmo tem como premissa justamente um direito de não admissão dos sucessores do sócio falecido, o qual decorre do próprio contrato social.

[37] *Da ação de dissolução parcial de sociedade: Comentários breves ao CPC/2015*, p. 36.

falecido não ingressarão na sociedade e, assim, não haverá vínculo societário a ser parcialmente dissolvido[38].

Antes de prosseguirmos na direção do inciso IV, não podemos deixar de registrar a atecnia do inciso III ao fazer referência a um possível ingresso do espólio na sociedade. Como já tivemos a oportunidade de destacar, o espólio jamais ostentará a condição de sócio da sociedade. Há que se entender bem essa figura do espólio. O sócio falecido é sucedido em seu patrimônio pelos seus herdeiros, havendo entre eles a partilha dos bens, conforme o procedimento judicial ou extrajudicial adequado. O artigo 91 do Código Civil define como universalidade de direito "o complexo de relações jurídicas, de uma pessoa, dotadas de valor econômico". Nesse conceito, enquadram-se a herança e o patrimônio, os quais reúnem diversas relações jurídicas ativas e passivas. Falecido o sócio, surge a herança. Instaurado o procedimento de inventário, objetivando a partilha do patrimônio do falecido entre os seus herdeiros, surge o espólio, assim compreendido como o somatório ou a totalidade dos bens deixados pelo *de cujus*. E esse acervo hereditário – o espólio – jamais será sócio de qualquer sociedade. Em função do direito de *saisine*, tem-se que a posse e a propriedade da herança se transmitem aos herdeiros com a abertura da sucessão. Durante o processamento do inventário, o inventariante do espólio, a quem cabe administrá-lo e representá-lo, exercerá, no interesse dos herdeiros, os direitos inerentes às quotas, em consonância com o disposto no §1º do artigo 1.056 do Código Civil.

O inciso IV do artigo 600 do Código de Processo Civil também demanda cuidados por parte do intérprete. Ele prevê que a ação pode ser proposta "pelo sócio que exerceu o direito de retirada ou recesso, se não tiver sido providenciada, pelos demais sócios, a alteração contratual consensual formalizando o desligamento, depois de transcorridos 10 (dez) dias do exercício do direito".

De plano, atesta-se que a regra estimula a judicialização. O sócio que exerceu o direito de recesso, nos moldes da parte inicial do *caput* do artigo 1.029 ou do artigo 1.077, ambos do Código Civil, pode e deve averbar a comu-

---

[38] Nesse sentido: Erasmo Valladão Azevedo e Novaes França e Marcelo Vieira von Adamek, *Da ação de dissolução parcial de sociedade: Comentários breves ao CPC/2015*, p. 35. Em sentido contrário, Flávio Luiz Yarshell e Felipe do Amaral Matos sustentam que, "nos casos dos incisos III e V, o que se discute é, primeiramente, a resolução da sociedade em relação aos sucessores do falecido ou do sócio que não pode ser excluído extrajudicialmente. Somente depois é que se passa à apuração dos haveres" (*O procedimento especial de dissolução (parcial) de sociedade no projeto de CPC*, p. 225).

nicação receptícia de vontade no registro da sociedade[39]. Isso é o suficiente para que o seu desligamento do quadro social produza efeitos perante terceiros[40].

A ruptura do vínculo existente entre o sócio retirante e a sociedade ocorrerá (i) após o decurso do prazo de 60 dias a contar da data do recebimento da notificação pelos sócios (ou do último recebimento, caso não se verifiquem dentro do mesmo dia), na hipótese da parte inicial do *caput* do artigo 1.029 do Código Civil[41]; ou (ii) após o recebimento da manifestação pela sociedade, no caso do artigo 1.077 do citado diploma[42]. Se, por qualquer razão, o retirante optar por ir a juízo, pelo fato de os demais sócios estarem questionando o exercício de seu direito, seu pedido será meramente declaratório da ruptura do vínculo societário[43], sendo certo que a sentença que o acolher produzirá efeitos *ex tunc*, retroagindo à data da efetiva resolução do liame que o unia à pessoa jurídica e aos seus demais sócios. Essa ação judicial poderá abranger tanto o prefalado pedido declaratório, quanto o de apuração e pagamento de seus haveres. Caso isso se verifique, o capítulo da sentença voltado ao primeiro terá natureza declaratória e o que cuidar do segundo possuirá natureza condenatória.

De todo modo, o prazo de dez dias indicado no inciso sob análise terá como termos *a quo* o sexagésimo dia contado na forma do item (i) do parágrafo anterior e a data do recebimento da manifestação indicada em seu item (ii), conforme o caso[44].

Cabe reiterar que o sócio que exerceu eficazmente o seu direito de retirada estará sempre legitimado a propor a ação de apuração de haveres, quando esses não forem levantados pela sociedade no prazo contratual ou legal, ou quando, tendo o sido, discordar do valor apurado ou da sua forma de pagamento.

---

[39] Sobre o ponto, cabe conferir o item 4.4.3, da Seção IV, do Capítulo II, do Manual de Registro de Sociedade Limitada, que funciona como Anexo IV, da Instrução Normativa DREI n. 81, de 10.06.2020.

[40] Sérgio Campinho, *Curso de direito comercial: Direito de empresa*, item 7.11.3, p. 211. Nesse mesmo sentido: Erasmo Valladão Azevedo e Novaes França e Marcelo Vieira von Adamek, *Da ação de dissolução parcial de sociedade: Comentários breves ao CPC/2015*, p. 37.

[41] Sobre o momento da produção dos efeitos vinculados à regra contemplada no artigo 1.029, confira-se o disposto no item 4.2.4 do Capítulo 4.

[42] Sobre o momento da produção dos efeitos vinculados à regra contemplada no artigo 1.077, confira-se o disposto no item 4.1.4 do Capítulo 4.

[43] Sérgio Campinho, *Curso de direito comercial: Direito de empresa*, item 7.11.3, p. 211.

[44] Sérgio Campinho, *Curso de direito comercial: Direito de empresa*, item 7.11.3, p. 211.

O inciso V do artigo 600 do Código de Processo Civil, por sua vez, confere legitimação ativa à "sociedade, nos casos em que a lei não autoriza a exclusão extrajudicial", voltando-se, com nitidez, na direção do *caput* do artigo 1.030 do Código Civil. Nesse caso, a ação terá por fim a ruptura do vínculo que une o sócio à sociedade e "usualmente virá com cumulação de pedido de apuração judicial de haveres"[45].

Nos moldes do artigo 1.085 do Código Civil, sócios que representem mais da metade do capital social podem excluir extrajudicialmente aquele que esteja pondo em risco o prosseguimento das atividades, em função da prática de atos de inegável gravidade, desde que o contrato social preveja tal possibilidade. Se a exclusão extrajudicial não encontrar amparo no contrato social, restará apenas a via judicial contemplada no referido *caput* do artigo 1.030. Esse preceito preconiza a possibilidade de exclusão judicial tanto do sócio que cometeu falta grave no cumprimento de suas obrigações, como daquele que foi acometido por incapacidade superveniente, sempre mediante iniciativa da maioria dos demais sócios.

A redação do inciso V sob análise suscita interessante questão vinculada à possibilidade, ou não, de se requerer judicialmente a exclusão de um sócio na hipótese de o contrato social possuir cláusula que permita a sua realização de forma extrajudicial, nos moldes do aludido artigo 1.085. Há quem entenda que, quando o contrato social permite que a exclusão se dê extrajudicialmente, não é possível demandá-la em juízo. Contudo, conforme tivemos a oportunidade de destacar no item 5.7 do Capítulo 4, ao qual ora remetemos o leitor, nós divergimos, por entendermos que na situação cogitada haveria, sim, interesse de agir, inexistindo, portanto, carência da ação.

Ainda no que tange ao inciso V, cabe salientar que o preceito faz expressa menção à "sociedade", pois ela precisa realmente estar no polo ativo, na medida em que a ela cabe o pagamento dos haveres. De todo modo, diante da própria natureza contratual da sociedade limitada, pensamos que ela possa vir acompanhada dos demais sócios ou da maioria deles, nos moldes do próprio artigo 1.030 do Código Civil. Ela não precisa estar acompanhada, mas pode estar[46].

---

[45] Sérgio Campinho, *Curso de direito comercial: Direito de empresa*, item 7.11.3, p. 211.

[46] Nesse sentido, Marlon Tomazette tece as seguintes considerações: "Nos casos de exclusão, em que a sociedade for autora, a ação a princípio será ajuizada em face do sócio a ser excluído, podendo haver litisconsórcio ativo facultativo com os demais sócios, pois o artigo 601 se refere apenas a um litisconsórcio passivo. Não vemos a possibilidade dos demais sócios figurarem no polo passivo da demanda, pois eles não terão interesse contraposto ao da sociedade" (*Legitimidade na ação de dissolução parcial nas sociedades contratuais no CPC/2015*, p. 50).

Iniciativa e legitimidade ativa não se confundem. As duas hipóteses de exclusão judicial retratadas no artigo 1.030 do Código Civil dependem da *iniciativa* da maioria dos demais sócios, mas, em ambos os casos, a *legitimidade ativa* é da sociedade. É que, para a legitimada poder agir, se torna indispensável a regularidade de sua vontade, expressada por meio de seu órgão deliberativo, segundo uma maioria legalmente estabelecida. A exclusão judicial do sócio que comete falta grave no cumprimento de suas obrigações e a daquele que é acometido por incapacidade superveniente demandam a aprovação da maioria dos demais sócios. A ausência dessa aprovação pode ser suprida pela presença dos demais sócios ou ao menos daqueles que, em conjunto, titularizem quotas representativas de mais da metade do capital social desconsiderada a participação do excluendo. De uma forma ou de outra, atende-se à exigência constante do mencionado artigo 1.030, que é condição de procedibilidade para a propositura da ação de exclusão pela sociedade.

O inciso VI do artigo 600 do Código de Processo Civil, de modo objetivo, atribui legitimação ativa ao "sócio excluído". Como o vínculo que o unia à sociedade já se rompeu, a sua pretensão ficará restrita à apuração de seus haveres[47]. Logicamente, se o excluído pretender se insurgir contra a deliberação que resultou em sua exclusão, poderá propor a competente ação de invalidação da assembleia ou da reunião de sócios, conforme o caso.

Ao avançarmos para a parte final do artigo 600 do Código de Processo Civil, nos deparamos com o seu parágrafo único que imprime radical mudança de curso em relação ao tratamento dado ao cônjuge ou ao companheiro do sócio, cujo casamento ou união estável chegou ao fim.

Antes do advento do diploma processual civil de 2015, a matéria era regulada pelo artigo 1.027 do Código Civil, assim redigido: "Os herdeiros do cônjuge de sócio, ou o cônjuge do que se separou judicialmente, não podem exigir desde logo a parte que lhes couber na quota social, mas concorrer à divisão periódica dos lucros, até que se liquide a sociedade".

Seu escopo era bem claro: por um lado, protegia-se o patrimônio da pessoa jurídica, na medida em que se impossibilitava que os herdeiros do cônjuge falecido ou o ex-cônjuge pudessem exigir a liquidação da quota do sócio; por outro, de alguma forma, zelava-se pela preservação da *affectio societatis*,

---

[47] Nesse sentido: Erasmo Valladão Azevedo e Novaes França e Marcelo Vieira von Adamek, *Da ação de dissolução parcial de sociedade: Comentários breves ao CPC/2015*, p. 42-43; Flávio Luiz Yarshell e Felipe do Amaral Matos, *O procedimento especial de dissolução (parcial) de sociedade no projeto de CPC*, p. 225; e Igor Bimkowski Rossoni, *O procedimento de dissolução parcial de sociedade no PL 166/2010 (novo Código de Processo Civil)*, p. 344.

pois não se permitia que tais pessoas passassem a titularizar quotas da sociedade e não se lhes conferia qualquer direito político[48]. O direito de exigir, na dicção legal, a parte que lhes cabia na quota social ficava, assim, diferido[49] até o momento da liquidação da sociedade.

Em orientação nitidamente distinta, o citado parágrafo único do artigo 600 estabelece que "o cônjuge ou companheiro do sócio cujo casamento, união estável ou convivência terminou poderá requerer a apuração de seus haveres na sociedade, que serão pagos à conta da quota social titulada por este sócio", distanciando-se, pois, do referenciado artigo 1.027 do Código Civil[50].

De acordo com essa nova regra, o ex-cônjuge e o ex-companheiro passam a ter o direito de demandar a apuração de haveres, após a dissolução do casamento ou da união estável mantida com o sócio. Não passam a ostentar o *status socii*, mas sim a poder receber a parte que lhes cabe. Entretanto, tal passo pressupõe que, segundo as regras do direito de família, de fato o ex-cônjuge ou o ex-companheiro tenha direito às quotas do sócio[51]. Desse modo, caso as quotas se enquadrem no conceito de bens particulares – *i.e.*, se tiverem sido adquiridas antes do casamento ou do início da união estável; se tiverem sido transferidas, já na constância da relação, a título gratuito, por meio do recebimento de doação, herança ou legado; e, ainda, se tiverem sido sub-rogadas em seu lugar (artigo 1.659, inciso I, do Código Civil) – ou caso tenham sido adquiridas com

---

[48] Sérgio Campinho, *Curso de direito comercial: Direito de empresa*, item 6.9, p. 117. Nesse sentido, Gustavo Tepedino, Heloisa Helena Barboza, Maria Celina Bodin de Moraes *et al.*, *Código Civil interpretado conforme a Constituição da República*, v. III, p. 113. Ao comentar o artigo 1.027 do Código Civil, Arnoldo Wald assim registra: "O cônjuge e os seus herdeiros não podem exigir a quantia das quotas, mas simplesmente receber os dividendos a que têm direito. Esta escolha legislativa, à primeira vista, tem a intenção de dar proteção ao patrimônio da sociedade, tentando-se evitar a sua descapitalização". E arremata: "Tendo reservado o Código expressamente a participação no benefício econômico – lucros – para a situação em comento, é de se concluir que não têm esses herdeiros ou cônjuges influência em poderes políticos das quotas e, se não lhes é facultado exigir a parte que lhes caberia, não são legitimados para exercer o direito de retirada, o que acarretaria a dissolução parcial para recebimento da parte cabível" (*Comentários ao novo Código Civil*, v. XIV, p. 202-203). Ao debruçarem-se sobre esse mesmo preceito, Erasmo Valladão Azevedo e Novaes França e Marcelo Vieira von Adamek salientam que "a razão subjacente a tal construção era clara: impedir que vicissitudes pessoais dos sócios pudessem influir na exploração da atividade social" (*Da ação de dissolução parcial de sociedade: Comentários breves ao CPC/2015*, p. 44).

[49] Sérgio Campinho, *Curso de direito comercial: Direito de empresa*, item 6.9, p. 117.

[50] Como se percebe, o Código de Processo Civil de 2015 tratou – mais do que isso: alterou significativamente a disciplina – de questão de natureza nitidamente material.

[51] Nesse sentido: Erasmo Valladão Azevedo e Novaes França e Marcelo Vieira von Adamek, *Da ação de dissolução parcial de sociedade: Comentários breves ao CPC/2015*, p. 44; e Fábio Ulhoa Coelho, *A ação de dissolução parcial de sociedade*, p. 152.

valores exclusivamente pertencentes a um dos cônjuges ou companheiros em sub-rogação de seus bens particulares (artigo 1.659, inciso II, do Código Civil), o ex-cônjuge ou o ex-companheiro não terá direito de demandar a apuração de haveres. O mesmo ocorrerá, por óbvio, nas hipóteses em que imperar o regime da separação total de bens (artigos 1.687 e 1.641 do Código Civil).

Ainda no que pertine ao tema da legitimidade ativa, cabe registrar ter o legislador se olvidado de fazer referência, no artigo 600 do Código de Processo Civil, à possibilidade de a ação de dissolução parcial também ser proposta pelo sócio que deseja se retirar da sociedade contratada por prazo determinado, mediante a prova da justa causa (parte final do *caput* do artigo 1.029 do Código Civil)[52].

Por fim, não podemos deixar de rememorar a posição que defendemos no item 4.2.2 do Capítulo 4, ao qual ora nos remetemos, no sentido de que, por mais que o sócio de uma sociedade limitada contratada por prazo indeterminado possa exercer o seu direito de recesso notificando os demais sócios e a própria pessoa jurídica com antecedência mínima de 60 dias[53], sempre lhe será facultado submeter a sua pretensão de desligamento do vínculo social à apreciação judicial ou arbitral, independentemente do envio de prévia notificação aos demais sócios e à própria sociedade, formulando pedido de dissolução parcial e certamente cumulando-o com o de apuração de haveres.

Em conclusão a esse específico item, tem-se que o legislador não caminhou bem ao regular, ao longo do artigo 600 do Código de Processo Civil, a legitimação ativa. Em verdade, o tratamento dispensado à matéria desafia o emprego de grande esforço exegético, para que se possa conferir racionalidade e utilidade às disposições normativas.

4 – Legitimidade passiva

O tema da legitimidade passiva nas ações de dissolução parcial de sociedade e de apuração de haveres suscitou intensa polêmica doutrinária. De um lado, havia quem entendesse que apenas os demais sócios precisariam compor o polo passivo[54]; de outro, quem sustentasse que haveria um litisconsórcio passivo necessário entre eles e a sociedade[55].

---

[52] Sérgio Campinho, *Curso de direito comercial: Direito de empresa*, item 7.11.3, p. 212.

[53] Com amparo na parte inicial do *caput* do artigo 1.029 do Código Civil e no artigo 605, inciso II, do Código de Processo Civil.

[54] Egberto Lacerda Teixeira filiava-se a essa linha de pensamento ao assim consignar: "O direito a requerer a dissolução, nos casos legais, é irrenunciável, por tratar-se de disposição de ordem pública. Devem ser citados, para a ação, todos os sócios, não figurando necessariamente a própria sociedade, cuja dissolução se pleiteia, entre os *réus* da ação. Deve-se-lhe, todavia, dar *ciência* da ação" (*Das sociedades por quotas de responsabilidade limitada*, p. 381).

A jurisprudência dos nossos Tribunais oscilou bastante ao longo do tempo. O próprio caminho trilhado pelo Superior Tribunal de Justiça evidencia o quão controverso era o tema até o advento do Código de Processo Civil de 2015. Ao longo dos próximos parágrafos, fazemos um retrospecto da vacilante construção pretoriana detectada na referida Corte Superior.

Em 1994, por ocasião do julgamento do Recurso Especial n. 39.197-0/RJ, os Ministros integrantes da Terceira Turma entenderam que "a sociedade por quotas de responsabilidade limitada não é litisconsorte passiva necessária na ação de sua dissolução parcial"[56]. Em seu voto, o Ministro relator Cláudio Santos assim registrou:

> Creio que, no caso, presentes na disputa judicial todos os sócios, seria demasia qualificar a própria sociedade por eles constituída como litisconsorte necessária. Quando muito, a sociedade poderia vir ao feito, como assistente dos sócios remanescentes, ingressando no processo na fase em que se encontrar.

No ano seguinte, a mesma Terceira Turma, ao apreciar o Recurso Especial n. 44.132/SP, entendeu que, "embora a pretensão de retirada de sócio, enquanto envolve modificação do contrato, só possa ser atendida pelos remanes-

---

[55] Em defesa da existência do litisconsórcio passivo necessário, Sérgio Campinho, coautor deste trabalho, assim anotava em seu *Sociedade por Quotas de Responsabilidade Limitada*: "Formando-se a sociedade por contrato, resta claro que os sócios devem estar a figurar no polo passivo da demanda, até porque não podem ficar alheios ao que possa vir a afetá-los. Mas certo também é que a sociedade deve estar presente no feito, visto que as relações jurídicas se estabelecem não somente entre os sócios, mas também entre eles e a sociedade, que tem personalidade jurídica própria (Código Civil, art. 20). A sociedade será diretamente afetada em sua estrutura, devendo assim manifestar-se na ação. No pedido de dissolução total será a pessoa jurídica quem será dissolvida e na dissolução parcial será ela também quem será parcialmente desfeita. Ademais, os haveres do sócio que se despediu do corpo social constituem crédito deste em face da sociedade. Será ela quem, na fase de execução, deverá ser compelida a pagá-los. Deste modo, não vemos como a sociedade, que tem existência distinta da de seus membros, possa ficar alijada de demanda em que, pela natureza da relação jurídica estabelecida entre ela e os sócios, sofrerá diretamente os efeitos jurídicos da decisão" (*Sociedade por quotas de responsabilidade limitada*, p. 131-132). José Waldecy Lucena, por seu Turno assim salientava: "A legitimação passiva *ad causam* é da sociedade e de todos os outros sócios que não são autores. Aquela será citada na pessoa de seu administrador, o qual será assim citado também na qualidade de sócio se ostentar essa qualidade. Há opiniões que alijam a sociedade do polo passivo da ação dissolutória, com o que não concordamos. A sociedade, pelo próprio princípio preservativo da empresa, pela autotutela de seus interesses, é parte legítima *ad causam* para figurar no polo passivo da ação que visa à sua dissolução, liquidação e extinção" (*Das sociedades limitadas*, p. 841).

[56] Recurso Especial n. 39.197-0/RJ, relatado pelo Ministro Cláudio Santos e julgado à unanimidade pelos integrantes da Terceira Turma em 25.10.1994.

centes, o certo é que o pagamento dos haveres far-se-á com o patrimônio da sociedade", razão pela qual "justifica-se sua presença no processo"[57].

Na sequência, foi a vez da Quarta Turma se posicionar a respeito do tema. Isso ocorreu no ano de 1996, quando do julgamento do Recurso Especial n. 77.122/PR, em que se definiu que "a ação de dissolução parcial deve ser promovida pelo sócio retirante contra a sociedade e os sócios remanescentes, em litisconsórcio necessário"[58].

Já no ano de 1999, a Terceira Turma voltou a tratar da questão no bojo do julgamento do Recurso Especial n. 153.515/RJ, retomando o entendimento pela desnecessidade de citação da sociedade na ação de sua dissolução parcial, sob a assertiva de que, se os sócios "foram citados, a empresa estará amplamente defendida e a eventual nulidade invocada, em face do aspecto, não resultará em prejuízo para qualquer dos litigantes"[59].

No mesmo ano de 1999, por ocasião do julgamento do Recurso Especial n. 80.481/DF, a Quarta Turma voltou a asseverar que, "na ação de dissolução parcial, a sociedade deve figurar no polo passivo da demanda"[60]. Em seu voto, após reconhecer que o pagamento seria efetuado pela sociedade, o relator, Ministro Barros Monteiro, preconizou que "a ação de dissolução parcial deveria, então, ter sido proposta contra os demais sócios e, em litisconsórcio passivo necessário, contra a sociedade [...]".

No ano 2000, ao cuidar do Recurso Especial n. 105.667/SC, a mesma Quarta Turma reafirmou que "a ação de dissolução parcial deve ser promovida pelo sócio retirante contra a sociedade e os sócios remanescentes, em litisconsórcio necessário"[61].

---

[57] Recurso Especial n. 44.132/SP, relatado pelo Ministro Eduardo Ribeiro e julgado à unanimidade pelos integrantes da Terceira Turma em 11.12.1995.

[58] Recurso Especial n. 77.122/PR, relatado pelo Ministro Ruy Rosado de Aguiar e julgado à unanimidade pelos integrantes da Quarta Turma em 13.02.1996.

[59] Recurso Especial n. 153.515/RJ, relatado pelo Ministro Waldemar Zveiter e julgado à unanimidade pelos integrantes da Terceira Turma em 27.04.1999.

[60] Recurso Especial n. 80.481/DF, relatado pelo Ministro Barros Monteiro e julgado à unanimidade pelos integrantes da Quarta Turma em 19.10.1999.

[61] Recurso Especial n. 105.667/SC, relatado pelo Ministro Barros Monteiro e julgado à unanimidade pelos integrantes da Quarta Turma em 26.09.2000. No voto do Ministro relator, colhe-se o seguinte trecho: "Firmou-se nesta Corte a orientação segundo a qual a denominada ação de dissolução parcial deve ser promovida pelo sócio retirante contra a sociedade e os sócios remanescentes, em litisconsórcio necessário, pela singela razão de que o pagamento dos haveres deverá ser feito com o patrimônio da empresa (REsp's n°s. 77.122-PR, relator Ministro Ruy Rosado de Aguiar, e 44.132-SP, relator Ministro Eduardo Ribeiro). Em julgamento mais recente, esse órgão fracionário reiterou a diretriz: na ação de dissolução parcial, a sociedade deve figurar no polo passivo da demanda, uma vez que os haveres do sócio, uma vez apurados, constituem crédito deste contra a sociedade (REsp n. 80.481-DF, por mim relatado)".

Já em 2003, e de modo um tanto quanto curioso, ao julgar os Embargos de Divergência em Recurso Especial n. 332.650/RJ, a Corte Especial proferiu acórdão assim ementado:

> Processual – Embargos de Divergência – Sócio – Sociedade – Ação de dissolução parcial – Citação da pessoa jurídica.
>
> Acórdão que reafirma serem inconfundíveis a pessoa do sócio e sociedade por ele integrada. Tal aresto não diverge de outro que, em ação de dissolução parcial de sociedade, dispensa a citação da pessoa jurídica, sob o fundamento de que [como] todos seus sócios cotistas integraram o processo [se] alcançou, na hipótese, o escopo visado pela citação da pessoa jurídica (Embargos de Divergência em Recurso Especial n. 332.650/RJ, relatado pelo Ministro Humberto Gomes de Barros e julgado à unanimidade pelos integrantes da Corte Especial em 07.05.2003).

Nesse caso, o voto do relator, Ministro Humberto Gomes de Barros, contou com a seguinte redação:

> O Acórdão da Primeira Turma, adotado como paradigma, afirma que o sócio e a pessoa jurídica formada por ele são entidades distintas, um não respondendo pelas obrigações da outra.
>
> Essa proposição, longe de ser contraditada, é confirmada pelo acórdão recorrido. Pelo contrário, a Quarta Turma refere-se a ela, como verdadeira. No entanto, a partir das circunstâncias da causa, a Turma observa que a citação formal da pessoa jurídica não acarretaria qualquer consequência prática. É que, a atuação da pessoa jurídica teria o escopo de assegurar a defesa dos interesses patrimoniais dos sócios não envolvidos na relação processual. Ora, se todos os quotistas envolveram-se no processo, tal escopo foi efetivamente alcançado. Bem por isso, não faz sentido declarar-se a nulidade do processo. Não há divergência. Não conheço dos embargos.

No ano de 2006, no âmbito do julgamento do Recurso Especial n. 735.207/BA, a matéria voltou a ser apreciada pela Terceira Turma. Na ocasião, após salientar-se que "dúvida não há na jurisprudência da Corte sobre a necessidade de citação de todos os sócios remanescentes como litisconsortes passivos necessários na ação de dissolução de sociedade", arrematou-se consignando "que não tem a sociedade por quotas de responsabilidade limitada qualidade de litisconsorte passivo necessário, podendo, todavia, integrar o feito se assim o desejar"[62].

---

[62] Recurso Especial n. 735.207/BA, relatado pelo Ministro Carlos Alberto Menezes Direito e julgado à unanimidade pelos integrantes da Terceira Turma em 11.04.2006.

No ano subsequente, ao apreciarem a questão sob a ótica da exclusão de sócio no bojo do Recurso Especial n. 813.430/SC, os Ministros integrantes da Quarta Turma observaram que "o quotista interessado na expulsão de outro deverá instaurar o contencioso em face deste, dos sócios remanescentes e da pessoa jurídica à qual se ligavam"[63].

Menos de um ano depois, ao julgar o Agravo Regimental no Recurso Especial n. 751.625/RN, a própria Quarta Turma reviu seu entendimento ao definir que, "citados todos os sócios, a pessoa jurídica estará amplamente defendida e a eventual nulidade invocada, em face deste aspecto, não resultará em prejuízo para qualquer dos litigantes"[64].

Na sequência, a necessidade de citação da sociedade também foi relativizada pela Terceira Turma, por ocasião do enfrentamento do Recurso Especial n. 788.886/SP, por meio de acórdão assim ementado:

> Sociedade comercial. Sociedade por cotas de responsabilidade limitada. Dissolução parcial. Apuração de haveres. Legitimidade passiva. Sociedade e sócios remanescentes. Litisconsórcio passivo necessário. Precedentes. Caso concreto. Especificidades.
>
> Conforme precedentes desta Corte, na generalidade dos casos, a retirada de sócio de sociedade por quotas de responsabilidade limitada dá-se pela ação de dissolução parcial, com apuração de haveres, para qual têm de ser citados não só os demais sócios, mas também a sociedade.
>
> Na especificidade do caso concreto, contudo, não é necessária a inclusão da sociedade, pois, tratando-se de processo muito antigo, ansioso por chegar a desfecho, está bem claro que os demais sócios excluíram o autor, exclusão com a qual, pelo fato de os demais sócios constituírem a unanimidade remanescente, a sociedade jamais chegaria a sustentar o que quer que seja em contrário, de modo que, a rigor, desnecessário anular o processo para inclusão de litisconsorte necessário e retorno à mesma situação que já se tem agora.
>
> Recurso Especial improvido (Recurso Especial n. 788.886/SP, relatado pelo Ministro Sidnei Beneti e julgado à unanimidade pelos integrantes da Terceira Turma em 15.12.2009).

Já em 2011, quando do julgamento do Agravo Regimental no Recurso Especial n. 947.545/MG, a Terceira Turma voltou a asseverar que, na ação para apuração de haveres de sócio, a legitimidade processual passiva é da sociedade

---

[63] Recurso Especial n. 813.430/SC, relatado pelo Ministro Massami Uyeda e julgado à unanimidade pelos integrantes da Quarta Turma em 19.06.2007.

[64] Agravo Regimental no Recurso Especial n. 751.625/RN, relatado pelo Ministro Massami Uyeda e julgado à unanimidade pelos integrantes da Quarta Turma em 04.03.2008.

e dos sócios remanescentes, em litisconsórcio passivo necessário[65]. Em arremate, assim expressou:

> Conclui-se, desse modo, que a falta de citação do litisconsorte necessário inquina de nulidade, desde a origem, o processo originário, matéria a ser apreciada, inclusive, de ofício. Em casos que tais, "os atos nulos *pleno iure* jamais precluem, não se sujeitando à coisa julgada, porque invalidam a formação da relação processual, podendo ser reconhecidos e declarados em qualquer época ou via" (REsp 147.769/SP, Rel. Min. Sálvio de Figueiredo Teixeira, DJ 14.2.00).

Mais à frente, ao apreciar o Recurso Especial n. 1.121.530/RN, novamente a Quarta Turma posicionou-se no sentido de que, "na ação de dissolução parcial de sociedade limitada, é desnecessária a citação da pessoa jurídica se todos os que participam do quadro social integram a lide"[66]. O Ministro João Otávio de Noronha, relator desse caso concreto, fez constar de seu voto o seguinte trecho:

> Em que pese esta Corte já ter considerado, em precedentes antigos, a necessidade da presença da pessoa jurídica na lide, uma vez que a dissolução parcial importa em crédito do sócio retirado contra a empresa, o entendimento mais atual consagra a tese de que, citados todos os sócios, a pessoa jurídica estará amplamente defendida e não haverá prejuízo para nenhum dos litigantes.

Após pedir vista, o Ministro Luís Felipe Salomão apresentou seu voto escrito fazendo o seguinte registro:

> Não obstante a posição perfilhada pela jurisprudência erija-se no sentido de que, na ação de dissolução parcial de sociedade por quotas, a sociedade deve necessariamente figurar no polo passivo da demanda, em litisconsórcio necessário com os sócios, é certo que, no caso vertente, todos os sócios foram citados, o que afasta a alegada nulidade, inexistente o interesse de terceiros.

Em 2014, quando do julgamento do Recurso Especial n. 1.371.843/SP, relatado pelo Ministro Paulo de Tarso Sanseverino, os integrantes da Terceira Turma enfatizaram que, "consoante jurisprudência desta Corte, a retirada de sócio de sociedade por quotas de responsabilidade limitada dá-se pela ação de

---

[65] Agravo Regimental no Recurso Especial n. 947.545/MG, relatado pelo Ministro Sidnei Beneti e julgado à unanimidade pelos integrantes da Terceira Turma em 08.02.2011.

[66] Recurso Especial n. 1.121.530/RN, relatado pelo Ministro João Otávio de Noronha e julgado à unanimidade pelos integrantes da Quarta Turma em 13.09.2011.

dissolução parcial, com apuração de haveres, para qual têm de ser citados não só os demais sócios, mas também a sociedade"⁶⁷.

No ano de 2016, por ocasião do julgamento do Agravo Regimental no Recurso Especial n. 1.295.141/SP, a Quarta Turma teve a oportunidade de se manifestar a respeito de hipótese distinta das até então submetidas à sua apreciação, qual seja: a possibilidade de não se decretar a nulidade de ação de dissolução parcial de sociedade cumulada com pedido de apuração de haveres, ainda que sócios remanescentes não tenham sido citados⁶⁸. Em seu voto, após afirmar que a jurisprudência da Corte se orienta no sentido de que, "em regra, é imprescindível" a formação do litisconsórcio passivo necessário entre a sociedade e os demais sócios, o Ministro relator Antônio Carlos Ferreira assim anotou:

> Contudo, em casos excepcionais, é possível a mitigação desse dever, especialmente quando o processo transcorrer há anos e a anulação dos atos processuais puder acarretar mais prejuízos que benefícios às partes, inexistindo, de qualquer maneira, demonstração, por parte dos litisconsortes não citados, sobre como sua presença no feito alteraria o resultado da demanda⁶⁹.

Ainda no ano de 2016, no bojo do julgamento do Recurso Especial n. 1.015.547/AM, a Quarta Turma voltou a se posicionar acerca do tema, em acórdão que contou com a seguinte ementa:

---

⁶⁷ Recurso Especial n. 1.371.843/SP, relatado pelo Ministro Paulo de Tarso Sanseverino e julgado à unanimidade pelos integrantes da Terceira Turma em 20.03.2014.

⁶⁸ Agravo Regimental no Recurso Especial n. 1.295.141/SP, relatado pelo Ministro Antônio Carlos Ferreira e julgado à unanimidade pelos integrantes da Quarta Turma em 07.04.2016.

⁶⁹ Logo adiante, o Ministro relator elenca os motivos que o levaram a tratar esse caso concreto como um caso excepcional: "Acrescente-se que as sócias remanescentes, além de terem outorgado procuração em nome da empresa para atuar no processo, representaram a pessoa jurídica em juízo desde a origem, encaminharam notificações à sócia retirante e apresentaram diversos documentos nos autos, conforme premissas estabelecidas no acórdão recorrido. Portanto, é de rigor concluir que as sócias estavam cientes da demanda e que sua ausência formal nos autos não acarretou nenhum prejuízo concreto. Além disso, a presença delas no feito, possivelmente, não teria o condão de alterar o resultado do julgamento, pois desde o ajuizamento da causa participaram, ainda que por intermédio da pessoa jurídica, dos principais atos processuais. Registre-se que a orientação do STJ de que deve haver litisconsórcio entre a empresa e os demais sócios na ação de dissolução parcial de sociedade objetiva garantir o conhecimento e a participação dessas pessoas no feito, providência que, dadas as peculiaridades do caso dos autos, foi observada. Dessa forma, em atenção ao princípio *pas de nullité sans grief* e considerando que eventual declaração de nulidade apenas atrasaria ainda mais o deslinde da controvérsia, não deve ser decretada a pretendida anulação".

> Recurso Especial. Processual Civil. Ação de indenização de cota-parte e apuração de haveres por exclusão de sócio. Legitimidade passiva: sociedade empresária e sócios remanescentes. Litisconsórcio passivo necessário. Ausência de integração da sociedade no polo passivo. Prolação de sentença de procedência da ação. Anulação do feito, de ofício, pelo Tribunal de Justiça. Ausência de prejuízo. Citação de todos os sócios remanescentes. Peculiaridades do caso. Recurso provido.
>
> 1. A jurisprudência desta Corte firmou-se no sentido de que, em regra, na ação para apuração de haveres de sócio, a legitimidade processual passiva é da sociedade e dos sócios remanescentes, em litisconsórcio passivo necessário. Precedentes.
>
> 2. É possível mitigar-se esse entendimento diante de especificidades do caso concreto, em que não se constate prejuízos às partes demandadas, às quais foi assegurada a ampla defesa e o contraditório. Precedentes.
>
> 3. Hipótese em que a ação recebeu sentença de mérito, pela procedência, vindo o feito a ser anulado *ex officio*, quando do julgamento da apelação em razão da falta de integração do polo passivo pela sociedade empresária, litisconsorte passiva necessária. Estando o processo transcorrendo há anos, a anulação dos atos processuais acarretará mais prejuízos que benefícios às partes.
>
> 4. Recurso especial provido (Recurso Especial n. 1.015.547/AM, relatado pelo Ministro Raul Araújo e julgado à unanimidade pelos integrantes da Quarta Turma em 01.12.2016).

Em seu voto, após reproduzir as ementas de dois casos excepcionais já mencionados ao longo deste item[70], o Ministro Raul Araújo concluiu que o caso sob análise se enquadrava nas exceções ilustradas, "ressaltando-se, além do lapso temporal decorrido, a ausência de demonstração de prejuízos às partes envolvidas e o atendimento aos princípios da ampla defesa e do contraditório".

Já em 2019, quando da apreciação do Agravo Interno no Agravo em Recurso Especial n. 824.432/RJ, a Quarta Turma voltou a consignar que a jurisprudência da Corte "firmou o entendimento no sentido de que, na ação de apuração de haveres de sócio, a legitimidade processual passiva é da sociedade empresarial e dos sócios remanescentes, em litisconsórcio passivo necessário"[71].

---

[70] São eles o Agravo Regimental no Recurso Especial n. 1.295.141/SP, relatado pelo Ministro Antônio Carlos Ferreira e julgado à unanimidade pelos integrantes da Quarta Turma em 07.04.2016 e o Recurso Especial n. 788.886/SP, relatado pelo Ministro Sidnei Beneti e julgado à unanimidade pelos integrantes da Terceira Turma em 15.12.2009.

[71] Agravo Interno no Agravo em Recurso Especial n. 824.432/RJ, relatado pela Ministra Maria Isabel Gallotti e julgado à unanimidade pelos integrantes da Quarta Turma em 26.02.2019.

Em meio a esse mar de divergências, com muitas decisões mirando mais as consequências práticas e nefastas advindas da declaração de eventual nulidade para afastar a formação do litisconsórcio necessário, o legislador optou por regular a questão da legitimidade passiva no artigo 601 do Código de Processo Civil de 2015. Contudo, a nosso ver, não se valeu de boa técnica ao fazê-lo.

O dispositivo em comento aplica-se indistintamente à ação que contemple apenas o pedido de dissolução parcial de sociedade, àquela que conte somente com o pedido de apuração de haveres e àquela que cumule ambas as pretensões.

Em seu *caput*, foi previsto que "os sócios e a sociedade serão citados para, no prazo de 15 (quinze) dias, concordar com o pedido ou apresentar contestação", denotando ter-se optado por reconhecer a existência de um autêntico litisconsórcio passivo necessário entre a sociedade e os demais sócios. Entretanto, em seu parágrafo único, restou estabelecido que "a sociedade não será citada se todos os seus sócios o forem, mas ficará sujeita aos efeitos da decisão e à coisa julgada".

Essa relativização, que já se vinha construindo no âmbito do Superior Tribunal de Justiça à luz da especificidade de cada caso concreto, acabou sendo corporificada como dispositivo normativo. O escopo do preceito, efetivamente, é o de suprir eventual falta de citação da sociedade; funciona, assim, como uma sanatória. De todo modo, não andou bem o legislador ao torná-lo regra geral, quando a relativização só se impunha casuisticamente[72].

Com efeito, acreditamos que a melhor exegese seja aquela que sempre exige a citação da sociedade, pois é ela quem sofrerá diretamente os efeitos do desfazimento do vínculo societário e ficará obrigada a realizar o pagamento

---

[72] Nesse sentido, assim anota João Paulo Hecker da Silva: "A grande realidade é que o legislador criou uma regra geral positivando uma casuística, obviamente sem considerar tratar-se de solução para uma excepcionalidade, no pressuposto de que a inclusão de todos os sócios seria benéfica à Sociedade. Essa escolha do legislador partiu, ao que parece, de uma interpretação de alguns julgados do Superior Tribunal de Justiça. Mas o fez de forma equivocada porque não considerou o fato de que essa jurisprudência está baseada na análise de fato estabelecida nos casos julgados nos quais se comprovou, depois de praticado o ato irregular, não ter havido prejuízo na ausência de citação formal da Sociedade. A premissa dessa posição jurisprudencial nunca foi a de estabelecer uma regra geral, mas sim a de evitar a decretação de nulidades sem a existência de prejuízos" (Legitimidade passiva na ação de dissolução parcial de sociedade do Código de Processo Civil de 2015: Uma análise crítica. In: YARSHELL, Flávio Luiz; PEREIRA, Guilherme Setoguti J. (Coord.). *Processo societário*. São Paulo: Quartier Latin, 2018. v. III, p. 368-369).

dos haveres[73]. Ainda assim, diante da nova moldura legal, em não sendo a pessoa jurídica citada e caso todos os seus sócios o tenham sido, não se decretará a nulidade do processo, apropriando-se a lei de uma representação processual reflexa. Porém, aqui reside um ponto digno de nota. Essa relativização encontra uma baliza, um limite: o órgão de administração da sociedade precisa ser integrado por todos, por alguns, ou ao menos por um de seus sócios. Sem isso, não se tem como adotar a citação ficta da sociedade. Sem isso, não se pode considerar que o sujeito está sendo ao mesmo tempo citado como sócio e como representante orgânico da pessoa jurídica[74].

Nesse passo, parece-nos que, na situação concreta em que o órgão de administração da sociedade seja integrado exclusivamente por uma diretoria profissional, sem que os diretores ostentem a qualidade de sócio, a citação real da pessoa jurídica é condição de desenvolvimento válido e regular do processo. Não sendo a sociedade citada nesse cenário, a nulidade do processo se impõe, ainda que todos os seus sócios o tenham sido. A personalidade jurídica da sociedade não se confunde com a de seus integrantes, desfrutando cada um de um feixe de direitos e obrigações que lhes são particulares[75-76].

Igualmente desacertada nos afigura a generalizada imposição do litisconsórcio passivo necessário no âmbito da ação cujo objeto consista exclusivamente na apuração de haveres. A devedora dos haveres é a sociedade. Se não

---

[73] Nesse sentido, Erasmo Valladão Azevedo e Novaes França e Marcelo Vieira von Adamek asseveram: "Assim, é grave erro ler o artigo a partir da regra do seu parágrafo único, imaginando que a sociedade não mais precise ser citada. Primeiro porque a citação é decorrência lógica e necessária dos mais elementares princípios constitucionais do processo; não pode ser dispensada, sobretudo para a sociedade, o principal sujeito processual a sofrer os efeitos da sentença, seja de desconstituição de vínculos societários, seja de apuração de haveres. Segundo porque, ao deixar-se de citá-la e, em termos práticos, colocá-la no polo passivo da demanda, criar-se-ia grave insegurança jurídica para o tráfego negocial e para aqueles que venham a se relacionar com a sociedade na pendência da lide. Aquele que comprar um bem imóvel da sociedade, por exemplo, não será informado, nos distribuidores forenses, de que pende uma ação de dissolução contra ela, se a sociedade não for colocada no polo passivo". (*Da ação de dissolução parcial de sociedade: Comentários breves ao CPC/2015*, p. 52).

[74] Sérgio Campinho, *Curso de direito comercial: Direito de empresa*, item 7.11.2, p. 209.

[75] Sérgio Campinho, *Curso de direito comercial: Direito de empresa*, item 7.11.2, p. 209.

[76] João Paulo Hecker da Silva assim pontua: "O pressuposto de se dispensar a citação da Sociedade caso todos os seus sócios o forem parece ser uma equivocada legitimidade extraordinária dos sócios para agir em nome da Sociedade, representando-a em juízo e defendendo seus interesses no processo. Nada mais absurdo pois, como dito no item anterior, a personalidade jurídica dos sócios não se confunde com a da Sociedade e o poder de representação sequer é feito de forma ordinária pelos sócios, mas pela administração" (*Legitimidade passiva na ação de dissolução parcial de sociedade do Código de Processo Civil de 2015: Uma análise crítica*, p. 367-368).

há vínculo societário a ser desfeito, mas apenas haveres a serem apurados e adimplidos, a princípio, nada justifica a opção de se tornar, nesse caso, imperativa a presença de todos os demais sócios no polo passivo. Somente em situações excepcionais, associadas à prática de ato ilícito ou à situação reveladora de abuso do direito, podem vir os demais sócios a ser responsabilizados pelo pagamento de haveres, justificando-se sua inclusão no polo passivo[77]. Essa não é a regra. A regra é justamente a de que esse pagamento seja realizado pela sociedade. Assim, a inclusão de todos os demais sócios no polo passivo de ação que tenha como única pretensão a apuração e o consequente pagamento de haveres também não deve ser o cânone.

A imprecisão vincula-se ao fato de o legislador ter optado, no *caput* do artigo 599 do Código de Processo Civil, alvo de nossa crítica no item 2 deste Capítulo 5, por também denominar "ação de dissolução parcial de sociedade" aquela ação cuja pretensão consista apenas na apuração e no pagamento de haveres. Em verdade, a ação de apuração de haveres merecia ter recebido um tratamento próprio, em indispensável observância à sua natureza jurídica, ao seu fim e aos seus efeitos, que, como já destacado, não se confundem com os da ação de dissolução parcial de sociedade. Como isso não ocorreu, cabe ao intérprete realizar as separações, de forma adequada, impedindo a proliferação de confusões conceituais.

---

[77] Em desenvolvimento do tema, confira-se o item 1 do Capítulo 6.

Capítulo 6

Apuração de haveres

1 – As obrigações de levantamento e pagamento de haveres

Os sócios comungam, ao participarem de uma sociedade, de escopo comum: a obtenção de lucros pela pessoa jurídica e a sua partilha entre os seus integrantes. O convívio em sociedade é, pois, motivado pela perspectiva de obtenção e partilha de lucros. Nesse ponto central da relação entre os sócios, e entre eles e a sociedade, reside o interesse social. O interesse social é, assim, aferido a partir do interesse comum aos sócios na realização do fim social, o qual consiste na obtenção de lucro mediante a execução do objeto social[1].

O direito à partilha dos lucros sociais é um dos direitos patrimoniais essenciais do sócio, que se quer ver expectado[2] no decurso da vida social.

O direito de participar da massa residual no caso de liquidação da sociedade também se apresenta como um direito patrimonial essencial. Porém, ao integrar uma sociedade, o sócio não tem como principal objetivo exercê-lo. Ele também é um direito essencial, intangível, impostergável, fundamental, inderrogável ou imutável do sócio e igualmente advém da contribuição por ele

---

[1] Sérgio Campinho, *Curso de direito comercial: Direito de empresa*, item 3.2.1, p. 49.

[2] Consoante escólio de Pontes de Miranda, "o *direito ao dividendo é direito expectativo*". Assim, "se há lucros que *tenham* de ser distribuídos aos acionistas, deixou de haver direito expectativo há (nasceu) o *direito expectado*. Se os lucros só se hão de distribuir como dividendos *se* a assembleia geral ordinária o determinar, a vontade coletiva é (outro) elemento para que nasça o direito expectado" (*Tratado de direito privado*, tomo L, p. 439). Nas palavras de Luiz Gastão Paes de Barros Leães, "o direito do acionista ao dividendo é direito expectativo ('*spes debitum ire*'): em havendo lucro, fixado pelo balanço de exercício, e determinado a assembleia geral o '*quantum*' e a maneira de sua distribuição (caso os estatutos já o não tenham feito), deixa de haver direito expectativo para nascer o direito expectado ao dividendo" (*Do direito do acionista ao dividendo*, p. 312). Embora na sociedade limitada não se tenha a figura jurídica dos dividendos, tem-se que o conceito a ela se ajusta na perspectiva dos lucros sociais.

vertida para o capital social. Contudo, o seu exercício pressupõe o término da empresa explorada pela sociedade e a sua própria liquidação.

Os bens conferidos pelos sócios ao capital social pertencem à pessoa jurídica. Integram o patrimônio social. Os sócios não são coproprietários desse patrimônio que, com exclusividade, pertence à sociedade, em função da autonomia da personalidade jurídica. O patrimônio da pessoa jurídica é inteiramente distinto do de seus membros. Ao contribuírem para o capital social, os sócios recebem, em troca, participações societárias. Como sócios de uma sociedade limitada, titularizam quotas, as quais possuem a função de mensurar seus direitos e obrigações.

Ao conferir bens ou valores ao capital da sociedade, não tem o sócio a garantia de que tais ativos efetivamente retornarão ao seu patrimônio individual ao final da existência da pessoa jurídica ou por ocasião da liquidação de sua quota no caso de dissolução parcial. A efetivação desse direito, como a do direito ao lucro, depende da sorte da empresa. Assim é que os seus haveres poderão ser negativos, refletindo as perdas, ou positivos, repercutindo os ganhos. No âmbito da sociedade limitada, na primeira hipótese, caso sua quota conte com valor negativo, estando o capital social efetivamente integralizado, não necessitará suprir o valor das perdas (artigo 1.052 do Código Civil)[3], mas nada terá a receber; na segunda, fará jus à importância correspondente à sua participação societária.

Como efeito direto do desfazimento parcial do vínculo societário, tem-se a obrigação de se proceder à liquidação da quota do sócio que se retirou da sociedade, dela foi excluído ou faleceu sem ser sucedido em sua posição. Nasce, portanto, para o ex-sócio ou para os sucessores do sócio falecido, conforme a situação, o direito ao reembolso do montante de sua participação societária, a ser adimplido, como de regra, pela sociedade. De todo modo, conforme anotamos, é a posição patrimonial positiva da pessoa jurídica que gera para o antigo sócio ou para os sucessores do sócio falecido o direito de crédito.

A apuração dos haveres cabe à sociedade. A recusa ou o retardo em procedê-la desafia a sua implementação pela via judicial ou arbitral, essa caso exista convenção de arbitragem.

O que se pretende na apuração de haveres é definir com justiça o que é devido pela quota de capital do sócio que não mais integra o corpo social[4]. Considerando que, com a obtenção do *status socii*, cada sócio passa a desfrutar

---

[3] Sérgio Campinho, *Curso de direito comercial: Direito de empresa*, item 7.10.11, p. 199.

[4] Na expressão de Alfredo de Assis Gonçalves Neto, "a apuração de haveres é o átrio da liquidação da quota" (*Direito de empresa: Comentários aos artigos 966 a 1.195 do Código Civil*, p. 314).

de um quinhão proporcional à sua contribuição, objetiva-se reduzir a valor pecuniário a participação daquele que se retirou, foi excluído ou faleceu, de modo que ele ou seus sucessores recebam a correspondente importância em espécie, salvo se por estipulação contratual ou acordo for ajustada outra forma de pagamento[5].

A apuração e o pagamento dos haveres ao ex-sócio ou aos sucessores do sócio falecido devem se realizar sem qualquer ordem de sanção, cumprindo ao balanço especial de determinação levantado espelhar o valor patrimonial real da sociedade, com a necessária inclusão dos bens incorpóreos que integram o estabelecimento, além de reservas sociais[6]. Adicionalmente, o credor da quota social fará jus, até a data do desfazimento do vínculo social, aos lucros ou aos juros sobre o capital próprio eventualmente declarados pela sociedade e, quando for o caso, à remuneração devida ao ex-sócio ou ao falecido sócio como administrador (*caput* do artigo 608 do Código de Processo Civil).

Em princípio, devem os haveres ser adimplidos pela sociedade. A ela, com efeito, incumbem as obrigações de apurá-los e pagá-los. A obrigação principal de pagamento é da pessoa jurídica, pois o patrimônio social pertence a ela e não aos sócios. Mas, secundariamente, essa obrigação pode sobre eles recair de modo voluntário ou involuntário. Na primeira situação, a prestação dos sócios resulta de opção em suprir o valor da quota, promovendo o reembolso da participação societária, nos moldes da parte final do §1º do artigo 1.031 do Código Civil[7]; na segunda, a responsabilidade dos sócios decorre de conduta ilegal ou abusiva. A inércia do órgão de administração em promover o levantamento dos haveres e o seu consequente pagamento, por ação dos sócios remanescentes ou pela falta de colaboração deles exigida, quando caracterizada a ulterior perda de forças do ativo social, que passa a não mais ser capaz, em função de tal demora, de atender à obrigação que poderia ser quitada no momento contemporâneo ao seu vencimento, gera para os sócios remanescentes a obrigação de suportar o referido pagamento[8-9]. É assim que com-

---

[5] Confiram-se o §2º do artigo 1.031 do Código Civil e o artigo 609 do Código de Processo Civil.

[6] Sérgio Campinho, *Curso de direito comercial: Direito de empresa*, item 7.12, p. 214. Nesse mesmo sentido: Arnoldo Wald, *Comentários ao novo Código Civil*, v. XIV, p. 220.

[7] Arnoldo Wald, *Comentários ao novo Código Civil*, v. XIV, p. 222.

[8] Nesse sentido, decidiram os integrantes da 1ª Câmara Reservada de Direito Empresarial do Tribunal de Justiça do Estado de São Paulo, à unanimidade, por ocasião do julgamento, em 02.05.2023, do Agravo de Instrumento n. 2040083-24.2023.8.26.0000, relatado pelo Desembargador Fortes Barbosa, em acórdão assim ementado: "Dissolução parcial de sociedade – Pagamento de haveres – Reconsideração de decisão anterior, a qual havia deferido pedido de penhora de bens componentes do patrimônio de sócios remanescentes – Acórdão proferido em agra-

preendemos essa eventual responsabilidade dos sócios pelo adimplemento dos haveres.

2 – A denominada "data de corte"

As intituladas *data de corte* ou *data-base*, expressões sinônimas usualmente utilizadas no contencioso societário, desempenham relevante papel para a definição do valor dos haveres, pois revelam o momento em que o ex--sócio ou os sucessores do sócio falecido tornam-se credores eventuais do valor relativo às quotas até então titularizadas.

Esse momento irá variar segundo a espécie do fato jurídico causador do rompimento do liame societário, que pode ser natural, como na hipótese de falecimento do sócio, ou derivado de conduta pessoal do próprio sócio ou dos demais integrantes do corpo social, como nas situações de retirada ou exclusão, respectivamente. Dessarte, é mister proceder à definição da data de corte com a necessária precisão, com o fito de marcar o fim do vínculo societário, a partir do qual nasce o direito ao reembolso da participação societária, espelhado na situação patrimonial da sociedade contemporânea ao desligamento.

O Código de Processo Civil, em seu artigo 605, alinhou, em diversos incisos, a data-base a ser considerada como a de desfazimento do vínculo so-

---

vo anterior confirmatório da possibilidade de penhora de bens dos sócios remanescentes, eis que patente a insuficiência para a satisfação do crédito exequendo daqueles encontrados em nome da pessoa jurídica – Não é admissível que os sócios remanescentes, pura e simplesmente, capturem o capital do antigo sócio, usufruam do patrimônio alheio (muitas vezes, como no caso concreto, durante anos) e, ao final, imponham um inadimplemento irreversível, inviabilizando, em virtude dos resultados negativos da atividade empresarial realizada após o rompimento do vínculo societário, o pagamento dos haveres devidos pela pessoa jurídica, ficando isentos de qualquer responsabilidade patrimonial – Interpretação sistemática dos arts. 601 e 604, §1º do CPC/2015 – Decisão reformada – Recurso provido".

[9] Sobre o tema, de há muito Hernani Estrella assim registrava: "Com o rompimento do liame contratual a respeito do sócio que se desliga, surge para este o direito ao reembolso do valor de sua quota; e para a sociedade (e subsidiariamente os outros sócios) a correlata obrigação de promover ou cooperar para a realização desse intento" (*Apuração dos haveres de sócio*, p. 111). Cabe, ainda, conferir a posição de Fábio Ulhoa Coelho: "Sempre que, antes do pagamento, a situação patrimonial da sociedade sofrer oscilação que a impeça de atender ao crédito do antigo sócio, os que nela permaneceram respondem, como obrigados subsidiários, pelo valor a pagar. Isto porque, uma vez desfeito o vínculo societário, o sócio em relação ao qual a sociedade foi dissolvida (ou o sucessor do sócio morto) não pode beneficiar-se dos sucessos posteriores, nem ser prejudicado pelos insucessos. Em contrapartida, os sócios que permanecem são beneficiados pelos progressos da sociedade seguintes à dissolução parcial, e devem garantir o reembolso ao antigo parceiro, na situação inversa. São obrigações implícitas do contrato de formação de sociedade empresária" (*Curso de direito comercial: Direito de empresa*, v. 2, p. 451).

cietário para as hipóteses nele indicadas. Apesar de constarem de regra processual, as referências legais devem ser adotadas tanto na apuração judicial, quanto na apuração extrajudicial de haveres. Assim é que a data de resolução da sociedade será, (i) no caso de falecimento, a data do óbito; (ii) na hipótese de retirada imotivada de sociedade contratada por prazo indeterminado contemplada na parte inicial do *caput* do artigo 1.029 do Código Civil, o sexagésimo dia seguinte ao do recebimento, pela sociedade, da notificação do sócio retirante[10]; (iii) na situação de recesso preconizada no artigo 1.077 do mesmo diploma codificado, a data do recebimento, pela sociedade, da notificação do sócio dissidente; (iv) no caso de exclusão extrajudicial, a data da assembleia ou da reunião de sócios que a tiver deliberado; e (v) na hipótese de retirada judicial por justa causa de sociedade constituída por prazo determinado prevista na parte final do *caput* do artigo 1.029 do Código Civil e, ainda, na situação de exclusão judicial de sócio, a data do trânsito em julgado da respectiva sentença, ressalvada a possibilidade de eventual antecipação dos efeitos da tutela[11].

Pensamos que o marco temporal do trânsito em julgado da sentença, sempre com a ressalva da possível antecipação dos efeitos da tutela, deva ser adotado quando o sócio da sociedade contratada por prazo indeterminado pretender que a sua retirada e a apuração dos correspondentes haveres se realizem conjuntamente em juízo[12]. Nesse cenário, somente com o trânsito em julgado é que se tem por produzidos os efeitos de desconstituição da relação jurídica de sócio[13]. Até então, o *status socii* permanece. O capítulo da sentença que decreta a retirada, acolhendo a pretensão de dissolução parcial da sociedade, tem natureza constitutiva negativa, ao passo que o que define a questão dos haveres desfruta de natureza condenatória. Quando realizada a retirada em juízo, parece-nos mais consentâneo com a dogmática da extinção do vínculo societário que os efeitos do desligamento sejam produzidos somente a

---

[10] O *caput* do artigo 1.029 do Código Civil estabelece que a notificação será enviada para os demais sócios, ao passo que o inciso II do artigo 605 do Código de Processo Civil prevê a necessidade de também se notificar a sociedade. Há, portanto, que se distinguir a funcionalidade dessa notificação, à luz de seus destinatários. Conforme expusemos nos itens 4.2.2 e 4.2.4 do Capítulo 4, impõe-se harmonizar as duas regras, para se considerar que a notificação dirigida aos demais sócios tem o condão de fixar a data da cessação dos direitos, deveres e obrigações do retirante e, ainda, a data limite para a realização de eventual assembleia ou reunião de sócios, para fins de deliberação acerca da dissolução total da sociedade; já a enviada à pessoa jurídica presta-se a fixar a data de corte da apuração dos haveres.

[11] Sérgio Campinho, *Curso de direito comercial: Direito de empresa*, item 7.12, p. 217.

[12] Confira-se o item 4.2.2 do Capítulo 4.

[13] Sérgio Campinho, *Curso de direito comercial: Direito de empresa*, item 7.12, p. 217.

partir do momento em que a sentença que decreta a dissolução parcial se torne definitiva. Tais efeitos devem ser *ex nunc*, porquanto não se trata verdadeiramente de declaração de reconhecimento de situação preexistente[14].

Diversa é a hipótese em que o sócio exerce o seu direito de recesso nos moldes da parte inicial do *caput* do artigo 1.029 ou do artigo 1.077, ambos do Código Civil, e a sociedade não promove incontinenti e de modo extrajudicial a apuração de seus haveres, conforme determina o artigo 1.031 do mesmo diploma codificado, seja por relutar em reconhecer a retirada realizada, seja por simples e infundada rebeldia em implementar tal apuração. Nessa situação, o ex-sócio poderá propor ação de dissolução parcial de sociedade cumulada com apuração de haveres. Assim o fazendo, o capítulo da sentença que se volta à confirmação do exercício do direito de retirada tem natureza declaratória, porque simplesmente reconhece situação preexistente, e produz efeitos *ex tunc*, retroagindo à data da efetiva resolução do vínculo que o unia à sociedade e aos demais sócios; já o capítulo da sentença referente ao pagamento de seus haveres possui natureza condenatória.

3 – Critérios para a apuração de haveres

No âmbito da sociedade limitada, três específicos eventos nos conduzem à apuração de haveres: (i) o exercício do direito de retirada ou recesso por parte de sócio; (ii) a exclusão de sócio; e (iii) o falecimento de sócio, sem que seus sucessores ingressem na sociedade.

---

[14] O Superior Tribunal de Justiça, contudo, vem se inclinando na direção de que, nesse cenário em que o sócio de sociedade limitada contratada por prazo indeterminado opta por cuidar de sua retirada e consequente apuração de haveres em juízo, sem sequer enviar a notificação premonitória indicada no artigo 1.029 do Código Civil, a data-base para tal apuração seria a data da propositura da ação e não a do trânsito em julgado da sentença. Nesse sentido, convém conferir a seguinte ementa: "Direito societário. Recurso especial. Dissolução parcial de sociedade limitada por tempo indeterminado. Retirada do sócio. Apuração de haveres. Momento. – A data-base para apuração dos haveres coincide com o momento em que o sócio manifestar vontade de se retirar da sociedade limitada estabelecida por tempo indeterminado. – Quando o sócio exerce o direito de retirada de sociedade limitada por tempo indeterminado, a sentença apenas declara a dissolução parcial, gerando, portanto, efeitos *ex tunc*. Recurso especial conhecido e provido" (Recurso Especial n. 646.221/PR, tendo como relatora designada para o acórdão a Ministra Nancy Andrighi e julgado por maioria pelos integrantes da Terceira Turma em 19.04.2005). O ponto também foi tratado no âmbito do Recurso Especial n. 1.371.843/SP, relatado pelo Ministro Paulo de Tarso Sanseverino e julgado à unanimidade pelos integrantes da Terceira Turma em 20.03.2014, cujo item 5 da ementa contou com a seguinte redação: "A data-base para apuração dos haveres coincide com o momento em que o sócio manifestar vontade de se retirar da sociedade limitada estabelecida por tempo indeterminado".

Nessas três distintas situações, nasce para a sociedade o dever de calcular o valor devido ao sócio que se retirou ou dela foi excluído ou, ainda, aos sucessores do sócio falecido, e também o de efetuar o correspondente pagamento, conforme abordamos no item 1 deste Capítulo 6.

Assim é que, diante dessa objetiva realidade, naturalmente emerge a seguinte questão: como se deve fazer esse cálculo? Em outras palavras, como se deve proceder para apurar o valor devido a título de haveres? Indo além: qual critério deve nortear essa apuração de haveres?

Há, basicamente, três critérios para fins de apuração de haveres: (i) o critério do valor patrimonial contábil; (ii) o critério do valor patrimonial real; e (iii) o critério do valor econômico.

O critério do *valor patrimonial contábil* ampara-se em uma específica demonstração financeira: o *balanço patrimonial*, que é elaborado à luz de regras e princípios contábeis e contempla valores históricos e usualmente distantes da realidade de mercado.

O critério do *valor patrimonial real*, por sua vez, encontra suporte no que se convencionou chamar de *balanço especial de determinação*. O balanço especial de determinação não é uma demonstração financeira levantada rotineiramente pela contabilidade da sociedade. Não é, pois, uma peça contábil. Em verdade, consiste em um documento que apenas é elaborado nesse específico momento da vida social, através do qual se revisita cada um dos ativos e cada um dos passivos da sociedade (incluindo-se aí aqueles que eventualmente não estejam refletidos em seu balanço patrimonial[15]) e se considera não os seus valores *contábeis* e *históricos*, mas sim os seus valores *reais* e *de mercado*[16].

Já o critério do *valor econômico* concretiza-se por meio do *fluxo de caixa descontado*. Em síntese, entradas de caixa e saídas de caixa são projeta-

---

[15] Nesse sentido: Renato Vilela. *Avaliação para fins de apuração de haveres nas sociedades limitadas: Apreciação de ativos intangíveis*. São Paulo: Dialética, 2023. p. 34.

[16] Em sua clássica obra dedicada à apuração dos haveres de sócio, Hernani Estrella observa que, "embora todo o balanço tenha um traço comum – transmitir conhecimento de um estado de coisas –, a diversidade de fins impõe diferenças peculiares, ensejando conhecida classificação: balanço de exercício, cessão, liquidação e, mais restritamente, balanço de determinação" (*Apuração dos haveres de sócio*, p. 118). No que tange especificamente a esse último, assim pontua: "O balanço de determinação, finalmente, qualificativo que Osmida Innocente dá ao que se levanta, para o fim especial de determinar valor da quota reembolsável ao sócio desligado da sociedade, é, este balanço, pelo pensamento que o inspira e por sua finalidade específica, assim diverso de todos os outros. Já pelo motivo que o prova, já por seus componentes ativos e passivos, oferece características inconfundíveis. Bem é, pois, que seja havido como uma espécie à parte" (*Apuração dos haveres de sócio*, p. 120).

das ao longo de um determinado período de tempo e, na sequência, trazidas a valor presente – *in casu*, mais especificamente até a data de corte ou data-base da apuração de haveres – através da aplicação de uma taxa de desconto. Por ocasião da elaboração do fluxo de caixa descontado, há três parâmetros que devem ser cuidadosamente analisados, diante da realidade da empresa, em função da efetiva capacidade que cada um deles possui de repercutir no resultado encontrado: (i) entradas e saídas de caixa a serem consideradas; (ii) tempo de projeção do fluxo de caixa; e (iii) taxa de desconto a ser aplicada[17].

4 – Breve panorama acerca da evolução legislativa e jurisprudencial: Do valor patrimonial contábil ao valor patrimonial real

O Decreto n. 3.708/1919 – diploma legal que disciplinou a então denominada sociedade por quotas de responsabilidade limitada até o advento do Código Civil de 2002 – contemplava, na parte inicial de seu artigo 15, a previsão de assistir aos sócios que divergissem "da alteração do contrato social a faculdade de se retirarem da sociedade, obtendo reembolso da quantia correspondente ao seu capital, na proporção do último balanço aprovado". Conforme registramos no item 1 do Capítulo 4, a noção de divergir "da alteração do contrato social" foi elastecida pelas construções doutrinária e pretoriana, tendo prevalecido o entendimento de que o fato ensejador do exercício do direito de retirada ou recesso não necessariamente precisaria traduzir, formalmente, dissenso em relação a uma alteração do contrato social, bastando haver a ruptura da *affectio societatis*, em função de o sócio discordar da forma de condução dos negócios sociais pela maioria, para que restasse legitimado o exercício de tal direito[18].

À luz do referido dispositivo, o exercício do direito de retirada acarretaria a apuração dos haveres do sócio retirante "na proporção do último balanço aprovado", ou seja, do último *balanço patrimonial* chancelado pelos sócios e, portanto, com amparo no critério do *valor patrimonial contábil*.

Em 13.12.1963, foi aprovado o enunciado da Súmula 265 do Supremo Tribunal Federal, assim redigido: "Na apuração de haveres, não prevalece o

---

[17] Assim, na aplicação desse específico método, naturalmente, devem ser enfrentadas as seguintes questões: o que deve ser considerado como entrada de caixa e como saída de caixa, para fins de composição do correspondente fluxo de caixa? Por quanto tempo se deve projetá-lo? Qual taxa de desconto deve ser aplicada para que essa projeção possa retroagir à data de corte, à data-base da apuração de haveres?

[18] Sérgio Campinho, *Sociedade por quotas de responsabilidade limitada*, p. 118.

balanço não aprovado pelo sócio falecido, excluído ou que se retirou". Os precedentes que deram origem ao verbete em foco indicam que, naqueles casos concretos, ao se afastar a apuração de haveres com base em balanço patrimonial não aprovado pelo sócio em relação ao qual o vínculo societário era desfeito, buscava-se, em essência, uma aproximação em relação ao que seria tido como o *justo valor* de tais haveres[19].

Com o passar dos anos, a jurisprudência do Supremo Tribunal Federal, enquanto ainda competente para apreciar questões infraconstitucionais, seguida pela do Superior Tribunal de Justiça, a partir de 1988, foi, pouco a pouco, consolidando-se no sentido de, por um lado, afastar o critério do *valor patrimonial contábil* e, por outro, consagrar o critério do *valor patrimonial real*, sob o principal fundamento de que o primeiro ensejava o enriquecimento sem causa da sociedade e dos sócios remanescentes em detrimento daquele que dela se retirava ou era excluído ou, ainda, dos sucessores do sócio falecido, ao passo que o segundo se apresentava como mais justo[20-21].

---

[19] Os aludidos precedentes são os seguintes: (i) Embargos de Declaração no Recurso Extraordinário n. 29.331/PR, relatados pelo Ministro Victor Nunes e julgados à unanimidade pelos integrantes da Sessão Plenária em 19.06.1961; (ii) Agravo de Instrumento n. 24.812/GB, relatado pelo Ministro Gonçalves de Oliveira e julgado à unanimidade pelos integrantes da Primeira Turma em 26.10.1961; e (iii) Recurso Extraordinário n. 52.569/PR, relatado pelo Ministro Victor Nunes e julgado à unanimidade pelos integrantes da Segunda Turma em 14.05.1963.

[20] No âmbito do Supremo Tribunal Federal, a título exemplificativo, podemos fazer referência ao Recurso Extraordinário n. 89.464/SP, tendo como relator designado para o acórdão o Ministro Décio Miranda e julgado por maioria pelos integrantes da Segunda Turma em 12.12.1978, o qual contou com a seguinte ementa: "Comercial. Dissolução de sociedade limitada. Pedida a dissolução total por sócio dissidente, não é possível, em princípio, decretar a dissolução parcial, com simples apuração contábil dos haveres do autor. Admitida que seja a dissolução parcial em atenção à conveniência da preservação do empreendimento, dar-se-á ela mediante forma de liquidação que a aproxime da dissolução total. Nesse caso, deve ser assegurada ao sócio retirante situação de igualdade na apuração de haveres, fazendo-se esta com a maior amplitude possível, com a exata verificação, física e contábil, dos valores do ativo". Em seu voto, o Ministro Décio Miranda assim anotou: "Nesse caso, é necessário decretar uma dissolução parcial que mais se aproxime, nos seus efeitos, da dissolução total. Ou seja, uma dissolução parcial em que, tal como na dissolução total, os sócios fiquem em situação de igualdade, quanto à percepção de suas cotas-partes na liquidação". Mais à frente, assim pontuou: "Daí porque, se se admite a dissolução parcial como modalidade da dissolução total, aquela deve adotar a forma de liquidação dos interesses do sócio dissidente que mais se aproxime da que resultaria da última. Na liquidação resultante de dissolução total, alienam-se os bens para realização do ativo, forma de apuração que, segundo se presume, mais revela o verdadeiro valor das coisas. Na dissolução parcial, que por natureza impede a realização do ativo e do monte partível pela alienação de bens, não há de prevalecer o último balanço aprovado, a não ser que o aceitem as partes. Há de prevalecer a apuração, em toda a sua amplitude, dos haveres do sócio dissidente, com a exata verificação, física e contábil, dos bens e direitos da sociedade, sem a restrição do art. 15 do Decreto n°.

Nessa concepção jurisprudencial, justamente com o propósito de se enaltecer a necessidade de se considerar os valores reais e não aqueles meramente contábeis, fez-se recorrente a menção à aproximação dessa análise com o que se teria no cenário de dissolução total da sociedade. Nesse compasso, em inúmeros julgados, colhe-se a expressão "*como se de dissolução total se tratasse*", além de outras equivalentes. Essa usual associação à hipótese de dissolução total emerge como uma autêntica *ficção jurídica*[22] – uma vez que a pessoa jurídica seguirá existindo e explorando a sua atividade –, justamente para se ressaltar a contraposição entre o critério acolhido (*valor patrimonial real*) e o repelido (*valor patrimonial contábil*). Em outros termos, ao se fazer referência à dissolução total, tem-se o propósito maior de se iluminar a relevância de se chegar aos valores reais, de mercado, efetivos, verdadeiros e, em última análise, justos, colocando-se, no momento de desfazimento do vinculo societário, o sócio retirante, o sócio excluído ou os sucessores do sócio falecido, sob o ponto de vista patrimonial, em pé de igualdade com os sócios remanescentes, tal

---

3.708". Em seu voto-vista, o Ministro Moreira Alves asseverou que, "se se acolhe a dissolução parcial, isto implica que, por essa dissolução, o sócio dissidente sai da sociedade, como sairia se houvesse dissolução total". Adiante, assim arrematou a sua linha de raciocínio: "Ora, assim entendendo, considero que, com referência ao sócio que sai, a ele não se deve aplicar, por analogia, o art. 15, da Lei de Sociedades por Cotas de Responsabilidade Limitada, uma vez que este artigo dá ao sócio dissidente a possibilidade de retirar-se, possibilidade essa de que ele só se utilizará se verificar que o valor dos bens, constante do balanço social, corresponde exatamente à realidade. Em se tratando, porém, de dissolução parcial, em que ele se retira sem se utilizar dessa faculdade de retirada voluntária, entendo que aqui deverá aplicar-se a regra da dissolução total com referência a ele, isto é, que – como salientou o eminente Ministro Décio Miranda – seja feita, quanto a ele, a avaliação dos bens sociais, para o efeito da retirada da sua cota com base nos valores reais, e não apenas nos valores contábeis".

[21] Já no bojo do Superior Tribunal de Justiça, igualmente a título exemplificativo, podemos fazer menção ao Recurso Especial n. 35.702/SP, relatado pelo Ministro Waldemar Zveiter e julgado à unanimidade pelos integrantes da Terceira Turma em 27.09.1993, o qual contou com a seguinte ementa: "Comercial – Sociedade constituída por sócios diversos – Dissolução parcial – Critério de apuração dos haveres. I – Na sociedade constituída por sócios diversos, retirante um deles, o critério de liquidação dos haveres, segundo a doutrina e a jurisprudência, há de ser, utilizando-se o balanço de determinação, como se tratasse de dissolução total. II – Precedentes do STJ. III – Recurso não conhecido". Em seu voto, o Ministro Relator consignou considerar que "a solução mais adequada é a que foi dada pelo Acórdão recorrido, determinando que a dissolução parcial da sociedade se processasse, com a consequente apuração dos haveres, como se de dissolução total se cuidasse, a qual se afina com a orientação afirmada pela melhor doutrina e jurisprudência dos Tribunais, inclusive, deste Egrégio Superior Tribunal de Justiça".

[22] Nesse sentido, Fábio Ulhoa Coelho assevera que "o BPD, em suma, é o instrumento de uma simulação, de uma projeção, de uma estimativa. Ele simula, projeta, estima como seria a liquidação da sociedade, caso se tratasse de dissolução total, e não parcial" (*A dissolução de sociedades no Código de Processo Civil*, p. 165).

como ocorreria caso se estivesse diante da dissolução total, liquidação e extinção da sociedade.

5 – A aplicação do critério previsto no contrato social

Em diversos dispositivos, o legislador prestigiou a autonomia da vontade das partes quanto à definição do critério a nortear a apuração de haveres. É o que se tem no *caput* do artigo 1.031 do Código Civil e, ainda, no artigo 604, inciso II, e no *caput* do artigo 606, ambos do Código de Processo Civil.

Desse modo, apenas no silêncio do contrato social é que se recorre ao critério supletivo legal. Assim, quando o ato regra da sociedade contempla expressamente critério distinto daquele estabelecido na lei, é ele que, em princípio, deve prevalecer.

Diz-se *em princípio*, na medida em que não se pode admitir cláusula contratual que não seja válida e eficaz. A força obrigatória dos contratos, fruto da autonomia da vontade, somente impera quando observados os limites impostos pelo ordenamento jurídico. Assim é que não se pode abraçar verba contratual que conspire para o enriquecimento sem causa, que viole a boa-fé objetiva ou que desague em pacto leonino, em franco atentado aos fundamentos e valores que arrimam o direito societário. Não se pode permitir, com efeito, que a regra contratual seja desarrazoada, em clara desproporção com o real valor das participações societárias[23], sob pena de se consagrar reprovável e injustificável involução na orientação da matéria, concebida para que o reembolso se faça sem qualquer ordem de sanção ao sócio retirante, ao sócio excluído ou aos sucessores do sócio falecido. O padrão legal está alinhado com a vontade presumida das partes, colhida a partir da experiência jurisprudencial e, ainda, em consideração da evolução dos pactos econômicos e sociais[24].

---

[23] Sérgio Campinho, *Curso de direito comercial: Direito de empresa*, item 7.12, p. 215.

[24] Pertinente é trazer à baila a lição de Arnoldo Wald: "Tal permissivo para o afastamento da norma legal em benefício de dispositivo contratual pode acabar por prejudicar aquele que se retira da sociedade no caso do contrato adotar método que não inclua, no valor do reembolso, o cálculo do valor real da empresa. Valor real é o de mercado. Para avaliá-lo, devem ser computados da empresa o fundo de comércio, as marcas, assim como quaisquer outros bens incorpóreos, inerentes à atividade da sociedade, que não são incluídos, por exemplo, no valor contábil da sociedade. [...] Aliás, é inválida a cláusula que se afigure leonina. Tanto quanto não deve ser tida como lícita a cláusula que determine a não distribuição de lucros para os sócios, ou a não participação do sócio nos prejuízos sociais, não é válida estipulação contratual que prive o sócio de receber o quinhão que lhe cabe quando da sua retirada da sociedade. Portanto, a proibição de cláusula leonina também deve ser observada na estipulação referente ao momento da liquidação da sociedade ou da retirada do sócio mediante dissolução parcial, que importa a liquidação

6 – O critério supletivo eleito pelo legislador e o convívio do *caput* do artigo 1.031 do Código Civil com o *caput* do artigo 606 do Código de Processo Civil

O *caput* do artigo 1.031 do Código Civil cuida, nos seguintes termos, do critério supletivo a orientar a apuração de haveres: "Nos casos em que a sociedade se resolver em relação a um sócio, o valor da sua quota, considerada pelo montante efetivamente realizado, liquidar-se-á, salvo disposição contratual em contrário, com base na situação patrimonial da sociedade, à data da resolução, verificada em balanço especialmente levantado".

Ao estabelecer que, no silêncio do contrato social, os haveres devem ser apurados à luz "da *situação patrimonial* da sociedade [...] verificada em *balanço especialmente levantado*", o dispositivo em comento culmina por acolher, como critério supletivo, o *valor patrimonial real*. É justamente a conjugação da genérica expressão "*situação patrimonial*" com a figura do "*balanço especialmente levantado*" que nos permite chegar a essa conclusão.

De todo modo, nos dias de hoje, esse não é o único preceito a versar sobre o tema. Enveredando em matéria própria de direito material, o legislador assim fez constar do *caput* do artigo 606 do Código de Processo Civil: "Em caso de omissão do contrato social, o juiz definirá, como critério de apuração de haveres, o valor patrimonial apurado em balanço de determinação, tomando-se por referência a data da resolução e avaliando-se bens e direitos do ativo, tangíveis e intangíveis, a preço de saída[25], além do passivo também a ser apurado de igual forma".

---

da sua quota. De acordo com o preceito legal em exame, para que se possa determinar os haveres do sócio que se afasta da sociedade, os quais devem corresponder forçosamente à participação por este detida no capital social de acordo com o patrimônio da sociedade, cumpre estimar o valor do patrimônio líquido da sociedade (verificado em balanço especialmente levantado à época da resolução), o qual se obtém pela subtração do passivo exigível, em relação ao ativo apurado, aí incluindo o fundo de comércio e as reservas que tiverem sido constituídas até que o sócio tenha sido afastado da sociedade" (*Comentários ao novo Código Civil*, v. XIV, p. 219-220).

[25] Cabe anotar que a expressão *preço de saída* vem definida, tanto no "Apêndice A – Definição de termos" do Pronunciamento Técnico CPC 46, como no mesmo apêndice da Resolução CVM n. 115/2022, como sendo o "preço que seria recebido para vender um ativo ou pago para transferir um passivo". O *preço de saída* está umbilicalmente ligado ao conceito de *valor justo* que, nos termos do item 24 do Pronunciamento Técnico CPC 46 e do mesmo item da Resolução CVM n. 115/2022, "é o preço que seria recebido pela venda de um ativo ou pago pela transferência de um passivo em uma transação não forçada no mercado principal (ou mais vantajoso) na data de mensuração nas condições atuais de mercado (ou seja, um preço de saída), independentemente de esse preço ser diretamente observável ou estimado utilizando-se outra técnica de avaliação".

No diploma processual civil de 2015, identificamos na regra em questão a adoção do mesmo critério contemplado no artigo 1.031 do diploma material civil de 2002, qual seja: o *valor patrimonial real*. É esse o vetor legal a orientar a definição dos haveres devidos ao sócio retirante ou excluído ou, ainda, aos sucessores do sócio falecido.

A nosso ver, ao prever a necessidade de se avaliar "*bens e direitos do ativo, tangíveis e intangíveis, a preço de saída, além do passivo também a ser apurado de igual forma*", o texto normativo do artigo 606 explicita notas interpretativas que já eram extraídas do artigo 1.031. Seu escopo é o de garantir a aferição do justo valor das participações societárias, refletindo de modo ainda mais claro a longeva construção pretoriana nesse sentido estabelecida, para afastar a aplicação do impróprio *valor patrimonial contábil*, dissonante da situação patrimonial real da sociedade, por vincular-se a valores históricos, desapegados da realidade de mercado.

O "balanço de determinação" apontado no *caput* do artigo 606 é aquele mesmo "balanço especialmente levantado" indicado no *caput* do artigo 1.031, sendo certo que ambas as expressões almejam traduzir o *balanço especial de determinação*, que se apresenta como o documento suporte do critério do *valor patrimonial real*, antepondo-se ao *balanço patrimonial*, que, por sua vez, se revela como o documento suporte do critério do *valor patrimonial contábil*.

Nesse mesmo compasso, o parágrafo único do artigo 606 estabelece que, "em todos os casos em que seja necessária a realização de perícia, a nomeação do perito recairá preferencialmente sobre especialista em avaliação de sociedades", e não sobre um simples profissional de contabilidade, que não possua, também, essa expertise[26].

Ao abordarem o tema, Ariovaldo dos Santos, Sérgio de Iudícibus, Eliseu Martins e Ernesto Rubens Gelbcke atestam que "'valor justo' é uma mensuração baseada no mercado (mesmo que só, em última instância, a partir do uso de premissas e *inputs* que seriam utilizados pelos participantes do mercado)". Ato contínuo, assim concluem: "Portanto, não se trata de uma mensuração específica da entidade, assim como independe da intenção da entidade acerca do objeto da mensuração. O valor justo é reflexo do que seria obtido na venda do ativo ou na transferência do passivo mesmo que a intenção não seja a de sua venda ou transferência" (*Manual de contabilidade societária: Aplicável a todas as sociedades: De acordo com as normas internacionais e do CPC*. 4. ed. Barueri: Atlas, 2022. p. 175-176).

[26] O ponto também foi destacado pelo saudoso Ministro Paulo de Tarso Sanseverino em voto-vista proferido quando do julgamento, por maioria, pelos integrantes da Terceira Turma, em 13.04.2021, do Recurso Especial n. 1.877.331/SP: "Ademais, para deixar bem clara a necessidade de alcançar o valor real de mercado, incluindo-se o fundo de comércio, o parágrafo único determina a nomeação de 'especialista em avaliação de sociedades' e não de um simples contador". Mais adiante, voltou ao tema, valendo-se das seguintes palavras: "Neste passo, ressalto mais

À luz desse quadro, enxergamos tanto a regra constante do *caput* do artigo 1.031 do Código Civil como aquela contemplada no *caput* do artigo 606 do Código de Processo Civil como complementares e coexistentes e não como dissonantes e excludentes[27].

---

uma vez a determinação do parágrafo único do dispositivo processual para que a nomeação do perito recaia 'preferencialmente sobre especialista em avaliação de sociedades', o que, na minha visão, ocorre justamente para amenizar as ficções contábeis".

[27] A positivação de nova regra sobre o critério de apuração de haveres a ser aplicado na hipótese de silêncio do contrato social (artigo 606 do Código de Processo Civil) e a sua convivência com o dispositivo até então existente (artigo 1.031 do Código Civil) suscitou a divergência da doutrina. Fábio Ulhoa Coelho também entende que ambos os preceitos conduzem ao *valor patrimonial real*, sendo oportuna a transcrição de suas palavras: "Em caso de omissão, o critério é o estabelecido pelo art. 1.031 do Código Civil, reproduzido, com pequena correção de ordem técnica, pelo art. 606 do CPC; vale dizer, o do valor patrimonial real, derivado do BPD" (*A dissolução de sociedades no Código de Processo Civil*, p. 153). Em trabalho voltado à interpretação do artigo 1.031 do Código Civil, Marcelo Trindade e Thiago Saddi Tannous assim consignam: "[...] não nos parece que o art. 606 do Novo CPC tenha trazido inovações substanciais em relação ao art. 1.031 do Código Civil. Pelo contrário, todos os elementos tornados expressos no art. 606 do Novo CPC resultam, a nosso ver, da interpretação do art. 1.031" (O art. 1.031 do Código Civil e a sua interpretação. In: YARSHELL, Flávio Luiz; PEREIRA, Guilherme Setoguti J. (Coord.). *Processo societário*. São Paulo: Quartier Latin, 2015. v. II, p. 494). Por seu turno, Ivo Waisberg e Herbert Morgenstern Kugler sustentam que o artigo 606 do Código de Processo Civil revogou o artigo 1.031 do Código Civil. Eis as suas palavras: "Conforme se deduz do preceito legal acima exposto, trata-se, evidentemente, de norma de cunho material e não processual, tendo-se, portanto, por revogado o art. 1.031 do Código Civil. Deveras, por quaisquer dos métodos hermenêuticos consagrados (os quais compreendem as regras que a hermenêutica se utiliza na interpretação do direito) – literal, histórico, lógico, teleológico e sistemático –, conclui-se que a previsão do art. 606 do CPC/2015 suplanta o art. 1.031 do Código Civil. Contudo, embora os arts. 606 do CPC/2015 e do 1.031 do Código Civil sejam distintos, em um aspecto primordial eles são comuns: a necessidade de levantamento de balanço específico e distinto do balanço ordinário da sociedade para a apuração dos haveres do sócio retirante" (Apuração de haveres na dissolução parcial envolvendo grupo de sociedades limitadas. In: YARSHELL, Flávio Luiz; PEREIRA, Guilherme Setoguti J. (Coord.). *Processo societário*. São Paulo: Quartier Latin, 2018. v. III, p. 329). Já Erasmo Valladão Azevedo e Novaes França e Marcelo Vieira von Adamek também entendem ter ocorrido a citada revogação. Porém, consideram ter havido expressiva alteração do quadro. Inicialmente, salientam que o critério legal supletivo previsto no artigo 606 do Código de Processo Civil "altera substancialmente a sistemática até então vigente e introduz aberrante regra dispositiva". Logo adiante, prosseguem: "Até o advento do CPC/2015, à falta de critério convencional válido, incidia a regra do Código Civil – extraída literalmente da correspondente regra do Código Civil italiano – segundo a qual os haveres deveriam ser liquidados com base na 'situação patrimonial' da sociedade à data da resolução (CC it., art. 2.289), expressão essa que parcela da nossa doutrina e jurisprudência, alinhando-se à experiência estrangeira, observou não ser determinante da aplicação de um específico critério de avaliação, até porque este deveria sempre ser definido à luz das parti-

7 – Desafios vinculados à aplicação do critério supletivo legal

A despeito de o legislador claramente ter prestigiado a autonomia da vontade das partes quanto à definição do critério a nortear a apuração de haveres, ainda assim optou por conceber um critério supletivo, a ser aplicado na hipótese de inexistência de cláusula contratual a respeito do tema. O passo é justificável: como certamente inúmeras sociedades não contariam, em seus contratos sociais, com cláusulas acerca do critério a ser utilizado para fins de apuração de haveres, caberia suprir legalmente essa vontade, até mesmo para reduzir a litigiosidade.

O critério supletivo legal também deverá ser adotado, caso haja o afastamento de outro, estampado no contrato social, em função do reconhecimento de sua abusividade.

De todo modo, essa opção pela previsão de um critério supletivo legal precisa ser analisada com cautela. Por mais conveniente, oportuno e até mesmo multivalente seja um determinado critério – como, de fato, o é o do *valor patrimonial real* –, tem-se que, em determinadas situações concretas, ele pode vir a falhar, apresentando-se como impotente para que a apuração de haveres se dê em toda a sua plenitude. Ademais, mesmo que, *in concreto*, tal critério seja adequado, pode vir a externar fragilidades, que precisarão ser contornadas. Destarte, por mais vocacionado seja o *valor patrimonial real* para funcionar como critério supletivo legal, o certo é que ele também possui seus pontos de delicadeza.

---

cularidades do caso concreto (por não se afigurar viável de antemão fixar um critério justo universalmente aplicável a toda e qualquer sociedade), e, pois, sem obstar a aplicação de métodos de avaliação econômica, em especial o fluxo de caixa descontado. E essa nos parecia ser mesmo a solução legislativa mais apropriada. Agora, porém, o quadro modificou-se. A nova regra dispositiva introduzida no CPC/2015, diversamente, impõe autoritariamente um critério supletivo único de avaliação, olvidando que, a depender da atividade desenvolvida pela sociedade, poderá o mesmo mostrar-se totalmente iníquo [...]". Mais à frente, registram que "a leitura da regra processual sugere ter o legislador acatado o valor patrimonial real (e, neste particular, pelo menos afastando de cogitação um descabido valor patrimonial contábil, dissociado da realidade de mercado em razão da incidência de elementos de amortização e cômputo a partir de valores históricos) [...]". Em linha conclusiva, assim aduzem: "Por tudo isso, e por estarmos convictos de que critério de avaliação não deveria ser arbitrariamente estipulado unitariamente pelo legislador para toda e qualquer sociedade, mesmo por meio de regra dispositiva, parece-nos infeliz a nova regra, muito inferior à – agora revogada – congênere do Código Civil" (*Da ação de dissolução parcial de sociedade: Comentários breves ao CPC/2015*, p. 69-71).

No dia a dia do mercado societário, a elaboração do balanço especial de determinação enseja o surgimento de diversas frentes de atenção, que desafiam a reflexão de sócios, administradores, advogados, peritos, assistentes técnicos, juízes e árbitros.

Uma *primeira* frente de atenção associa-se à necessária compreensão de que o balanço especial de determinação não é uma peça contábil. Por ocasião de sua elaboração, não cabe aos administradores da sociedade, em um cenário de apuração de haveres extrajudicial, ou ao perito, em uma situação de apuração de haveres judicial ou arbitral, pautarem as suas correspondentes atuações por regras e princípios estritamente contábeis, como, por exemplo, dispositivos contemplados em pronunciamentos técnicos, interpretações técnicas e orientações emitidas pelo Comitê de Pronunciamentos Contábeis[28] e, ainda, o clássico princípio contábil da prudência ou do conservadorismo, segundo o qual, diante de incertezas, não se deve superestimar o ativo (ou a receita) e tampouco subestimar o passivo (ou a despesa), mas sim reconhecer o primeiro por seu menor valor e o segundo por seu maior valor, adotando-se, assim, a postura mais *pessimista*[29-30-31].

---

[28] O Comitê de Pronunciamentos Contábeis foi criado através da Resolução CFC n. 1.055/2005, cujo artigo 3º preconiza que seu objetivo é "o estudo, o preparo e a emissão de documentos técnicos sobre procedimentos de Contabilidade e a divulgação de informações dessa natureza, para permitir a emissão de normas pela entidade reguladora brasileira, visando à centralização e uniformização do seu processo de produção, levando sempre em conta a convergência da Contabilidade Brasileira aos padrões internacionais".

[29] Ao cuidar do princípio em questão, José Carlos Marion se vale das seguintes palavras: "A posição conservadora (precaução) do Contador será evidenciada no sentido de antecipar prejuízo e nunca antecipar lucro. Assim, ele não estará influenciando os acionistas, por exemplo, a um otimismo que poderá ser ilusório" (*Contabilidade empresarial*. 9. ed. São Paulo: Atlas, 2002. p. 45). José Engrácia Antunes, por sua vez, tece as seguintes considerações: "Constituindo a atividade empresarial uma atividade de risco, é frequente as demonstrações financeiras relatarem operações e factos da empresa que estão rodeados de uma significativa incerteza (v.g., cobrança duvidosa de dívidas vencidas, número e magnitude das reclamações dos clientes, vida útil de instalações e equipamentos, etc.). O princípio da prudência impõe que os juízos de prognose envolvidos no reconhecimento contabilístico dessas operações ou factos sejam realizados de forma ponderada e previdente por forma a evitar que os ativos empresariais sejam sobreavaliados e/ou os seus passivos sejam subavaliados" (*Direito da contabilidade: Uma introdução*. Coimbra: Almedina, 2018. p. 105). Pedro Anan Jr., por seu turno, consigna que "a sociedade quando for registrar uma informação contábil deve ser prudente ou conservadora, optando sempre pelo pior cenário para registrar o valor nas demonstrações contábeis", de modo que "um ativo ou receita deve ser reconhecido pelo menor valor, e um passivo ou despesa, pelo maior valor" (*Manual de contabilidade para advogados*. São Paulo: Quartier Latin, 2022. p. 34). No dizer de Carlos Augusto da Silveira Lobo, tal princípio vem "determinar que, em presença de diversos cri-

Todo esse arcabouço contábil deve, sim, ser observado quando da preparação das demonstrações financeiras ou contábeis³² rotineiras da sociedade,

---

térios razoáveis, o contador adote aquele de que resulte o menor acréscimo nos lucros (ou o maior acréscimo dos prejuízos)" (*As demonstrações financeiras das sociedades anônimas: E noções de contabilidade para advogados*, p. 75).

[30] Mais contemporaneamente, mesmo no universo contábil, o princípio da prudência ou do conservadorismo passou a ser enxergado com alguma cautela. Sobre esse específico ponto, valioso é o testemunho de Ariovaldo dos Santos, Sérgio de Iudícibus, Eliseu Martins e Ernesto Rubens Gelbcke: "Houve uma época em que foi retirado o conceito de prudência da estrutura conceitual do IASB, e explicado que isso foi feito em favor do conceito de *neutralidade*. De acordo com o *framework* anterior, prudência significava a inclusão de um grau de precaução no exercício de julgamento necessário na produção de estimativas requeridas sob condições de incerteza, de tal forma que Ativos ou Receitas não sejam superestimados e Passivos ou Despesas não sejam subestimados. Na verdade, o uso exagerado e extremado da prudência acaba na sua conversão no conservadorismo exagerado, com deliberadas reduções dos valores do Ativo e deliberados acréscimos no Passivo, a ponto de distorcer a realidade patrimonial. E alguns países (principalmente, germânicos) ainda têm um pouco dessa visão. Para eliminar essa chance, o IASB retirou prudência da estrutura conceitual. Mas, é óbvio, não dá para viver sem ela, na sua genuína concepção de precaução. Assim, o conceito de prudência voltou, mas com alertas para que seu uso não deforme a realidade da entidade. Em situações de incerteza, Ativos e Receitas não devem estar superavaliados, da mesma forma que Passivos e Despesas não devem estar subavaliados. O documento afirma que, como a prudência tem como um de seus objetivos demonstrar neutralidade, é de se esperar que também não haja subavaliação de Ativos e Receitas ou superavaliação de Passivos e Despesas. Na verdade, entendemos algo assim: prudência e neutralidade precisam estar sempre se conversando para evitar usos indevidos, diminuindo deliberadamente o valor patrimonial da entidade" (*Manual de contabilidade societária: Aplicável a todas as sociedades: De acordo com as normas internacionais e do CPC*, p. 12-13).

[31] Como salienta Fábio Ulhoa Coelho, o responsável pela elaboração do balanço especial de determinação "deita ao largo os parâmetros ditados pelo princípio do conservadorismo" e considera "cada item pelo valor de mercado ou custo de saída; isto é, pelo valor que cada bem ou direito da sociedade tem ou teria, caso fosse vendido". Logo adiante, assim pontua de modo certeiro: "O BPD não interfere com a contabilidade regular da sociedade; quando chegar o momento de se levantar o BPO seguinte, o contador deve simplesmente ignorar o BPD" (*A dissolução de sociedades no Código de Processo Civil*, p. 164-165). Nesse curso, flui o entendimento de Marcelo Trindade e Thiago Saddi Tannous: "Embora tenha havido intensa discussão no passado, hoje parece assentado o (correto) entendimento de que o balanço de determinação não deve ser levantado com base nas normas contábeis ordinárias, mas sim que devem ser considerados os valores de mercado dos ativos e passivos sociais". Logo adiante, assim aduzem: "Como se depreende do art. 1.031, o balanço de determinação se destina a verificar a '*situação patrimonial da sociedade*' na data do levantamento. Ou seja, a finalidade do dispositivo é permitir que se conheça a *realidade patrimonial* da sociedade, e não os valores que, segundo os padrões ordinários de contabilidade, deveriam ser lançados" (*O art. 1.031 do Código Civil e a sua interpretação*, p. 498-499).

[32] Como professam Egberto Lacerda Teixeira e José Alexandre Tavares Guerreiro, esse conjunto de documentos contábeis tem o objetivo "de revelar, de mostrar, de *demonstrar* a vida financeira da sociedade no período considerado" aos sócios e a terceiros que com ela transacio-

entre as quais se inclui o seu balanço patrimonial anual, que é justamente o documento suporte de outro critério de apuração de haveres: o *valor patrimonial contábil*.

Assim é que, quando a apuração de haveres é norteada pelo critério do *valor patrimonial real*, a missão conferida ao responsável pelo levantamento do correspondente balanço especial de determinação é a de analisar, na data da resolução da sociedade, cada um de seus ativos e passivos, justamente com o propósito de lhes atribuir valor real, de mercado, efetivo e verdadeiro, e não a de atuar como se estivesse cuidando da contabilidade rotineira da pessoa jurídica, aplicando as regras e os princípios estritamente contábeis utilizados por ocasião da elaboração de seu balanço patrimonial ordinário e de suas demais demonstrações financeiras, na medida em que essa postura o conduziria na direção do critério do *valor patrimonial contábil*[33].

---

nem ou pretendam transacionar (*Das sociedades anônimas no direito brasileiro*, v. 2, p. 516). Nas palavras de José Luiz Bulhões Pedreira e Luiz Alberto Colonna Rosman, "esses quadros são designados demonstrações porque revelam, ou dão a conhecer, aspectos do patrimônio, e são financeiros porque fornecem informações sobre as finanças da companhia" (Aprovação das demonstrações financeiras, tomada de contas dos administradores e seus efeitos: Necessidade de prévia anulação da deliberação que aprovou as contas dos administradores para a propositura de ação de responsabilidade. In: CASTRO, Rodrigo R. Monteiro de; ARAGÃO, Leandro Santos de (Coord.). *Sociedade anônima: 30 anos da lei 6.404/76*. São Paulo: Quartier Latin, 2007. p. 44). A Lei n. 6.404/76 se vale expressamente da locução *demonstrações financeiras*. De todo modo, na prática societária, também é recorrente a adoção da expressão *demonstrações contábeis*, havendo, inclusive, quem a prefira (cf. Eliseu Martins. Atrocidades contábeis no novo Código Civil. *Revista do Advogado – Novo Código Civil: Aspectos Relevantes*. São Paulo: Associação dos Advogados de São Paulo (AASP), n. 68, dez. de 2002. p. 97-98; Nelson Eizirik. *A lei das S/A comentada*. São Paulo: Quartier Latin, 2011. v. II, p. 534 e 539; e Rubens Requião, *Curso de direito comercial*, v. 2, p. 301-302).

[33] Logo após o advento do Código Civil de 2002, depois de rememorar as redações do artigo 1.188 daquele diploma codificado e do artigo 176 da Lei n. 6.404/76, Eliseu Martins teceu interessante consideração crítica em relação ao fato de o primeiro – diversamente do segundo – contemplar o vocábulo *fidelidade*: "A Lei atual fala apenas em *exprimir com clareza*, enquanto o novo Código Civil registra *exprimir com fidelidade e clareza*. O uso da palavra 'fidelidade' ainda ocorre em alguns países, mas tendente a ser diminuído, já que *fiel, fidelidade* ou palavras semelhantes podem induzir o leitor a que os números do balanço sejam efetivas representações objetivas, fieis e incontestes de um conjunto patrimonial conforme valores de mercado de agora; ora, nós sabemos que isso não existe, já que não fazemos, efetivamente, uma reavaliação dos ativos e passivos da entidade". Logo à frente, assim acresce: "Trabalhamos, na Contabilidade, fortemente baseados no custo de aquisição e não com base no quanto custaria hoje ou por quanto venderíamos hoje determinado ativo, nem mesmo por quanto conseguiríamos liquidar uma dívida se o fizéssemos hoje". Por fim, arremata: "Assim, a palavra *fiel*, se for entendida como dizendo respeito a valores de mercado na data do balanço, pode trazer enormes problemas" (*Atrocidades contábeis no novo Código Civil*, p. 92).

Desse modo, ao se levantar o balanço especial de determinação, não cabe buscar o cenário mais *pessimista* e tampouco o mais *otimista*, mas sim o *real*, sem tirar nem pôr.

Uma *segunda* frente de atenção liga-se à identificação dos passivos e dos ativos a serem considerados no balanço especial de determinação. Partindo-se da premissa de que o seu levantamento será norteado pela realidade patrimonial da sociedade *na data* de sua resolução, na data de corte, na data-base, o certo é que, por um lado, *devem* ser considerados os ativos e os passivos *existentes* naquele específico momento e, por outro lado, *não devem* ser considerados os ativos e os passivos *inexistentes*[34] naquele específico momento.

À primeira vista, a assertiva pode soar um tanto quanto óbvia e até mesmo como despicienda. Porém, no campo prático, ela possui efetiva repercussão. Em apurações de haveres judiciais e extrajudiciais não são raras as discussões que envolvem a inclusão, ou não, de ativos e passivos no balanço especial de determinação, em função de sua existência, ou não, na data da resolução da sociedade. A solução de eventuais impasses será ditada pelo diagnóstico feito à luz do caso concreto. Assim, sob esse enfoque, o balanço especial de determinação deve se apresentar como uma autêntica *fotografia* da situação patrimonial real da sociedade, *na data de sua resolução*.

Uma *terceira* frente de atenção une-se à hipótese de o ativo da sociedade parcialmente dissolvida ser composto por participações societárias, ou seja, por quotas ou por ações de outras sociedades. Nesse caso, não basta analisar a fundo a composição patrimonial da sociedade parcialmente dissolvida. Faz-se essencial que essa análise também atinja cada uma de suas investidas, sempre à luz do critério do *valor patrimonial real*[35]. Assim, no contexto dos grupos societários, tais apurações de haveres podem efetivamente ganhar contornos

---

[34] Tampouco devem ser consideradas despesas que se apresentem como meramente facultativas e, assim, dispensáveis. Desse modo, a título exemplificativo, no âmbito de uma apuração de haveres relacionada a sociedade que se dedica à atividade imobiliária, não caberia fazer constar do balanço especial de determinação linha referente a despesa com comissão de corretagem, na medida em que a pessoa jurídica poderia, naturalmente, realizar a venda de seus imóveis de forma direta, ou seja, sem contar com a intermediação de corretor.

[35] Um exemplo pode trazer luzes para a nossa exposição. Imaginemos que, quando da elaboração do balanço especial de determinação da sociedade "A", constata-se que, entre seus ativos, há ações representativas de 10% (dez por cento) do capital social da companhia "B". Para preencher a linha de tal balanço especial de determinação referente às ações da companhia "B", é preciso chegar ao valor patrimonial real da companhia "B" e, em seguida, sobre ele projetar o percentual de 10% (dez por cento). Esse exemplo é singelo, na medida em que a sociedade "A" possui *uma única* investida, que é justamente a companhia "B". Porém, muitas vezes estamos diante de sociedades que possuem *diversas* investidas.

de complexidade, multiplicando as frentes de batalha, notadamente em função do número de sociedades investidas.

Uma *quarta* frente de atenção conecta-se com a delicadeza que cerca a avaliação de ativos intangíveis, imateriais ou incorpóreos[36], como, por exemplo, marcas, patentes, licenças, *softwares* etc. Nesse contexto, a questão que se coloca é a seguinte: se a sociedade parcialmente dissolvida possui ativos intangíveis, como o responsável pela apuração de haveres deve proceder para atribuir-lhes valor real? Em outros termos: qual é o caminho a ser por ele percorrido, para fins do adequado preenchimento desses específicos campos do balanço especial de determinação?

A sofisticação da questão vincula-se ao fato de a avaliação de um ativo intangível passar por sua capacidade de gerar riqueza, aproximando-o, natu-

---

[36] A preocupação com a avaliação dos ativos intangíveis é externada pela doutrina. Fábio Ulhoa Coelho dedica ao tema as seguintes palavras: "Uma questão aparentemente complexa se encontra na mensuração do 'valor de mercado' dos intangíveis, que tem sido feita, pelos especialistas, sempre em função do potencial de riqueza que eles podem gerar aos seus titulares. Não há outro modo, já que os intangíveis não comportam avaliação pelo critério patrimonial, já que não são 'adquiridos' pela sociedade, mas incorporam-se ao estabelecimento empresarial em decorrência da exploração da atividade econômica. Isso, porém, acaba introduzindo uma avaliação *econômica* de um ativo no contexto da avaliação *patrimonial* da sociedade (das quotas ou ações). Não há nenhuma incongruência nisso, porque os intangíveis devem ser avaliados, no BPD, tal como os demais elementos do ativo da sociedade dissolvida, ou seja, numa *simulação* da realização do ativo, no contexto da dissolução total. Se uma 'marca' ainda conservaria seu valor de mercado, mesmo após o desaparecimento da sociedade que investiu em sua criação e difusão, ela deve constar do BPD por este valor econômico" (*A dissolução de sociedades no Código de Processo Civil*, p. 165). Erasmo Valladão Azevedo e Novaes França e Marcelo Vieira von Adamek, por sua vez, assim testemunham: "[...] se a avaliação de bens tangíveis já é de *per si* matéria repleta de sutilezas técnicas, a de intangíveis é, então, das mais controvertidas e, sobretudo quando realizada de forma isolada (ou unitária), é missão das mais delicadas e suscetíveis de imensas variações, não sendo por outra razão que na praxe do foro e da própria ciência de avaliação de empresas o critério de fluxo de caixa descontado vinha sendo o mais utilizado para empresas em andamento com perspectiva de continuidade das suas atividades: o fluxo de caixa avalia indiretamente todos os ativos, inclusive os intangíveis, desde que sejam operacionais (e, se não o forem, devem apenas estes ser tratados separadamente pelo avaliador), justamente na medida em que os ativos operacionais influem ou repercutem na capacidade que a empresa tem de gerar fluxos de caixa positivos". E prosseguem: "quando se cogita de ativos intangíveis a primeira ideia que vem à mente é a marca; mas há outros vários elementos intangíveis, tão ou mais difíceis de avaliação isolada – como a capacidade gerencial dos administradores, o treinamento e o *know-how* acumulado pelos funcionários, mercê de gastos por vezes intensos em treinamento etc. –, que dificilmente são mensuráveis de forma segregada e que integram o aviamento, o qual pode e deve ser considerado, ainda quando se levante um balanço de determinação" (*Direito processual societário: Comentários breves ao CPC/2015*. 2. ed. refundida e ampliada do livro Da ação de dissolução parcial de sociedade: Comentários breves ao CPC/2015. São Paulo: Malheiros, 2021. p. 88-89).

ralmente, do critério do *valor econômico* e atraindo, no mais das vezes, a elaboração de um específico fluxo de caixa descontado. Assim é que a conjugação do critério do *valor patrimonial real* com o do *valor econômico* – ainda que em mínima parte, ainda que, enfatize-se, tão somente para ensejar a correta atribuição de valor real a esse ativo intangível – apresenta-se como imperiosa, sob pena de se caminhar na direção de um número aleatório, quiçá cabalístico[37].

Dessa feita, parece-nos que a melhor exegese é aquela que, em situações específicas, quando o critério do *valor patrimonial real* efetivamente não tiver o condão de, por si só, expressar a verdadeira situação patrimonial da sociedade, permita a sua conjugação com outro critério de avaliação de mercado, como o *valor econômico*, consubstanciado através do fluxo de caixa descontado. A mensuração do justo valor de haveres deve, assim, atender às especificidades da realidade da empresa exercida pela sociedade, o que se verifica à luz do caso concreto[38].

8 – A oscilação da jurisprudência do Superior Tribunal de Justiça

Ao longo dos últimos anos, o Superior Tribunal de Justiça teve algumas oportunidades de se manifestar sobre o critério supletivo previsto no *caput* do artigo 1.031 do Código Civil e no *caput* do artigo 606 do Código de Processo Civil, e, ainda, sobre a possibilidade, ou não, de aplicação do critério do *valor econômico* – que, como visto, se consubstancia no fluxo de caixa descontado – a determinadas situações concretas. Porém, seus mais recentes julgados não revelam a segura consolidação de uma posição. Ao revés, denotam que ainda há relevantes aspectos a serem enfrentados.

---

[37] Como anota Renato Vilela, "se o ativo intangível foi apreciado em separado da sociedade, e avaliado a preço de saída por método econômico e sob a técnica do fluxo de caixa descontado, eventual fração de valor percebida pelo sócio retirante decorre de avaliação de acordo com a lei". Mais à frente, salienta que "a análise da natureza jurídica do pagamento de haveres da sociedade em favor do sócio retirante demonstra como a avaliação de expectativa de rentabilidade futura de ativos intangíveis trazida a valor presente se acomoda e satisfaz o regime jurídico atual" (*Avaliação para fins de apuração de haveres nas sociedades limitadas: Apreciação de ativos intangíveis*, p. 172-173).

[38] Hernani Estrella, com propriedade, criticava o laconismo da legislação em relação à apuração de haveres. Nesse passo, em tom ainda contemporâneo, anotava que "o magistrado ou intérprete não pode, a rigor, imprimir à ação de apuração de haveres uma forma única e constante, válida para todos os casos. Deverá, ao revés, verificar previamente qual a que mais convirá à espécie em exame, atendidas, é óbvio, as impostergáveis exigências da boa distribuição de justiça" (*Apuração dos haveres de sócio*, p. 172).

Em 2009, por ocasião do julgamento do Recurso Especial n. 968.317/RS, fez-se constar da ementa que "não configura ofensa ao art. 1.031 do Código Civil o acolhimento das conclusões de laudo pericial que, ao apurar o valor do fundo de comércio, utiliza-se de sistemática de cálculo consistente na '*projeção da rentabilidade futura trazida ao valor presente*', de modo a aferir os efeitos provocados pela perda da parcela intangível do patrimônio ('contas de clientes'), que seguira juntamente com os sócios retirantes, no patrimônio da sociedade"[39].

Em 2015, no julgamento do Recurso Especial n. 1.335.619/SP, entendeu-se que "o critério previsto no contrato social para a apuração dos haveres do sócio retirante somente prevalecerá se houver consenso entre as partes quanto ao resultado alcançado". Registrou-se que, "em caso de dissenso, a jurisprudência do Superior Tribunal de Justiça está consolidada no sentido de que o balanço de determinação é o critério que melhor reflete o valor patrimonial da empresa". Restou, ainda, consignado que "o fluxo de caixa descontado, por representar a metodologia que melhor revela a situação econômica e a capacidade de geração de riqueza de uma empresa, pode ser aplicado juntamente com o balanço de determinação na apuração de haveres do sócio dissidente"[40].

Em 2021, já sob a vigência do Código de Processo Civil de 2015, quando do julgamento do Recurso Especial n. 1.877.331/SP, preponderou o entendimento de que o artigo 606 daquele diploma processual veio a reforçar o que já constava do artigo 1.031 do Código Civil, tornando ainda mais nítida a opção do legislador pelo critério do *valor patrimonial real*, opção que excluiria "a possibilidade de aplicação conjunta da metodologia do fluxo de caixa descontado", a qual não seria "aconselhável na apuração de haveres do sócio dissidente"[41].

Já em 2023, por ocasião do julgamento do Recurso Especial n. 1.904.252/RS, (i) por um lado, entendeu-se que, em caso de dissenso, a cláusula contratual acerca da apuração de haveres deve prevalecer, à luz do princípio da força obrigatória dos contratos, com fundamento na autonomia da vontade, revisitando-

---

[39] Recurso Especial n. 968.317/RS, relatado pelo Ministro João Otávio de Noronha e julgado à unanimidade pelos integrantes da Quarta Turma em 14.04.2009.

[40] Recurso Especial n. 1.335.619/SP, tendo como relator designado para o acórdão o Ministro João Otávio de Noronha e julgado por maioria pelos integrantes da Terceira Turma em 03.03.2015.

[41] Recurso Especial n. 1.877.331/SP, tendo como relator designado para o acórdão o Ministro Ricardo Villas Bôas Cueva e julgado por maioria pelos integrantes da Terceira Turma em 13.04.2021.

-se, pois, ponto que havia sido objeto do mencionado Recurso Especial n. 1.335.619/SP; e, (ii) por outro lado, considerou-se que o argumento da parte recorrente a respeito da necessidade de "se incluir os 'lucros futuros' na apuração de haveres" não merecia acolhida, registrando-se, nesse contexto, que, "omisso o contrato social, observa-se a regra geral segundo a qual o sócio não pode, na dissolução parcial da sociedade, receber valor diverso do que receberia, como partilha, na dissolução total, verificada tão somente naquele momento", bem como que o fluxo de caixa descontado, "método para avaliar a riqueza econômica de uma empresa dimensionada pelos lucros a serem agregados no futuro", não seria "adequado para o contexto da apuração de haveres"[42].

Percebe-se, pois, que a matéria ainda se encontra em construção no âmbito do Superior Tribunal de Justiça, sendo certo que a adoção de fórmulas herméticas não é a que com ela melhor se alinha. Com efeito, para a obtenção do justo valor dos haveres, faz-se imprescindível considerar a realidade da empresa, podendo-se, em situações especiais, demandar certa acomodação por ocasião da aplicação do critério supletivo legal, conforme tivemos a oportunidade de demonstrar no item 7 deste Capítulo 6.

9 – Modo e prazo de pagamento de haveres

O pagamento dos haveres deve ser implementado à luz do disposto no contrato social. Em seu silêncio, ocorre no prazo de 90 dias, contados a partir da data da liquidação da quota. Tal pagamento se faz em dinheiro. Esse é o meio ordinário de adimplemento do crédito detido pelo ex-sócio ou pelos sucessores do sócio falecido em face da sociedade. A regra geral estabelecida se justifica para preservar a destinação dada ao patrimônio social. No entanto, admite-se convenção em sentido diverso, que pode resultar de estipulação contratual ou de acordo realizado entre o credor e o devedor da prestação (§2º do artigo 1.031 do Código Civil e artigo 609 do Código de Processo Civil).

As disposições contratuais acerca da forma e do prazo de pagamento dos haveres, portanto, é que darão o curso para o seu adimplemento. Contudo, a sua aplicação pressupõe que sejam razoáveis, não devendo prevalecer quando se apresentarem como abusivas[43].

A orientação tem por pressuposto o levantamento e o pagamento dos haveres em seu curso normal, sem que se possa imputar à sociedade e aos só-

---

[42] Recurso Especial n. 1.904.252/RS, relatado pela Ministra Maria Isabel Gallotti e julgado à unanimidade pelos integrantes da Quarta Turma em 22.08.2023.

[43] Nesse sentido: Arnoldo Wald, *Comentários ao novo Código Civil*, v. XIV, p. 221.

cios remanescentes qualquer ação ou omissão que tenha o condão de estender ou até mesmo de frustrar o direito do credor dos haveres, conforme abordaremos no item 10 deste Capítulo 6.

Nos moldes do *caput* do artigo 608 do Código de Processo Civil, o credor dos haveres terá o direito de receber, além do quinhão de liquidação, os lucros ou os juros sobre o capital próprio eventualmente declarados pela sociedade em nome do ex-sócio ou do sócio falecido. Ademais, se esse último houver exercido o cargo de administrador da pessoa jurídica, tem-se que a verba devida será acrescida do valor da remuneração a que porventura ainda fazia jus.

Após a data de desfazimento do vínculo societário, o antigo sócio ou seus sucessores, conforme o caso, terão direito à atualização monetária dos valores apurados e aos juros legais ou aos que forem contratualmente estabelecidos, até a data do efetivo pagamento. De todo modo, tais rubricas somente incidirão a partir da data da resolução do liame societário, consoante claramente disposto no parágrafo único do artigo 608 do Código de Processo Civil, razão pela qual o termo *a quo* de incidência variará caso a caso, à luz da hipótese ensejadora desse desenlace.

10 – Apuração judicial de haveres

A liquidação da quota deve ser providenciada imediatamente após a verificação do desatamento do vínculo societário. A partir de então, surge para o ex-sócio ou para os sucessores do sócio falecido o direito de crédito em face da pessoa jurídica e desaparecem os direitos inerentes à condição de sócio. Verificado o injustificado atraso incorrido pelo órgão de administração em iniciá-la no plano extrajudicial ou, ainda, quando imotivadamente postergada a sua conclusão, podem o antigo sócio ou os sucessores do *de cujus* promover a apuração de haveres em juízo ou, havendo convenção de arbitragem, diante de corte arbitral. Igualmente, na hipótese de discordância quanto ao valor do reembolso apurado, faculta-se ao credor postular a apuração de seus haveres judicialmente ou em procedimento arbitral. Nada impede, nessas circunstâncias, que receba o que foi levantado, passando a correspondente quitação com a ressalva de divergência[44].

Realizando-se a apuração de haveres em juízo, cumprirá ao juiz tomar as seguintes providências: (i) fixar a data da resolução da sociedade; (ii) definir o critério que norteará essa apuração, à vista do disposto no contrato social; e

---

[44] Sérgio Campinho, *Curso de direito comercial: Direito de empresa*, item 7.12, p. 216.

(iii) nomear o perito. Determinará, outrossim, o depósito em juízo da parte incontroversa dos haveres devidos, importância que poderá ser desde logo levantada pelo credor (artigo 604 do Código de Processo Civil).

O comando do contrato social orientará a apuração e o pagamento dos haveres, conforme já abordado no item 9 deste Capítulo 6, bem como o depósito judicial da parcela incontroversa. Mas isso desde que as suas disposições sejam razoáveis, não prevalecendo quando se revelarem abusivas diante das peculiaridades do caso concreto[45].

Caso o ex-sócio ou os sucessores do sócio falecido tenham que recorrer às vias judiciais – ou arbitrais – para que sejam adequadamente levantados e adimplidos os haveres de que são credores, torna-se interessante analisar o comando legal de que sua quitação ocorrerá na forma do contrato social e, em seu silêncio e não havendo acordo, no prazo de 90 dias contados a partir da data da liquidação (§2º do artigo 1.031 do Código Civil e artigo 609 do Código de Processo Civil).

O critério mencionado, pensamos, somente deve ser aplicado quando inexistir ato comissivo ou omissivo imputável à sociedade e aos demais sócios em detrimento do retirante, do excluído ou dos sucessores do falecido. Não é razoável, por exemplo, aplicar-se o método de pagamento contratual em parcelas quando o credor precisou lançar mão da ação de apuração de haveres, diante da inércia ou da resistência da devedora, em evidente descumprimento de sua obrigação legal de levantá-los e pagá-los de modo extrajudicial, como, por exemplo, nas hipóteses de recesso presentes na primeira parte do *caput* do artigo 1.029 e no artigo 1.077, ambos do Código Civil. Nessas condições, a nosso ver, impõe-se que o pagamento seja realizado em uma única prestação e à vista, mesmo que diversamente disponha o contrato social, porquanto o processo não pode resultar em prejuízo para quem tem razão[46].

Distinto é o caso em que a apuração de haveres se realiza em juízo, mediante pedido de seu levantamento e pagamento acoplado com a verifi-

---

[45] Nesse sentido também flui o entendimento de Erasmo Valladão Azevedo e Novaes França e Marcelo Vieira von Adamek: "Tanto no que se refere ao depósito judicial da parte incontroversa (CPC, art. 604, §3º) como no que toca à apuração definitiva dos haveres (CPC, arts. 604, II, 606 e 609), os critérios convencionais de liquidação da quota hão de ser seguidos, desde que sejam válidos. A cláusula de predeterminação do valor dos haveres não pode, por exemplo, promover enriquecimento sem causa, violar a boa-fé objetiva nem agredir princípios informadores do direito societário – como, para ficar em um exemplo, o que proscreve o pacto leonino. A doutrina e a jurisprudência pátrias ainda não aprofundaram o estudo desse tema, de modo que, sobretudo neste ponto, o recurso ao direito comparado pode se revelar esclarecedor" (*Da ação de dissolução parcial de sociedade: Comentários breves ao CPC/2015*, p. 58-59).

[46] Sérgio Campinho, *Curso de direito comercial: Direito de empresa*, item 7.12, p. 219.

cação da causa ensejadora do rompimento do vínculo contratual, como se tem, por exemplo, na ação de exclusão de sócio em função do cometimento de falta grave cumulada com o pedido de apuração dos correspondentes haveres. A sentença, reconhecendo a justa causa, vai decretar a exclusão e determinar a apuração e o pagamento dos haveres devidos, na forma do contrato social ou da lei (§2º do artigo 1.031 do Código Civil e artigo 609 do Código de Processo Civil)[47].

Em desfecho a este item, cabe enfrentar o que vem disposto no artigo 607 do Código de Processo Civil, assim redigido: "A data da resolução e o critério de apuração de haveres podem ser revistos pelo juiz, a pedido da parte, a qualquer tempo antes do início da perícia".

Nos moldes do já mencionado artigo 604, para a apuração de haveres, o juiz fixará a data da resolução da sociedade, à luz do preconizado no artigo 605, e definirá o critério, tendo em mira o previsto no contrato social e, em seu silêncio, o contemplado no artigo 606. Tais providências serão tomadas tanto no âmbito da ação que cumule as pretensões de dissolução parcial e apuração de haveres, como no daquela cujo pedido se volte apenas na direção desse último ponto, pelo fato de o vínculo societário já ter, de modo incontroverso, sido desfeito. Partindo-se desse objetivo quadro, não conseguimos vislumbrar justificativa capaz de agasalhar a previsão de que essas duas balizas, esses dois pilares de sustentação da ação de apuração de haveres podem ser revistos a qualquer tempo antes do início da perícia[48].

A nosso ver, a regra é disseminadora de indesejáveis incertezas, merecendo interpretação racional, sistemática e conforme a Constituição. Antes de sua introdução em nosso ordenamento jurídico, os institutos da coisa julgada e da preclusão já se encarregavam de estabelecer o marco temporal final para

---

[47] Sérgio Campinho, *Curso de direito comercial: Direito de empresa*, item 7.12, p. 219.

[48] Para Fábio Ulhoa Coelho, "a hipótese albergada pelo art. 607 é muito clara: o juiz pode ter dado ao contrato social, no momento de deflagrar a apuração de haveres, uma interpretação que, à vista das considerações posteriormente apresentadas pela outra parte, não se sustente. Por exemplo, o contrato social pode ter uma redação um tanto imprecisa que leve o juiz a definir, no despacho inicial, que os sócios haviam contratado o critério de avaliação patrimonial contábil (em que o ativo não é reavaliado ao preço de mercado). Em seguida, o sócio desligado peticiona apontando para outros elementos, no contrato social, ou até mesmo na própria cláusula da apuração de haveres, indicativos de que o critério eleito pelos sócios é, na verdade, o de avaliação patrimonial real (com reavaliação do ativo a preços de mercado). Neste caso, evidentemente cabe ao juiz rever a interpretação anteriormente dada e corrigir a decisão judicial". Em complementação, assim aduz: "O que o art. 607 do CC estabelece é, em suma, a preclusão, para as partes e para o juiz, de alterar a data da resolução e o critério da avaliação após ter-se iniciado a perícia" (*A dissolução de sociedades no Código de Processo Civil*, p. 169).

eventual revisão da data de corte e do critério de apuração de haveres inicialmente determinados.

A regra do artigo 607 em comento deve, pois, ser interpretada com cautela. Tendo a data-base e o critério de apuração de haveres sido definidos por ocasião da prolação da sentença e sendo a prova pericial produzida somente em sede de cumprimento de sentença, não nos parece factível defender possam tais parâmetros ser revistos após o trânsito em julgado da referida sentença, sob pena de se vulnerar a coisa julgada[49-50] e, ainda, os princípios da economia processual, da duração razoável do processo e da segurança jurídica. A imutabilidade da sentença proferida ao final da fase de conhecimento decorrerá naturalmente do correspondente trânsito em julgado, não sendo possível rediscutir tais questões na fase de cumprimento de sentença.

Por outro lado, se, no âmbito de uma ação de dissolução parcial de sociedade cumulada com pedido de apuração de haveres, tais balizas não forem fincadas na sentença, optando o juiz por fazê-lo somente em um segundo momento, já na fase de cumprimento de sentença – o que, a nosso ver, não seria o ideal, notadamente à luz dos princípios da economia processual e da duração razoável do processo –, parece-nos que a revisão preconizada no artigo 607, a pedido de quaisquer das partes e antes do início da produção da prova pericial, apenas possa ocorrer caso a correspondente decisão interlocutória não tenha ensejado a interposição de agravo de instrumento, já julgado em definitivo pelo Tribunal, com a consequente estabilização da demanda[51].

---

[49] Nos termos do artigo 5º, inciso XXXVI, da Constituição Federal, "a lei não prejudicará o direito adquirido, o ato jurídico perfeito e a coisa julgada".

[50] No dizer de Humberto Theodoro Júnior, ao instituir a coisa julgada, o legislador é impelido tão somente por "uma exigência de ordem prática, quase banal, mas imperiosa, de não mais permitir que se volte a discutir acerca das questões já soberanamente decididas pelo Poder Judiciário. Apenas a preocupação de segurança nas relações jurídicas e de paz na convivência social é que explicam a *res iudicata*" (*Curso de direito processual civil: Teoria geral do direito processual civil, processo de conhecimento e procedimento comum*. 57. ed. Rio de Janeiro: Forense, 2016. v. I, p. 1.118).

[51] Assim já sustentou Sérgio Campinho, coautor deste trabalho, em seu *Curso de direito comercial: Direito de empresa*, item 7.12, p. 218.

Bibliografia

ABREU, Jorge Manuel Coutinho de. *Do abuso de direito: Ensaio de um critério em direito civil e nas deliberações sociais*. Coimbra: Almedina, 2006.

ALVES, Alexandre Ferreira de Assumpção; TURANO, Allan Nascimento. *Resolução da sociedade limitada em relação a um sócio e a ação de dissolução parcial*. Curitiba: Juruá, 2016.

ANAN JR., Pedro. *Manual de contabilidade para advogados*. São Paulo: Quartier Latin, 2022.

ANTUNES, José Engrácia. *Direito da contabilidade: Uma introdução*. Coimbra: Almedina, 2018.

ARDUIN, Ana Lúcia Alves da Costa; LEITE, Leonardo Barém. A tutela jurídica do sócio minoritário das sociedades limitadas. In: CASTRO, Rodrigo R. Monteiro de; ARAGÃO, Leandro Santos de (Coord.). *Direito societário: Desafios atuais*. São Paulo: Quartier Latin, 2009. p. 365-387.

ASCARELLI, Tullio. *Problemas das sociedades anônimas e direito comparado*. Campinas: Bookseller, 1999.

ÁVILA, Humberto. *Teoria dos princípios: Da definição à aplicação dos princípios jurídicos*. 4. ed. São Paulo: Malheiros, 2005.

AZEVEDO, Álvaro Villaça. Da vigência e extinção do contrato mercantil. In: COELHO, Fábio Ulhoa; LIMA, Tiago Asfor Rocha; NUNES, Marcelo Guedes (Coord.). *Reflexões sobre o projeto de Código Comercial*. São Paulo: Saraiva, 2013. p. 183-191.

BARBOSA, Henrique Cunha. Dissolução parcial, recesso e exclusão de sócios: Diálogos e dissensos na jurisprudência do STJ e nos projetos de CPC e Código Comercial. In: AZEVEDO, Luís André N. de Moura; CASTRO, Rodrigo R. Monteiro de (Coord.). *Sociedade limitada contemporânea*. São Paulo: Quartier Latin, 2013. p. 353-402.

BERTOLDI, Marcelo; RIBEIRO, Marcia Carla Pereira. *Curso avançado de direito comercial*. 5. ed. São Paulo: Revista dos Tribunais, 2009.

BORBA, José Edwaldo Tavares. *Direito societário*. 14. ed. São Paulo: Atlas, 2015.

BORGES, João Eunápio. *Curso de direito comercial terrestre*. 5. ed. Rio de Janeiro: Forense, 1991.

BORGES, João Eunápio. Sociedades de pessoas e sociedades de capital: A sociedade por cotas de responsabilidade limitada. *Revista Forense*, Rio de Janeiro: Forense, v. CXXVIII, mar. 1950.

BUENO, Cassio Scarpinella. Ação de dissolução parcial de sociedade. In: COELHO, Fábio Ulhoa (Coord.). *Tratado de direito comercial*. São Paulo: Saraiva, 2015. v. 8, p. 388-420.

CALÇAS, Manoel de Queiroz Pereira. *Sociedade limitada no novo Código Civil*. São Paulo: Atlas, 2003.

CAMPINHO, Sérgio. A dissolução da sociedade anônima por impossibilidade de preenchimento de seu fim. *Revista da Faculdade de Direito da Universidade do Estado do Rio de Janeiro – UERJ*. Rio de Janeiro: Renovar, n. 3, 1995. p. 85-90.

CAMPINHO, Sérgio. A perda do privilégio do crédito titularizado pelo Banco Central em decorrência de sua cessão. *Revista Semestral de Direito Empresarial (RSDE)*. Rio de Janeiro: Renovar, n. 3, jul./dez. de 2008. p. 303-327.

CAMPINHO, Sérgio. *Curso de direito comercial: Direito de empresa*. 17. ed. São Paulo: Saraiva, 2020.

CAMPINHO, Sérgio. *Curso de direito comercial: Direito de empresa*. 14. ed. São Paulo: Saraiva, 2016.

CAMPINHO, Sérgio. *Curso de direito comercial: Sociedade anônima*. 5. ed. São Paulo: Saraiva, 2020.

CAMPINHO, Sérgio. *Curso de direito comercial: Falência e recuperação de empresa*. 11. ed. São Paulo: Saraiva, 2020.

CAMPINHO, Sérgio. Direito societário. Sociedade limitada. A retirada do sócio fundada no artigo 1.029 do Código Civil: Modo de seu exercício, interpretação da vontade e retratação. In: *Estudos e pareceres*. Rio de Janeiro: Processo, 2021. p. 89-112.

CAMPINHO, Sérgio. *Sociedade por quotas de responsabilidade limitada*. Rio de Janeiro: Renovar, 2000.

CAMPINHO, Sérgio; PINTO, Mariana. A legitimidade ativa na ação de dissolução parcial da sociedade limitada, à luz do novo Código de Processo Civil (Lei n. 13.105, de 16.3.2015). In: RIBEIRO, Marcia Carla Pereira; CARAMÊS, Guilherme Bonato Campos (Coord.). *Direito empresarial e o CPC/2015*. 2. ed. Belo Horizonte: Fórum, 2018. p. 53-70.

CAMPINHO, Sérgio; PINTO, Mariana. O recesso na sociedade limitada. In: AZEVEDO, Luís André N. de Moura; CASTRO, Rodrigo R. Monteiro de (Coord.). *Sociedade limitada contemporânea*. São Paulo: Quartier Latin, 2013. p. 115-153.

CARDOSO, Vladimir Mucury. O abuso do direito na perspectiva civil-constitucional. In: MORAES, Maria Celina Bodin de (Coord.). *Princípios do direito civil contemporâneo*. Rio de Janeiro: Renovar, 2006. p. 61-109.

CARPENA, Heloísa. *Abuso do direito nos contratos de consumo*. Rio de Janeiro: Renovar, 2001.

CARPENA, Heloísa. O abuso do direito no Código de 2002: Relativização de direitos na ótica civil-constitucional. In: TEPEDINO, Gustavo (Coord.). *O Código Civil na perspectiva civil-constitucional*. Rio de Janeiro: Renovar, 2013. p. 423-443.

CARVALHOSA, Modesto. *Comentários à lei de sociedades anônimas*. 4. ed. São Paulo: Saraiva, 2009. v. 4, tomo I.

CARVALHOSA, Modesto. *Comentários ao Código Civil*. São Paulo: Saraiva, 2003. v. 13.

CASTRO, Rodrigo R. Monteiro de; ARAÚJO, Rodrigo Mendes de. Tutelas de urgência e o direito de retirada de sócio nas sociedades limitadas. In: YARSHELL, Flávio Luiz; PEREIRA, Guilherme Setoguti J. (Coord.). *Processo societário*. São Paulo: Quartier Latin, 2012. p. 667-691.

CESCHIN, Gisela. Direito de recesso na sociedade limitada e seus aspectos práticos. In: AZEVEDO, Luís André N. de Moura; CASTRO, Rodrigo R. Monteiro de (Coord.). *Sociedade limitada contemporânea*. São Paulo: Quartier Latin, 2013. p. 429-438.

COELHO, Fábio Ulhoa. A ação de dissolução parcial de sociedade. *Revista de Informação Legislativa*, n. 190, abr./jun. de 2011. p. 141-155. Disponível em: https://www2.senado.leg.br/bdsf/bitstream/handle/id/242887/000923100.pdf?sequence=1&isAllowed=y. Acesso em: 1º.10.2020.

COELHO, Fábio Ulhoa. A dissolução de sociedades no Código de Processo Civil. In: YARSHELL, Flávio Luiz; PEREIRA, Guilherme Setoguti J. (Coord.). *Processo societário*. São Paulo: Quartier Latin, 2018. v. III, p. 147-171.

COELHO, Fábio Ulhoa. *Curso de direito comercial: Direito de empresa*. 20. ed. São Paulo: Revista dos Tribunais, 2016. v. 2.

CORDEIRO, António Menezes. *Manual de direito das sociedades*. Coimbra: Almedina, 2006. v. II.

CUNHA PEIXOTO, Carlos Fulgêncio da. *A sociedade por cotas de responsabilidade limitada*. 2. ed. Rio de Janeiro: Forense, 1958. v. I.

CUNHA PEIXOTO, Carlos Fulgêncio da. *Sociedades por ações*. São Paulo: Saraiva, 1973. v. 4.

DE LUCCA, Newton. O direito de recesso no direito brasileiro e na legislação comparada. *Revista de Direito Mercantil Industrial, Econômico e Financeiro*. São Paulo: Malheiros, v. 114, p. 7-33, abr./jun. 1999.

ESTRELLA, Hernani. *Apuração dos haveres de sócio*. 5. ed. Rio de Janeiro: Forense, 2010.

EIZIRIK, Nelson. *A lei das S/A comentada*. São Paulo: Quartier Latin, 2011. v. II.

EIZIRIK, Nelson. *A lei das S/A comentada*. São Paulo: Quartier Latin, 2011. v. III.

FAZZIO JÚNIOR, Waldo. *Manual de direito comercial*. 8. ed. São Paulo: Atlas, 2007.

FERREIRA, Waldemar. *Tratado de sociedades mercantis*. 5. ed. Rio de Janeiro: Editora Nacional de Direito Ltda., 1958. v. 3.

FERREIRA, Waldemar. *Tratado de direito comercial*. São Paulo: Saraiva, 1961. v. 3.

FERREIRA, Waldemar. *Tratado de direito comercial*. São Paulo: Saraiva, 1961. v. 4.

FONSECA, Priscila M. P. Corrêa da. *Dissolução parcial, retirada e exclusão de sócio*. 5. ed. São Paulo: Atlas, 2012.

FORGIONI, Paula Andrea. A unicidade do regramento jurídico das sociedades limitadas e o art. 1.053 do Código Civil: Usos e costumes e regência supletiva. In: VON ADAMEK, Marcelo Vieira (Coord.). *Temas de direito societário e empresarial contemporâneos*. São Paulo: Malheiros, 2011. p. 216-223.

FORGIONI, Paula Andrea. Possibilidade de exclusão de sócio minoritário pelo fim da *affectio societatis* diante de previsão expressa no contrato social. In: FRANÇA, Erasmo Valladão Azevedo e Novaes; VON ADAMEK, Marcelo Vieira (Coord.). *Temas de direito empresarial e outros estudos em homenagem ao Professor Luiz Gastão Paes de Barros Leães*. São Paulo: Malheiros, 2014. p. 73-87.

FRANÇA, Erasmo Valladão Azevedo e Novaes. *A sociedade em comum*. São Paulo: Malheiros, 2013.

FRANÇA, Erasmo Valladão Azevedo e Novaes. *Invalidade das deliberações de assembleia das S/A e outros escritos sobre o tema da invalidade das deliberações sociais*. 2. ed. São Paulo: Malheiros, 2017.

FRANÇA, Erasmo Valladão Azevedo e Novaes; VON ADAMEK, Marcelo Vieira. Notas sobre a sociedade perpétua. *Revista de Direito Mercantil Industrial, Econômico e Financeiro*. São Paulo: Malheiros, v. 157, jan./mar. de 2011. p. 112-114.

FRANÇA, Erasmo Valladão Azevedo e Novaes; VON ADAMEK, Marcelo Vieira. *Da ação de dissolução parcial de sociedade: Comentários breves ao CPC/2015*. São Paulo: Malheiros, 2016.

FRANÇA, Erasmo Valladão Azevedo e Novaes; VON ADAMEK, Marcelo Vieira. *Direito processual societário: Comentários breves ao CPC/2015*. 2. ed. refundida e ampliada do livro Da ação de dissolução parcial de sociedade: Comentários breves ao CPC/2015. São Paulo: Malheiros, 2021.

FRANCO, Vera Helena de Mello. Dissolução parcial e recesso nas sociedades por quotas de responsabilidade limitada: Legitimidade e procedimento. Critério e momento de apuração de haveres. *Revista de Direito Mercantil Industrial, Econômico e Financeiro*. São Paulo: Revista dos Tribunais, v. 75, jul./set. de 1989. p. 19-30.

FRANCO, Vera Helena de Mello. Resolução do vínculo societário em relação ao sócio: Reescrevendo antigos temas perante o CC 2002. In: GORGA, Érica; PELA, Juliana Krueger (Coord.). *Estudos avançados de direito empresarial: Contratos, direito societário e bancário*. Rio de Janeiro: Elsevier, 2013. p. 93-110.

FRAZÃO, Ana. A morte de sócio e o problema da sucessão das participações societárias. *Revista de Direito Empresarial (RDEmp)*. Belo Horizonte: Fórum, ano 12, n. 3, set./dez. de 2015. Disponível em: http://www.bidforum.com.br/bid/PDI0006.aspx?pdiCntd=239321. Acesso em: 31 out. 2020.

GOMES, Orlando. *Contratos*. 10. ed. Rio de Janeiro: Forense, 1984.

GONÇALVES NETO, Alfredo de Assis. *Direito de empresa: Comentários aos artigos 966 a 1.195 do Código Civil*. 9. ed. São Paulo: Thomson Reuters Brasil, 2019.

GONÇALVES NETO, Alfredo de Assis. Direito de retirada em sociedade limitada. Interpretação das disposições contidas nos arts. 1.029 e 1.077 do Código Civil. Inconsistência da tese da *affectio societatis* para a formação ou manutenção dos vínculos societários firmados no contrato social. In: *Direito comercial: Pareceres*. São Paulo: Lex, 2019. p. 215-248.

GONÇALVES NETO, Alfredo de Assis. *Lições de direito societário: Regime vigente e inovações do novo Código Civil*. São Paulo: Juarez de Oliveira, 2002.

HALPERIN, Isaac; OTAEGUI, Julio C. *Sociedades anónimas*. 2. ed. Buenos Aires: Depalma, 1998.

LEÃES, Luiz Gastão Paes de Barros. *Do direito do acionista ao dividendo*. São Paulo: Obelisco, 1969.

LIMA, Tiago Asfor Rocha. Aspectos processuais da apuração de haveres *post mortem* e o novo Código de Processo Civil. In: YARSHELL, Flávio Luiz; PEREIRA, Guilherme Setoguti J. (Coord.). *Processo societário*. São Paulo: Quartier Latin, 2015. v. II, p. 809-822.

LOBO, Carlos Augusto da Silveira. *As demonstrações financeiras das sociedades anônimas: E noções de contabilidade para advogados*. Rio de Janeiro: Renovar, 2001.

LOBO, Jorge Joaquim. *Sociedades limitadas*. Rio de Janeiro: Forense, 2004. v. 1.

LUCENA, José Waldecy. *Das sociedades anônimas: Comentários à lei*. Rio de Janeiro: Renovar, 2012. v. III.

LUCENA, José Waldecy. *Das sociedades limitadas*. 6. ed. Rio de Janeiro: Renovar, 2005.

MARION, José Carlos. *Contabilidade empresarial*. 9. ed. São Paulo: Atlas, 2002.

MARTINS, Eliseu. Atrocidades contábeis no novo Código Civil. *Revista do Advogado – Novo Código Civil: Aspectos Relevantes*. São Paulo: Associação dos Advogados de São Paulo (AASP), n. 68, dez. de 2002. p. 87-99.

MARTINS, Fran. *Comentários à lei das sociedades anônimas*. 4. ed. Rio de Janeiro: Forense, 2010.

MARTINS, Fran. *Curso de direito comercial*. 23. ed. e 34. ed. Rio de Janeiro: Forense, 1999 e 2011.

MAXIMILIANO, Carlos. *Hermenêutica e aplicação do direito*. 19. ed. Rio de Janeiro: Forense, 2007.

MEIRELLES, Hely Lopes. *Direito administrativo brasileiro*. 29. ed. São Paulo: Malheiros, 2004.

MENDONÇA, J. X. Carvalho de. *Tratado de direito comercial brasileiro*. 5. ed. Rio de Janeiro: Freitas Bastos, 1954. v. III.

MENDONÇA, J. X. Carvalho de. *Tratado de direito comercial brasileiro*. 4. ed. Rio de Janeiro: Freitas Bastos, 1946. v. IV.

MENEZES, Mauricio Moreira. Considerações sobre o problema da exclusão de sócio da sociedade limitada por justa causa. *Revista Semestral de Direito Empresarial (RSDE)*. Rio de Janeiro: Renovar, n. 11, jul./dez. de 2012. p. 121-153.

MENEZES, Mauricio Moreira. Reflexões sobre a exclusão de sócio da sociedade limitada por justa causa. In: YARSHELL, Flávio Luiz; PEREIRA, Guilherme Setoguti J. (Coord.). *Processo societário*. São Paulo: Quartier Latin, 2018. v. III, p. 545-569.

MIRANDA, Pontes de. *Tratado de direito privado*. Rio de Janeiro: Borsoi, 1965. t. XLIX.

MIRANDA, Pontes de. *Tratado de direito privado*. 3. ed. Rio de Janeiro: Borsoi, 1972. t. L.

MIRANDA, Pontes de. *Tratado de direito privado*. 2. ed. Rio de Janeiro: Borsoi, 1966. t. LI.

NEGRÃO, Ricardo. *Manual de direito comercial e de empresa*. 3. ed. São Paulo: Saraiva, 2003. v. 1.

NUNES, António José Avelãs. *O direito de exclusão de sócios nas sociedades comerciais*. Coimbra: Almedina, 2002.

NUNES, Marcelo Guedes. Dissolução parcial na sociedade limitada. In: COELHO, Fábio Ulhoa (Coord.). *Tratado de direito comercial*. São Paulo: Saraiva, 2015. v. 2, p. 220-247.

NUNES, Márcio Tadeu Guimarães. *Dissolução parcial, exclusão de sócio e apuração de haveres nas sociedades limitadas: Questões controvertidas e uma proposta de revisão dos institutos*. São Paulo: Quartier Latin, 2010.

PEDREIRA, José Luiz Bulhões. Exercício social e demonstrações financeiras. In: LAMY FILHO, Alfredo; PEDREIRA, José Luiz Bulhões (Coord.). *Direito das companhias*. Rio de Janeiro: Forense, 2009. v. II, p. 1.500-1.662.

PEDREIRA, José Luiz Bulhões. *Finanças e demonstrações financeiras da companhia: Conceitos fundamentais*. Rio de Janeiro: Forense, 1989.

PEDREIRA, José Luiz Bulhões; ROSMAN, Luiz Alberto Colonna. Aprovação das demonstrações financeiras, tomada de contas dos administradores e seus efeitos: Necessidade de prévia anulação da deliberação que aprovou as contas dos administradores para a propositura de ação de responsabilidade. In: CASTRO, Rodrigo R. Monteiro de; ARAGÃO, Leandro Santos de (Coord.). *Sociedade anônima: 30 anos da Lei 6.404/76*. São Paulo: Quartier Latin, 2007. p. 41-63.

PENTEADO, Mauro Rodrigues. *Dissolução e liquidação de sociedades*. 2. ed. São Paulo: Saraiva, 2000.

PEREIRA, Caio Mário da Silva. *Instituições de direito civil*. 20. ed. Rio de Janeiro: Forense, 2004. v. I.

PERNIDJI, Sergio Eskenazi. Liquidação. In: LAMY FILHO, Alfredo; PEDREIRA, José Luiz Bulhões (Coord.). *Direito das companhias*. Rio de Janeiro: Forense, 2009. v. II, p. 1.850-1.901.

PIMENTA, Eduardo Goulart. *Direito societário*. Rio de Janeiro: Elsevier, 2010.

PIMENTA, Eduardo Goulart. *Direito societário*. Porto Alegre: Fi, 2017.

PINTO, Mariana. Considerações sobre a saída do acionista de sociedade anônima fechada por sua iniciativa. *Revista Semestral de Direito Empresarial (RSDE)*. Rio de Janeiro: Renovar, n. 11, jul./dez. de 2012. p. 155-198.

PINTO, Mariana. O abuso do direito no (ou decorrente do) contrato de sociedade limitada. In: DE MORAES, Carlos Eduardo Guerra; RIBEIRO, Ricardo Lodi (Coord.) e TAVARES, Marcelo Leonardo (Org.). *Empresa e atividades econômicas – Coleção direito UERJ 80 anos*. Rio de Janeiro: Freitas Bastos, 2015. p. 211-232.

RAMOS, André Luiz Santa Cruz. *Direito empresarial*. 10. ed. Rio de Janeiro: Forense; São Paulo: Método, 2020.

REQUIÃO, Rubens. *A preservação da sociedade comercial pela exclusão do sócio*. Tese apresentada para o concurso à cátedra de Direito Comercial da Faculdade de Direito da Universidade do Paraná. Curitiba, 1959.

REQUIÃO, Rubens. *Curso de direito comercial*. 23. ed. São Paulo: Saraiva, 1998. v. 1.

REQUIÃO, Rubens. *Curso de direito comercial*. 30. ed. São Paulo: Saraiva, 2013. v. 2.

ROSSONI, Igor Bimkowski. O procedimento de dissolução parcial de sociedade no PL 166/2010 (novo Código de Processo Civil). In: YARSHELL, Flávio Luiz; PEREIRA, Guilherme Setoguti J. (Coord.). *Processo societário*. São Paulo: Quartier Latin, 2012. p. 333-349.

SÁ, Fernando Augusto Cunha de. *Abuso do direito*. Lisboa: Petrony, 1973.

SANTOS, Ariovaldo dos; IUDÍCIBUS, Sérgio de; MARTINS, Eliseu; GELBCKE, Ernesto Rubens. *Manual de contabilidade societária: Aplicável a todas as sociedades: De acordo com as normas internacionais e do CPC*. 4. ed. Barueri: Atlas, 2022.

SANTOS, Paulo Penalva. Dissolução, liquidação e extinção. In: LAMY FILHO, Alfredo; PEDREIRA, José Luiz Bulhões (Coord.). *Direito das companhias*. Rio de Janeiro: Forense, 2009. v. II, p. 1.815-1.850.

SATIRO, Francisco. Breves notas sobre o estado de liquidação da sociedade. In: CASTRO, Rodrigo R. Monteiro de; ARAGÃO, Leandro Santos de (Coord.). *Direito societário: Desafios atuais*. São Paulo: Quartier Latin, 2009. p. 441-453.

SCHREIBER, Anderson. Abuso do direito e boa-fé objetiva. In: *Direito civil e Constituição*. São Paulo: Atlas, 2013. p. 49-60.

SILVA, João Paulo Hecker da. Legitimidade passiva na ação de dissolução parcial de sociedade do Código de Processo Civil de 2015: Uma análise crítica. In: YARSHELL, Flávio Luiz; PEREIRA, Guilherme Setoguti J. (Coord.). *Processo societário*. São Paulo: Quartier Latin, 2018. v. III, p. 347-375.

SILVA, José Afonso da. *Comentário contextual à Constituição*. 3. ed. São Paulo: Malheiros, 2007.

SPINELLI, Luis Felipe. *Exclusão de sócio por falta grave na sociedade limitada*. São Paulo: Quartier Latin, 2015.

SZTAJN, Rachel. O direito de recesso nas sociedades comerciais. *Revista de Direito Mercantil Industrial, Econômico e Financeiro*. São Paulo: Revista dos Tribunais, v. 71, jul./set. de 1988. p. 50-54.

TEIXEIRA, Egberto Lacerda. *Das sociedades por quotas de responsabilidade limitada*. São Paulo: Max Limonad, 1956.

TEIXEIRA, Egberto Lacerda; GUERREIRO, José Alexandre Tavares. *Das sociedades anônimas no direito brasileiro*. São Paulo: Bushatsky, 1979. v. 2.

TEPEDINO, Gustavo; BARBOZA, Heloisa Helena; MORAES, Maria Celina Bodin de. *Código Civil interpretado conforme a Constituição da República*. 2. ed. Rio de Janeiro: Renovar, 2007. v. I.

TEPEDINO, Gustavo; BARBOZA, Heloisa Helena; MORAES, Maria Celina Bodin de. *Código Civil interpretado conforme a Constituição da República*. Rio de Janeiro: Renovar, 2011. v. III.

THEODORO JÚNIOR, Humberto. *Curso de direito processual civil: Teoria geral do direito processual civil, processo de conhecimento e procedimento comum*. 57. ed. Rio de Janeiro: Forense, 2016. v. I.

THEODORO JÚNIOR, Humberto. *Curso de direito processual civil: Procedimentos especiais*. 50. ed. Rio de Janeiro: Forense, 2016. v. II.

TOLEDO, Paulo Fernando Campos Salles de. As sociedades limitadas podem ter conselho de administração? In: CASTRO, Rodrigo R. Monteiro de; AZEVEDO, Luís André N. de Moura (Coord.). *Poder de controle e outros temas de direito societário e mercado de capitais*. São Paulo: Quartier Latin, 2010. p. 357-373.

TOMAZETTE, Marlon. *Curso de direito empresarial: Teoria geral e direito societário*. 5. ed. São Paulo: Atlas, 2013. v. 1.

TOMAZETTE, Marlon. Legitimidade na ação de dissolução parcial nas sociedades contratuais no CPC/2015. In: RIBEIRO, Marcia Carla Pereira; CARAMÊS, Guilherme Bonato Campos (Coord.). *Direito empresarial e o CPC/2015*. 2. ed. Belo Horizonte: Fórum, 2018. p. 33-52.

TRINDADE, Marcelo Fernandez; TANNOUS, Thiago Saddi. O art. 1.031 do Código Civil e a sua interpretação. In: YARSHELL, Flávio Luiz; PEREIRA, Guilherme Setoguti J. (Coord.). *Processo societário*. São Paulo: Quartier Latin, 2015. v. II, p. 485-508.

VALVERDE, Trajano de Miranda. *Sociedades por ações*. 3. ed. Rio de Janeiro: Forense, 1959. v. II.

VALVERDE, Trajano de Miranda. *Sociedades por ações*. 3. ed. Rio de Janeiro: Forense, 1959. v. III.

VILELA, Renato. *Avaliação para fins de apuração de haveres nas sociedades limitadas: Apreciação de ativos intangíveis.* São Paulo: Dialética, 2023.

VON ADAMEK, Marcelo Vieira. Anotações sobre a exclusão de sócios por falta grave no regime do Código Civil. In: VON ADAMEK, Marcelo Vieira (Coord.). *Temas de direito societário e empresarial contemporâneos.* São Paulo: Malheiros, 2011. p. 185-215.

VON ADAMEK, Marcelo Vieira. Anotações sobre a exclusão de sócios por falta grave no regime do Código Civil. *Revista de Direito Mercantil Industrial, Econômico e Financeiro.* São Paulo: Malheiros, v. 158, abr./jun. de 2011. p. 111-134.

VON ADAMEK, Marcelo Vieira. *Responsabilidade civil dos administradores de S/A e as ações correlatas.* São Paulo: Saraiva, 2009.

WAISBERG, Ivo; KUGLER, Herbert Morgenstern. Apuração de haveres na dissolução parcial envolvendo grupo de sociedades limitadas. In: YARSHELL, Flávio Luiz; PEREIRA, Guilherme Setoguti J. (Coord.). *Processo societário.* São Paulo: Quartier Latin, 2018. v. III, p. 321-334.

WALD, Arnoldo. *Comentários ao novo Código Civil.* 2. ed. Rio de Janeiro: Forense, 2010. v. XIV.

YARSHELL, Flávio Luiz; MATOS, Felipe do Amaral. O procedimento especial de dissolução (parcial) de sociedade no projeto de CPC. In: YARSHELL, Flávio Luiz; PEREIRA, Guilherme Setoguti J. (Coord.). *Processo societário.* São Paulo: Quartier Latin, 2012. p. 211-238.